ÉTICA CRISTÃ E PÓS-HUMANISMO

IDENTIDADE GENÉTICA • IDENTIDADE DE PESSOA
OGIAS • CYBORG • HOMO ROBÔ • HÍBRIDOS • PRODU
AS • PESQUISAS CIENTÍFICAS • *APARTHEID* GENÉTI
ÃO GINECOLÓGICA • POTENCIAÇÃO GENÉTICA • PR
ENTIDADE GENÉTICA • IDENTIDADE DE PESSOA • AN
BORG • HOMO ROBÔ • HÍBRIDOS • PRODUÇÃO 'HOMEN
NTÍFICAS • *APARTHEID* GENÉTICO • CLONAGEM HU
POTENCIAÇÃO GENÉTICA • PRODUÇÃO DE HÍBRIDO
• IDENTIDADE DE PESSOA • ANTROPOLOGIA TEOLÓ
• HÍBRIDOS • PRODUÇÃO 'HOMEM – ANIMAL' • FOR
AS • *APARTHEID* GENÉTICO • CLONAGEM HUMAN
POTENCIAÇÃO GENÉTICA • PRODUÇÃO DE HÍBRIDO
ICA • IDENTIDADE DE PESSOA • ANTROPOLOGIA T
HOMO ROBÔ • HÍBRIDOS • PRODUÇÃO 'HOMEM – A
CIENTÍFICAS • *APARTHEID* GENÉTICO • CLONAGE
ÓGICA • POTENCIAÇÃO GENÉTICA • PRODUÇÃO DE
GENÉTICA • IDENTIDADE DE PESSOA • ANTROPOLOG
OMO ROBÔ • HÍBRIDOS • PRODUÇÃO 'HOMEM – AN
S CIENTÍFICAS • *APARTHEID* GENÉTICO • CLONAG
ÓGICA • POTENCIAÇÃO GENÉTICA • PRODUÇÃO

MÁRIO MARCELO COELHO

Ética Cristã e Pós-humanismo

EDITORA
SANTUÁRIO

DIREÇÃO EDITORIAL:
Pe. Fábio Evaristo Resende Silva, C.Ss.R.

COORDENAÇÃO EDITORIAL:
Ana Lúcia de Castro Leite

EDITOR:
Márcio Fabri dos Anjos

REVISÃO:
Leila Cristina Dinis Fernandes

CONSELHO EDITORIAL:
Avelino Grassi
Pe. Ferdinando Mancilio, C.Ss.R.
Pe. Mauro Vilela, C.Ss.R.
Pe. Victor Hugo Lapenta, C.Ss.R.

DIAGRAMAÇÃO E CAPA:
Bruno Olivoto

Dados Internacionais de Catalogação na Publicação (CIP)
(Câmara Brasileira do Livro, SP, Brasil)

Coelho, Mário Marcelo
 Ética cristã e pós-humanismo / Mário Marcelo Coelho. – Aparecida, SP: Editora Santuário, 2015.

 Bibliografia.
 ISBN 978-85-369-0399-6

 1. Ciência e ética 2. Ética cristã 3. Igreja Católica – Doutrinas 4. Teologia moral I. Título.

15-08952   CDD-241

Índices para catálogo sistemático:
1. Ética cristã: Teologia moral 241

1ª impressão

Todos os direitos reservados à **EDITORA SANTUÁRIO** – 2015

Composição, CTcP, impressão e acabamento:
EDITORA SANTUÁRIO - Rua Padre Claro Monteiro, 342
12570-000 - Aparecida-SP - Fone: (12) 3104-2000

Agradecimentos

"Que coisa é o homem, para dele te lembrares,
que é o ser humano, para o visitares?
No entanto o fizeste só um pouco menor que um Deus,
de glória e de honra o coroaste.
Tu o colocaste à frente das obras de tuas mãos.
Tudo puseste sob os seus pés" (Salmo 8,6-7).

Agradeço a Deus, Senhor e Criador de todas as coisas, as obras que fizeste, os dons e benefícios que verteste sobre mim; a minha família a sua presença e carinho; à congregação dos Padres do Sagrado Coração de Jesus – dehonianos – a oportunidade e confiança, em particular ao Padre Mariano Weizenmann, superior provincial da Província Brasil São Paulo, o grande incentivo; aos superiores e confrades dehonianos do Colégio Internacional em Roma/Itália, aos confrades brasileiros dehonianos que conviveram comigo neste tempo de estudos; ao professor doutor Giovanni Del Missier, orientador deste trabalho, a atenção, o incentivo, conhecimento, a sabedoria e competência em me conduzir na reflexão teológica-moral; ao professor doutor Martin McKeever, C.Ss.R., decano do Instituto Superior de Teologia Moral, Academia Alfonsiana, Roma/Itália, e segundo moderador, a orientação, avaliação e sabedoria; também em sua pessoa agradeço à direção da Academia Alfonsiana a acolhida, oportunidade de pesquisar, sobretudo, aquilo que este Instituto têm feito pela reflexão teológica moral no mundo; aos professores e colegas do curso de doutorado os ensinamentos e trocas de experiências; aos funcionários a atenção e o apoio.

IDENTIDADE GENÉTICA • IDENTIDADE DE PESSOA
OGIAS • CYBORG • HOMO ROBÔ • HÍBRIDOS • PRODU
AS • PESQUISAS CIENTÍFICAS • APARTHEID GENÉTI
ÃO GINECOLÓGICA • POTENCIAÇÃO GENÉTICA • PR
ENTIDADE GENÉTICA • IDENTIDADE DE PESSOA • AN
BORG • HOMO ROBÔ • HÍBRIDOS • PRODUÇÃO 'HOMEM
NTÍFICAS • APARTHEID GENÉTICO • CLONAGEM HU
POTENCIAÇÃO GENÉTICA • PRODUÇÃO DE HÍBRIDO
A • IDENTIDADE DE PESSOA • ANTROPOLOGIA TEOLÓ
O • HÍBRIDOS • PRODUÇÃO 'HOMEM – ANIMAL' • FOR
AS • APARTHEID GENÉTICO • CLONAGEM HUMAN
POTENCIAÇÃO GENÉTICA • PRODUÇÃO DE HÍBRIDO
ICA • IDENTIDADE DE PESSOA • ANTROPOLOGIA T
HOMO ROBÔ • HÍBRIDOS • PRODUÇÃO 'HOMEM – A
CIENTÍFICAS • APARTHEID GENÉTICO • CLONAGE
ÓGICA • POTENCIAÇÃO GENÉTICA • PRODUÇÃO DE
GENÉTICA • IDENTIDADE DE PESSOA • ANTROPOLOG
OMO ROBÔ • HÍBRIDOS • PRODUÇÃO 'HOMEM – AN
S CIENTÍFICAS • APARTHEID GENÉTICO • CLONAG
 LÓGICA • POTENCIAÇÃO GENÉTICA • PRODUÇÃO D

Abreviaturas e siglas

AA..*Apostolicam Actuositatem*[1]

AAS.. *Acta Apostololicae Sedis*

AG ....*Ad Gentes*

AT ....Antigo Testamento[2]

cân... cânon

CEC ....*Catecismo da Igreja Católica*

CEI .... Conferenza Episcopale Italiana

CELAM... Conselho Episcopal Latino-americano

CIC ....*Código de Direito Canônico*

CNBB .... Conferência Nacional dos Bispos do Brasil

DCE.. *Deus caritas est*

DH .... *Dignitatis Humanae*

DTB.. Dizionario di Teologia Biblica

DTM .... Dicionário de Teologia Moral

DV.. *Dei Verbum*

EV .... *Evangelium Vitae*

FR ....*Fides et Ratio*

g.n. ....grifo nosso

GS.. *Gaudium et Spes*

LG ....*Lumen Gentium*

NT... Novo Testamento

OT.. *Optatam Totius*

SC ....*Sacrosanctum Concilium*

SSa.. *Spe Salvi*

StMor .... *Studia Moralia*

t.n. ....tradução nossa

VS ....*Veritatis Splendor*

---

[1] Cf. *Compêndio do Vaticano II. Constituições, decretos e declarações*, Frederico Vier (coordenação geral), Vozes, Petrópolis 2000. Nas citações dos textos do Concílio Vaticano II, utilizamos a edição portuguesa apenas referida.

[2] Cf. *Bíblia Sagrada* – Tradução da CNBB, Loyola, São Paulo 2001. Os textos bíblicos utilizados na tese foram extraídos dessa tradução elaborada pela Conferência Episcopal Brasileira.

Apresentação

Foi com grande alegria e igual inquietação em termos de responsabilidade ética que aceitei o gentil convite de Mário Marcelo Coelho, amigo da causa bioética e da Teologia Moral no Brasil, para prefaciar sua obra *Ética cristã e pós-humanismo*. Trata-se, em sua substância, de sua tese doutoral, defendida junto à Academia Alfonsiana, em Roma, e que agora ganha visibilidade junto ao público universitário e acadêmico brasileiro com a publicação em formato de livro.

Tudo o que é *"bios* e *"pós"* tem gerado muita polêmica, discussão e inquietação na humanidade hoje. Vivemos na era do *"bios"*, com o extraordinário desenvolvimento tecnocientífico no âmbito das ciências da vida. Falamos de "biotecnologia", "biocombustíveis", "biodiesel", "bioética", entre outros. Também falamos de "pós-modernismo", de uma era pós-industrial", de uma sociedade "pós-cristã" e da chegada do "pós-humanismo", prometendo parar o relógio biológico do envelhecimento humano, oferecendo-nos *a la carte "Almas felizes em corpos eternamente jovens"*. Em outras palavras, trata-se da versão secularizada da salvação eterna, do cristianismo, na promessa de imortalidade terrena. Tenta-se decretar "a morte da morte". O que esse movimento transumanista tem de ideologia, utopia ou de esperança é um desafio que a ética tem pela frente em termos de fazer o devido discernimento.

Se até muito recentemente na história o ser humano era submisso à natureza e esta é que ditava a possibilidade e o limite de qualquer intervenção, hoje, com o poderio do novo conhecimento que adquirimos e instrumental técnico que descobrimos via biologia, genética com o projeto genoma humano, podemos intervir e mudarmos muitas coisas dessa natureza. O que seria permitido? O que nunca deveríamos fazer? O que seria inegociável? São perguntas éticas sérias a serem consideradas. Diante do acaso da natureza de ontem, temos, portanto, o novo cenário da responsabilidade humana, em que o referencial ético da prudência (salvaguarda da dignidade da pessoa humana) deve dialogar com a ousadia científica que deseja, por vezes de forma arrogante, mudar tudo. Ciência e ética não são antagônicas, muito pelo contrário, devem dar-se as mãos. Ciência com sapiência, isto é, com sabedoria ética, é o caminho que nos garante a preservação da dignidade do ser humano e o futuro da vida no planeta terra. É nesta linha de pensamento e abertura ética que o autor desta obra, Mário Marcelo Coelho, magistralmente desenvolve seus argumentos principais.

A temática escolhida para uma reflexão ética-teológica é altamente complexa, difícil, mas o autor tem o cuidado metodológico científico de definir com precisão os principais conceitos que entram em jogo nesta reflexão. Dessa forma, decodifica conceitos complexos, do âmbito da biologia, genética, engenharia genética e novidades, para que o leitor ou estudante de ética, bioética ou teologia moral tenha um entendimento correto do sentido dos conceitos e quais são os valores que estão em pauta na mesa de discussões. Este é o caminho de crescermos eticamente, a partir da construção de convicções profundas, e não ficarmos na mediocridade do pensamento banal e superficial do simples ser "a favor ou contra".

Outro aspecto que achei importante nesta obra é que se trata de um diálogo inteligente entre ética teológica e ciência. Ao longo da história fé e razão, religião e ciência, temos momentos de profundos conflitos, impasses e separações e julgamentos. Hoje, na contemporaneidade, não é mais a exclusividade do "ou/ou", ou seja, ou ciência ou fé, mas é o estabelecimento de uma aliança eticamente criativa e respeitosa entre estes dois universos de conhecimentos e valores que se apresenta como desafio. Portanto o autor se comunica e apresenta seus argumentos não a partir de um discurso dogmático, religioso, fechado em si mesmo. O autor inteligentemente apresenta suas convicções de valores a partir do conceito de pessoa, vida e dignidade humana, na perspectiva cristã católica, com muita serenidade.

Lembro-me, no ano 2000, quando foi encerrado o mapeamento do genoma humano, do Presidente dos EUA, Bill Clinton, saudando esse feito científico com estas palavras: "Hoje, estamos aprendendo a decifrar a linguagem que Deus usou para escrever o livro da vida". Ciência e Teologia de mãos dadas, longe de fundamentalismos e extremismos deletérios da dignidade do ser humano.

A arquitetura da obra está dividida em três momentos fundamentais, a saber: I. As pesquisas em genética molecular e o desenvolvimento da manipulação das características biológicas do ser humano; II. Uma apresentação das principais bases filosóficas e a concepção ético-teológica da dignidade humana; e, III. Reflexão ético-teológica sobre a manipulação genética.

O autor, na introdução de sua obra, já aponta para um importante desafio que temos hoje pela frente na área da bioética de inspiração teológica, uma séria fundamentação antropológica. "É preciso fundamentar a bioética numa antropologia teológica que considera a pessoa em sua totalidade e complexidade, pois a pessoa é uma das referências valorativas essenciais da bioética. A partir dessa

Apresentação

compreensão do ser humano, podemos estabelecer uma bioética capaz de avaliar os avanços da engenharia genética, fazendo um juízo do que verdadeiramente ajuda nossa humanidade e não ameaça nossa dignidade."

Intimamente ligado à questão antropológica está o conceito de dignidade humana, que o autor expõe "em conformidade com a antropologia da perspectiva da Igreja Católica, pois, acreditamos que esta visão abrange a pessoa humana de uma forma mais integral, não despreza a dimensão biológica e racional, muito pelo contrário, estabelece com essas ciências um diálogo aberto encontrando aqui dados importantes e necessários para a compreensão de pessoa".

Na conclusão retoma e reafirma que: "A dignidade não é um conceito inútil, e tem de ser salva do reducionismo inumano da ciência moderna ou, pelo menos, de mal-entendidos generalizados que ela realmente ensina. A compreensão do mistério da pessoa humana sugere cautela a respeito da manipulação genética em seres humanos, mesmo quando o fim é bom, de aliviar o sofrimento ou de proporcionar o avanço do conhecimento. A arrogância da ciência deve ser moderada pelo reconhecimento de que a ciência e a razão nunca serão capazes de compreender completamente as coisas mais importantes acerca do universo (...). Quando falamos de melhoramento genético não se trata simplesmente de uma questão de escolha ou de uma atitude ou decisão pró-vida ou pró-escolha. Nossa reflexão direciona-se para a concepção de pessoa que tem valor intrínseco, considerada em sua excelência, segundo a qual é imagem e semelhança de Deus, é digna de respeito pelo ser que se sustenta em sua natureza; devemos travar uma luta contra a eugenia e o futuro pós-humano que agride a pessoa em sua dignidade e sua sacralidade".

Enfim, aí estão alguns aspectos éticos que podem ser um estímulo para que leiamos e conheçamos esta obra. Faço votos que ela seja amplamente divulgada e conhecida nos meios acadêmicos e universitários de nosso país.

Ao finalizarmos esta apresentação, agradecemos a honra e o privilégio do convite de introduzir e motivar o(a) leitor(a) a entrar a assumir responsavelmente a discussão dos valores éticos no âmbito dos fantásticos progressos em curso, no âmbito da pesquisa na área da biologia e genética, e o sonho do pós-humanismo.

Leo Pessini
Professor Doutor no programa de Pós-Graduação
Stricto Senso em Bioética
(mestrado, doutorado e pós-doutorado
do Centro Universitário São Camilo (SP)

Introdução

O ser humano é matéria e mistério a serem desvelados, conhecidos, explorados e manipulados, assim como afirmam os bispos do Brasil: "A vida, em particular a vida humana, sempre foi um dos principais mistérios para a humanidade e, por isso, um de seus principais objetos de estudo, investigação e exploração. Nos tempos modernos, essa investigação passou a ser feita de vários métodos e formas. Trata-se de um conjunto de procedimentos sistemáticos que permitem que se chegue a um conhecimento sempre melhor do funcionamento dos fenômenos naturais".[1]

Vivemos o advento da engenharia genética na tentativa de identificar e manipular geneticamente os seres humanos, de conhecer sua identidade genética e por meio dela encontrar curas para as diversas doenças ou determinar as características individuais de interesse, ou criar o ser pós-humano. As conquistas das ciências tecnológicas repercutem fortemente em todas as dimensões da vida humana desde o campo da reprodução, passando pela fase adulta, com objetivos diversos e atingindo fortemente a fase terminal com técnicas cada vez mais sofisticadas de tratamentos de saúde e de cuidados com os pacientes. Percebemos uma generalização do vasto leque das biotecnologias, que são utilizadas na persecução de objetivos para além da terapia. Estes avanços são sempre acompanhados de reflexões éticas, pois "os progressos científicos no âmbito das neurociências, das ciências cognoscitivas, da genética, das biotecnologias e das cibertecnologias abrem novos cenários que formulam interrogações éticas inéditas".[2]

Por meio das técnicas a biotecnologia pode agir de forma indireta e direta sobre os processos da vida, recombinando, acrescentando, alterando e cancelando genes, produzindo medicamentos, vacinas, com ações sobre o corpo e muitos outros efeitos, e que estão disponíveis. A biotecnologia é capaz de proporcionar ao homem maior interferência sobre sua vida, diminuindo sua rendição às doenças e ao destino às vezes marcado pelos sofrimentos e oferecendo condições de tirar das mãos do acaso e da necessidade, aumentando sua capacidade de agir e

---

[1] CNBB - CONFERÊNCIA NACIONAL DOS BISPOS DO BRASIL, *Texto base da Campanha da Fraternidade 2008: Fraternidade e defesa da vida*, Brasília 2008, n.41.
[2] L. PALAZZANI, "Reflexões bioéticas sobre a *enhancement*. O mundo melancólico dos super-homens", in *L'Osservatore Romano*, 14 de novembro de 2009, 4.

trabalhar efetivamente em função de diferentes objetivos. Assim afirma *The U.S. National Science Foundation* "em que o aperfeiçoamento da performance humana torna-se possível, e tal aprimoramento é buscado com vigor, (a raça humana) poderia atingir a idade de ouro, que seria o ponto de virada para a produtividade e a qualidade de vida".[3]

A vida humana biológica tornou-se transformável. Vivemos o período comumente conhecido como "a era da biotecnologia", que projeta um futuro invocado como pós-humanismo ou transumanismo, como escreve Jonas, "uma nova capacidade bate à porta do reino vivente, inclusive da constituição física do ser humano; o controle biológico do ser humano, em particular o controle genético, levanta questões éticas completamente novas, para as quais nem a prática, nem o pensamento anterior nos têm preparado".[4]

Ainda uma vez vista a manipulação genética da pessoa humana no contexto de criar o ser pós-humano, são levantadas posições inquietantes e da mesma forma profundas quanto às questões éticas e sociais, especialmente sobre o significado de pessoa, de natureza, de dignidade, de responsabilidade, liberdade, vontade e do agir moral, além de outros como a autocompreensão do ser humano. Nos círculos acadêmicos a manipulação genética recebeu atenção sob a rubrica de aperfeiçoamento, entendido em contraposição à terapia. Este critério de divisão e definição é essencial para a compreensão dos efeitos das biotecnologias e para a avaliação ética. Baseando-se na distinção entre terapia e aperfeiçoamento genético é que teremos condições de fazer um julgamento moral justo.

Porém, as respostas às questões biotecnológicas não podem ser dadas de forma genérica, dependem de uma análise caso por caso, com especial atenção para os fins visados, o modo de intervenção e os meios utilizados para persegui-los. Em alguns casos o juízo é atribuído não só para o exercício individual de um objetivo particular, mas também para as consequências sociais que daí decorreriam.

A engenharia genética tornou-se central para os debates éticos e de políticas públicas, no que diz respeito à aplicação da transformação genética para a biomedicina e para a biotecnologia. Além disso, está também dando forma às ideias contemporâneas sobre como nossos genes prescrevem nossa humanidade. Jonas, em sua obra, fala de "um sonho ambicioso do *homo faber*, resumido na tese segundo a qual o ser humano deseja pegar nas mãos a própria evolução, não somente com a finalidade de conservar a espécie em sua integridade, mas também

---

[3] NATIONAL SCIENCE FOUNDATION, *Converging Technologies for Improving Human Performance: Nanotechnology, Biotechnology, Information Technology and Cognitive Science*, Arlington, VA, National Science Foundation, 2003, 6.

[4] H. JONAS, "Cloniamo un uomo: dall'ingegneria genetica", in *Tecnica, medicina ed etica*, Einaudi, Torino 1997, 122.

Introdução

para melhorá-la e transformá-la com base em um projeto próprio".[5] Entendemos que para os defensores do pós-humanismo, a natureza humana é um obstáculo a ser conhecido para ser superado.

A biotecnologia está avançando tão rapidamente que precisamos de um debate ético fundamentado em princípios de respeito à dignidade da pessoa, que nos ajudem a discernir entre as conquistas e intervenções que respeitem a humanidade das destrutivas e ameaçadoras ao próprio homem, agredindo-o e comprometendo o futuro do planeta. Por meio desses princípios, podemos lançar luzes sobre o significado não só de coisas que poderíamos fazer no futuro, mas também de coisas que já estamos fazendo no presente.

É preciso fundamentar a bioética numa antropologia teológica que considera a pessoa em suas totalidade e complexidade, pois a pessoa é uma das referências valorativas essencial da bioética. A partir desta compreensão do ser humano podemos estabelecer uma bioética capaz de avaliar os avanços da engenharia genética, fazendo um juízo do que verdadeiramente ajuda nossa humanidade e não ameaça nossa dignidade. Com tudo isso, acreditamos firmemente que a questão do futuro pós-humano é um dos grandes temas da contemporaneidade e que deve estar presente como objeto de avaliação da ética teológica.

1. Manipulação genética e dignidade humana

A palavra dignidade tornou-se uma espécie de slogan da bioética, tem sido utilizada no discurso ético, tanto na história do pensamento ocidental como na bioética contemporânea. O significado de dignidade humana pode ser examinado a partir de uma variedade de pontos de vista, pode ser explorado numa perspectiva abrangente ou considerado sobre um único paradigma. Pode ser abordado num contexto histórico, biológico, filosófico ou humanístico, e ainda do ponto de vista teológico. Pode considerar a dignidade no plano abstrato, ou seja, partindo de princípios, e aplicá-los nos casos concretos, individuais ou, a partir dos casos individuais, estabelecer princípios gerais. A dignidade pode ser defendida, criticada ou até mesmo negada.

Nossa intenção neste livro é apresentar uma concepção de dignidade em conformidade com a antropologia da perspectiva da Igreja Católica, pois acreditamos que esta visão abrange a pessoa humana de uma forma mais integral, não despre-

---

[5] IDEM, *Il principio di responsabilità: un'etica per la civiltà tecnologica*, Einaudi, Torino 2002, 28.

za a dimensão biológica e racional, muito pelo contrário, estabelece com estas ciências um diálogo aberto, encontrando aqui dados importantes e necessários para a compreensão de pessoa.

Entendemos que o principal uso da ideia de dignidade é para afirmar aquilo que é próprio de cada ser humano, um ser com dom racional, criado à imagem e semelhança de Deus, na condição de filho de Deus e vivificado pelo Espírito de Deus, e também para assegurar a forma naturalmente humana de estar no mundo, e com estes fundamentos estabelecer critérios sólidos na avaliação da manipulação genética que respeitem a pessoa. "Compreender a dignidade humana hoje é de suma importância, especialmente no campo da bioética. Quanto mais nos imergimos no mundo da biotecnologia, mais estamos sentindo que a dignidade humana está em risco, especialmente à luz dos poderes de intervenção nos corpos e mentes humanas de maneira que vão afetar nossa própria humanidade, provavelmente com situações ameaçadoras."[6]

Nos tempos atuais e sem precedentes, com os progressos da engenharia genética, cujos resultados já começaram a aparecer e estão a nossa frente, muitos conceitos que antes eram claros e pareciam inquestionáveis agora são retomados, questionados e revistos. A ciência fornece grandes mudanças na conceituação. Alguns são até mesmo excluídos dos debates por serem considerados superados ou inúteis, ao passo que esses mesmos conceitos são retomados e até reforçados por outros. Por isso, é necessária uma atenção especial para a dignidade humana em quase todas as áreas de interesse da bioética: medicina clínica, pesquisas utilizando seres humanos, as utilizações de novas biotecnologias terapêuticas, ou para os chamados aprimoramentos genéticos, transumanismo e atividades destinadas a alterar e transcender a natureza humana para criar o pós-humano.

Dignidade também é um conceito aberto e que levanta questões de alcance e precisão. Em nossas lutas contra a escravidão, guerras, o uso de seres humanos em pesquisas sem o consentimento, torturas, embora para muitos seja um assunto de direitos civis, na verdade é uma luta a favor do ser humano fundamentada em humanidade e dignidade.

São diversos os campos de ação das bioengenharias que se confrontam com o respeito à pessoa, porém, estabelecemos como limite de nosso trabalho a manipulação genética da pessoa para, a partir desta ação, realizar uma avaliação ético-teológica. O interesse deste livro é apresentar de que modo a engenharia

---

[6] Cf. L. R. Kass, "Defending Human Dignity", in The President's Council on Bioethics, *Human Dignity and Bioethics: Essays Commissioned by the President's Council on Bioethics*, Washington D.C. 2008, 298.
Obs.: Todas as citações que se referem ao "The President's Council on Bioethics" foram consultadas no texto disponível na internet: http://bioethics.georgetown.edu/pcbe/index.html. Também foram publicados em forma de livros.

Introdução

genética com suas ações, conquistas e consequências interfere na identidade da pessoa humana, agredindo-a em sua dignidade.

A questão central que perpassa nosso trabalho, tendo como foco a manipulação genética humana, consiste em como as modificações em nível genético podem influir sobre a natureza humana e agridem a pessoa em sua dignidade. Entendemos o termo "impacto" como expressão das ofensas ou agressões contra a dignidade da pessoa. Nossa base de distinção está entre o que agride e o que respeita a dignidade da pessoa humana em todas as suas complexidades e sacralidades.

Para isto, é preciso um aprofundamento sobre o significado do genoma humano na configuração da pessoa, o modo de ação da engenharia genética e uma discussão articulada sobre o sentido moral da manipulação genética. Apontamos para a categoria dignidade da pessoa humana imagem e semelhança de Deus como princípio da avaliação que indica em que direção devemos conduzir as biotecnologias. Ela identifica e incorpora a percepção da pessoa como uma totalidade na qual estão articuladas as dimensões física, racional e espiritual. O aprofundamento do princípio dignidade humana será baseado nos conceitos fundamentais de natureza e pessoa com bases filosóficas e teológicas.

As questões fundamentais sobre as quais indagamos são se certas formas de intervenção genética alterariam ou não a identidade da pessoa e/ou dos futuros indivíduos. Qual o tipo de invasão sobre o patrimônio genético da pessoa e quais características podem ser melhoradas ou alteradas? Qual o limite entre intervenção terapêutica e de aprimoramento? Existe um espaço entre a terapia e a alteração que é eticamente justificável manipular? Quais as fronteiras entre tipos de ações que são aceitáveis ou permitidas e tipos de ações que não são permitidas? Toda intervenção que envolve a estrutura biológica da pessoa reflete sobre sua identidade e sua integridade?

2. Metodologia de apresentação

Para responder às premissas anteriormente levantadas e avaliar a problemática da manipulação genética, objeto de nosso estudo, precisamos num primeiro momento descrever a situação das biotecnologias com todo o seu desenvolvimento, técnicas, benefícios, riscos e discussões éticas, pois entendemos a necessidade de se ter um mínimo de conhecimento das atividades biotecnológicas. E, para compreender a tecnologia que cada vez mais se desenvolve na descoberta da estrutura genética do homem, a engenharia genética, tornam-se necessários também clarificar alguns conceitos básicos e importantes.

Para obtermos o objeto de estudo, utilizamos dos resultados conquistados com a engenharia genética publicados nas revistas especializadas e credenciadas, nos jornais e nos debates da sociedade. Queremos fazer uma análise não de todas as conquistas da engenharia genética, mas somente daquelas que julgamos interferir diretamente no patrimônio genético da pessoa. Para essa análise, o método de pesquisa empregado é o descritivo, nossa intenção é descrever tecnicamente as principais conquistas da engenharia genética e que estão relacionadas diretamente com o genoma humano. Estes estudos são importantes para a definição da identidade genética humana.

No intuito de elaborar a reflexão antropológico-teológica acerca da pessoa humana, entender o significado do genoma na configuração da pessoa, aprofundar o conceito de dignidade e estabelecer os critérios para a avaliação da manipulação genética, precisamos buscar o conhecimento dos princípios éticos nas literaturas filosófica e teológica na tentativa de aplicá-los na avaliação ético-teológica da manipulação genética. Para isto, é importante apresentar as bases filosóficas como dados importantes do pensamento cristão, dos conceitos de natureza, pessoa e dignidade humana e interpretar alguns textos do Magistério Católico quanto aos temas que estão ligados diretamente com o interesse do nosso estudo. Terá como ferramenta fundamental a atual reflexão teológico-moral com a utilização dos instrumentos oferecidos pela teologia e pelas ciências humanas. Queremos uma ética-teológica baseada na racionalidade humana e que tem a Bíblia, a Tradição e o Magistério da Igreja como fontes, e daí partir para a práxis cristã no seguimento de Jesus Cristo.

Por fim, faremos a avaliação ético-teológica da manipulação genética e os possíveis elementos que a influenciam. Tendo como objeto a manipulação genética, será feita a aproximação teológica específica baseada nas pesquisas antropológicas, filosóficas e teológicas. Nosso interesse é conhecer o quanto das técnicas de manipulação genética agride a dignidade da pessoa humana. Para efetivarmos nossa avaliação ético-teológica é importante conhecermos, além dos objetivos buscados e o resultado final a ser conquistado, o modo e o tipo de intervenção sobre o genoma humano. Sabemos que essas modalidades agem diretamente sobre o patrimônio genético da pessoa de tal forma que podem alterar até mesmo a identidade genética e, consequentemente, a integridade do genoma humano como uma das formas de agressão à pessoa.

Temos consciência do desafio que está a nossa frente. As pesquisas científicas avançam de forma assustadora, em particular no campo da genética molecular. São muitos os dados fornecidos pelos cientistas, a cada dia diferentes pesquisas

Introdução

são realizadas e os resultados, apresentados. Em muitas situações as conclusões das pesquisas se convergem e se confirmam, portanto, em outras situações e não poucas, as conclusões se divergem ou até mesmo se contradizem. Tudo isso faz parte do método da pesquisa.

3. Divisões de estudo e conteúdo

Nosso livro é articulado em *três capítulos* distintos. A exposição está organizada conforme segue.

O *primeiro capítulo* desenvolve sobre as pesquisas em genética molecular e a evolução da manipulação das características biológicas do ser humano; evidencia a compreensão de alguns conceitos e técnicas que julgamos necessários na compreensão das ciências biológicas. Nosso interesse é descrever alguns conceitos usuais pela engenharia genética e importantes para nosso estudo. Faz um levantamento de algumas situações ao longo da história de técnicas que agem diretamente no patrimônio genético e no corpo da pessoa; apresenta uma parte das ciências biológicas, que é objeto direto de nosso estudo ético, a engenharia genética, e dos progressos científicos no âmbito das neurociências, das ciências cognoscitivas, da genética, das biotecnologias e das nanotecnologias que abrem novos cenários, que formulam interrogações éticas inéditas, mostrando a quanto e por onde andam as pesquisas biotecnológicas.

O *segundo capítulo* expressa a apresentação das principais bases filosóficas e uma antropologia teológica como fundamentos para a compreensão da dignidade humana, pois a ideia de dignidade tem um histórico filosófico e teológico rico em sua tradição e atual em sua interpretação. Neste item nos interessa a partir de dados da filosofia e da teologia, interpretar os textos e aprofundar a ideia de natureza, pessoa e dignidade humana.

É necessário também identificar os diferentes usos, definições e interpretações que têm sido feitos nos últimos anos com a ideia de dignidade da pessoa; assim, podemos distinguir os diversos conceitos. Para isso, é importante trazer para nossa reflexão algumas diretrizes básicas para a compreensão de dignidade com contribuições importantes de autores que se dedicaram a refletir acerca da compreensão de pessoa e de dignidade humana, com destaque para Immanuel Kant, pela grande contribuição ao conferir ao homem uma dignidade intrínseca e racional; Peter Singer, por apresentar uma ética utilitarista e que se contrapõe à visão antropocêntrica do ensinamento do Magistério Católico; e Jürgen Habermas, ao combater a eugenia liberal. Há muitos outros estudiosos importantes e influentes, escolhemos esses que se dedicaram a refletir sobre a compreensão de pessoa e de dignidade humana e por entendê-los relevantes para a reflexão do tema aqui proposto.

O discurso antropológico da teologia deve ter um diálogo aberto com diversas outras ciências na formulação do conceito de pessoa. A antropologia teológica trabalha sobre a profundidade do ser: origem e fim, riquezas e limites, aspirações e linguagem, comportamentos, mas à luz da revelação divina. Para a fundamentação teológica, destaca alguns textos do Magistério Católico que iluminam nossa compreensão de pessoa e dignidade humana e que nos ajudam a refletir e avaliar as diversas técnicas que agem diretamente na natureza humana.[7]

A partir de nossa identidade ontológica, buscamos entender o que nos caracteriza realmente como pessoas humanas. Numa compreensão antropológico-teológica de pessoa em sua totalidade, torna-se necessário entender também o significado de corporeidade para a dignidade da pessoa humana e, nesta compreensão, perceber as diversas interferências que acontecem na natureza humana e os impactos em sua dignidade.

O *terceiro capítulo* elabora uma reflexão ético-teológica sobre a manipulação genética e os possíveis elementos que a influenciam como princípios fundamentais para a avaliação da manipulação genética e de suas consequências. Sabemos que os objetivos buscados, o grau de intervenção e o resultado final a ser conquistado influenciam significativamente a avaliação ético-teológica. São grandes os desafios encontrados diante dos avanços tecnológicos e que estão no campo da bioética. Como avaliar a manipulação genética a partir do modo e do tipo de intervenção, das intenções e consequências? Podemos falar de alteração de pessoa ou criação de uma nova raça? Qual a contribuição da literatura teológica católica para uma avaliação ética da manipulação genética? A partir dos princípios ético-teológicos que fundamentam a bioética, apresentamos algumas situações concretas que surgiram com os avanços da biotecnologia e como podemos avaliá-los dentro da perspectiva de dignidade humana.

Com as novas biotecnologias, o homem é capaz de interferir até mesmo na identidade genética e com consequências para a integridade genética da pessoa. Um novo conceito de pessoa está sendo configurado pelas ciências biológicas. Por isso, conhecer a conexão entre a identidade genética e de pessoa para a com-

---

[7] Nos textos: *Gaudium et Spes* sobretudo nos números 16 e 50; também *Veritatis Splendor*, n. 48-50; o mistério do homem em *Gaudium et Spes*, n. 22, nos documentos *Donum Vitae* (1987), *Evangelium Vitae* (1995), *Dignitas Personae* (2008) e *Em busca de uma ética universal: Novo olhar sobre a lei natural* (2009).

preensão de dignidade humana é essencial para afrontarmos as biotecnologias que agem diretamente no patrimônio genético humano com a intenção de produzir o pós-humano.

Quando o método de aprimoramento genético tornar-se uma rotina em nossa sociedade, como método natural em nossas clínicas de produção, outros conceitos ou definições também farão parte dos debates e serão questionados, como, o conceito de saúde, como avaliar o estado de saúde, integridade, forma física etc.

Este livro não tem a pretensão de esgotar o assunto, mas abrir horizontes para ulterior aprofundamento. Mesmo assim foi desenvolvido com o rigor científico a partir da reflexão ético-teológica, na perspectiva de oferecer subsídios para a realidade que se apresenta a nós e que influencia na compreensão de pessoa, com consequências importantes na vida de cada ser humano e da humanidade. Nossa tarefa é dar uma contribuição a este debate, partindo de fundamentos racionais e da fé e, com isto, ajudar a sociedade a refletir de forma responsável e livre sobre os valores que envolvem a manipulação genética, ou seja, o que queremos e como queremos.

As pesquisas em genética molecular e o desenvolvimento da manipulação das características biológicas do ser humano

Para a compreensão do significado e das consequências da manipulação genética em seres humanos e antes de afrontar com os princípios ético-teológicos, é necessário um conhecimento mínimo de alguns termos e técnicas utilizados pela bioengenharia. Portanto, interessa-nos neste primeiro capítulo, num primeiro momento, descrever acerca das pesquisas em engenharia genética e da evolução da manipulação das características biológicas do ser humano. Para isso, é importante dissertar alguns conceitos e técnicas que julgamos necessários na compreensão das ciências biológicas; depois fazer um levantamento de algumas situações históricas e atuais das técnicas que agem diretamente no corpo da pessoa e, por fim, apresentar uma parte das ciências biológicas, em particular a engenharia genética, com os questionamentos éticos levantados, que são o objeto de nossa avaliação ético-teológica.

Vivemos uma realidade que está a nossa frente, interpela-nos e interfere em nossa vida e na vida da sociedade, a era da biotecnologia, chamada por muitos como tempos dourados. Nunca como hoje a humanidade dispôs de tantos conhecimentos acerca dos mistérios da vida e nunca teve tanto poder de interferência sobre eles. Para compreendermos o que está acontecendo em nossa vida e na história no campo da biogenética, é só olharmos a nossa volta que percebemos as altas tecnologias dos exames clínicos, os óculos, aparelhos olímpicos, fármacos etc.

A engenharia genética, como conjunto de técnicas que permitem modificar o DNA (ácido desoxirribonucleico) não é algo que surgiu agora, existem precedentes importantes na história. Em meados do século XIX inicia-se um grande processo rumo ao conhecimento biológico do ser humano, quando Gregor Mendel (1822-1884) descobriu as leis da hereditariedade, passo decisivo para a biogenética e fundamental na compreensão do chamado livro da vida.

Em 1953, Watson e Crick[1] identificaram a estrutura básica do DNA e descobriram a maneira como a vida biológica se estrutura e se transforma. O DNA

---

[1] Em 25 de abril de 1953, James Watson e Francis Crick publicaram na revista *Nature* o modelo da molécula de DNA, pelo qual receberam o Prêmio Nobel em 1962.

é uma molécula formada por duas cadeias na forma de uma dupla hélice. Essas cadeias são constituídas por um açúcar (desoxirribose), um grupo fosfato e uma base nitrogenada (Timina, Adenina, Citosina e Guanina). Essas bases nitrogenadas configuram-se como duas fitas sobrepostas, mas ligadas por duas outras bases horizontais (açúcar e fósforo). As informações contidas no DNA são transferidas para as proteínas, por meio de um ácido denominado RNA (ácido ribonucleico) mensageiro que transmite a informação genética armazenada no DNA, a base da engenharia genética. Portanto, o DNA que contém as informações é o objeto de manipulação pela engenharia genética e que nos interessa conhecer.

Outro grande avanço em termos de biogenética aconteceu em 1973, quando ocorreu a descoberta do DNA recombinante, ou seja, a capacidade de ligar dois ou mais segmentos de DNA, gerando molécula capaz de replicação autônoma em hospedeiro, com a possibilidade de fragmentar e reconstituir novamente uma molécula de DNA. A tecnologia do DNA recombinante possibilita a obtenção de organismos com características novas encontradas ou não na natureza; isso permite uma nova alternativa para o melhoramento genético das espécies de interesses biotecnológicos.

Foi no século XX com o mapeamento genético do genoma humano que aconteceu o grande estouro das biociências e biotecnologias, então muitas perguntas sobre o que é e quem é o homem destacaram-se no mundo das biociências, da filosofia e da religião. Os questionamentos continuam, as respostas são agora procuradas em diferentes esferas, não mais nos mitos, nos deuses, na filosofia ou na teologia, mas dentro do próprio homem, nos genes ("sou os meus genes"). Com o advento da biotecnologia e o desenvolvimento da informática, o DNA já não é mais visto como algo somente físico ou químico, mas como um transmissor de informações, e tornou-se objeto de uso nas mãos do homem.

1. Alguns conceitos ou definições

1.1. Biotecnologia

A palavra biotecnologia, em sua origem grega, *bios* (vida), *techno* (técnica) e *logos* (estudo), literalmente significa: *o estudo das técnicas aplicadas ao estudo da vida*. Biotecnologia pode ser definida como um conjunto de processos e produtos que dá o poder de alterar e controlar os fenômenos da vida nas plantas, nos animais e, de forma cada vez mais crescente, nos seres humanos. Mas, embora o termo seja novo, o conceito de biotecnologia é tão antigo quanto as razões que estão por trás dela. É um elemento central da visão humanista moderna que efetuou a fusão entre a busca do conhecimento e o desejo humano de derrotar as doenças, aliviar os sofrimentos e prolongar a vida.

Sendo biotecnologias as técnicas capazes de agir sobre a vida, onde reside a vida objeto da técnica? Conforme a biologia, a vida reside numa longa molécula de DNA que forma os cromossomos, dobrada no centro de cada uma de nossas células. Nessa fita química estão inscritas as etapas de nossa vida. Ela é o suporte dos genes que recebemos de nossos antepassados. Ali repousam dezenas de milhares de instruções que definem nossas características físicas, dirigem a fabricação de proteínas e contêm os fundamentos sobre os quais nosso corpo é construído.

> Desde quando, em meados do século XIX, o abade agostiniano Gregor Mendel descobriu as leis da herança das características, a ponto de ser considerado o fundador da genética, esta ciência deu realmente passos de gigante na compreensão daquela linguagem que está na base da informação biológica e que determina o desenvolvimento do ser vivo. É por este motivo que a genética moderna ocupa um lugar de particular realce no âmbito das disciplinas biológicas que contribuíram para o prodigioso progresso dos conhecimentos a respeito da arquitetura invisível do corpo humano e para os processos celulares e moleculares que presidem a suas múltiplas atividades.[2]

No decorrer do século XX o mundo passou pelo que se pode chamar de revolução biotecnológica, que viabilizou a decifração e o mapeamento do genoma humano e a possibilidade de realizar a manipulação genética em seres vivos, especialmente em humanos. Também proporcionou a descoberta de remédios como a penicilina, as técnicas de transplantes etc. As ciências biomédicas trouxeram para a realidade biológica a possibilidade de fazer combinações de genes em uma mesma espécie ou em espécies distintas, antes incompatíveis. Todo este contexto de mudanças aponta para um futuro, não muito distante, no qual se possa modificar a realidade humana, reinventar o homem e a natureza a partir de sua essência bioquímica, portanto, um futuro muito próximo. Essas pesquisas estão cada vez mais desvelando o ser humano em sua natureza biológica. O ritmo acelerado e sem restrições do progresso científico, no que tange às ciências biológicas, irá colocar o ser humano diante de suas próprias origens e da possibilidade, cada vez mais concreta e próxima, de manipulá-lo.

---

[2] BENTO XVI, "Discurso aos participantes na Assembleia Plenária da Pontifícia Academia para a vida", 22 de fevereiro de 2009, in *L'Osservatore Romano*, 28 de fevereiro de 2009, n. 9, p. 7.

Com as conquistas biotecnológicas também estamos aprendendo a controlar o desenvolvimento de embriões humanos *in vitro,* e isso pode tornar possível a clonagem de seres humanos, a criação de quimeras homem-animal e a gestação de fetos humanos em útero artificial ou animal. Estamos montando um arsenal crescente de drogas psicoativas que modulam o comportamento, a atenção, a memória, a cognição, a emoção, o humor, a personalidade e outros aspectos de nossa vida interior. Estamos adquirindo a capacidade de selecionar genes indesejáveis, de fazer combinações de genes em embriões antes do implante e, no futuro, dirigir a linha germinativa, provocando modificações genéticas. Seremos capazes de modificar o genoma humano, de modo a aumentar a resistência a doenças, alterar a altura e o peso, aumentar a força muscular, prolongar o tempo de vida, aguçar os sentidos, estimular a inteligência, ajustar a personalidade etc.

A inseminação artificial, a fecundação *in vitro* e a transferência de embrião (FIVET) e a engenharia genética são estágios consequentes de uma revolução cujo produto final, às vezes incerto, é um objeto de produção, manipulação e consumo. O homem ficará reduzido à condição de mero instrumento de um desejo, "uma existência absolutamente programada, minuciosamente pormenorizada, que eliminará valores extraordinariamente importantes da pessoa, como a capacidade de improvisação, de admirar-se, de poder enfrentar o inesperado, de viver com espontaneidade, de manter-se receptivo ao novo".[3]

Pellegrino, professor de medicina e ética médica, fala de três usos das biotecnologias:[4] 1) terapia das doenças; 2) satisfação dos desejos dos pacientes e não pacientes para o potenciamento de algumas características somáticas ou mentais, ou algumas condições que desejam aperfeiçoar e; 3) no futuro, o remodelar a natureza humana e, portanto, o potenciamento das espécies.

Abrangendo os processos e produtos biológicos, a biotecnologia é também uma perspectiva conceitual e ética, formada pelas aspirações desenvolvimentistas. Assim entendida, a biotecnologia não se firma em seus processos e produtos, é uma forma também de capacitação humana para certos valores de interesse.

Podemos olhar para frente com perspectivas importantes para o desenvolvimento humano, bem como novos e mais precisos tratamentos para as mais diversas doenças. Avanços na neurociência com novos e poderosos tratamentos mentais e de comportamento, remédios para doenças perturbadoras da mente humana, engenhosos dispositivos nanotecnológicos implantáveis no corpo humano e no cérebro alargam as esperanças de superar a cegueira e a surdez e, de modo mais

---

[3] M. J. M. ALMARAZ, *Aspectos civiles de la inseminación artificial y la fecundación in vitro,* Bosch, Barcelona 1988, 18.
[4] E. PELLEGRINO, "Oltre la terapia: è lecito il potenziamento umano?", in J. THAM, & M. LOSITO, (a cura di), *Bioetica al futuro. Tecnicizzare l'uomo o umanizzare la tecnica?* Libreria Editrice Vaticana, Città del Vaticano 2010, 227.

genérico, reforçar as capacidades humanas nativas da mente e do físico. Talvez em breve os *chips* utilizados em computador serão implantados no corpo e no cérebro, e, no futuro previsível, para não prolongar apenas a média, mas também a qualidade e a expectativa máxima de vida.

Porém, juntamente com o progresso da técnica, surgem problemas morais consideráveis. Em primeiro lugar, as descobertas científicas levantam desafios para a autocompreensão humana. Como exemplo, os novos conhecimentos acerca da função cerebral e como vão apresentar-se diante de nossa noção de livre-arbítrio, de comportamento e de responsabilidade moral pessoal. As perspectivas biotecnológicas, além dos grandes benefícios para o tratamento de doenças genéticas herdadas, levantam em algumas pessoas receios ou preocupações com a eugenética. De fato, os novos conhecimentos e as novas competências biotecnológicas incidem diretamente sobre a pessoa humana e de maneira que podem afetar nossa própria identidade de pessoa.

Abordando a ética para a era tecnológica, Casals traz o tema para a esfera da responsabilidade individual, dizendo que "se trata de atingir o equilíbrio entre o extremo poder da tecnologia e a consciência de cada um, bem como da sociedade em seu conjunto: Os avanços tecnológicos nos remetem sempre à responsabilidade individual, bem como ao questionamento ético das pessoas envolvidas no debate, especialmente aquelas que protagonizam as tomadas de decisões".[5]

A exigência de uma vigilância ética consiste em que a biotecnologia ameaça a ordem natural das coisas e parece sugerir que tudo pode ser reinventado pela ciência e pelo homem, dono da máquina. Há um problema real aqui, um potencial conflito entre a ciência e a tecnologia moderna, por um lado, e os motivos para defender a dignidade humana, por outro. Portanto, as técnicas da revolução biotecnológica, que são as mais justificáveis, são as que mais seguramente seguem o curso da natureza e do respeito da unidade misteriosa do homem como corpo e alma.

A biotecnologia pode realmente nos fornecer maneiras de mudar nossa natureza de forma indigna e que prometem aumentar nosso conforto, segurança e felicidade. Nosso espírito de resistência a essas mudanças em nossa natureza certamente será insuficiente, animado pela frase, "direitos naturais".[6] As tecnologias são muito diferentes, de modo que elas raramente são consideradas em conjunto; para se fazer uma avaliação dos processos tecnológicos é necessário conhecer as ações e os efeitos que os acompanham e fundamentar numa correta visão de pessoa.

---

[5] J. M. E. CASALS, "Una ética para la era tecnologica. Santiago", in *Cuadernos del Programa Regional de Bioética* (OPS/OMS) 5 (1997), 65-84.
[6] Cf. L. R. KASS, *La sfida della bioetica: La vita, la libertà e la difesa della dignità umana*, Lindau, Torino 2007, 314-315.

1.2. Biologia molecular

Para entendermos engenharia genética e sua ação supomos também um pouco de esclarecimento acerca dos princípios fundamentais da biologia molecular. Todo organismo vivo é formado por células; a quantidade de células varia entre os organismos vivos de somente uma célula, como é o caso das bactérias, a até bilhões de células, como é o corpo humano. Dentro de cada célula no citoplasma, encontramos o núcleo que contém o código genético sob a forma de DNA, que ordena de forma particular cada indivíduo, diferencia uma pessoa da outra e apresenta informações genéticas que condicionam a constituição de cada um. Por exemplo, no ser humano, em cada célula do corpo, contém 46 cromossomos (23 pares: 22 autossomos e um par sexual, sendo XX no sexo feminino e XY no masculino), todos diferenciados e por isso numerados (dado importante na compreensão do projeto genoma humano). *O cromossomo é o material hereditário responsável por conservar, transmitir e expressar a informação genética específica para cada espécie.* Os 23 pares de cromossomos que são formados pelos genes controlam a embriogênese, desenvolvimento, crescimento, reprodução e metabolismo, essencialmente todos os aspectos do que faz o ser humano um organismo em funcionamento.

O gene é uma unidade física e funcional do material hereditário que determina as características do indivíduo que são transmitidas de geração em geração. É a unidade fundamental da hereditariedade. Cada gene é formado por uma sequência específica de ácidos nucleicos (contêm a informação genética). Os genes controlam não só a estrutura e as funções metabólicas das células, mas também todo o organismo. Quando presentes em células reprodutivas, eles passam sua informação para a próxima geração.

O que caracteriza geneticamente uma espécie é seu genoma. Genoma humano refere-se a realidades diversas, interligadas entre elas, basicamente em dois aspectos: o material genético típico da espécie humana, tomado em sua totalidade e com suas infinitas variações individuais, organizado em moléculas filamentosas particulares, conhecidas como ácidos nucleicos (DNA e RNA), e as informações que este mesmo material genético contém. O elemento fundamental para a determinação de cada espécie biológica, inclusive a espécie humana, é a informação contida em seu genoma.

De forma simplificada, o trabalho da engenharia genética consiste basicamente em localizar cada gene com sua função específica, isolar e manipular de acordo com os interesses, como alterar, cancelar, acrescentar, modificar, com-

*As pesquisas em genética molecular e o desenvolvimento da
manipulação das características biológicas do ser humano*

binar etc. Conhecendo a localização de cada gene e sua função, o homem pode agir diretamente sobre eles efetuando a mudança genética dirigida conforme os interesses.

Numerosos estudos no campo da biologia molecular com a possibilidade do rastreamento (*screening*) genético dos embriões ou gametas aumentaram a capacidade de detectar a presença (ou ausência) dos marcadores genéticos desejados ou indesejados, no caso de doenças genéticas, processo que acontece por intermédio do diagnóstico genético pré-implante (DGPI; em inglês *Preimplantation Genetic Diagnosis* – PGD). O DGPI já é usado para servir a dois objetivos relacionados à criança, para pré-selecionar o sexo dela e para gerar uma que poderia servir como compatível da medula óssea e/ou para doação de sangue para um irmão doente. O uso de DGPI e FIVET para ir da prevenção de doenças para a melhoria do bebê é conceitualmente simples, pelo menos em termos das técnicas de *screening*, e não exige nenhuma mudança no procedimento. Mais e mais pessoas estão usando dessas tecnologias não apenas para superar a infertilidade, mas com a intenção de selecionar embriões livres de determinados "defeitos" genéticos. Com o DGPI podemos conhecer as condições do embrião e do feto quando ainda se encontra no seio da mãe ou antes, possibilita a previsão de algumas doenças, intervenções terapêuticas ou melhorativas com maior antecedência e mais eficazmente.[7]

Além de detectar mais doenças genéticas, os novos poderes da engenharia genética também são capazes de detectar um número crescente de marcadores genéticos (uma porção de DNA que tem sequência e posição dentro do genoma conhecido). *É uma técnica utilizada para seguir determinada doença ou gene, para identificar um lócus genético*, que estatisticamente se correlaciona com a presença (ou ausência) de determinados traços hereditários desejáveis ou não (por exemplo, estatura, magreza, corpo, longevidade e até mesmo temperamento, e, eventualmente, inteligência). Ao longo dos anos, mais e mais características da pessoa serão identificadas com o auxílio de DGPI, incluindo desejáveis marcadores genéticos para a musicalidade, inteligência e assim por diante, bem como marcadores indesejáveis para a obesidade, miopia, daltonismo etc.

O conhecimento das estruturas dos genes com suas funções específicas e a possibilidade de seleção genética também permitirão a muitos casais escolherem os filhos com as características que desejam. As tecnologias genéticas foram e estão sendo elaboradas, principalmente, com a intenção de produzir mais crianças

---

[7] THE PRESIDENT'S COUNCIL ON BIOETHICS, *Human Cloning and Human Dignity: An Ethical Inquiry,* Washington D.C., 2002. Relevante discussão encontra-se no Chapter Five, The Ethics of Cloning-to-Produce-Children.

saudáveis, filhos melhores ou os superbebês, ou apenas crianças livres de doenças graves e deformidades, tudo graças aos grandes avanços no campo da biologia molecular. Questões estas de relevância para nosso estudo sobre a manipulação genética humana com objetivos terapêuticos ou melhorativos.

Quanto mais descobrimos sobre a genética humana, mais informações temos sobre nossa constituição genética, e essas informações podem ser adquiridas por meio do rastreamento (*screening*) genético ou por meio dos testes genéticos, suscitando debates em torno da manipulação, da confidencialidade, do direito de privacidade, do consentimento da pessoa e da ética da impressão digital genética. Estas são questões éticas mais debatidas entre cientistas, legistas e a vida pública em geral.

1.3. Tecnologias e pesquisas científicas

O que é tecnologia? De acordo com os dicionários, seu significado de partida é do início do século XVII, "discurso ou tratado sobre a arte ou as artes", ou ainda "estudo científico das artes práticas e industriais". Somente no século XIX o termo passou a designar as artes práticas como um todo, que é o "conjunto de procedimentos, planos e métodos subjacentes às realizações práticas de uma arte, de uma ciência ou ramo de atividade. O termo deriva da união do grego *techne*, que significa arte, em particular aquela destinada para fins práticos em contraposição às artes figurativas – carpintaria ou sapateiro em vez de poesia ou dança – e *logos*, que significa articulação da linguagem e do raciocínio discursivo".[8] Porém, pesquisa científica é o uso da tecnologia para a realização concreta de uma investigação planejada, desenvolvida e redigida de acordo com as normas da metodologia aprovadas pela ciência. Atividade que permite elaborar um conjunto de conhecimentos que nos auxilie na compreensão da realidade e nos oriente em nossas ações.

Os avanços alcançados pelos desenvolvimentos científico e tecnológico nos campos da biologia e da saúde, principalmente nos últimos trinta anos, têm colocado a humanidade diante de situações até pouco tempo inimagináveis. As mais renomadas revistas científicas publicam a cada dia novas descobertas de princípios ativos de algumas doenças, a descoberta de medicamentos mais eficazes, genes responsáveis por características específicas e o controle de doenças até então fora de controle. Essas novas descobertas trazem esperanças de melhoria da

---

[8] L. R. KASS, *La sfida della bioetica...*, 51.

As pesquisas em genética molecular e o desenvolvimento da manipulação das características biológicas do ser humano

qualidade de vida, afastamento da morte, mas por outro lado despertam dúvidas e temores que precisam ser analisados com responsabilidade em vista da própria vida do ser humano.

Segundo Garrafa,[9] Hans Jonas foi um dos autores que se debruçaram com mais propriedade sobre esse tema, ressaltando a impotência da ética e da filosofia contemporâneas ante o homem tecnológico, que possui tantos poderes não só para desorganizar como também para mudar radicalmente os fundamentos da vida, de criar e destruir a si mesmo. Ao mesmo tempo em que gera novos seres humanos por meio do domínio das complexas técnicas de fecundação assistida, agride diariamente o meio ambiente do qual depende a manutenção futura da espécie. O surgimento de novas doenças infectocontagiosas e de diversos tipos de câncer, assim como a destruição da camada de ozônio, a devastação de florestas e a persistência de velhos problemas relacionados com a saúde dos trabalhadores (como a silicose) são invenções desse mesmo homem tecnológico, que oscila suas ações entre a criação de novos benefícios extraordinários e a insólita destruição de si mesmo e da natureza.

Percebemos certa contradição nas conquistas científicas, ou seja, duas situações em uma mesma ação, com a mesma técnica pode construir e/ou destruir. As pesquisas científicas também já estão disponíveis como instrumentos de bioterrorismo (superorganismos geneticamente patogênicos ou drogas que podem destruir o sistema imunológico ou apagar a memória), como agentes de controle social (tranquilizantes para os indisciplinados ou bloqueadores/fertilidade para os pobres) e como meio para melhorar ou aperfeiçoar nossos corpos e mentes e as das crianças (esteroides, para a estrutura do corpo ou estimulantes para realização de exames intelectuais). Estas revelações nos questionam a respeito de como agir diante das pesquisas científicas, proporcionando-lhes certa liberdade de ação, e ao mesmo tempo controlar.

Não podemos negar que os últimos 50 anos formaram o período no qual mais se aprofundou o conhecimento científico sobre a própria vida, em particular a vida humana, que melhorou em termos de qualidade para a maioria das pessoas. Período com maiores resultados positivos para a saúde da humanidade, com as descobertas de novas vacinas, medicamentos, tratamentos para várias doenças, aparelhos de alta capacidade para diagnósticos antecipados de doenças e tantas outras. Também está sendo um período onde mais está reivindicando-se o respeito à pessoa em sua dignidade e seus direitos vitais, educacionais, trabalhistas, jurídicos, culturais e religiosos.

---

[9] Cf. V. GARRAFA, "Bioética e ciência: até onde avançar sem agredir", in L. E. COSTAS; V. GARRAFA; G. OSELKA, _Iniciação à bioética_, Conselho Federal de Medicina, Brasília 1998, 99-110.

Deve-se, portanto, incentivar o desenvolvimento das pesquisas científicas dentro dos limites da ética humana e, ao mesmo tempo, freá-la quando há desrespeito à pessoa e a seus direitos. É o que afirma Küng, deve-se avançar de uma ciência eticamente livre para outra eticamente responsável; de uma tecnocracia que domine o homem para uma tecnologia a serviço da humanidade e do próprio homem (...); de uma democracia jurídico-formal a uma democracia real que concilie liberdade e justiça.[10]

Por um lado, existe uma bioética radical que se justifica basicamente na afirmação de que tudo aquilo que pode ser feito deve ser feito. Analistas mais radicais da tecnologia sustentam que a técnica moderna foge por princípio do controle humano. Se uma coisa é possível, é também necessária. De fato, Jonas defendeu enfaticamente que os efeitos profundos e globais da tecnologia do século XX transformaram toda a escala de valores e o significado do agir humano, portanto, é necessário ensinar uma nova ética, centrada na responsabilidade, nos confrontos de todo o planeta. Seu imperativo categórico? "Não comprometa as condições de uma continuação indefinida da vida humana na terra."[11]

O grande debate relacionado com a questão da pesquisa científica não está na utilização em si de novas tecnologias, mas no sujeito que se utiliza da técnica para alcançar objetivos. O controle ético tem de acontecer sobre o sujeito, ou seja, o pesquisador. "A ciência e a técnica, no entanto, não podem prescindir da ética, sob pena de transformarem-se em armas desastrosas para o futuro da humanidade nas mãos de minorias poderosas e/ou mal-intencionadas."[12]

No Brasil existe uma resolução com critérios éticos que regulamentam as pesquisas clínicas com seres humanos estabelecidos pelo Conselho Nacional de Saúde (CNS).[13] A resolução incorpora, sob a ótica do indivíduo e das coletividades, os quatro referenciais básicos da bioética: autonomia, beneficência, não maleficência e justiça, entre outros, e visa a assegurar os direitos e deveres que dizem respeito à comunidade científica, aos sujeitos da pesquisa e ao Estado.

O *princípio da autonomia* preserva o direito da pessoa de decidir seu destino e a capacidade para governar-se. O princípio da justiça norteia o dever da sociedade de garantir distribuição equitativa dos benefícios dos avanços tecnocientíficos e da assistência à saúde. Os *princípios da beneficência* (*bonum facere*) e o *da não maleficência* (*non nocere*) são propostos como princípios universais a serem considerados na análise bioética dos impactos provocados pelos avanços das pesquisas.

---

[10] Cf. H. KÜNG, *Projeto de uma ética mundial*, Paulinas, São Paulo 1994.
[11] H. JONAS, *Il principio de...*, 40.
[12] V. GARRAFA, "Bioética e ciência...", 105.
[13] Cf. Resolução CNS n. 0196/96, de 10 de outubro de 1996, nos termos do Decreto de Delegação de Competência de 12 de novembro de 1991.

As pesquisas em genética molecular e o desenvolvimento da manipulação das características biológicas do ser humano

As pesquisas envolvendo seres humanos devem atender às exigências éticas e científicas fundamentais. A ponderação entre riscos e benefícios, tanto atuais como potenciais, individuais ou coletivos, comprometendo-se com o máximo de benefícios e o mínimo de danos e riscos. Este princípio estabelece a obrigação moral de agir em benefício dos outros, exigindo que os riscos da pesquisa sejam minimizados em função dos benefícios almejados, salvaguardando o bem-estar dos pacientes. A pesquisa científica não deve só promover benefícios, mas dar a garantia de que os danos previsíveis serão evitados.

Em se tratando de exigências éticas e científicas nas pesquisas, torna-se urgente estabelecer aspectos fundamentais da eticidade em pesquisa, que buscam defender a dignidade da pessoa humana. Vidal, tendo em vista o Magistério de Pio XII e a reflexão moral atual, faz uma síntese a respeito da avaliação moral da pesquisa científica levando em conta os seguintes critérios: "O supremo critério para discernir sobre a moralidade de um experimento é a consideração do homem como pessoa. Toda experimentação que converta o ser humano em objeto não tem a garantia da autenticidade humana. Unicamente tem sentido aquela experimentação que aceite e busque a dignidade da pessoa. Não existe nenhum outro valor que justifique a redução do homem a objeto".[14]

Buscar o domínio da natureza é o desejo de muitos pesquisadores com o intuito de libertar o homem do acaso e da necessidade naturais, sejam tanto internos quanto externos. Libertar o homem do cansaço físico e da fome, das doenças e da depressão, libertar do risco de morte, são objetivos positivos e funcionam a favor da própria condição de saúde da humanidade, e são de fácil subsistência. Porém, entendemos que "a investigação fundamental para a moral e o significado humano da evolução e do comportamento da ciência biomédica e da tecnologia é a de se esforçar para desenvolver uma profunda e global compreensão das questões consideradas e articular plenamente o complexo e muitas vezes concorrentes posições morais a respeito de um determinado assunto".[15]

A pesquisa científica pode ser avaliada a partir de vários ângulos, fundamentada na dignidade da pessoa, ou a partir do paradigma biotecnocientífico, ou considerando somente os limites e possibilidades, ou nas esferas política, econômica, jurídica, ou com base somente no bem-estar particular ou da sociedade. Independentemente do paradigma, em respeito à humanidade, valorizando o que foi

---

[14] M. VIDAL, *Moral de atitudes: ética da pessoa,* Vol. II, Santuário, Aparecida 1981, 413-415.
[15] D. DAVIS, "Human Dignity and Respect for Persons: A Historical Perspective on Public Bioethics", in THE PRESIDENT'S COUNCIL ON BIOETHICS, *Human Dignity and Bioethics...,*28.

conquistado ao longo do tempo, requer que as pesquisas científicas contemplem os fundamentos éticos que respeitem o ser humano em base a uma antropologia que considera o homem em sua totalidade.

Nosso comportamento particular acerca da vida humana é diluído no espaço e no tempo. Hoje, compreendemos que a ética seja capaz de lançar luzes sobre os vários aspectos da vida humana, da consciência e da moralidade humana em um momento significativo quando grandes progressos estão sendo realizados nas pesquisas científicas.

Os avanços das pesquisas genéticas promovem, portanto, a crescente mobilização social com respeito à absorção dos resultados dessas pesquisas – reações positivas com respeito aos benefícios alcançados e reações negativas quanto aos riscos. Quando se tratam de riscos, não se está lidando apenas com as incertezas científica e tecnológica, mas também com as incertezas ética e moral.[16] A biotecnologia e as manipulações genéticas compreendem um conjunto de técnicas que certamente influenciarão o futuro direcionamento das pesquisas.

A força da ciência e da técnica está, exatamente, em apresentar-se como uma lógica de libertação, que nos pode levar a sonhar para o futuro, inclusive com a imortalidade, e por isso se torna necessário retomar o que Sgreccia escreve: "Jamais a ética foi tão importante na medicina, na biologia e na sociedade: as descobertas científicas fizeram que a moral, a que se preocupa com a vida, se tornasse de interesse para todos, problema de importância prioritária na sociedade, e da sociedade em nível mundial".[17]

1.4. Conceito de manipulação

A palavra manipular equivale a manejar, usar, preparar com as mãos, influenciar. Preparar substâncias mediante a mistura de ingredientes com o uso ou a influência da mão. Manipular, operar com as mãos ou com qualquer instrumento, usado em diversos ofícios, ciências, artes, como em outros. Em si, somente os objetos são suscetíveis de manejo.

Manipular também se refere à forma com que se relaciona com o outro, é tratar uma pessoa ou um grupo de pessoas como se fossem objetos, a fim de dominá-los facilmente. Em sentido figurado e familiar: manejar os negócios a seu modo; inter-

---

[16] S. H. C. SCHOLZE & M. A. T. MAZZARO, "Bioética e normas regulatórias: reflexões para o código de ética das manipulações genéticas no Brasil", in *Parcerias e Estratégias* 16 (2002), 13-41, 15.
[17] E. SGRECCIA, *Manual de Bioética I – Fundamentos e Ética Biomédica*, Loyola, São Paulo 1996, 215.

As pesquisas em genética molecular e o desenvolvimento da manipulação das características biológicas do ser humano

vir com meios hábeis e às vezes com astúcia na política, na sociedade, no mercado etc., geralmente para servir aos interesses próprios ou alheios.[18] Não podemos esquecer o lugar central da manipulação de consciências nas sociedades totalitárias, tanto reais quanto imaginárias, e a forma como essa manipulação foi efetuada.

Do latim *manipulus, manipulare,* e seu significado original está relacionado com a ideia de uma coisa que se leva na mão. A ação correspondente, *manipulare, manipulatio*, referir-se-ia à ação e à arte de combinar ou manejar esses elementos para obter um resultado especial. Daí a ideia de tratamento, elaboração, manejo e transformação. O manipulador é aquele que sabe combinar os diferentes elementos dos objetos.

Como vimos, a expressão manipulação do homem é ambígua e imprecisa. O uso que dela se faz manifesta um leque de significados que vão do campo das ciências naturais ao crítico social. O conceito de manipular costuma utilizar-se com uma qualificação expressamente negativa, no entanto, nem sempre tem essa conotação pejorativa. Vidal faz as seguintes análises da manipulação: em seu sentido restrito, falta de criticidade por parte do manipulado – a manipulação é um contravalor ético. No sentido mais amplo, a manipulação não tem necessariamente conotação negativa, é, moralmente, neutra – pode ser boa ou má. O imperativo moral da liberdade humana obriga a suprimir o domínio da manipulação no sentido estrito e ampliar continuamente o âmbito da liberdade.[19]

O específico do conceito de manipulação é a ausência ou supressão de toda a dimensão crítica por parte do manipulado e a assunção ou aceitação de tal acriticidade por parte do manipulador. Com isso, a modificação do próprio homem, que pode ser entendida como a autoprogramação ou como uma influência irracional e acrítica. Ao passo que conscientização é a dimensão personalizada do humano, a manipulação é o polo negativo, é a expressão da redução do humano a simples objeto.

Muitas vezes o termo manipulação genética recebe o sentido pejorativo, portanto, é um referimento injusto, sabemos o quanto de bem já adquirimos com essa técnica. A manipulação ou o domínio da tecnologia dos ácidos nucleicos trouxe muitos benefícios para a humanidade, a capacidade de manejar ou operar com instrumentos os genes possibilitou grandes avanços biogenéticos.

Para Sgreccia, "a expressão 'manipulação genética' é muito genérica e não pode significar outra coisa senão uma intervenção qualquer (manipular = manusear, transformar com as mãos) sobre o patrimônio genético".[20] O que significa

---

[18] Cf. G. Higuera, "Ética y manipulación humana", in *MscComillas* 43 (1985), 419-436.
[19] Cf. M. Vidal, *Dicionário de moral: Dicionário de ética teológica*, Santuário, Aparecida 1992. Verbete: Manipulação.
[20] E. Sgreccia, *Manual de Bioética I...*, 213ss.

dizer, em outras palavras, que *todo e qualquer tipo de ação humana que provoque uma modificação ou qualquer outro tipo de intervenção* que possa resultar em alteração das condições naturalmente existentes no patrimônio genético de um determinado ser vivo, seja em caráter definitivo ou temporário, poderá ser considerado como manipulação genética.

Manipulação genética de forma genérica pode significar também outras intervenções acerca da vida nascente, como, por exemplo, a procriação artificial, a manipulação ginecológica, que direta e propriamente não implica intervenções sobre o código genético, mas sobre os gametas e sobre os embriões, a fim de assegurar a procriação ou a condução do experimento. Também pode aproveitar-se da procriação artificial, sobretudo da procriação *in vitro*, para realizar intervenções sobre o código genético dos embriões ou nos gametas.[21]

1.5. Conceito de nanotecnologia

Um dos instrumentos poderosos de uso da tecnologia é a nanotecnologia. É a capacidade potencial de criar coisas a partir do minúsculo, usando as técnicas e ferramentas desenvolvidas para colocar cada átomo e cada molécula no lugar desejado. Hoje é possível manipular átomos em experiências com objetos minúsculos; temos uma grande quantidade de máquinas microscópicas, como os circuitos de um *chip* de computador. Maiores mudanças acontecerão quando os instrumentos de uso encolherem para poucos nanômetros.

Em nossos dias, falamos em revolução invisível, não a podemos ver nem tocar. Mas está por toda parte, dentro de nós e até mesmo em uma melancia na feira; são efeitos de uma das mais poderosas atividades tecnológicas, as chamadas nanomáquinas. Um nanômetro é uma medida como outra qualquer, o centímetro, o metro e o quilômetro. O prefixo nano, que em grego quer dizer anão, *refere-se a (1) um bilionésimo de metro*. É uma tecnologia importante para a informática, a medicina, a química, a física quântica, nas indústrias que criam protótipos aeroespaciais, refinarias e tantas outras áreas. Na medicina encontra-se nos aparelhos para diagnosticar determinadas doenças, as quais não podem ser detectadas apenas com base em sintomas e exames comuns, na produção de remédios e, claro, para a manipulação dos genes.

---

[21] Para conhecer as possibilidades de manipulação genética *sensu lato* que pode afetar o homem como sujeito direto de investigação, consultar o quadro apresentado por J. R. LACADEMA, "Manipulação genética", in M. VIDAL, et al, *Ética teológica: conceitos fundamentais,* Vozes, Petrópolis 1999, 421.

A nanotecnologia, que pode ser usada para reparar um olho danificado ou na robótica para substituir um membro perdido, poderia tão facilmente ser usada para melhorar nossa visão ou aumentar nossa força além do normal. É uma tecnologia que pode ser usada para melhorar a capacidade existente e adicionar inteiramente novas habilidades.[22]

A ideia de uma máquina do tamanho de uma bactéria com o poder de se reproduzir e de andar por dentro das pessoas tem gerado muita polêmica. Será possível monitorar tudo o que acontece pelo mundo, inclusive dentro do próprio corpo humano. Temos também a possibilidade dos nanorrobôs que se autoduplicam sem a ajuda do homem, como bactérias; como escreve Azevedo, "os robôs invisíveis serão como vírus e bactérias, estarão por todos os cantos, afirma o diretor do Laboratório de Robótica Molecular da Southern University of California, nos Estados Unidos, Aristides Requicha".[23]

A nanotecnologia apresenta duas finalidades, uma relativamente benigna e outra o potenciamento desastroso. No primeiro caso, os nanotecnólogos constroem minúsculos motores robóticos que, por exemplo, são capazes de conduzir agentes quimioterápicos até as células tumorais, de modo seletivo. Também se podem construir novas formas moleculares, as moléculas de carbono puro, a *Buckyball* (trata-se de qualquer molécula composta inteiramente de carbono), ou os nanotubos (*Buckyball* em sua estrutura cilíndrica, formada por átomos de carbono), com propriedades extraordinárias. São as aplicações mais conhecidas da nanotecnologia e também as mais simples. Possuem alta resistência à tensão mecânica, podem ser condutores ou semicondutores e ter aplicações em circuitos micro e nanoeletrônicos.

Outra direção da nanotecnologia é mais radical. Sua finalidade é a de produzir máquinas biológicas dos pedaços selecionados de moléculas do DNA que podem ser usados para fazer praticamente "qualquer" coisa que o homem deseje. Esta possibilidade é muito atraente para aqueles que buscam refazer completamente a natureza humana e dar aos homens a possibilidade de realizar seus sonhos, isto é, uma condição de imortalidade sem idade e sem doenças.[24]

Uma das aplicações interessantes e polêmicas da nanotecnologia acontecerá quando pudermos construir máquinas pequenas a ponto de se ligarem diretamente aos neurônios, "ligação entre cérebro e computador para potenciar a inteligência humana; possibilidade de hibernação para permitir viajar no tempo; manipu-

---

[22] Cf. R. NAAM, *More Than Human: Embracing the Promise of Biological Enhancement*, Broadway Books, New York 2005, 189-205.
[23] E. Azevedo, Revolução invisível, in http://super.abril.com.br/ciencia/vez-homo-ciberneticus-441708.shtml (20/12/2010).
[24] Cf. E. PELLEGRINO, "Oltre la terapia...", 235

lação do patrimônio hereditário com intervenção sobre os genes".[25] Poderemos fazer uma conexão entre o mundo das máquinas e o mundo biológico e transmitir o que estamos pensando para as máquinas e ter acesso a elas diretamente por meio do cérebro. O computador poderá saber o que estamos pensando e fazer o que desejamos, como descobrir informações e colocá-las na tela ou informar por voz. Para os futuristas, começaremos a produzir *cyborgs*, com uma consciência humana-máquina. São previsões não muito longe de serem atingidas, graças ao poder da engenharia genética. Assim, os seres humanos estão à beira de uma transformação transumana.[26]

1.6. Eugenia, um novo *apartheid* genético

Quando falamos em melhoramento genético humano outro termo que quase sempre entra em questão é o problema da eugenia, hoje chamada de eugenética. Neste item queremos apresentar a definição do termo eugenia e suas implicações para a sociedade. É um tema de grande interesse quando o assunto é o pós-humano, pois é no âmbito da eugenia que muitas conquistas da engenharia genética são avaliadas.

Temos consciência de que, ao mesmo tempo em que o progresso científico traz benefícios, também começa a colocar em alerta o homem do século XXI acerca de sua vulnerabilidade. O uso inadequado da informação genética pode gerar perigos e preconceitos diversos, tais como: o reducionismo e determinismo genético, eugenismo, estigmatização e *discriminação por condições genéticas*.[27]

Para além das dificuldades técnicas de realização, com todos os relativos riscos reais e potenciais, surge, sobretudo, o fato de que certas manipulações favorecem uma mentalidade eugenética e introduzem uma indireta marca social no confronto dos que não possuem habilidades particulares. *São discriminações fundadas no patrimônio genético*, que tendem a considerar a existência de níveis ou graus genéticos melhores ligados a um determinado padrão. É o jogo genômico destinado a "colocar o eugenismo a serviço do liberalismo".[28] Esta nova eugenia, ou eugenética, é um dos grandes desafios que a manipulação genética traz para a bioética.

---

[25] J. R. C. Pinto, "Questões atuais de ética médica", citado por L. A. Bento, *Bioética: Desafios éticos no debate contemporâneo*, Paulinas, São Paulo 2008, 174.
[26] Cf. C. Rubin, "Human Dignity and the Future of Man", in The president's Council on Bioethics, *Human Dignity and Bioethics…*, 156.
[27] Cf. J. S. de Oliveira & D. Hammerschmidt, "Genoma humano: eugenia e discriminação genética", in *Revista Jurídica Cesumar* 8/1 (2008), 176-192, 177.
[28] J. Testart, "O fantasma do apartheid genético", in *Le Monde*, 19 abril 2007.

As pesquisas em genética molecular e o desenvolvimento da manipulação das características biológicas do ser humano

O termo eugenia vem do grego que significa "bem nascido". Essa teoria aparece no século XIX, quando o antropólogo inglês Sir Francis Galton (1822-1911) cunha o termo e afirma ser "a ciência da purificação racial". Considerado o fundador da eugenia ao defini-la como "o estudo dos agentes sob o controle social que podem melhorar ou empobrecer as qualidades raciais das futuras gerações, seja física ou mentalmente".[29] Também lançou as bases da eugenia após publicar o livro *Hereditary Genius* (*Gênios hereditários* – 1833), no qual defende que "talento e capacidade são heranças genéticas". A ideia fez sucesso em vários países, e a maioria dos geneticistas do começo do século XX adotou sem problema de consciência a perspectiva de Galton (Morgan, Fischer, Haldane, Muller, C. B. Davenport, K. Lorenz), a tal ponto que foram criadas "sociedades eugênicas" inglesas e nos Estados Unidos criados planos para esterilizar débeis mentais.[30] Sabemos das consequências desse princípio como as "leis da eugenia". Com essa ideia gerou-se o que denominamos de falsa ciência, violência, opressão e assassinato. A história da humanidade é rica de ensinamentos a esse propósito, assim como afirma o filósofo G. Santayana, "quem não conhece a história está condenado a repeti-la".[31]

A eugenia apresenta-se de dois modos em função da finalidade buscada: a chamada *eugenia negativa*, que envolve a eliminação sistemática dos assim chamados "traços biológicos indesejáveis"; e, a *eugenia dita positiva*, que se preocupa com a aplicação de uma reprodução seletiva ou melhoramento genético, de modo a aprimorar as características de um organismo ou espécie.

O jornalista Edwin Black, em seu livro *A guerra contra os fracos*,[32] faz uma categórica advertência que não podemos ignorar: Vozes destacadas no campo da tecnologia genética acreditam que a humanidade está destinada a uma divisão genética que permitirá que uma raça ou espécie superior exerça o domínio sobre um grupo inferior da humanidade. Elas falam de uma evolução autodirigida, em que a tecnologia genética é aproveitada para corrigir incomensuravelmente a humanidade e, depois, imensuravelmente aperfeiçoá-la. Muito já é completamente possível: a terapia genética, a análise embrionária em caso de doença hereditária e mesmo a modificação de genes responsáveis por comportamentos adversos, como a agressão e a compulsão a jogar.

Hoje, muitos preferem usar o termo *neoeugenia* para caracterizar o novo tipo de eugenia promovida por meio da engenharia genética, que, com o conhecimento cada

---

[29] Cf. F. GALTON, *Inquiries into human faculty and its development,* AMS Press, New York 1973.
[30] Cf. H. LEPARGNEUR, "Ética e engenharia genética", in *O mundo da saúde* 22/4 (1998), 234-244, 243.
[31] G. SANTAYANA, *A Vida da Razão*, vol. I, c. XII, Forgotten Books, New York 1905, 284.
[32] Cf. E. BLACK, *A guerra contra os fracos: a eugenia e a campanha norte-americana para criar uma raça superior*, Girafa Editora, São Paulo 2003, 697-701.

vez mais amplo e preciso acerca do genoma humano, tem possibilitado o melhoramento genético do indivíduo e com isso a formação de dois grupos de pessoas, os normais e os melhorados, com a discriminação dos primeiros, a chamada discriminação genética.

A escolha de características fenotípicas, a eugenia positiva, dos indivíduos poderia levar ao aumento dos preconceitos e discriminações, além de trazer a violência a que estão associados esses termos. Esse acontecimento certamente proporcionaria o prevalecimento de um padrão racial sobre outros no processo de escolha dos padrões genéticos. Em tal seleção, portanto, acham-se implícitos juízos de valor preconceituosos que seriam inevitavelmente transferidos para as relações sociais. A engenharia genética se tornaria parte do sonho utópico do projeto moderno científico e político para refazer o homem de acordo com esquemas de racionalidade perfeita e um corpo perfeito. Em todo o caso, esta mentalidade certamente redutiva, mas presente em diversas intervenções, tende a considerar que existem pessoas que valem menos que outras.

2. Aspectos sócio-históricos e científicos

Apresentaremos a seguir algumas considerações relevantes ao longo da história e que relatam as grandes descobertas biotecnológicas e a ação do homem com o intuito de conhecer e dominar o corpo humano na tentativa de vencer as doenças. Estas conquistas biotecnológicas nos fornecem conhecimentos fundamentais que nos ajudam a compreender as intervenções do homem sobre a natureza física do homem.

2.1. Transfusão de sangue

Dentre as primeiras experiências terapêuticas com o sangue, temos registrado seu emprego desde séculos passados, quando foi obtido sangue de três jovens para dar vida ao papa Inocêncio VIII, que se encontrava enfermo. Essa experiência não obteve sucesso por ter sido totalmente empírica. Em 17 de dezembro de 1666, Richard Lower, um pesquisador que estudava as possibilidades de se passar o sangue de um animal para outro, publicou os resultados de seus trabalhos no *Philosophical transactions*. No ano seguinte, em 22 de julho, Jean Denis, professor de Filosofia e Matemática em Montpellier, médico de Luís XIV, fez um relato a respeito de uma transfusão de sangue de animal para homem, com ocorrência de reação hemolítica, gerando a suspensão das experiências hemotérapicas por um grande período, até dezembro de 1818, quando a primeira transfusão sanguínea de um homem para outro foi realizada por Blundell, em Londres.[33]

---

[33] E. D. R. P. LIMA, M. B. MAGALHÃES, D. D. NAKAMAE, "Aspectos ético-legais da retirada e transplantes de tecidos, órgãos e partes do corpo humano", in *Revista latino-americana de enfermagem* 5/4 (1997), 5-12, 5.

As pesquisas em genética molecular e o desenvolvimento da manipulação das características biológicas do ser humano

Sabemos que a célula sanguínea é um elemento vital ao homem e imprescindível à manutenção da vida, possuindo elementos constitutivos que beneficiam o organismo no qual recebe o sangue. Quanto aos cuidados médicos, a transfusão de sangue é considerada como um transplante de órgão que envolve adaptação do receptor, riscos, além dos inúmeros benefícios para o receptor. O controle de doação e recepção do sangue deve seguir os princípios éticos dos transplantes de órgãos, como os princípios da autonomia, beneficência, não maleficência e justiça. Uma doação voluntária e não remunerada, com consentimento informado do doador e do doente, sempre buscando o melhor para a pessoa enferma. Responsabilidade ética do doador sobre o receptor, ou seja, o doador deverá dar todas as informações necessárias para a segurança do receptor. A seleção dos doadores sempre baseada em critérios médicos, e doadores e receptores devem ser notificados quanto à ocorrência de qualquer problema durante os procedimentos.

Foram grandes as reflexões ao longo da história em relação à transfusão de sangue, com questionamentos religiosos até hoje em evidência e ainda não aceitos por alguns. A posição de algumas denominações religiosas em relação ao uso de sangue na medicina, a concepção de sede da vida, levantou várias questões de ordem médica, ética e legal ao longo dos anos. Aqui já fica claro que o debate em torno da compreensão da vida é histórico, polêmico e também simbólico, envolvendo conceitos religiosos, médicos e éticos em torno da concepção de vida e de pessoa.

2.2. Transplante de órgãos

Os séculos XX e XXI são os séculos do esplendor da ciência e a medicina apresentou avanços enormes nos tratamentos de saúde. No atual momento histórico da medicina, uma das áreas de maior progresso técnico-científico e que pode ser considerada um verdadeiro milagre é a do transplante de órgãos. Transplante é um assunto de grande importância na saúde moderna, proporcionando significativos benefícios para os pacientes, proporcionando-lhes expectativas no prolongamento e na qualidade da vida.

O termo transplante foi utilizado pela primeira vez em 1778 pelo inglês John Hunter (1728 - 1793), pesquisador, anatomista e cirurgião. _Transplante é a intervenção mediante a qual se enxerta em organismo humano (receptor) uma parte de outro organismo (doador), podendo este ser de origem humana ou animal, quer vivo_ *ou morto, ou até mesmo mecânico.* Em sentido amplo, transplante pode ser definido como "deslocamento de uma parcela maior ou menor de tecido ou de um órgão de uma parte do corpo para outra ou de um organismo para outro".[34]

A transplantação de órgãos visa essencialmente a socorrer pessoas com doenças terminais que afetam órgãos vitais (coração, rins, pâncreas, fígado etc.); é usada também para melhorar a qualidade de vida do paciente (transplante de ossos) ou mesmo para estética (transplante de pele).[35] As partes enxertadas no receptor podem ser: células, pequenas regiões de tecido, de pele, de cartilagens, ossos, córneas, válvulas cardíacas etc.; órgãos inteiros (rim, fígado, coração, pâncreas e genes). Numerosos transplantes já foram realizados com verdadeiro sucesso.

Mesmo com todo o aperfeiçoamento das técnicas de transplantes, ainda nos deparamos com alguns problemas relevantes: a insuficiência de órgãos para satisfazer as necessidades, os critérios de estabelecimento de morte, a compatibilidade doador-receptor, demora nas listas de espera, o transporte do órgão, o acompanhamento do paciente pós-transplante (manter o sistema imunológico do paciente controlado para evitar uma possível rejeição), entre outros.

O papa João Paulo II, em discurso aos participantes do XVIII Congresso Internacional sobre os transplantes em agosto de 2000, ressaltou a grandeza do gesto de amor e solidariedade que se expressa de forma concreta pela doação de órgãos. O papa cita a encíclica *Evangelium vitae:* "Merece particular apreço a doação de órgãos feita segundo formas eticamente aceitáveis, para oferecer possibilidade de saúde e até de vida a doentes, por vezes já sem esperança".[36] Qualquer intervenção de transplante de órgãos, diz o papa, tem geralmente origem numa decisão de grande valor ético: "A decisão de oferecer, sem recompensa, uma parte do próprio corpo, em benefício da saúde e do bem-estar de outra pessoa".[37] Nisto consiste a nobreza do gesto que se configura como um autêntico ato de amor e elimina toda a possibilidade de comercialização de órgãos.

Para se fazer a avaliação ética é preciso considerar os diferentes tipos de transplantes. Com base na afinidade genética entre doador e receptor os diferentes tipos de transplantes se distinguem em: *autotransplante* (autoplástico, autoenxerto, homólogo), quando o doador e o receptor são a mesma pessoa (p. ex. transferem osso, pele, medula óssea, músculo etc.); *heterotransplante* (heteroplástico, heteroenxerto), quando acontece a transladação de órgãos de um organismo para o outro, ou seja, o

---

[34] J. ESPINOSA, *Questões de Bioética*, Quadrante, São Paulo 1998, 46.

[35] Cf. M. M. COELHO, *Xenotransplante: Ética e teologia*, Loyola, São Paulo 2004, 22.

[36] JOÃO PAULO II, Carta encíclica *Evangelium Vitae:* sobre o valor e a inviolabilidade da vida humana, Paulinas, São Paulo 1995, 86.

[37] IDEM, "Discurso ao I Congresso Internacional sobre os Transplantes de Órgãos", in *L'Osservatore Romano*, 11 de agosto de 1991, n. 3, p. 5.

doador e o receptor são seres diferentes. Estes podem ser: *homoplástico*, quando o transplante é feito entre indivíduos de uma mesma espécie; no caso de humanos geralmente se chama *homotransplante*; ou *aloplástico*, quando o transplante é feito de um indivíduo de uma espécie para outro indivíduo de espécie diferente; neste caso, o doador pode ser um animal; também se chama *xenotransplante*.[38]

2.2.1. Autotransplantes

É o transplante em que o doador e o receptor são a mesma pessoa, ou seja, quando apenas se transfere pele, osso, medula, músculos etc., de uma parte do organismo para outra. Os *transplantes realizados dentro do mesmo organismo*, não apresentam qualquer problema moral, desde que não seja arbitrária a decisão dos médicos, mas que tenha um sentido humano. Neste caso, o princípio da totalidade ou terapêutico por si só justifica a liceidade dos autotransplantes, mesmo que tenha o caráter estético. Esse princípio comporta a obrigação consequente da não disponibilidade do próprio corpo, se não por um bem maior do mesmo corpo ou por um bem maior, moral superior, relativo à própria pessoa. Há necessidade também de avaliação dos riscos que esta técnica apresenta se forem compensados pelas vantagens.[39]

2.2.2. Heterotransplantes

O transplante de órgãos tem características diversas perante outras questões médicas, ou seja, não está restrito, em sentido clínico, à relação paciente-médico, depende ainda de um terceiro fator externo, que é o doador de órgãos. Embora transplantes sejam baseados em técnicas que são comuns na medicina, não podem ser realizados sem doações de órgãos.

Quando se trata de transplantes de pessoas vivas, ou seja, cujo doador é uma pessoa viva, Vidal[40] afirma que a avaliação moral está fundamentada em dois princípios que se integram mutuamente: o primeiro é o *princípio da indisponibilidade da vida própria* e da própria integridade funcional. Este princípio preserva a vida da pessoa doadora. Para o autor, se a ciência protege a saúde do doador, não existe motivo de iliceidade. O corpo do doador mantém suas funções fundamentais, ainda

---

[38] Cf. J. ESPINOSA, *Questões...*, 46; M. VIDAL, *Dicionário de Teologia Moral*, Paulus, São Paulo 1997, Verbete: Transplante de órgãos, 1237-1240; S. M. FILHO RAMOS, *Estudo bioético da legislação*,5.

[39] Cf. R. R. ORDUÑA, E. L. AZPITARTE, & F. J. E. BASTERRA, *Práxis cristã II: opção pela vida e pelo amor*, Paulinas, São Paulo 1993, 185.

[40] Cf. M. VIDAL, *Dicionário de Teologia Moral...*, Verbete: Transplante de órgãos.

que doando uma parte importante dele; o segundo é *a solidariedade*, em virtude da qual cada um é chamado a dar algo de si a quem disso necessita; é um amar-se mútuo até o sacrifício de si mesmo. Por isso, mais do que falar de liceidade nesse tipo de transplante, além do princípio da totalidade, poder-se-ia falar com maior verdade do princípio da *solidariedade*, da *socialidade* e da *caridade*.

Quando se trata de transplantes de *doador cadáver*, não existe nenhuma lei divina ou moral que proíba tal intervenção, "a extração de um órgão do corpo de um sujeito morto não lesa nenhum direito subjetivo propriamente dito".[41] Nesse tipo de transplante, o grande dilema médico e ético é o benefício para o receptor ao receber o órgão em comparação aos riscos, assim avaliado por Orduña: "No momento de julgar a conveniência moral de um transplante a partir de um cadáver, o aspecto fundamental para o qual se deve atentar deveria ser a influência desse transplante sobre o bem-estar do doente, comparando-se a situação atual com as previsões no caso de realizar ou não o transplante".[42]

Esse tipo de transplante apresenta também como dilema moral estabelecer o momento da morte da pessoa doadora; quanto a isso, a Igreja confia à medicina que, dentro dos princípios éticos, desenvolva tecnologias capazes de determinar com maior precisão possível a morte encefálica da pessoa e quanto a seu consentimento.

Para os dois tipos de transplantes apresentados, ao referir-se às pessoas envolvidas (doador e receptor), o papa João Paulo II expressa ainda "a necessidade de um consentimento informado. A autenticidade humana de um gesto tão decisivo requer, de fato, que a pessoa humana seja adequadamente informada a respeito dos processos nele implicados, a fim de exprimir de modo consciente e livre seu consentimento ou sua recusa. O consentimento dos parentes tem seu próprio valor ético, quando falta a opção do doador. Naturalmente, um consentimento com características análogas deverá ser expresso por aquele que recebe os órgãos doados".[43]

2.2.3. Xenotransplantes

Uma das alternativas ao transplante de órgãos é a utilização de órgãos de origem animal, os denominados xenotransplantes. É um termo técnico que significa um tipo específico de transplante. *Xeno* é de origem grega (*Xénos:* estranho, estrangeiro) e transplante vem do latim (*Trans - plantare:* plantar em outro lugar).

---

[41] *Ibidem.*

[42] R. R. ORDUÑA, E. L. AZPITARTE, & F. J. E. BASTERRA, *Práxis cristã II...*, 186.

[43] JOÃO PAULO II, Discurso aos participantes do XVIII Congresso Internacional sobre transplantes, 29 agosto de 2000.

As pesquisas em genética molecular e o desenvolvimento da manipulação das características biológicas do ser humano

Assim o termo xenotransplante é empregado para significar a transferência de elementos ou órgãos de um corpo para outro corpo estranho. Especificamente, o xenotransplante é o _transplante de um órgão ou tecido, ou células, de um animal para outro de espécie distinta_. Entende-se normalmente que tal transferência se faça dos animais para os seres humanos.[44]

Com relação aos riscos, o problema maior está relacionado com a rejeição e a possibilidade de infecção própria de animais, as conhecidas xenozoonoses, que aparecem em humanos a partir do xenotransplante, particularmente as infecções virais, pois os vírus podem causar sérias doenças se transmitidas a novas espécies. Assim, as questões éticas relativas ao xenotransplante são relevantes, não tanto pela técnica de engenharia genética, mas pelos riscos de contaminação possíveis e de rejeição.[45]

Além de problemas científicos, o xenotransplante levanta questões de natureza teológica, antropológica, psicológica, ética e jurídica. A reflexão sobre os aspectos teológicos representa o núcleo mais importante para nosso debate. Questões específicas relacionadas com o xenotransplante em sua avaliação ética podem receber valiosa contribuição da ética teológica cristã, especialmente no que diz respeito aos aspectos antropológicos.

Outro grande progresso no campo das biotecnologias que pode favorecer um ulterior desenvolvimento do xenotransplante referem-se, sobretudo, à produção de suínos transgênicos por genes humanos que inibem a rejeição. Animais transgênicos têm adicionados a seu patrimônio genético genes humanos com a finalidade de imitar o funcionamento do organismo humano, evitando a rejeição do órgão pelo receptor. Além das discussões envolvendo possíveis impactos no patrimônio animal, alguns princípios teológicos também são levantados, são interrogativas de cunho estritamente religioso, questão como a _"humanização" de animais_.

Compreendemos que o enxerto de células, tecidos e órgãos de animais no ser humano não altera sua identidade ontológica, o que realmente pode ocorrer é um impacto de ordem psicológica, devendo haver acompanhamento pós-enxerto, sobretudo quando se trata de órgãos que contêm um grau simbólico de maior expressão. Alguns órgãos são simplesmente efetores, outros, além de sua função orgânica, apresentam também uma forte carga simbólica. Órgãos como gônadas e regiões do encéfalo, por implicarem em substantiva alteração na identidade da pessoa, não poderão ser licitamente transplantados.[46]

---

[44] Cf. M. M. COELHO, _Xenotransplante..._, 56.

[45] Cf. PONTIFICIA ACCADEMIA PER LA VITA, _La prospettiva degli xenotrapianti – Aspetti scientifici e considerazioni etiche_, 26 settembre 2001.

[46] M. M. COELHO, _Xenotransplante..._, 126-127.

2.2.4. Transplante de face

Nas práticas dos transplantes é frequente excluir a utilização de órgãos considerados em grau de modificar a identidade do indivíduo. É, na verdade, "proibido o transplante de gônadas, do complexo hipotálamo-hipófise, dos tecidos cerebrais e do encéfalo".[47] O mesmo ocorre quanto ao transplante de face, ou seja, alguns excluem pelo temor de modificar a identidade do receptor. Pela importância e pela centralidade da face na percepção de si, na definição da identidade pessoal e nas relações sociais, por isso é aqui de interesse particular para nós. Para muitos, a face é representativa da inteira personalidade, pois é a região mais complexa do total complexo corpóreo; é princípio social e de socialização; concentra a representação estética e faz possível a comunicação interpessoal.

O primeiro transplante parcial de rosto foi feito na França, em 2005. Uma mulher de 38 anos, que havia sido deformada por um cachorro, recebeu nariz, queixo e lábios novos. Desde então, operações semelhantes foram feitas nos Estados Unidos e na China. No entanto, a cirurgia feita pelos espanhóis foi mais completa, porque incluiu mais ossos e mais partes da região inferior da face.[48] O transplante da face é uma proposta no caso de queimaduras, traumas e deformidades graves, alterando a funcionalidade e a estética do rosto. Consiste em substituir tecidos faciais danificados e/ou não existentes com tecido facial sadio, bem vascularizado, do doador, com resultados muito promissores.

Embora os transplantes de rosto sejam tecnicamente possíveis há anos, eles não haviam sido realizados devido a dúvidas sobre o impacto psicológico, o consentimento dos doadores e os riscos de longo prazo dos medicamentos contra a rejeição, assim também em relação à família doadora e à receptora, como ambas irão reagir.[49] O transplante parcial de rosto cria esperanças para muitas pessoas desfiguradas por acidentes e queimaduras, mas também desperta questões éticas e psicológicas para os pacientes e para a família dos doadores.

As necessidades de tratamentos devido às dificuldades ligadas à reduzida qualidade de vida e ao estresse psicológico (ansiedade, baixa autoestima, negativa imagem de si, isolamento, infelicidades, abuso de psicotrópicos, síndrome de estresse pós-traumático e aumento do risco de suicídio) cruzam-se de modo inevitável com problemas de natureza não somente clínica, mas também social e ética. Não se trata, de fato, de simples suporte a uma função, mas da possibili-

---

[47] M. L. di PIETRO, & B. CORSANO, "Il trapianto di faccia", in *Medicina e Morale* 4 (2010), 493-508, 501.
[48] DA REDAÇÃO, "Espanha faz 1º transplante total de face", in *Folha de São Paulo*, 24 abril 2010, 42.
[49] Conferir o histórico de transplantes de rosto realizados no mundo de 27/11/2005, até 07/2010, in http://g1.globo.com/ciencia-e-saude/noticia/2010/07/confira-o-historico-de-transplantes-de-rosto-ja-realizados-no-mundo.html (22/05/2011).

As pesquisas em genética molecular e o desenvolvimento da manipulação das características biológicas do ser humano

dade de modificar as feições daquele rosto através do qual nós somos revelados. Por intermédio do rosto aparecem os pensamentos ocultos e reflete-se a condição interior da alma e da vontade.

Pietro & Corsano[50] consideram três pontos representativos do rosto na identidade da pessoa e importantes para a avaliação ética: *singularidade, identidade e expressão da pessoa*. Portanto, a avaliação ética deve estar fundamentada na autonomia do receptor, de sua estrutura psicológica, para encarar-se diante do novo rosto, como ele se aceita com seu novo aspecto, e avaliar também a relação risco e benefícios previstos. O sujeito deve ter pleno conhecimento de prognóstico, complicações, sequelas, desconfortos, custos, inconveniências, riscos e experiências, eliminando qualquer depreciação acerca de sua integridade. Aqui entra a necessidade de um comitê ético com um protocolo bem descrito de todas as fases do transplante.

O que muda é a expressividade do rosto, o que é denominado como comunicação não verbal, e não a pessoa. De fato, para o receptor não é fácil olhar-se diante dessa nova realidade, portanto, o que se transplanta é apenas um revestimento do rosto, e não uma nova identidade de pessoa, e depende da estrutura de cada paciente para receber o novo rosto.

O corpo não é algo que possuo; o corpo é vivido em primeira pessoa, sou eu mesmo e por isso pertence ao âmbito do ser, numa antropologia fundada na ideia do "corpo-sujeito". *O corpo humano indica a subjetividade humana enquanto constitutivo de sua identidade de pessoa.* No entanto, mesmo a corporeidade sendo a expressão do ser humano "uno e indiviso", o transplante de face, quando consentido e melhorando o bem-estar da pessoa, não apresenta problemas éticos. A identidade da pessoa humana não é simplesmente representativa, seu conceito é elaborado a partir de contribuições genéticas, sociológicas, filosóficas, teológicas. O que realmente pode ocorrer é um impacto de ordem psicológica, devendo haver um acompanhamento pós-transplante. Afirmamos que, para a ética teológica, não existem obstáculos de ordem religiosa ritual com relação ao transplante de rosto. A liceidade desse tipo de transplante está ligada ao impacto causado na identidade em nível psicológico da pessoa receptora e à relação riscos/benefícios.

2.2.5. Órgãos mecânicos

Em finais de 1982, após diversas experiências em animais, realizou-se a primeira tentativa de transplante de coração humano em um ser humano. Transplantar

---

[50] Cf. *Ibidem*, 498-502.

um coração há mais de 40 anos tornou célebre o cirurgião sul-africano Christian Barnard e causou um choque, tal o simbolismo ligado àquele órgão. Hoje, o transplante de coração é rotina nos hospitais credenciados e tem sido a única solução, com excelentes resultados individuais, mas, a cada ano, o número de doadores disponíveis no mundo não ultrapassa três mil, razão pela qual o transplante cardíaco, ainda que eficiente, produz resultados limitados, com pouco impacto nas estatísticas mundiais. Assim sendo, cresce o interesse por alternativas terapêuticas para o suporte circulatório, como os corações artificiais, temporários ou definitivos.

Diante das necessidades das pessoas de receberem um coração e da indisponibilidade deste para a doação, a medicina passa a investir em alternativas, na esperança de suprir a carência de órgãos a serem transplantados. Uma das alternativas é o desenvolvimento de órgãos artificiais, mas estudos demonstram que estes têm tido grandes resistências por parte dos receptores, além do alto custo financeiro e problemas de rejeição.

Os transplantes com órgãos artificiais estão em uso como recursos de ajuda à saúde do ser humano.[51] Existem transplantes de rotina no que diz respeito às válvulas cardíacas de plástico, transplantes de silicone de vários gêneros, braço e perna mecânica e coração. Pesquisa-se um olho artificial, formado de telecâmeras em miniatura, ligado ao córtex cerebral.

Com relação aos órgãos internos, o projeto mais avançado é o do coração artificial, desenvolvido no início da década de 1950. Denomina-se de coração artificial o dispositivo mecânico que se implanta no ser humano encarregado de bombear o sangue para o aparelho circulatório, substituindo o coração biológico. Foi desenvolvido para substituir temporariamente as funções do coração durante a intervenção cirúrgica e hoje, devido aos avanços tecnológicos, está tornando-se mais permanente.

O uso do *coração mecânico* é o mais significativo por ser um órgão com grande significado simbólico para as pessoas como a sede dos sentimentos. Para o povo do ocidente, o simbolismo do coração é muito forte e trocar o coração natural por um artificial pode causar um impacto psicológico muito grande. Portanto, hoje sabemos que a função do coração é somente mecânica e que serve apenas para bombear o sangue. Cabe ao cérebro ser o órgão que gera amor, raiva, angústias, medos etc.

Quanto aos critérios éticos para a avaliação do uso do coração mecânico ou outro órgão mecânico qualquer, segue os mesmos princípios éticos de transplantes com órgão natural no que se refere ao receptor. Não há nenhum diferencial ético-antropológico no uso de órgãos artificiais e não é uma agressão contra a pessoa em sua dignidade.

---

[51] Cf. A. C. VARGA, *Problemas de bioética*, Unisinos, São Leopoldo 2005, 199-200. M. DOLDI, & M. PICOZZI, *Introduzione alla bioetica*, Elledici, Torino 2000, 208.

2.3. Clonagem humana

A busca pela clonagem humana nos laboratórios é o grande fascínio de muitos cientistas. São *várias as justificativas*, como utilizar a clonagem para pesquisas e terapias gênicas; na perspectiva de ressuscitar geneticamente alguém; para obtenção de células-tronco (CTs) embrionárias; além do diagnóstico de patologias, para preservar ou aprimorar o patrimônio genético de um indivíduo e, em um movimento de eugenia progressiva, para a procriação de pessoas com padrões genéticos previamente selecionados.[52]

Institutos de pesquisa de diversos países já vêm trabalhando há vários anos com a clonagem de espécies vegetais, sem grandes perturbações éticas no seio da sociedade mundial. Contudo, o nascimento da ovelha Dolly na Escócia em 1996, assim como a intenção do médico italiano Severino Antinori de proceder à clonagem reprodutiva humana, causou reações que variaram do fascínio de algumas pessoas à perplexidade e ao medo de muitos. Desde a clonagem da Dolly, já foram realizados com sucesso clones de bovinos, de camundongos, de porcos, de cabras e outros.

A clonagem é uma forma de reprodução assexuada, ou seja, não envolve a união de um óvulo com um espermatozóide, especificamente *é uma técnica de transferência nuclear*. Nessa técnica, uma célula ou somente o núcleo da célula de um indivíduo adulto (que será clonado) é fundida com um óvulo enucleado. O embrião produzido possui como conteúdo genético aquele da célula do indivíduo adulto e, por isso, é "geneticamente idêntico" a ele, é uma cópia, porém, hoje existem dúvidas a respeito da possibilidade de se produzir um indivíduo geneticamente idêntico pela clonagem reprodutiva devido à presença de filamentos de DNA na mitocôndria que podem influenciar o DNA nuclear.

O embrião gerado pela transferência nuclear inicia o desenvolvimento ainda no laboratório, dividindo-se em duas células, quatro, oito e assim sucessivamente até o estágio de blastocisto, composto por 100-200 células. Nesse ponto, o embrião pode ser transferido para o útero de uma receptora para se desenvolver até o nascimento. Essa é a chamada clonagem reprodutiva. Alternativamente, o embrião clonado no estágio de blastocisto pode ser utilizado para a obtenção de CTs embrionárias. Essas células podem ser multiplicadas no laboratório e possuem a capacidade de se diferenciar em tecidos e órgãos do organismo. A diferença entre as duas se dá pelos objetivos buscados e que determinam radicalmente o processo técnico de continuidade de desenvolvimento do clone.

---

[52] Cf. H. JONAS, "Cloniamo un uomo: dall'eugenetica all'ingegneria genetica", in *Tecnica, medicina ed etica*, Einaudi, Turim 1997, 122-154, 136.

Vejamos a seguir um pouco a respeito do significado desses dois tipos de clonagem humana: reprodutiva e terapêutica.

2.3.1. Clonagem humana reprodutiva

A clonagem humana reprodutiva visa a obter a cópia de um indivíduo com diferentes objetivos e intenções. Após o processo de clonagem, o novo indivíduo é colocado em ambiente favorável (útero materno). Supõe-se, quando em condições favoráveis, o desenvolvimento do embrião humano até a idade adulta.

A *clonagem humana reprodutiva* tornou-se uma das formas mais radicais de manipulação genética; insere-se no projeto do eugenismo e, portanto, está sujeita a todas as observações éticas e jurídicas que a condenam amplamente. Como escreve Hans Jonas, a clonagem humana é, "no método, a mais despótica e, ao mesmo tempo, na finalidade, a mais escravizadora forma de manipulação genética; seu objetivo não é uma modificação arbitrária da substância hereditária, mas precisamente sua fixação, igualmente arbitrária, em contraste com a estratégia predominante da natureza".[53] A clonagem como forma de reprodução de seres humanos é internacionalmente repudiada e uma ameaça contra a dignidade do ser humano, da mesma forma que a tortura, a descriminação racial, o terrorismo etc.

A prospectiva liberal (ou libertária) e melhorista considera a clonagem a partir da perspectiva dos direitos, das liberdades e do poder pessoal. Para esses, a clonagem é apenas outra oportunidade de exercer seu direito individual de se reproduzir ou escolher o tipo de filho que você quer. Portanto, entendemos que essas propostas ignoram os aspectos e significados antropológicos, sociais e ontológicos mais profundos envolvidos na criação de uma nova vida. À luz dessa abordagem mais adequada e profunda, a clonagem em si revela uma grave alteração ou mesmo uma violação de nossa natureza de seres encarnados, gerados e geradores, e de relações sociais com bases sobre fundamentos naturais. Depois de tomar conhecimento dessa perspectiva, "o juízo ético acerca da clonagem já não pode mais ser reduzido a uma questão de motivações e intenções, direitos e liberdades, benefícios e prejuízos, incluindo meios e fins; deve ser considerado fundamentalmente como uma questão de significado".[54]

---

[53] Cf. *Ibidem*.
[54] L. R. KASS, *La sfida della bioetica...*, 31.

As pesquisas em genética molecular e o desenvolvimento da manipulação das características biológicas do ser humano

Para o bioeticista Garrafa, "a clonagem reprodutiva humana não encontra nenhum amparo ético ou moral para sua realização, (...) no atual momento histórico é indispensável levar em consideração a questão da diversidade humana, um dos nossos mais valiosos patrimônios naturais".[55]

2.3.2. Clonagem humana terapêutica

A clonagem terapêutica consiste no processo pelo qual se torna possível preparar CTs embrionárias humanas com informação genética bem definida, com a capacidade de converter-se em qualquer tipo de tecido, para se obter depois a desejada diferenciação. O processo inicial é o mesmo da clonagem reprodutiva, o diferencial é que *na terapêutica o embrião não é implantado no útero, mas é destruído para obter células-tronco*. Obtêm-se CTs a partir da substituição do núcleo de um oócito pelo núcleo de uma célula adulta de um determinado sujeito, seguindo-se a evolução do embrião até a fase de blastocisto e a utilização da massa interna celular, e, a partir destas, as desejadas células indiferenciadas.

Os avanços da clonagem resultam em terapias que pretendem a produção de organismos viáveis completos, ou seja, a obtenção de células precursoras pluripotentes que constituam uma fonte de células de substituição para a engenharia de tecidos e terapias de transplantação.[56]

Para analisar a clonagem em um contexto mais apropriado, devemos começar não tanto pelas técnicas de laboratório, mas sobretudo por uma profunda antropologia da reprodução sexual, porém, para nosso estudo o que realmente interessa são as intervenções na constituição genética que acontecem com a clonagem. A clonagem terapêutica ou reprodutiva são feitos da engenharia genética com controle e ação direta sobre o patrimônio genético, pois são uma forma de intervir sobre o patrimônio biológico do ser humano.

A clonagem humana acabaria por constituir um importante passo para a transformação da geração em produção, da procriação em manufaturação (no verdadeiro sentido da palavra, isto é, feita pela mão), um processo que já acontece com a fecundação *in vitro* e os testes genéticos nos embriões. Com a clonagem não se controla somente o processo, mas todo o patrimônio genético do indivíduo clonado é selecionado e decidido por artesãos humanos. Um grande passo para a eugenia que não acontece pela causalidade da natureza, mas por uma deliberada

---

[55] V. Garrafa, "Crítica bioética a um nascimento anunciado", in *Parcerias Estratégias* 16 (2002), 115-123, 113.
[56] Cf. H. Lepargneur, "Células-tronco, mães de futura medicina regenerativa", in *O mundo da saúde* 24/6 (2000), 495-509.

decisão e manipulação humana, o patrimônio genético do filho (ou dos filhos), é selecionado do(s) pai(s) ou dos cientistas. Certamente o desenvolvimento sucessivo seria conforme os processos naturais, em que a criança resultante é reconhecida como um ser humano com igual dignidade.

Segundo Kass, a clonagem é sujeita a três tipos de preocupações e objeções: 1. A clonagem, mesmo se praticada em uma escala limitada, ameaça confundir identidade e individualidade. 2. A clonagem constitui um salto gigante (mesmo se não o primeiro) em direção à transformação da procriação em produção, ou seja, a crescente despersonalização do processo gerativo e a produção de crianças como artefatos criados por vontade e projetos humanos. 3. A clonagem, como outras formas de engenharia eugenética de novas gerações, constitui uma forma de tirania dos clonadores sobre o clonado e, como consequência (mesmo quando é praticada com boas intenções), uma violação clara do significado íntimo da relação pais-filho.[57]

Conforme a doutrina da Igreja, todo tipo de *clonagem terapêutica que implique a produção de embriões humanos e a posterior destruição destes com o fim de obter suas células estaminais é ilícita*.[58] A clonagem e subsequente destruição do embrião para se obterem as células-tronco trazem um problema ético relacionado ao respeito devido ao embrião humano. Apresentam contravalores éticos relacionados com os riscos evidentes e sérios para o ser humano, a eliminação do sentido humano da relação sexual e dos valores do matrimônio e da família, além da destruição de embriões humanos que a esse tipo de clonagem implica.

2.4. Células-tronco

Grandes esperanças estão sendo suscitadas para suprir a carência de órgãos nas pesquisas com CTs. Estas podem ser de origem embrionária (do embrião resultante da fecundação *in vitro* ou da clonagem) e de origem adulta ou somática (encontrada em diversas partes do corpo). De forma simplificada, CTs são células primitivas, produzidas durante o desenvolvimento do organismo e que dão origem a outros tipos de células. É um tipo de célula indiferenciada e pode diferenciar-se e constituir diversos tecidos no organismo. Outra capacidade especial das células-tronco é a autorreplicação, ou seja, elas podem gerar cópias idênticas de si mesmas.

---

[57] L. R. KASS, *La sfida della bioetica...*, 220.
[58] Cf. PONTIFÍCIA ACADEMIA PARA A VIDA, *Declaração sobre a Produção e o Uso Científico e Terapêutico das Células Estaminais Embrionárias Humanas*, 25 de agosto de 2000; CONGREGAÇÃO PARA A DOUTRINA DA FÉ, Instrução *Donum Vitae*, Vozes, Petrópolis 1987; CONGREGAÇÃO PARA A DOUTRINA DA FÉ, Instrução *Dignitas Personae*, Paulus, São Paulo 2009.

*As pesquisas em genética molecular e o desenvolvimento da
manipulação das características biológicas do ser humano*

As CTs embrionárias são multiplicadas no laboratório e podem ser induzidas a se desenvolverem em diferentes tecidos, como músculo, neurônios, sangue, tecido hepático etc. São fontes preciosas de material para transplantes e para o tratamento das mais diversas doenças humanas. Além disso, aquelas que são geradas por meio da clonagem são geneticamente idênticas ao doador da célula adulta, podem ser utilizadas nesse indivíduo sem o risco da rejeição. Enquanto que a CT adulta é uma célula indiferenciada encontrada em um tecido diferenciado, que pode renovar-se e diferenciar-se para produzir o tipo de célula especializada do tecido do qual se origina.[59]

A promessa de criar uma oferta ilimitada de órgãos livres da rejeição vem da clonagem terapêutica com grandes investimentos na utilização de células estaminais.[60] A grande polêmica em relação à clonagem com fins terapêuticos envolve a questão da vida. O uso de embriões para retirar deles as CTs terá como consequência a destruição de uma grande quantidade de vidas humanas em seu estágio inicial. Esta é uma questão delicada, que envolve aspectos morais, culturais e religiosos.

Para o Magistério a utilização de embriões humanos resultantes da FIVET para pesquisas científicas que promovem a destruição desses apresenta os mesmos problemas éticos do aborto. O embrião humano apresenta a dignidade de pessoa humana e como tal deve ser respeitado. "O ponto de vista católico prestigia a dignidade da vida humana, salientando a continuidade da informação vital que existe desde a fecundação até a pessoa humana plenamente desenvolvida."[61] Ainda, a liberação de pesquisas com embriões humanos não muda a compreensão que a Igreja tem da dignidade da vida humana em todos os estágios de seu desenvolvimento, desde os momentos iniciais, no ventre materno, até os momentos finais da aventura terrena. A vida humana tem um valor sagrado, ela é inviolável.

Nos anos mais recentes, descobriram-se também em vários tecidos humanos células estaminais pluripotenciadas na medula óssea, no cérebro e no cordão umbilical. São as chamadas CTs adultas e parecem possuir um potencial de diferenciação maior do que o imaginado, ou seja, de forma semelhante às CTs embrionárias. Existe então a possibilidade de que essas CTs adultas sejam uma alternativa para o uso das CTs embrionárias, com a vantagem de não se precisar destruir os embriões.

Outro grande feito da biotecnologia moderna é a produção de linhagens de *células-tronco de pluripotência induzida*, conhecidas pela sigla iPS – *induced pluripotent stem cells* –; elas são idênticas às cobiçadas CTs embrionárias, com a vantagem de

---

[59] Cf. M. M. COELHO, *O que a Igreja ensina sobre*, Canção Nova, São Paulo 2008, 67-68.
[60] Cf. EDITORIAL, "Fábrica de órgãos", in *Folha de São Paulo,* São Paulo, 9 junho 2002, Opinião, 2.
[61] H. LEPARGNEUR, "Células-tronco...", 497.

que não necessitam de embriões para sua obtenção. Em vez disso, a pluripotência é induzida artificialmente em uma célula adulta, por meio da reprogramação de seu DNA. Esse feito demonstra que as chamadas células iPS têm capacidade de gerar todos os tecidos do corpo, assim como as embrionárias. Para o pesquisador japonês Shinya Yamanaka, células adultas programadas para se tornarem polivalentes, ou seja, as iPS, são vistas como uma alternativa à utilização das CTs embrionárias.[62]

A eticidade no uso de células-tronco provenientes de adultos e as chamadas células-tronco induzidas serão menos questionadas e mais aceitas pelo Magistério, porque não envolvem a fecundação *in vitro* e consequente destruição do embrião. Devemos buscar nas pesquisas a utilização de CTs de adultos, pois não apresentam problemas para a ética cristã.

Até o momento, apresentamos de modo geral algumas das conquistas das biotecnologias ao longo da história e principalmente em nossos dias, seus significados no contexto das biotecnologias e da engenharia genética, e apresentamos de modo sintético uma reflexão ético-teológica para cada item. A partir dos próximos itens, apresentaremos algumas das grandes conquistas da engenharia genética e que nos ajudarão a compreender as técnicas, os objetivos e o significado da manipulação genética que agem diretamente sobre o patrimônio genético da pessoa humana, com os questionamentos éticos levantados em cada situação, cujos efeitos e consequências serão amplamente avaliados no último capítulo de nosso livro.

3. Engenharia genética

A sociedade é um sistema em contínua aprendizagem, é um acúmulo de conhecimentos em que as diversas ciências, em suas especificidades, contribuem para desvelar a natureza de todos os seres vivos, em particular do próprio homem. Contudo, um projeto ambicioso para adquirir conhecimento e o domínio da natureza, imaginado antecipadamente por Francis Bacon e René Descartes no século XVII, está finalmente acontecendo com o advento da engenharia genética.

Enquanto a biotecnologia constitui qualquer tipo de aplicação tecnológica para os processos de produção de organismos vivos, *a engenharia genética possibilita a manipulação do DNA que existe nas células dos seres vivos*, permitindo assim a recombinação dos genes, alterando-os, trocando-os ou adicionando genes de diferentes origens, com o objetivo de criar novas formas de vida.

---

[62] B. PAULSEN, "À mercê dos embriões?", in *Instituto ciência hoje*, 10 fevereiro 2011.

As pesquisas em genética molecular e o desenvolvimento da manipulação das características biológicas do ser humano

Engenharia genética é a biotecnologia (bioengenharia) que trabalha diretamente com o DNA, ou seja, que envolve as técnicas de DNA recombinante. São técnicas e processos que viabilizam manipular a sequência do genoma das espécies animais, incluindo o ser humano, e dos vegetais, criar seres clonados, desenvolver terapia genética, produzir seres transgênicos e reconduzir DNA. "A engenharia genética é o termo usado para descrever algumas *técnicas modernas em biologia molecular* que permitem identificar, isolar e multiplicar genes dos mais diversos organismos e que vêm revolucionando o antigo processo da biotecnologia (que envolve a manipulação do processo biológico natural de microorganismos, plantas e animais)."[63] Ela assumiu importância nuclear a partir do momento em que promoveu a modificação programada do patrimônio genético de uma célula e, portanto, do organismo a que a célula pertence, seja este um organismo monocelular ou pluricelular (plantas e animais), e constitui "novas formas de seres vivos".[64] Escreve Lepargneur: "O melhor conhecimento de nosso capital hereditário, da estrutura do genoma, concretizada sob forma de DNA, de sua composição em genes, que povoam nossos 23 pares de cromossomos, a função de 70 mil unidades gênicas e, mais ainda, a percepção de certas leis da evolução deste conjunto, não podiam deixar de desafiar a curiosidade e o intervencionismo humanos".[65]

Os avanços científico-tecnológicos, os rápidos progressos das ciências biológicas e médicas, tais como a prática de reanimação, o transplante de órgãos, as técnicas de reprodução e a engenharia genética aplicada no homem, são verdadeiras revoluções científicas. Este poder atingido pelo aprimoramento do conhecimento humano aplicado ao campo das ciências biológicas, esta revolução proporcionada pela inserção das (bio)tecnologias nas atividades de investigação científica, transmutando a ciência em "tecnociência",[66] *concederam ao homem a capacidade de dominar os mecanismos de evolução e de seleção biológica por meio da manipulação do patrimônio hereditário.*

A engenharia genética é uma ação que visa a um fim, objetivos evidentes que despertam alguns questionamentos. São diversas e distintas as finalidades da engenharia genética, citamos: *finalidade de diagnóstico* (identificar doenças genéticas, réus de crimes, paternidade e maternidade, catalogar o genoma humano); *finalidade terapêutica* (intervenções no genoma, sistema linfático, medula óssea, sobre embriões precoces no

---

[63] F. J. ELIZARI, *Questões de bioética: vida em qualidade*, Perpétuo Socorro, Porto 1996, 147-174.
[64] F. MANTOVANI, "Manipulaciones genéticas: benes jurídicos almacenados, sistemas de control y técnicas de tutela", in *Revista de Derecho y Genoma Humano* 1 (1994), 94-119.
[65] H. LEPARGNEUR, "Ética e engenharia...", 235.
[66] R. ANDORNO, *Bioética y Dignidad de la Persona*, Editorial Tecnos, Madrid 1998.

desejo de encontrar curas para diversas doenças); *finalidade produtiva* (produção de hormônios, insulina, interferon, vacinas); *finalidade alterativa e melhorativa* (modificação do genoma da espécie vegetal, animal e humana); finalidade experimental (realizar testes genéticos). Esses fins são essenciais para se fazer a avaliação ético-teológica. Porém, devemos considerar o que escreve Gatti, "a engenharia genética não é sempre necessariamente voltada a produzir resultados eficazes. Frequentemente se qualifica como uma forma de pura pesquisa e como tal deveria submeter-se ao controle ético. (...) A pesquisa em campo genético não é pura pesquisa, comporta, normalmente, intervenções (com frequente manipulação e/ou destruição) sobre vidas humanas concretas".[67]

A velocidade de desenvolvimento tecnológico está aumentando exponencialmente e com isso as biotecnologias permitem que a próxima geração se desenvolva muito mais rápido. Os conhecimentos e a aplicação do conhecimento conquistado com os avanços da engenharia genética causam um grande impacto sobre a estrutura biológica do homem, pois age diretamente em sua constituição hereditária. Esse impacto sobre a estrutura gênica, dependendo do grau de invasão, do tipo de ação que ocorre e dos genes afetados, pode alterar até mesmo o percurso de desenvolvimento da pessoa ou de toda a humanidade.

Com as conquistas da engenharia genética e a possibilidade de agir diretamente no gene do indivíduo, concedeu-se ao homem poder em relação à produção de filhos e ao futuro da humanidade. Cada novo poder conquistado pelo homem torna-se um poder sobre o próprio homem. Aquilo que parece domínio, na verdade, é serviço, o homem torna-se servo, ou seja, submisso aos ditames da própria natureza que age espontaneamente ao interno e fora de seu controle. O domínio será de submissão, temor e instintos, mas também de desejos, vontades, impulsos, paixões e sentimentos que escapam do controle biológico.

Os progressos alcançados despertam desejos e esperanças em um número cada vez maior de pessoas que vivem na expectativa da cura para muitas doenças arruinadoras e na de antecipar o alívio de muitas misérias humanas, enquanto outras comemoram a possibilidade de busca da perfeição que a biotecnologia pode oferecer com a ajuda da engenharia genética, a nanotecnologia e psicotrópicos. "Neste momento único na história da realização técnica, afirma um recente relatório da *National Science Foundation*,[68] a melhoria do desempenho humano torna-se possível e, se prosseguir com vigor, pode atingir uma idade de ouro, que seria um ponto de virada para a produtividade humana e a qualidade de vida".

---

[67] G. GATTI, *Morale sociale e della vita fisica,* Elle Di Ci, Torino 1996, 224.
[68] NATIONAL SCIENCE FOUNDATION, *Converging Technologies for Improving Human Performance: Nanotechnology, Biotechnology, Information Technology and Cognitive Science,* Arlington, Virginia 2003, 6.

As pesquisas em genética molecular e o desenvolvimento da manipulação das características biológicas do ser humano

O avanço da tecnologia por um lado e do conhecimento do DNA humano por outro trazem questões que assombraram a humanidade no passado e que poucos imaginavam que voltariam a nos desafiar, pois sabemos que as consequências da manipulação genética ainda são amplamente desconhecidas. Ao mesmo tempo em que as conquistas fazem brotar esperanças, suscitam certas preocupações, pois estas possuem conhecimentos e habilidades que afetam nossa existência ou nosso próprio ser.

Com os avanços da engenharia genética, tornou-se possível a prática do *screening* ou diagnóstico pré-natal, ou seja, fazer o rastreamento genético da criança ainda no útero da mãe. Desde as primeiras semanas da gravidez já é possível diagnosticar anomalias cromossômicas e, portanto, verificar a realidade de enfermidades hereditárias de caráter genético.[69] O diagnóstico pré-natal inclui todo um conjunto de técnicas que permitem verificar se a criança concebida tem anomalias genéticas que indicarão se ela possui alguma doença ou se manifestará mais cedo ou mais tarde durante sua vida.

Essa prática estabelece o princípio de que os pais podem escolher as qualidades de seus filhos e escolhê-las com base no conhecimento genético. Com isso foi estabelecida como uma norma aceitável culturalmente a noção de que a admissão à vida já não é incondicional, que certas condições ou características são desqualificadoras e que a criança deve satisfazer determinado padrão (por agora, mínimo) para ter o direito de nascer. Crianças nascidas com defeitos que poderiam ter sido diagnosticados no útero, graças à engenharia genética, já não são encaradas como limites da natureza, mas como falha dos pais.

A utilização relativamente ilimitada do poder da engenharia genética será ainda mais decisiva pelos desejos ilimitados dos seres humanos. Estes dois elementos essenciais para a bioengenharia, o poder e o desejo, proporcionarão ao homem a possibilidade de buscar novos poderes tecnológicos e atingir os objetivos desejados, e que muitas vezes vão além da terapia ou do necessário para atingir finalidades fantasiosas. Contudo, é importante saber que "nenhum agente biológico utilizado para fins de autoaperfeiçoamento ou autossatisfação é provável que seja totalmente seguro".[70]

Ela integra o rol das biotecnologias modernas que promovem a manipulação da matéria biológica com vistas à fabricação de produtos, aos processos e usos sucessivos de aplicação industrial em qualquer ramo das atividades econômicas. Os resultados são largamente explorados pelos interesses comerciais que já veem

---

[69] Cf. M. A. L. ROCHA, "Bioética e nascimento: o diagnóstico pré-natal, perspectiva jurídico-penal", in *Revista Portuguesa de Ciência Criminal* 12/1 (1991), 175-204.
[70] "Beyond Therapy: General Reflections", in THE PRESIDENT'S COUNCIL ON BIOETHICS, *Biotechnology and the Pursuit of Happiness*, U.S. Government Printing Office, Washington D.C. 2003, 280.

nessas conquistas oportunidades para o vasto mercado no uso não terapêutico e provavelmente bem acolhidas por muitas pessoas que procuram uma vantagem competitiva em seus esforços para chegar à frente.

Para uma avaliação moral honesta e sincera, precisamos considerar que a engenharia genética não é um mal e que nos proporciona muitos benefícios. A ciência é um bem natural, portanto, precisamos analisar caso por caso seus efeitos concretos, sempre fundamentados numa antropologia que tem como centro a dignidade do ser humano. Esta é uma maneira útil para discernir a tarefa central e obrigatória da medicina, entre a cura do doente e suas práticas extracurriculares marginais, por exemplo, simplesmente estéticas ou qualidades para vencer o outro.

Como afirma o teólogo Häring, "apenas podemos concluir que, em nossa apreciação total sobre a vida humana, não podemos ignorar o que a biologia tem a nos dizer. Para biólogos, sociólogos, etnólogos ou psicólogos, pode haver uma grande tentação de construir uma visão do mundo e seu código ético com base em sua ciência específica, sem tomar em proporcional consideração todas as dimensões e perspectivas do ser humano. É preciso evitar todo e qualquer reducionismo".[71] Portanto, deve existir de nossa parte uma preocupação racional, ética, social e teológica em relação ao sentido de humanidade e de excelência da atividade humana.

3.1. Manipulação genética

Com a engenharia genética, a vida biológica tornou-se transformável, manipulável e pode ser colocada em nossas mãos. *A manipulação genética consiste no conjunto de intervenções especiais do homem, nos fenômenos relacionados com a reprodução e a hereditariedade capazes de modificar o genoma humano.* Esta acontece introduzindo, cancelando ou direcionando genes em uma cadeia de DNA, produzindo organismos geneticamente modificados. São indivíduos moldados por mãos de fora, mãos que vão dar a forma ou direcionar para onde mais lhe apraz ou interessa.

O artigo 3º, incisos I e IV da Lei brasileira de Biossegurança n. 8.974/95, define engenharia genética como: *"atividade de produção e manipulação de moléculas de DNA/RNA recombinante"*, e organismo geneticamente modificado como: todo

---

[71] B. Häring, *A lei de Cristo*, v. III, Herder, São Paulo 1961, 291.

"organismo cujo material genético tenha sido modificado por qualquer técnica de engenharia genética". A *manipulação genética* é também chamada por alguns pesquisadores de *modificação genética*. Modificação dos caracteres naturais do patrimônio genético e, portanto, de criação de novos genótipos, por meio do conjunto das técnicas de transferência de um específico segmento de ácido desoxirribonucleico que contenha uma particular informação genética.

Martínez considera a manipulação genética como a totalidade das técnicas dirigidas a alterar ou modificar o filo hereditário de alguma espécie, seja com o fim de superar enfermidades de origem genética (terapia genética), seja com o objetivo de produzir modificações ou transformações com finalidade experimental, isto é, de conseguir um indivíduo com características até então inexistentes na espécie.[72]

Com a engenharia genética o cientista manipula mecanismos complexos e delicados e com resultados imprevisíveis, pois os genes, ao mesmo tempo em que carregam informações determinantes, também se manifestam de formas imprevisíveis. A quantidade de genes não é o mais importante, mas sim a função de cada um é o que realmente interessa. O gene é uma pequena parte de um imenso processo que envolve milhares de substâncias e reações orgânicas.

Esta evolução da biotecnologia, ou seja, as possibilidades oferecidas com as alterações genéticas em vegetais, animais e pessoas, contribui significativamente para alterar o curso da história e o comportamento da humanidade. Algo que era lento e longo está tornando-se demasiadamente veloz e imediato. São muitas as atividades que envolvem a manipulação dos genes humanos. Essas atividades mudam, são acrescentadas outras e assim por diante, enquanto as pesquisas evoluem, aperfeiçoam-se e aparecem novas descobertas.

A manipulação genética também apresenta diferentes objetivos de acordo com os fins ou interesses a serem conquistados. *Os interesses são diversos, desde identificar doenças até eliminação de indivíduos não desejados.* Podendo ser alterativa com a introdução de novas características num ser vivo para aumentar sua utilidade, injetar características desejáveis; com finalidades terapêuticas, usos médicos ou mesmo na produção de novos seres. Podendo ser com a introdução de fragmentos de DNA contendo genes de interesse numa célula, anulando a ação de genes indesejáveis, permutando ou alterando genes etc. Portanto, uma das maiores ambições de alguns grupos de pesquisadores é a possibilidade da melhoria das capacidades físicas e mentais do homem com a alteração do patrimônio genético da pessoa e a criação do pós-humano.

---

[72] S. M. Martínez, *Manipulación genética y derecho penal*, Ed. Universidad, Buenos Aires 1994, 194.

Comentando sobre as possibilidades da manipulação genética, a jurista Maria Helena Diniz[73] enumera algumas:

> a) obtenção por meio de clonagem, da partenogênese ou da fissão gemelar de uma pessoa geneticamente idêntica à outra; b) produção de seres híbridos; c) seleção de um indivíduo por nascer definindo-lhe o sexo, a cor dos olhos, a contextura física; d) criação de bancos de óvulos, sêmens, embriões ou conglomerados de tecidos vivos como eventuais bancos de órgãos, geneticamente idênticos ao patrimônio celular do doador do esquema cromossômico a clonar; e) produção de substâncias embrionárias para fins de experimentação; f) transferência de substância embrionária animal ao útero da mulher ou vice-versa para efetuar experiências; g) implantação de embriões manipulados geneticamente no útero de uma mulher sem qualquer objetivo terapêutico; h) criação de animais cujo DNA contenha genes humanos, para que possam produzir hormônios ou proteínas humanas a serem utilizadas como remédio para certas moléstias; i) introdução de informação genética animal para tornar a pessoa mais resistente aos rigores climáticos e j) produção e armazenamento de armas bacteriológicas.

Com a manipulação genética, o homem tornou-se capaz de interferir nos processos naturais dos sistemas hereditários mediante a utilização de técnicas modernas e altamente sofisticadas que possibilitam a transformação e a produção de seres vivos, manipulando e alterando as menores estruturas moleculares onde ficam encerrados os segredos da vida ou combinando os diversos materiais biológicos para a produção de seres com resultados que, por meios normais, jamais seriam possíveis de serem alcançados.

Vejamos, nos meios científicos, quais são os princípios éticos considerados pelos cientistas. Quando estes reivindicam a ética, em sua maioria fundamentam seus princípios basicamente em três prospectivas: 1) *Tecnológica*: uma técnica neutra, sem nenhum significado ou valor intrínseco, mas sujeita ao uso bom ou mau, não depende em absoluto dos movimentos e da intenção de quem pratica. 2) *Liberal:* consideram do ponto de vista do direito, da liberdade e do poder pessoal, exercício do direito individual de ter o filho que se deseja. 3) *Melhorista:* possibilidade de melhorar o ser humano, enfatizando somente a otimização genética (trabalham nestas duas dimensões: eugenia negativa, eliminação do imperfeito, e eugenia positiva, aperfeiçoamento genético ou produzindo o perfeito). Percebemos que para muitos pesquisadores a dignidade da pessoa é um conceito desconsiderado e inútil, pois as técnicas são avaliadas quase que totalmente numa visão utilitarista.

As questões debatidas pela bioética no espaço técnico-científico como esforços para melhorar a natureza humana parecem abstratas, remotas e demasiado filosóficas, impróprias para a ordem pública; na verdade, muitos bioeticistas e

---

[73] M. H. DINIZ, *O estado atual do biodireito*, Saraiva, São Paulo 2002, 402.

As pesquisas em genética molecular e o desenvolvimento da
manipulação das características biológicas do ser humano

intelectuais querem acreditar que não existe tal coisa como natureza humana ou que a alteração não é eticamente problemática. Além dos debates éticos, outros se tornam relevantes e necessários na sociedade atual, ou seja, os políticos. Estas questões são complexas e normalmente giram em torno de uma moral fundamentada em alguns princípios que são resumidos em três termos, utilidade, o avanço do conhecimento e o da dignidade humana.[74]

Em muitas situações o povo é o primeiro princípio citado quando alegam que os avanços das biotecnologias são necessários para curar doenças genéticas ou para ajudar os casais inférteis a terem filhos. O segundo princípio, o avanço do conhecimento, é normalmente combinado com o primeiro sob a rubrica de progresso. *A revolução biotecnológica é parte do inevitável desenvolvimento da ciência moderna*, que não só traz benefícios práticos, mas valor intrínseco também no avanço de nossa compreensão do universo e do homem. Ainda, embora esses dois princípios sejam citados para expandir a pesquisa, o terceiro, o princípio da dignidade humana, é na maioria das vezes argumentado pelos cientistas como forma de retardar ou proibir a experimentação científica, alegando que ele viola a própria dignidade humana.

Os avanços nas pesquisas biotecnológicas provocam entusiasmo nas pessoas que veem nessas conquistas a esperança da cura ou de melhores condições de vida. Muitos vivem na expectativa de resultados imediatos para sua condição de vida, portanto, em certas situações, quando resultados concretos não aparecem ou não chegam até eles, surgem desconfianças e preocupações. Segundo os bispos do Brasil, "o método científico não garante que toda informação ou teoria científica seja verdadeira, mas sim que estamos num caminho que nos permite conhecer sempre mais a natureza. Vários autores procuraram discutir os limites desse método, evitando um dogmatismo científico chamado frequentemente de cientificismo. Devemos entender que o método científico explica o funcionamento de um fenômeno e não seu significado".[75]

Manipular o patrimônio hereditário de uma pessoa é sinônimo de poder sobre ela e sobre os outros. O homem é capaz de colocar suas mãos em territórios até então desconhecidos e enigmáticos. O corpo do homem tornou-se seu objeto de pesquisa, usos e manipulações e, como resultado de sua busca de felicidade e de seu senso de autosatisfação, o homem se torna cada vez mais aberto à intervenção direta das biotecnologias. Como afirmou Hans Jonas,[76] o coração da ciência

---

[74] Cf. R. P. Kraynak, "Human Dignity and the Mystery of the Human Soul", in The President's Council on Bioethics, *Human Dignity and Bioethics...*, 61.
[75] CNBB – Conferência Nacional dos Bispos do Brasil, *Texto base da Campanha da Fraternidade*, n. 42.
[76] Cf. H. Jonas, *Dalla fede antica all'uomo tecnologico: saggi filosofici*, Il Mulino, Bologna 2001.

moderna é a manipulabilidade; e isso se aplica até mesmo aos grandes cientistas, motivados unicamente pelo desejo de verdade, e não pelo interesse de domínio sobre a natureza; pela competência e pela responsabilidade desses cientistas é que construímos uma ciência firmada em valores que vão além da conquista somente do biológico.

Os avanços na área da genética estão levando a ciência muito além dos estudos acerca da formação e do funcionamento do corpo humano nas características fenotípicas. Agora é cada vez maior o número de pesquisadores que se dedica a entender de que forma o DNA pode influenciar também na constituição da personalidade. É um tipo de estudo que desperta polêmica até entre os especialistas em psicoterapias. Por isso, o desejo de desfrutar e a disponibilidade das tecnologias exigem o estabelecimento de critérios morais e de leis, considerando os riscos e benefícios, tanto físicos como morais, por meio dos quais a sociedade, em conjunto com os poderes públicos, possam gerenciar as tecnologias utilizadas.

O problema em questão é o de entender o que acontece com a dignidade humana no processo de tecnificação a que o homem hoje é entregue.[77] *Diante desses avanços, o conceito de dignidade tornou-se problemático, e seu futuro é questionado.* A maioria das discordâncias entre os sistemas de bioética hoje repousa sobre a forma como vemos a pessoa. *A biotecnologia está no centro das pesquisas e com a bioética estão redefinindo o que é ser humano e quem é o ser humano.* E quanto mais rápidas e profundas prosseguem as conquistas, maiores serão as mudanças do paradigma biotecnológico, e quanto mais a biotecnologia torna-se central na pesquisa científica e no debate político, maior é a transformação de nossas próprias visões de pessoa e de mundo. A ciência cria problemas éticos, uma vez que amplia nossa capacidade de pensamento e ação, quando se trata de descobertas e invenções, o que começa como perversão termina como ritual.[78]

O estudo da evolução humana ou antropogênese procura compreender todo o processo evolutivo do ser humano. A teoria da seleção natural é um processo da própria natureza para garantir sua preservação e sua perpetuação. As adaptações genéticas selecionadas pela natureza serão perpetuadas na população, contudo, com o processo da manipulação genética e com a intervenção do homem no natural, provocam mudanças de paradigmas do natural para o manipulado.

Alguns acreditam que devemos explorar todas as possibilidades proporcionadas por essas tecnologias, ao passo que outros pensam que certas tecnologias nunca devem prosseguir. Na *Declaração Universal do Genoma Humano e dos*

---

[77] G. Marcel, *The Existential Background of Human Dignity,* Harvard University, Massachusetts 1963, 158.
[78] C. Rubin, "Human Dignity and the Future of Man…", 160.

As pesquisas em genética molecular e o desenvolvimento da manipulação das características biológicas do ser humano

Direitos Humanos (UNESCO, 1997), que atualiza a Declaração Universal dos Direitos Humanos para a era genômica, o artigo 11 diz que: "Não serão permitidas práticas contrárias à dignidade humana".

3.2. Projeto genoma humano

Um dos grandes feitos da engenharia genética é o Projeto Genoma Humano (PGH), ou seja, o *mapeamento, a decifração e o sequenciamento do genoma humano*, a constituição genética total de um indivíduo da espécie humana. Quando, em 26 de junho de 2000, o então presidente dos Estados Unidos, Bill Clinton, anunciava oficialmente a decifração do rascunho do genoma humano: "Estamos aprendendo a decifrar a linguagem com que Deus escreveu a vida", parecia que agora a vida estava definida, e como também anunciou Francis Collins: "pela primeira vez na história da ciência, caminhamos com nosso manual de instruções na mão".

O PGH consiste na identificação e no mapeamento do código genético, isto é, no registro da posição de cada um dos genes nos 23 pares de cromossomos humanos, seu sequenciamento, a determinação da ordem precisa de ocorrência dos nucleotídeos, que compõem cada gene e suas expressões. É a elaboração de um catálogo para identificar todos os genes do ser humano que podem atribuir características normais ou patológicas para o organismo humano.

O mesmo PGH deixou em aberto muitas outras questões que foram sendo respondidas posteriormente e de maneira a contradizer o que se afirmava antes do encerramento do referido projeto. Assim, por exemplo, as conclusões foram insuficientes para responder por que apenas 3% dos genes exercem uma função específica (codificante) e por que os 97% restantes são não codificantes, ou seja, aparentemente inúteis e considerados por alguns como "lixo genético"; posteriormente descobriram que esse lixo pode ser tão importante quanto os outros e que todo esse material se articula de tal forma que mantém a unidade e a pluralidade das funções.

Acreditávamos que o ser humano continha entre 80.000 a 100.000 genes, quando na verdade é formado por menos de 30.000 genes. É pouco gene para muitas características diversas. Isto tem grande significado, pois sugere que a quantidade de genes não é o mais importante, mas sim a função de cada um e como o organismo realiza as combinações. Tudo isso demonstra que o gene é uma pequena parte de todo o processo que envolve milhares de outras substâncias e reações orgânicas. O ser humano é mais complexo do que imaginávamos. Estima-se que temos em nosso organismo entre 300.000 e 1.000.000 de proteínas, e o estudo dessas proteínas é o próximo passo, talvez mais desafiador que o anterior.

O significado do genoma humano é apresentado no primeiro artigo da Declaração Universal do Genoma Humano e dos Direitos Humanos da UNESCO (de 12/11/1997) quando começa tratando sobre o tema da dignidade humana e o genoma humano: "O genoma humano subjaz à unidade fundamental de todos os membros da família humana e também ao reconhecimento de sua dignidade e diversidade inerentes. Num sentido simbólico, é a herança da humanidade".

Uma reportagem publicada na revista *Veja* também expressa um pouco da complexidade do genoma humano, por meio de depoimento de Craig Venter, que liderou a pesquisa de mapeamento do código genético humano na Celera: "A noção de que um gene é igual a uma doença ou que produz uma proteína-chave está voando janela afora". Para o cientista, *o ser humano é muito complexo para ser controlado apenas pela alteração de um ou outro gene*; e a autora da reportagem enfatiza: "Voou pela janela, juntamente com o antigo conceito de gene, o determinismo genético, em que tudo pode ser explicado pelo que está escrito no DNA humano".[79] Reportamo-nos à expressão do editorial da revista científica *Science* quando anunciava a conclusão do projeto genoma humano: "A humanidade recebeu um grande presente. Com a conclusão do sequenciamento do genoma humano, nós recebemos um potente instrumento para revelar os segredos de nosso patrimônio genético e para encontrar nosso lugar entre os outros participantes na aventura da vida".[80]

São muitos os possíveis benefícios que o PGH poderá trazer para a humanidade; por exemplo, a medicina genômica (ou pós-genômica) ou preditiva, estreitamente ligadas aos progressos e pesquisas do genoma, mais que intervir a partir de sintomas de doenças já instaladas no corpo, vão atuar na raiz das predisposições genéticas das doenças. Novas tecnologias clínicas deverão surgir baseadas em diagnósticos de DNA; novas terapias baseadas em novas classes de remédios; novas técnicas imunoterápicas; prevenção em maior grau de doenças pelo conhecimento das condições ambientais que podem desencadeá-las; possível substituição de genes defeituosos por meio da terapia genética; produção de drogas medicinais por organismos geneticamente alterados.[81]

---

[79] B. BARBOSA, "As surpresas da genética", in *Veja*, 21 fevereiro 2001, 58.
[80] B. R. JASNY, & D. KENNEDY, "The Human Genome", in *Science* 291 (2001), 1153 (Editorial).
[81] Cf. M. M. COELHO, *O que a Igreja...*, 287-291.

As pesquisas em genética molecular e o desenvolvimento da manipulação das características biológicas do ser humano

Uma das novas descobertas sobre o genoma humano e que poderão revolucionar a informática foi feita por dois pesquisadores da Suíça – Christian Schoenenberg e Hans-Werner Fink, do Instituto de Física da Universidade da Basileia. Eles demonstraram que o DNA é capaz de transmitir uma corrente elétrica tão bem quanto um semicondutor, isso equivale a dizer que o DNA pode comportar-se como os transistores, muito utilizados como reguladores internos dos computadores.[82] Os ficcionistas já indagam a respeito da possibilidade de computadores biológicos que pensariam como seres vivos.[83]

Outra grande revolução no campo da bioengenharia é a descoberta da *técnica do DNA recombinante*, possibilitando produzir sequências de DNA formadas de fragmentos de material genético provenientes de diferentes organismos. O resultado importante desse feito é que, não importando a origem do DNA, moléculas cortadas com a mesma enzima têm a mesma chance de ligar a sua própria molécula com outras moléculas presentes, podendo ser até mesmo de espécies diversas. Contudo, as técnicas de recombinação do DNA, o conhecimento do genoma humano, a crescente capacidade de tratamento dos embriões humanos estão muito próximos.

Todas essas descobertas sobre o genoma humano geraram uma enorme produção de conhecimentos no campo da biociência e têm suscitado preocupações que até o momento não foram pensadas pela humanidade. Essas preocupações vêm nos últimos tempos, com os avanços da biotecnologia, moldando e influenciando o pensamento de cientistas, de teóricos e da sociedade como um todo. Assim afirma Casabona: "O fato é que hoje os aspectos éticos do agir humano na manipulação da vida assumiram um papel decisivo em qualquer setor das atividades humanas (econômica, acadêmica, política, social etc.) em função da necessidade de assegurar um adequado desenvolvimento dos atuais avanços científicos, em vista das responsabilidades assumidas perante as gerações futuras".[84]

O PGH não traz grandes implicações éticas em si, a não ser as referentes aos interesses visados, ou seja, o uso que se fará desse conhecimento conquistado e a perspectiva da manipulação genética com a possibilidade de eliminar ou de construir geneticamente um indivíduo selecionando suas características.

---

[82] Cf. R. B. NETO, "DNA elétrico", in *Folha de São Paulo*, Mais, 18 abril 1999, 12.

[83] Cf. V. J. de SOUZA, *Projeto genoma humano: Utopia do homem geneticamente perfeito*, Loyola, São Paulo 2004.

[84] C. M. R. CASABONA, *El Derecho y la bioetica ante los limites de la vida humana*, Ed. Centro de Estudos Ramón Areces, Madrid 1994, 8-9.

3.3. Manipulação ginecológica

Nosso desejo é apresentar o que entendemos por manipulação ginecológica e como se diferencia da manipulação de células germinativas ou genéticas. Martínez faz uma separação conceitual entre o que denomina de *manipulação ginecológica*, aludindo às técnicas destinadas à concepção de um ser humano por meios não naturais, e *manipulação genética*, compreendida como experiências nas quais o objetivo é criar novas formas de vida ou alterar o patrimônio genético das espécies vivas.[85]

Mesmo não interferindo diretamente no conteúdo genético do indivíduo, a manipulação ginecológica visa selecionar gametas ou embriões com genes desejáveis para a futura implantação no útero da mãe. Aqui neste campo entram as técnicas denominadas de fecundação *in vitro* e transferência do embrião, técnicas que saem do âmbito da fecundação natural com fins terapêuticos ou não terapêuticos.

As técnicas de manipulação ginecológica também são buscadas para fins não terapêuticos, ou seja, no desejo de obter filhos com características pré-selecionadas a partir da escolha do espermatozoide e/ou óvulo congelado com o perfil do doador de interesse dos pais. Quando uma mulher busca nas clínicas especializadas um espermatozoide crioconservado com características de interesse ou superiores, ela está fazendo uma seleção e predeterminando as características genéticas da prole. A instrução *Donum Vitae* alerta que "as técnicas de fecundação *in vitro* podem abrir possibilidades a outras formas de manipulação biológica ou genética dos embriões humanos, tais como as tentativas ou projetos de fecundação entre gametas humanos e animais e de gestação de embriões humanos em úteros de animais, bem como a hipótese ou projeto de construção de úteros artificiais para o embrião humano".[86]

Contudo, um aspecto ainda significativo é formado pelo fato de que as mudanças profundas que influenciam o comportamento em nível cultural tornam muito mais difícil de formular uma opinião partilhada e respeitosa acerca de procriação e produção humana. Somos obrigados a decidir nada menos se a procriação humana deve manter-se humana, se as crianças devem ser feitas sobre ordenamentos e não geradas. Ser respeitado em sua dignidade de humano não significa apenas ter forma e capacidade humanas, significa também ser concebido, gerado e viver em um contexto humano marcado por relações humanas.

---

[85] Cf. S. M. MARTÍNEZ, *Manipulación ...*, 195.
86 CONGREGAÇÃO PARA A DOUTRINA DA FÉ, Instrução *Donum Vitae*, Intr, 5.

3.4. Manipulação genética nas linhagens germinativas

A genética humana envolve na atualidade várias dimensões da vida humana, em seus diversos significados, desde as formas de concepção agindo diretamente sobre patrimônio genético, passando por todo o desenvolvimento da pessoa até o final com a morte. Assim, toda ação direta sobre o patrimônio genético dos gametas ou do embrião é denominada *manipulação genética de linhas germinativas*. Células germinativas são gametas masculino (espermatozoide), feminino (óvulo) ou mesmo o ovo fecundado nos primórdios da divisão embrionária, embrião precoce, quando as células são pluripotentes e ainda não desenvolveram as células diferenciadas.

A utilização da engenharia genética na manipulação de células germinativas humanas está cada vez mais presente nas clínicas de fertilização *in vitro*. Não estamos falando da relativamente simples terapia gênica, mas da chamada terapia gênica de células germinativas, na qual os genes das futuras gerações podem ser modificados para sempre, pois a técnica de intervenção ou manipulação nas linhagens germinativas provoca influência direta no patrimônio genético do indivíduo e causa efeitos sobre a descendência. Por isso, *as alterações na linha germinal têm maiores consequências que as com células somáticas, efetivamente atingem intervenções às futuras gerações*.

Podemos dizer que existem praticamente dois tipos básicos de intervenções na linha germinal: *intervenção mista na linha germinal e em células somáticas*, quando a manipulação se dá tão precocemente no desenvolvimento embrionário que qualquer mudança nas células somáticas é incorporada na linha germinal. Também há a *intervenção pura de linha germinal*. Este tipo se orienta exclusivamente para as linhas germinais sem efeito concomitante na constituição das células somáticas da pessoa.

A engenharia genética faz-se presente de forma significativa na manipulação de células germinativas humanas com efeitos diretos sobre a descendência, tanto para finalidades terapêuticas como para finalidades não terapêuticas. A *manipulação com finalidade terapêutica* tem como objetivo "a eliminação das imperfeições (cerca de três mil são as humanas conhecidas) do genoma, que criam enfermidades hereditárias e, portanto, a cura genética, e não simplesmente somática, com o fim de impedir a transmissão aos filhos dos defeitos genéticos, geradores de tais enfermidades, resultando beneficiários não os indivíduos enfermos, mas sim seus descendentes".[87]

---

[87] F. MANTOVANI, "Manipulaciones genéticas...", 98.

A *terapia genética de células germinativas* envolve manipulação de genes no estágio de gameta ou de embrião, de forma que todas as células da criança resultante carreguem o gene recém-inserido. Essa modificação mais radical teria consequências amplas, porque também provocaria mudanças nos espermatozoides e óvulos do adulto maduro. Significaria que os filhos também herdariam os genes alterados, o que justifica o nome de geneterapia de linhagem germinativa. Potencialmente, ela tem o poder de mudar a composição genética da humanidade de forma definitiva.

Esse tipo de terapia, na atual fase, ainda traz muitos riscos para o embrião, e também não sabemos com segurança os efeitos que poderão ser provocados nos descendentes, o que tem provocado grandes debates éticos. A possibilidade de efeitos colaterais negativos sobre o indivíduo e sua descendência, por não ser ainda possível controlar todos os efeitos de sua aplicação, e a de graves atentados ao direito à identidade genética, à medida que tal identidade não fica mais à disposição da misteriosa alquimia da natureza, mas sim da vontade, do arbítrio ou do capricho de outros seres humanos, instauram o predomínio definitivo da geração atual sobre gerações futuras.[88]

Além da finalidade terapêutica, a terapia gênica com células germinativas também é utilizada para *fins não terapêuticos*, ou seja, com objetivos além da terapia ou produção de indivíduos melhores ou a eliminação de pessoas não desejadas. Um cenário que tem sido vislumbrado caso a engenharia genética de células germinativas prospere é a ideia de uma sociedade dividida entre os "enriquecidos geneticamente" e os "naturais", algumas pessoas com dinheiro para explorar todos os aspectos da nova tecnologia em benefício próprio e de seus filhos, deixando que outras vivam e se reproduzam naturalmente.

No que se refere a esse tipo de manipulação, destacam-se a alteração genética dos gametas masculino e feminino e do embrião, a clonagem de pessoas, animais transgênicos e a hibridação. Consiste também na alteração das características anatômicas com fins estéticos, produtivos, esportivos etc. É o momento de examinar e discutir os reais interesses e desafios dessas novas bioengenharias reprodutivas. O que precisamos realmente considerar são os fins buscados e que em certas situações são exatamente as perversões que possam resultar dessas intervenções.

No desejo desenfreado da iminente possibilidade de conhecer e manipular o genoma humano e, portanto, ter um mapa genético universal e aplicá-lo à engenharia genética, incluindo as intervenções genéticas nas linhas germinativas, muitos pesquisadores desconsideram quase que totalmente o debate acerca da dignidade humana. No campo científico, o debate ético se reduz quase que totalmente no que diz respeito à questão da discriminação genética ou eugenia.

---

[88] Cf. A. ESER, "Genética humana: aspectos jurídicos e sociopolíticos", in *Revista Portuguesa de Ciência Criminal* (1994), 63-64.

As pesquisas em genética molecular e o desenvolvimento da manipulação das características biológicas do ser humano

3.5. Manipulação genética de células somáticas

Conforme a CTNBio, na Instrução Normativa n. 9, de 10/10/1997 "Terapia gênica somática ou transferência gênica para células somáticas são técnicas de intervenção ou manipulação genética que *visam a introdução de material genético em células somáticas por técnicas artificiais*, com a finalidade de corrigir defeitos genéticos ou estimular respostas imunes contra a expressão fenotípica de defeitos genéticos, ou para prevenir sua ocorrência".

Hoje é possível a manipulação celular efetuada com células somáticas tanto para finalidades terapêuticas como para finalidades não terapêuticas. Trata-se, no primeiro caso, da "extração e cultura *in vitro* de células da pessoa, da introdução das células cultivadas *in vitro* do gene normal e da reintrodução dessas células geneticamente modificadas na mesma pessoa, de forma que os efeitos da manipulação se restringem à pessoa tratada, não passando para as gerações futuras. As manipulações genéticas somáticas não terapêuticas têm sido utilizadas para a eliminação de simples desvios da normalidade genética para fins eugenésicos. Nesse caso, acarretam o consequente risco da seleção genética",[89] que denominam de eugenia positiva.

A terapia genética somática acontece de duas formas in vitro e *in vivo*. Lepargneur assim diferencia:

> Na terapia *in vitro*, retira-se do doente uma amostra de sangue ou de tecido a ser tratado, em geral pedaço de medula. Este fragmento será processado fora do corpo em vista da inserção do gene sadio, supostamente disponível, que se pretende substituir ao defeituoso ou colocar com amparo a seu lado. Tal tratamento só é possível em células somáticas e segue o roteiro da transplantação de órgão. Na terapia *in vivo* tenta-se inserir o gene certo diretamente (embora mediante vetores) nas células que dele precisam. O resultado é incerto e difícil em razão da multiplicidade das células a serem tratadas e da incerteza de que a injeção efetivada atinja seus alvos. Isto, porém, ocorre no estádio embrionário, antes das divisões e após fecundação *in vitro*.[90]

A manipulação genética de linhas germinativas e somáticas com objetivos terapêuticos ou para além da terapia será amplamente discutida e avaliada no terceiro capítulo, pois essas intervenções agem diretamente sobre a natureza biológica do ser humano, podendo provocar alterações na identidade genética, e estão diretamente relacionadas com o argumento de nosso trabalho, pois são critérios

---

[89] F. MANTOVANI, "Manipulaciones genéticas...", 101.
[90] H. LEPARGNEUR, "Ética e engenharia...", 240.

importantes para a avaliação ético-teológica. Nosso interesse aqui foi mostrar as técnicas em si como feitos da engenharia genética, os objetivos buscados e alguns debates éticos que são levantados nos meios científicos e populares.

3.6. Potenciação genética

Para a introdução a este tema tomamos o seguinte texto: "A questão da busca biotecnológica do melhoramento humano ainda não entrou na agenda da bioética pública. Nos círculos acadêmicos recebeu atenção sob a rubrica *de aperfeiçoa-mento*, entendido *em contraposição à terapia*. Essa distinção nos fornece um bom ponto de partida para entrar na discussão das atividades que objetivaram ir além da terapia".[91] Estamos em uma pista escorregadia que passa da terapia do reforço para a transformação da natureza humana.

Os avanços da genética molecular tornaram possíveis diversos tipos de alterações do patrimônio genético da pessoa. Diferentes tipos de modificações possíveis suscitam questões éticas também diferentes. Por exemplo, a alteração genética de criaturas não sencientes, como as plantas, suscita questões a respeito de safras geneticamente modificadas (...), a modificação genética de animais levanta debates acerca de ética animal, e agora o foco está nas alterações genéticas dos seres humanos se são eticamente permissíveis e em que caso.[92]

Na literatura científica é muito difundida a expressão *enhancement* (*potenciação*), que indica as intervenções de alteração do corpo e da mente em relação ao normal funcionamento físico e psíquico. Apresenta-se também a possibilidade de agir sobre os mecanismos biológicos do envelhecimento para atrasá-lo e tornar o homem não só longevo, mas até imortal. Então, um novo campo de reflexão bioética põe em discussão as finalidades da medicina, o significado de cura, os limites entre saúde e doença, normal e patológica, e também o significado de natureza biológica humana.

O potenciamento da pessoa já é uma realidade em nossos dias, no uso dos psicofármacos, para potenciar a memória, para incrementar a atividade intelectiva; na utilização de substâncias hormonais, para melhorar performances desportivas; e no uso do hormônio do crescimento, para satisfazer o desejo de se tornar mais alto e modelar o corpo de acordo com as características desejadas. São potenciações de rotina e facilmente aceitas pela sociedade. No

---

[91] L. PESSINI, J. E. de SIQUEIRA, W. S. H. HOSSNE, (org), *Bioética em tempo de incertezas*, Loyola, São Paulo 2010, 229.
[92] Cf. S. HOLLAND, *Bioética: enfoque filosófico,* Loyola, São Paulo 2008, 233.

As pesquisas em genética molecular e o desenvolvimento da
manipulação das características biológicas do ser humano

entanto, com a evolução da bioengenharia, é possível potenciar o patrimônio genético com intervenções duradouras e definitivas, na produção de uma característica nova.

Nossa reflexão se direciona às principais questões éticas levantadas pela alteração genética no que diz respeito a suas potencialidades, seus limites e ao nível de agressão sobre a dignidade humana, pois a potenciação genética nos leva a pensar acerca da relação natureza e dignidade humana. Será a engenharia genética um potencial criador de novos indivíduos ou de novas identidades? A identidade pessoal é a responsável pela identificação de cada ser humano e pela individualização, tornando-o único e irrepetível; por isso, à questão anterior, a resposta vai depender da concepção que temos de identidade genética, do tipo ou do modo de intervenção sobre a identidade.

É certo que a identidade pessoal é construída ao longo da história da pessoa com influências "externas", como educação, família, cultura, meio ambiente etc.; a identidade é resultado de uma ação plural coparticipada, a própria ética é essencial na formação de nossa identidade. Portanto, também *o patrimônio genético tem implicações diretas na identidade da pessoa* e a potenciação desse patrimônio pode alterar de forma significativa as capacidades individuais, os traços de personalidade como o humor, a cognição e os relacionamentos interpessoais. Como destaca Glannon, "a potenciação pode ainda alterar o modo como os outros nos identificam (ao ponto de não nos reconhecerem como nós mesmos), bem como o modo como nos apreendemos interiormente durante nossa existência".[93] Por tudo isso, será um tema amplamente avaliado no terceiro capítulo deste livro.

3.7. Produção de híbridos humanos (ou quimeras)

Quando o assunto é a mistura de DNA humano e DNA animal, devemos considerar uma diferença essencial, pois o que queremos tratar neste item não é a produção de animais transgênicos com genes humanos, mas a fusão de DNA humano em óvulos de animais e a consequente produção de embrião híbrido humano-animal.

O termo quimera vem da mitologia grega, é uma figura mítica, um monstro fabuloso, com variações na representação, mas sempre representado por um corpo híbrido entre leão, cabra e serpente ou dragão. Na natureza existem quimeras

---

[93] Walter Glannon, Bioethics and the Brain, The Science of our Moral Dilemmas, citado por S. FERNANDES, & S. N. dos SANTOS, *Potenciação neurológica: um desafio à ética e à identidade pessoal...*, in http://www.porto.ucp.pt/lusobrasileiro/actas/Sara%20Fernandes%20Potencia%E7%E3o.pdf (20/12/2010).

e sua origem resulta em erros no processo de fecundação e subsequente divisão celular. Esses erros podem ocorrer na meiose e na gametogênese, na fertilização ou no desenvolvimento embrionário. O termo comumente utilizado é híbrido, que *consiste na mistura do DNA humano com o de animais de outras espécies.*

Cientistas chineses na Universidade de Medicina de Xangai, em 2003, fundiram, com sucesso, células humanas com óvulos de coelho. Os embriões foram denominados como as primeiras quimeras humano-animal criadas com sucesso.[94] Na universidade de Stanford, Califórnia, no mesmo ano, uma experiência foi feita para criar ratos com cérebros humanos. Um grupo de cientistas norte-americanos e canadenses está desenvolvendo uma experiência na qual injetariam células-tronco humanas em um embrião de rato, o que criaria um ser híbrido.[95] Pesquisadores da Universidade de Newcastle anunciaram ter criado embriões híbridos injetando DNA humano em óvulos de vaca, pois "os óvulos humanos são muito valiosos, por isso tivemos a ideia de utilizar os óvulos de vaca em seu lugar", explicou o professor John Burn, diretor do Instituto de Genética Humana da Universidade de Newcastle.

Em relação à produção de híbridos pela engenharia genética, o cientista Richard Dawkins (1941) defende que por meio do conhecimento do genoma humano e do chimpanzé pode chegar-se a genomas intermédios de um ancestral comum às duas espécies. "O genoma intermédio entre esse ancestral reconstituído e um homem moderno poderia, se fosse implantado, desenvolver-se no que seria um australopiteco renascido",[96] sugeriu o escritor. Para ele, se há algo que pode mudar as concepções que a sociedade tem a respeito do homem – que estão na base de muitas discussões éticas acerca de temas como o aborto ou a eutanásia – é a hibridação com sucesso entre um humano e um chimpanzé.

Os cientistas entendem que quanto mais humanizado for o animal melhor será aproveitado para fins de pesquisa ou para criar peças de reposição que crescem por si mesmas, como o fígado, para transplantar em seres humanos. Porém, a produção de híbridos humano-animal gerou muitos incômodos na sociedade, começaram a aparecer os debates éticos, além de reflexões antropológicas em relação a essa nova façanha da engenharia genética. *A produção de híbridos interfere diretamente sobre a identidade genética do ser humano*, um novo ser é buscado e com consequências na concepção de identidade de pessoa.

---

[94] National Geographic News, Animal-Human Hybrids Spark Controversy, in http://news.nationalgeographic.com/news/2005/01/0125_050125_chimeras.html (12/10/2010).
[95] Cf. *The New York Times,* 27 novembro 2002.
[96] R. DAWKINS, *O gene egoísta,* Edusp, São Paulo 1979.

3.8. Animais transgênicos

Este item consiste em apresentar a produção de animais transgênicos, ou seja, quando genes humanos são transplantados para animais para atingir vários objetivos, pois sabemos dos muitos problemas que ainda estão à frente do uso de órgãos de animais devido às barreiras encontradas, sobretudo de ordem biológica, e, por isso, a necessidade de modificá-los geneticamente, aproximando-os ainda mais dos seres humanos. Exemplo desses avanços inclui o desenvolvimento potente de animais geneticamente modificados (transgênicos)[97] como forma de superação da barreira imunológica para a sobrevivência do transplante de órgão animal para humano.

O vocábulo transgênico foi usado em 1982 por Gordon e Ruddle, época em que foram divulgados nos EUA os camundongos gigantes fabricados por Palminter Brinster e Hammer. *A transgênese é uma biotecnologia aplicável em animais e vegetais que consiste em adicionar um gene, de origem animal ou vegetal, ao genoma que se deseja modificar.* Denomina-se transgene o gene adicional. O transgene passa a integrar o genoma hospedeiro e o novo caráter dado por ele é transmitido à descendência. O que significa que a transgênese é germinativa e, portanto, hereditária. A transgenicidade, como qualquer outra bioengenharia, elimina as fronteiras entre as espécies, ao possibilitar que qualquer ser vivo adquira novas características, ou de vegetais, ou de animais, ou humanas.[98]

O desenvolvimento de linhagens de porcos transgênicos é uma das tentativas de aumentar a taxa de compatibilidade com seres humanos, visando à formação de órgãos transplantáveis e à produção de proteínas e outras substâncias, tais como hormônios para tratamentos de saúde. "Acreditamos que, com o aperfeiçoamento da técnica de se criarem animais transgênicos que expressem genes humanos, conseguiríamos realizar transplantes personalizados a cada paciente, sem a necessidade de administrar nenhuma classe de fármacos para evitar a rejeição do órgão."[99]

Para alguns, esses animais geneticamente modificados são também considerados híbridos devido à introdução de genes humanos em animais; fala-se de microquimerismo. Biologicamente essa definição poderia ter sentido, mas, a nosso ver, neste caso não se trata de híbridos, pois uma pessoa portadora de uma válvula animal não é um híbrido, assim como também o animal que contém o gene humano para a produção da

---

[97] Cf. E. COZZI, & D. J. WHITE, "The Generation of Transgenic Pigs as Potential Organ Donors for Humans", in *Nature Med* 1 (1995), 964-966.

[98] Cf. F. OLIVEIRA, *Afinal, qual é mesmo o suave veneno dos transgênicos?*, in http://www.agronline.com.br/artigos/artigo.php?id=28 (05/10/2010).

[99] M. M. COELHO, *Xenotransplante...*, 67.

insulina não é uma quimera. *O híbrido é aquela que compreende em nível fenotípico no mesmo indivíduo características de espécies diferentes*, sobretudo quando acontece a combinação de gametas de espécies diversas.

3.9. Manipulação genética e futuro pós-humano (Roboética)

Diante da seleção autônoma, podemos considerar, desde já, pelo menos dois tipos de evolução para as espécies: uma pela formação de novas espécies (transgênicas, híbridos) e outra pela perpetuação dos indivíduos de uma mesma espécie (clonagem completa, melhoramento), e agora falamos de um terceiro tipo, *uma espécie mista de homem-máquina*. Isto nos mostra que não estamos mais presos exclusivamente à seleção natural, mas nos encontramos diante da possibilidade de que nós mesmos, de forma autônoma, já possamos definir a evolução das espécies. Essa afirmação indica que estamos caminhando para um futuro pós-humano que talvez nossa inteligência ainda não seja capaz de imaginar.

Do tempo dos mitos antigos à tecnologia moderna, a relação homem-máquina foi sempre um problema fundamental que tem encantado e perturbado a humanidade em dois sentidos: o do conhecimento e o da ética. Talvez o conhecimento um dia possa ser baixado como *software* para nossas mentes numa condição mais flexível e capaz que as máquinas. Talvez vidas futuras serão vividas em realidades virtuais ou em reinos híbridos onde a distinção entre virtual e real se tornará sem sentido.[100]

O *futuro pós-humano* foi preconizado "na obra *L'homme machine*, escrita em 1748; o médico e filósofo francês Julien Offray de La Mettrie escreveu que os humanos são fundamentalmente somente animais e máquinas, enquanto o Marquês de Condorcet, outro filósofo do Iluminismo francês, escreveu, em 1794, que não foram fixados limites para o aperfeiçoamento das faculdades (...), o aperfeiçoamento do homem ilimitado. Muitos também veem raízes do pensamento *transumanista* no pensamento de Nietzsche, particularmente em sua obra *Assim falava Zaratustra*, em que afirma que o homem é algo para ser superado".[101] O sonho da perfectibilidade humana por meio da ciência e da tecnologia esteve, de fato, também presente desde o início da ciência moderna no século XVII, quando René Descartes, em seu famoso livro *Discurso sobre o Método*, estabeleceu os objetivos práticos para a nova ciência que ele estava fundando. Ele falou explicitamente de nos tornarmos "como senhores e proprietários da natureza".[102]

---

[100] Cf. C. RUBIN, "Human Dignity and the Future of Man...", 156.
[101] L. PESSINI, J. E. de SIQUEIRA, W. S. H. HOSSNE (org), *Bioética em...*, 231.
[102] R. DESCARTES, *Discurso sobre o método*, Edições 70, São Paulo 2008.

As pesquisas em genética molecular e o desenvolvimento da manipulação das características biológicas do ser humano

O inglês Ian Pearson,[103] formado em física teórica e matemática aplicada, acredita que neste século *a humanidade irá fundir-se às máquinas e ganhar vida eterna.* A engenharia genética talvez nos permita resolver o problema da alimentação no mundo, converter desertos em áreas verdes e reduzir o aquecimento global. Ainda para o futurólogo, a inteligência, como a concebemos hoje, terá pouco valor. Pearson acredita que "existe a possibilidade de ocorrer um cenário igual ao do filme *O Exterminador do Futuro,*[104] em que máquinas e homens iniciam uma guerra. A possibilidade de sairmos vitoriosos, como no filme, é extremamente pequena, porque somos bem mais vulneráveis. Não nos parece uma ideia muito boa desenvolver aparelhos superinteligentes e criar uma enorme diferença entre nossas capacidades e as delas. O que podemos fazer para nos sentirmos seguros é conectar nosso cérebro aos computadores com eficiência antes de desenvolver muito a inteligência das máquinas".[105]

Se no passado alguns filósofos decretaram a morte de Deus, hoje o homem está decretando a morte do próprio homem, ou seja, a morte do *Homo sapiens* para criar o *Homo ciberneticus.* Será que o oitavo dia da criação será a criação de uma máquina? Hans Moravec, do Instituto de Robótica da Universidade de Carnegie Mellon, em Nova Jersey, Estados Unidos, acredita que o *Homo sapiens* evoluirá para uma espécie, o *Robô sapiens.*

3.10. Dignidade humana na cultura pós-humanista

Devemos examinar a concepção pós-humanista da dignidade humana: de onde vem e para onde ela leva, e como o homem de hoje se compromete? E qual a noção de dignidade que permeia as novas descobertas? Para nós, diante de cientistas e pensadores fantásticos com visões futuristas, a noção de dignidade humana é necessária para desacelerar seus excessos, trazendo seus pensamentos mais extravagantes de volta a nossa realidade de seres encarnados.

Para os incentivadores da manipulação genética, a natureza não se importa com nosso bem-estar e não nos faz perfeitos; para estes, as próprias forças da natureza, que deram origem a nós, acabarão por nos destruir, e por isso muitos *pós-humanistas* acreditam serem os verdadeiros defensores da dignidade da pessoa contra todas as humilhações impostas a nós pela natureza: doença natural, decadência, privação e morte; veem

---

[103] Cf. R. KENSKI, "A vez do Homo Ciberneticus", in *Superinteressante*, novembro de 2000, 15.
[104] "The Terminator", dirigido por James Cameron, 1984.
[105] Cf. R. KENSKI, "A vez do...", 15.

a história da humanidade como o conto triunfante de um organismo disposto a aceitar essas limitações em seus próprios termos e, progressivamente, ganhando maior poder para enfrentá-las e, eventualmente, superá-las.[106] Segundo eles, somos seres inventivos e podemos tornar-nos cada vez mais os senhores e possuidores da natureza, incluindo nossa própria, resolvendo o problema final de uma natureza defeituosa.

A transformação para a pós-humanidade representa uma singularidade histórica: as capacidades de nosso pós-humano, a autootimização de nossos sucessores ultrapassarão nossos próprios limites por ordens de magnitude comparável à distância entre os seres humanos e as bactérias. Daqui resulta que a humanidade atual seria tão incapaz de compreender o mundo pós-humano do futuro como as bactérias são incapazes de nos compreender. Contudo, quando a dignidade humana é definida em termos de incessante autossuperação, o *transumanista* abre a porta para um futuro humano incompreensível e incerto e, ao fazê-lo, priva o termo dignidade de qualquer significado moral determinado.

Stock já fala que "os seres humanos do futuro se voltarão para trás, para nossa época, e olharão para nosso tempo como um período difícil, traumático e desafiador. Eles provavelmente irão ver nosso período como uma época estranha e primitiva, quando as pessoas viviam setenta ou oitenta anos apenas, morriam de doenças terríveis e concebiam seus filhos fora de um laboratório por um imprevisível encontro por acaso de espermatozoide e óvulo".[107] James Watson, codescobridor da estrutura do DNA, colocou esse assunto como uma questão simples: "Se pudéssemos fazer seres humanos melhores sabendo como adicionar genes, por que não?"[108]

Os transumanistas estão dispostos a confiar na tecnologia para melhorar nossas vidas de tal forma que estejam em conformidade com todos os nossos desejos humanos e, no longo prazo, sejam um bem extraordinário a ser alcançado a partir da transformação de nós mesmos e de nosso mundo. Isso pode parecer reconfortante para aqueles que esperam que, ao longo dos próximos anos e décadas, *os avanços tecnológicos continuem a facilitar nossa sorte sem alterar radicalmente nossa natureza*. Para eles, é o suficiente saber que estamos constantemente conquistando a cura de doenças e a superação da natureza humana. Hoje se torna cada vez mais difícil afirmar que sabemos o que vai ser tecnologicamente impossível no futuro, este é um argumento insensato. Mas os transumanistas irão responder que a atual aceleração da mudança tecnológica pode significar para nosso futuro desejado um tempo menos distante do que parece.

---

[106] Cf. C. Rubin, "Human Dignity and the Future of Man...", 157.
[107] G. Stock, *Redesigning Humans: Our Inevitable Genetic Future*, New York 2002.
[108] J. Watson, "Miracle Molecule, 50 Years On", in *Baltimore Sun*, 4 February 2003, A. At a symposium in Toronto in October 2002, 8A.

As pesquisas em genética molecular e o desenvolvimento da manipulação das características biológicas do ser humano

Na literatura, o termo *transumano* pode ser compreendido como uma concepção filosófica que conduz para uma condição pós-humana. Segundo Bostrom, o transumanismo é definido como "um movimento cultural e intelectual que afirma a possibilidade e o desejo de fundamentalmente aprimorar a condição humana fazendo uso da razão aplicada, especialmente usando da tecnologia para eliminar o envelhecimento e aprimorar as capacidades intelectuais, físicas e psicológicas",[109] é a superação das limitações humanas através da razão, da ciência e da tecnologia.

Ainda segundo Bostrom, em sua *Home Page,* transumanista é quem defende e sustenta o transumanismo. *Transumanos são os seres que estão em processo de transição*, ou seja, os homens que estão sendo potencializados e se encontram em condição intermediária. *No fim do processo, os homens melhorados num futuro pós-humano serão os pós-humanos.*[110]

O termo transumanismo foi criado em 1957 pelo biólogo Julian Huxley, que o definiu como a doutrina do homem continuando homem, mas transcendendo ao perceber novas possibilidades da e para sua natureza humana. O transumanismo compartilha muitos elementos do humanismo, incluindo o respeito pela razão e pela ciência, um compromisso com o progresso e uma valoração da existência humana (ou transumana) nesta vida. (…) O transumanismo difere do humanismo em reconhecer e antecipar as alterações radicais na natureza e as possibilidades de produzir vidas resultadas de várias ciências e tecnologias.[111]

O termo *pós-humano tem ganhado espaço nos meios científicos, intelectuais*, acadêmicos e públicos, com debates cada vez mais acirrados entre cientistas, filósofos e teólogos. Afirma-se que é um termo que veio para substituir o termo pós-moderno. O pós-humano é um ser híbrido do humano e tecnológico, uma mistura que faz com que o homem ultrapasse suas barreiras, suas limitações físicas ou mentais, expandindo suas próprias capacidades, utilizando-se de artifícios e recursos tecnológicos, com a possibilidade de sobreviver ao próprio corpo orgânico, com metodologias como a hibernação ou a transferência da consciência.

Kurzweil, no artigo intitulado *Ser Humano Versão 2.0,*[112] escreve que nossa espécie já alterou a ordem natural de nossas vidas por meio de nossa tecnologia: drogas, suplementos, peças de reposição para todos os sistemas corporais e muitas outras invenções. Já temos equipamentos para substituir nossos joelhos,

---

[109] N. BOSTROM, "In Defense of Posthuman Dignity", in *Bioethics* 19/3 (2005), 203-214, 205.

[110] Um dos maiores transumanistas é o professor Nick Bostrom, professor na Universidade de Oxford e presidente da Associação Mundial Transumanista, fundada em 1997, in www.nickbostrom.com

[111] Cf. MAX MORE, Transhumanism. Towards a Futurist Philosophy, in http://www.maxmore.com/transhum.htm.

[112] R. KURZWEIL, "Ser Humano Versão 2.0", in *Folha de São Paulo,* Mais, 23 março 2003.

bacias, ombros, cotovelos, pulsos, maxilares, dentes, pele, artérias, veias, válvulas do coração, braços, pernas, pés e dedos. Sistemas para substituir órgãos mais complexos (por exemplo, nosso coração) começam a funcionar. Estamos aprendendo os princípios de operação do corpo e do cérebro humano e logo poderemos projetar sistemas altamente superiores que serão mais agradáveis, durarão mais e funcionarão melhor, sem serem suscetíveis a panes, doenças e envelhecimentos.

Os pós-humanistas afirmam que as tecnologias de aprimoramento humano devem ser amplamente disponibilizadas a todos os interessados em suas técnicas, cada um em sua liberdade pode escolher qual a ser aplicada em si mesmo, e que os pais têm o direito de escolher livremente o aperfeiçoamento ideal para seus filhos, escolhendo as características desejáveis.

A concepção de dignidade humana apresentada pelos transumanistas demonstra o próprio desprezo para com o que realmente somos, compreende o homem apenas como um corpo composto por produtos químicos, isto é, corpo objeto, susceptível de ser estudado e descrito como tantos outros objetos naturais. Nesta lógica a nova dignidade da pessoa se volta sobre si mesma. Estamos lutando ou estamos apenas sendo invasivos? O que significa dizer que nossa dignidade reside no fato de que, por natureza, nós nos esforçamos para superar nossa natureza?

Desse ponto de vista, a dignidade de um indivíduo consiste no exercício da liberdade de escolha, um subjetivismo ancorado no direito de escolha. Vemos no transumanismo o relativismo libertário que decorre naturalmente de uma obsessão de liberdade, em que *o princípio de melhoria e de modificação é basicamente o vale-tudo*, contanto que seja livremente escolhido (alguns acrescentariam seguro e eficaz). "Ninguém deve ser obrigado a ser reforçado, ninguém deve ser forçado a não ser melhorado."[113] Se autossuperação criativa é a fonte de nossa dignidade, haverá uma infinita variedade de maneiras de ser digno, sempre partindo do princípio democrático de fazer o que quiser.

As decisões que estamos tomando hoje, por exemplo, de fazer a seleção do sexo ou a seleção genética de embriões, ou prescrever medicamentos controladores do comportamento para crianças pré-escolares, ou tentar paralisar o processo de senescência, a criação de cérebros mecânicos, entre outras ações, definirão o caminho para além da terapia das próximas gerações. As decisões e escolhas de alguns cientistas de vanguarda podem abrir caminhos para que outros, mais tarde, possam seguir no processo de mudança, por vezes, o que é considerado normal pode ser de forma irreversível.

---

[113] Cf. C. RUBIN, "Human Dignity and the Future of Man...", 164.

*As pesquisas em genética molecular e o desenvolvimento da
manipulação das características biológicas do ser humano*

Conclusão

Considerando o que foi apresentado anteriormente, podemos dizer que estamos na era da valorização biotecnológica, por exemplo, o hormônio do crescimento para as crianças se tornarem mais altas; o *screening* genético pré-implante de embriões para facilitar a escolha eugênica (para excluir defeitos); o uso do *Ritalin* e outros estimulantes para controlar o comportamento ou impulsionar o desempenho nos exames (escola, concursos); o *Prozac* e outros medicamentos para dar satisfações, alegrar, alterar humores e temperamentos; e ainda o uso do botox, os remédios contra impotências sexuais e esteroides anabolizantes.

Agora, olhando adiante, outras solicitações já são visíveis no horizonte: drogas para apagar memórias dolorosas, traumatizadas ou vergonhosas, ou paixões frustradas; genes para aumentar o tamanho e a força dos músculos; implantes nanomecânicos para melhorar a sensação ou habilidade motora; técnicas para retardar o envelhecimento biológico e aumentar ao máximo a longevidade humana etc. Graças a essas e outras veneráveis inovações biotecnológicas, desejos humanos para melhorar os filhos, corpos eternos e alma feliz podem ser cada vez mais satisfeitos com o auxílio da biotecnologia. Um novo campo da ciência transumanista está em percurso, mobilizando o pensamento e a investigação para redesenhar a natureza humana com o emprego das biotecnologias; esse movimento está sendo chamado de futuro "pós-humano".[114]

A dignidade seria identificada como qualidades da pessoa e não consistiria em resistir desafiando o mundo, mas em ser mais forte, mais belo e mais inteligente. A existência de uma verdadeira base natural dos direitos naturais se transforma em questões como o lugar da dignidade das qualidades na vida humana. Nesse novo mundo não haverá oportunidade para o exercício das virtudes heroicas; uma dignidade humana natural, como toda a excelência humana, exige reconhecer e aceitar certas necessidades naturais.

Tais perspectivas não podem ser tomadas como referência principal, se temos mais esperança ou mais medo. A biotecnologia é necessária, está a nossa frente, usamo-la a todo momento: o computador em que escrevemos, os óculos que usamos e melhoram consideravelmente nossa capacidade de enxergar, os medicamentos que tomamos etc.; nossa reflexão consiste em como usamos e como podemos usar as biotecnologias para o bem-estar da humanidade sem agredi-la em sua dignidade.

---

[114] Cf. L. R. KASS, "Defending Human Dignity...", 302.

Diante das conquistas da engenharia genética aqui apresentadas e de seus efeitos sobre a vida do ser humano, entendemos cada vez mais a necessidade e a importância de trazermos esses temas para uma avaliação à luz da antropologia--teológica bem compreendida. O poder conquistado pela engenharia genética, com capacidade de modificar radicalmente o genoma da pessoa, desperta em nós a urgência de um debate ético; isto revela a importância deste nosso trabalho para a atual reflexão como proposta de defesa da dignidade humana contra toda ameaça de agressão vinda da manipulação genética.

Após termos descrito as conquistas da engenharia genética, principalmente no que se refere à manipulação genética, nosso próximo passo será fazer uma interpretação das principais bases filosóficas e da antropologia teológica como fundamentos para a compreensão de natureza, pessoa e dignidade humana. Além disso, é de nosso interesse aprofundarmos a compreensão da identidade ontológica do ser humano e do significado do genoma humano na constituição da pessoa. Dados importantes para posteriormente realizar a avaliação ético-teológica da manipulação genética e seus efeitos.

II — Uma apresentação das principais bases filosóficas e a concepção ético-teológica de dignidade humana

Está diante de nós o desafio de compreender o que é o ser humano e em que consiste sua dignidade de pessoa. Para a formulação antropológico-teológica e para responder a tantas perguntas a respeito da dignidade da pessoa humana e como usar este princípio para avaliar as conquistas da engenharia genética, devemos levar em conta as diversas teorias e os avanços das ciências, sobretudo as chamadas ciências humanas, que ajudam a compreender de forma adequada a identidade de pessoa em sua totalidade e à luz da revelação levar o homem a agir em favor da vida humana. O conceito de identidade da pessoa humana é elaborado a partir de contribuições genéticas, mas também econômicas, sociológicas, filosóficas, teológicas etc.

É preciso buscar um referencial expandido de pessoa que vai além de uma visão reducionista e fundamentar nas diversas teorias o significado de natureza, pessoa e dignidade humana, para compreender e identificá-la em suas diferentes dimensões. Dimensões estas que configuram a pessoa no que diz respeito aos vários estatutos, como: no que se refere à constituição genotípica, o estatuto biológico; no que diz respeito ao ser, o estatuto ontológico; ao dever e à responsabilidade, o estatuto ético-moral; à lei, o estatuto jurídico; e ao sagrado, o estatuto teológico.

Este segundo capítulo tem como objetivo estabelecer a compreensão de natureza, pessoa e dignidade humana fundadas em uma adequada visão do ser humano. Para isso, num primeiro momento, apresentaremos algumas diretrizes básicas acerca da compreensão de pessoa e dignidade humana em Immanuel Kant, Peter Singer e Jürgen Habermas, no desejo de perceber algumas de suas ideias de interesse para nosso estudo. Em seguida faremos uma apresentação das principais bases filosóficas da teologia cristã como fundamento para a compreensão de natureza, pessoa e dignidade humana, identificando os diferentes usos e compreensões que têm sido feitos ao longo da história.

Por fim, para a fundamentação teológica, apresentaremos critérios a partir da razão e da fé cristã que podem contribuir para a avaliação ético-teológica das conquistas biogenéticas e aplicações de resultados referentes à manipulação genética e suas consequências para os seres humanos. Esses critérios dizem respeito particularmente aos valores antropológicos e teológicos ali implicados, ao tratamento devido aos seres humanos e às questões relacionadas com a aplicação dos resultados das ações em questão. Para a avaliação, tomaremos alguns textos do Magistério Católico que iluminam nossa compreensão de pessoa e dignidade humana e que nos ajudam a *refletir e avaliar, à luz da antropologia teológica, as diversas técnicas de manipulação genética que agem diretamente no patrimônio genético do indivíduo*. Diante dessas compreensões, almejamos perceber as diversas interferências que acontecem na natureza biológica humana e o quanto estas acometem a dignidade da pessoa.

1. Dignidade humana no contexto sociocultural

1.1. A questão da dignidade humana em alguns autores

Neste item, identificaremos alguns dos diferentes usos, definições e interpretações que têm sido feitos com a ideia de dignidade da pessoa, distinguir os diversos conceitos e o quanto eles podem contribuir para nosso trabalho. Para isso, trazemos para nossa reflexão algumas diretrizes básicas com contribuições importantes oferecidas ao longo da história e em nossos dias com destaque para alguns filósofos como Immanuel Kant, Peter Singer e Jürgen Habermas, que se dedicaram a refletir acerca da compreensão de pessoa e de dignidade humana, com grandes influências no mundo contemporâneo. Existem muitos outros estudiosos importantes e influentes, mas neste trabalho escolhemos estes por entendê-los de relevância para nossa pesquisa, com pensamentos diversos, mas que nos ajudam na compreensão dos temas de interesse. *Immanuel Kant* deu grande contribuição ao conferir ao homem uma dignidade intrínseca e racional, que é considerável na elaboração de normas para pesquisas científicas com seres humanos, assim como na relação médico-paciente. *Peter Singer*, por apresentar uma ética utilitarista, que contrapõe a visão antropocêntrica em confronto com o ensinamento do Magistério Católico sobre a concepção de dignidade da pessoa. *Jürgen Habermas*, sendo laico, seu pensamento converge com o pensamento antropológico católico ao combater a eugenia liberal.

Uma apresentação das principais bases filosóficas e a concepção ético-teológica de dignidade humana

1.1.1. Conceito de dignidade em Immanuel Kant (1724-1804)

Um dos desafios importante em nosso tempo é a ausência de uma concepção de dignidade humana totalmente acessível e universalmente compartilhada. Na tradição filosófica ocidental, a tentativa mais relevante de apresentar um modo universal e aceitável de falar a respeito da dignidade humana é atribuída a Kant e a seus ensinamentos a respeito da pessoa.

A finalidade deste item é explorar o conceito de dignidade humana em Kant como um recurso potencial para debates contemporâneos da bioética. Segundo Roselló, "Kant elabora sua concepção de dignidade inspirando-se em muitas fontes, entre elas destacam-se o pensamento estoico, o cristianismo, mesmo procurando fundamentar sua ideia de forma que não tenha pressupostos teológicos, e a obra de Jean Jacques Rousseau".[1]

Kant apresenta uma definição de dignidade humana universal com uma base estritamente racional. É certamente o filósofo que colocou o conceito de dignidade humana sobre o campo do discurso moral moderno e foi o primeiro a reconhecer que ao homem não se pode atribuir valor (preço), ele deve ser considerado como um fim em si mesmo e em função de sua autonomia como ser racional. O ser humano distingue-se e sobressai dentre os outros seres vivos porque, como espécie e como indivíduo dentro dela, *não tem preço e sim dignidade*; ele é incomparável e não pode ser usado como apenas meio para outros fins.[2] Portanto, entendemos que para Kant as pessoas, todas as pessoas entendidas como seres racionais, merecem respeito, não por causa de qualquer excelência de que se possa gloriar, mas porque compartilham a mesma participação no âmbito da ética e da capacidade de viver de acordo com a lei moral.

O grande legado do pensamento kantiano para a filosofia atual dos direitos humanos é a igualdade a todos esses na atribuição da dignidade. A excelência que define o homem digno, a liberdade, e que lhe possibilita um nome especial, pessoa, confere o direito e o dever ao indivíduo humano de ser respeitado como um bem e fim em si mesmo, e nunca como um valor relativo. Conceito substancialmente influente nas diferentes noções de dignidade que sucederam e que pode ser uma de suas maiores contribuições para a filosofia moral.

---

[1] Cf. F. T. ROSELLÓ, *¿Qué es la dignidad humana? Ensayo sobre Peter Singer, Hugo Tristram Engelhardt y John Harris,* Herder, Barcelona 2005, 69.

[2] Cf. I. KANT, *La metafisica dei costumi,* Bompiani, Milano 2006, 77.

Para Kant, a dignidade é o valor intrínseco, que pertence a todos os seres humanos e não aos outros seres do mundo natural, significa que o homem é um ser capaz de agir sob o respeito de leis morais. Não é o mero fato biológico a constituir fundamento da dignidade, mas o fato da razão, da lei moral, uma razão moralmente prática, que nos comanda, de respeitar a humanidade, seja na própria pessoa, seja naquela dos outros. "A dignidade é um tipo de valor invariável atribuído às pessoas ou à humanidade realizada nas pessoas."[3] A dignidade é incomparável, não se pode dizer que uma pessoa tem mais dignidade que outra como se pode dizer do preço. Deve-se atribuir dignidade a todos os agentes morais, inclusive àqueles que cometem ações indignas.

Qualquer vestígio, restos de uma ética não utilitarista da bioética atual, deriva desta visão moral kantiana. O respeito pela pessoa, tão celebrada pelos protocolos éticos que regulam a experimentação em seres humanos, decorre do princípio kantiano. Porém, Kass afirma que muitos deturpam o princípio kantiano, afirmando que a própria razão manda escolher tudo o que deseja, e, com isso, a individualidade, entendida como um agente moral concreto, é ameaçada em nós pela possibilidade de projetar nosso patrimônio genético e brincar com os nossos desejos humanos através de substâncias psicoativas ou implantação de *chips* computadorizados no cérebro.[4]

É importante destacar que o conceito de dignidade humana em Kant tem dois componentes importantes: a humanidade e a dignidade, para ele *"a humanidade em si é uma dignidade"*.[5] Respeitar a humanidade de cada homem é dizer que dignidade é um conceito de humanidade. Ali onde alguém pertence à humanidade, por ser um ser vivo humano, ali está presente essa dignidade. Com isso, as pessoas apresentam valor simplesmente porque são humanas, não em virtude de qualquer condição social ou habilidade, para evocar admiração ou qualquer conjunto particular de talentos ou habilidades, ou competências, mas no próprio fato de ser pessoa. Usada dessa forma, a dignidade designa um valor que não seja atribuído ou criado por escolhas humanas, individuais ou coletivas, mas anterior à atribuição humana. O homem pode considerar sua própria existência como algo que tem valor objetivo.

A concepção kantiana de dignidade como reconhecimento racional enfatiza a proibição de instrumentalização dos seres humanos. O homem pode e deve sempre levar uma vida digna e de domínio de si mesmo, uma vida digna de sua con-

---

[3] *Ibidem*, 40.
[4] Cf. L. R. Kass, *La sfida della bioetica...*, 28.
[5] I. Kant, *Grounding for the Metaphysics of Morals*, Hackett Publishing, Indianapolis 1981, 40.

Uma apresentação das principais bases filosóficas e
a concepção ético-teológica de dignidade humana

dição de ser humano vivente em um universo natural. Porém, deduzimos a partir do pensamento kantiano que o reconhecimento da dignidade no próprio homem leva a não interferir em seu estatuto genético de tal forma que este não seja usado como um meio para satisfazer os desejos de outros. A exigência moral consiste em agir pelo reconhecimento completo e consequente da dignidade humana; esta é a qualidade que nós seres racionais devemos respeitar; a bondade moral reside na atitude coerente com a realidade de pessoa, que é absoluta e não relativa.

1.1.2. Conceito de dignidade em Peter Singer (1946)

No primeiro capítulo da obra _Ética Prática,_[6] Singer procura mostrar que a correta compreensão da noção de igualdade (_We are all equal_) implica que também os animais não humanos têm direitos. O princípio do direito, ou seja, o que é moralmente relevante para ter direitos, está na capacidade de sofrer. Dado que os animais podem sofrer, têm direitos. Um dos pilares dessa corrente é que o ato moralmente justo é sempre aquele que resulta num acréscimo da felicidade geral, em detrimento da dor. Esta reflexão, ele a faz da mesma forma quando se trata de animais-humanos.

Singer apresenta como mandamento utilitarista o princípio de maximização do prazer, ou seja, _o máximo de bem para o máximo de pessoas possíveis._ No nível ético, o conceito de utilidade é empregado no sentido do aumento do bem-estar (felicidade) para o maior número possível. As ações, as regras de conduta quotidianas, são um meio para atingir este fim. Como o fim que interessa, ele justifica todos os meios.

Independentemente da natureza do ser, o princípio da igualdade exige que o sofrimento seja levado em conta em termos igualitários a um sofrimento semelhante de qualquer outro ser, tanto quanto é possível fazer comparações aproximadas. Se um determinado ser não é capaz de sofrer, nem de sentir satisfação, nem felicidade, não há nada mais a tomar em consideração. É por isso que o limite da senciência (da capacidade de sofrer ou de sentir prazer ou felicidade) é a única fronteira defensável da preocupação pelo interesse alheio.

Ao seguir com rigor suas ideias até as últimas consequências, Singer conclui que "a perda de uma vida feliz é compensada pelo ganho de uma vida mais feliz ainda".[7] Disto podemos concluir que o critério de avaliação moral não é objetivo e não estabelece uma dignidade intrínseca, mas relativo à condição de ser feliz. O

---

[6] Cf. P. SINGER, _Ética Prática,_ Martins Fontes, São Paulo 1993.
[7] _Ibidem,_ 191.

autor explica que, em seu vocabulário, a palavra pessoa aplica-se apenas a seres dotados de autoconsciência, de autonomia e com capacidade para vivenciar sensações como dor e prazer. "A capacidade de sofrimento e prazer, no entanto, não é só necessária, mas também suficiente para nos dizer que um ser tem interesses, em um mínimo absoluto, um interesse em não sofrer."[8] Com isso, o conceito de pessoa também é aplicado a seres que não são da espécie humana.

Na filosofia cristã, toda pessoa é um ser humano e todo ser humano é uma pessoa, porém, para Singer, *"uma pessoa não é por definição um ser humano"*.[9] Existem seres humanos que não podem considerar-se pessoas e existem pessoas que não pertencem à espécie humana. Esta mudança dos conceitos de pessoa e de ser humano produz certa perplexidade na filosofia de descrição cristã, mas também na filosofia moderna clássica.

Numa perspectiva utilitarista-consequencialista, que não parte de regras morais (de uma moral deontológica), mas de consequências ou objetivos a serem alcançados, neste caso, o que é mais feliz, Singer avalia as ações à medida que favorecem esses objetivos, considera uma ação um bem quando esta produz um incremento igual ou maior de felicidade de todos os envolvidos, quando comparada com uma ação alternativa, e um mal, se assim não acontecer. A partir dessa reflexão, podemos afirmar que as consequências de uma ação variam de acordo com as circunstâncias em que é praticada, ou seja, a avaliação ética está dependente das consequências. Neste sentido, entendemos também que a ética é relativa à sociedade em que vivemos, ou seja, existe uma grande influência da cultura e da realidade nos valores morais de um grupo ou povo.

Segundo a perspectiva clássica materialista, o ser humano e o animal se reduzem, em definitivo, à matéria em movimento; significa que não existe nenhuma especificidade ontológica particular no homem que o faça substancialmente diferente do animal. "Para Singer, a natureza humana é cambiante e transforma-se ao longo da história, opõe-se a visões estáticas ou fixistas da natureza. Daí se deduz o seguinte: se a natureza humana é cambiante, sua suposta dignidade ontológica, que depende do ser, também é cambiante, pois depende de um ser que não é imóvel, mas variável."[10]

Portanto, concluímos que as teses singerianas não só constituem um desafio para os antropólogos, mas também para a bioética, que sustenta o todo seu edifício ético sobre o fundamento da eminente *dignitas* humana. Sua filosofia con-

---

[8] IDEM, *Libertação Animal*, Lugano Editora, Rio de Janeiro 2004, 228.
[9] IDEM, *Repensar la vida y la muerte*, Paidós, Barcelona 1997, 180.
[10] F. T. ROSELLÓ, *¿Qué es la dignidad humana?...*, 109.

Uma apresentação das principais bases filosóficas e a concepção ético-teológica de dignidade humana

verte-se em um desafio não só em relação ao pensamento de raiz judeu-cristão, mas também em relação ao pensamento greco-romano e ao pensamento ilustrado, desde Immanuel Kant até Jügen Habermas,[11] pois Singer questiona a ideia da sublime dignidade da pessoa, segundo ele, tese onipresente no pensamento tradicional ocidental. A ideia de Singer tira do ser humano o privilégio de possuir uma dignidade intrínseca específica e de excelência.

Podemos dizer que, seguindo o pensamento de Singer e olhando para o futuro pós-humano, no qual a engenharia genética promete melhores condições de bem-estar, sem dor e com maior prazer, esses seres pós-humanos podem adquirir os atributos em questão num nível mais elevado do que outros seres humanos, resulta que todos os seres humanos não serão iguais em valor moral fundamental, ou seja, a dignidade. Este pensamento consequencialista abre portas para todos os tipos de manipulação genética que busquem produzir o homem "melhor".

1.1.3. Eugenia liberal e a compreensão de dignidade em Jürgen Habermas (1929)

Iniciamos este ponto em concordância com Cunico, a nós não interessa tanto fazer um juízo da posição e do mérito de Habermas, mas pela relevância em si de seu pensamento e também por sua convergência de leigo com as posições da maioria dos pensadores católicos, especialmente porque sua motivação, que não se fundamenta diretamente sobre o tema religioso, mas apenas sobre o campo da ética.[12]

Jürgen Habermas opõe-se aos desenvolvimentos potencialmente perniciosos da tecnologia genética chamada de eugenia liberal, ou seja, às tecnologias voltadas para a manipulação genética dos embriões humanos com fins não terapêuticos, seja nos processos de pré-implante da fecundação *in vitro*, seja nas pesquisas experimentais dos laboratórios.[13] Para ele as intervenções que alteram as características genéticas constituem um fato da eugenia positiva quando ultrapassam os limites estabelecidos pela lógica da cura, ou seja, da ação, supostamente aprovada, de evitar males.

Os avanços da biotecnologia, em sua tarefa de intervenção no genoma humano, podem representar uma ameaça à identidade da espécie humana, uma vez que a pessoa modificada geneticamente está heterodeterminada. Para o autor, a

---

[11] *Ibidem*, 100.
[12] Cf. G. CUNICO, *Lettura di Habermas: Filosofia e religione nella società post-secolare,* Queriniana, Brescia 2009, 61.
[13] J. HABERMAS, *O Futuro da Natureza Humana: a caminho de uma eugenia liberal?* Martins Fontes, São Paulo 2004, 24.

interferência dos pais no patrimônio genético dos filhos, a "heterodeterminação, refere-se a uma autodepreciação induzida que a futura pessoa sofrerá antes do nascimento a um dano de sua autocompreensão moral".[14] Essa intervenção na formação da identidade de alguém é unilateral e irreversível, é o que apresenta Habermas como preocupação em relação às intervenções genéticas.

O autor procurou realizar um trabalho de conscientização e discernimento acerca das pesquisas genéticas, provocando um debate a respeito da decodificação do genoma, e ao mesmo tempo reivindicou da comunidade científica um desacelerar no anseio pela ficção científica. Para ele, *a biologia não pode tomar as reflexões morais* e por isso é necessário e urgente agir de maneira responsável em relação à engenharia genética. Como o próprio autor manifesta, não se trata de criticarmos os avanços do conhecimento científico ou de proibi-los, mas tomarmos consciência do que estamos fazendo e em que isto afeta a autocompreensão de seres responsáveis. Devemos garantir a liberdade e ao mesmo tempo discernir a aplicação prática dessa liberdade. Ele afirma: "Os filósofos não têm mais nenhum bom motivo para abandonar esse objeto de discussão dos biólogos e dos engenheiros".[15]

Ele distingue entre intervenções genéticas terapêuticas com objetivos de cura e intervenções aperfeiçoadoras ou que vão além da terapia e são realizadas pelas preferências pessoais dos progenitores ou manipuladores genéticos. Sustenta que nem todas as intervenções genéticas são questionáveis da mesma forma, pois as que têm o intuito de eliminar preventivamente as doenças, ou com efeito profilático, a eugenia negativa, podem ser permitidas moral e juridicamente. A justificação que ele faz se fundamenta no princípio do consentimento presumido, pois intervenções com o objetivo de eliminar ou evitar doenças com base genética poderiam ser aceitas, ou se presume que seriam consentidas pela pessoa geneticamente manipulada; explica Habermas, "ele (o geneticista, enquanto entende estar no papel de médico) pode antecipar o fato de que a futura pessoa aceitaria o objetivo em princípio discutível do tratamento. Neste caso também, obviamente, não se trata da determinação ontológica do *status*, mas somente da atitude clínica da primeira pessoa para com o outro, ainda que virtual, que um dia a reencontrará no papel de uma segunda pessoa".[16] Ele só admite a eugenia negativa, porque antecipa no embrião pré-pessoa um consenso entre seres livres e iguais. Ao passo que as intervenções aperfeiçoadoras ou de melhoramento genético, a eugenia positiva, não podem contar com esse tipo de consentimento, portanto, deveriam ser proibidas.

---

[14] *Ibidem*, 109.
[15] *Ibidem*, 22.
[16] *Ibidem*, 73.

Uma apresentação das principais bases filosóficas e a concepção ético-teológica de dignidade humana

Habermas apresenta justificativas para proibir a eugenia positiva afirmando que é moralmente problemática, porque o programador genético relaciona-se com a pessoa como se fosse objeto de seu desejo e não como um ser dotado de autonomia individual. Assim afirma Habermas: "Somente nesse caso a intervenção genética assume a forma de 'tecnização' da natureza humana. Diferentemente da intervenção clínica, o material genético é então manipulado a partir da perspectiva de alguém que age de forma instrumental e que, por meio de sua 'colaboração', provoca um estado desejado no campo do objeto, segundo seus próprios objetivos".[17] *O progresso das ciências biológicas e o desenvolvimento das biotecnologias* ampliam não apenas as possibilidades de ação já conhecidas, mas também possibilitam um novo tipo de intervenção. O que antes era dado como natureza orgânica e só podia quando muito ser cultivado, move-se atualmente no campo da intervenção orientada para um objetivo.

Para o autor, a eugenia positiva provoca o abandono da moralidade tal como nós a compreendemos hoje, pois esta prática é contrária a nossa compreensão normativa como seres dotados de responsabilidade, liberdade, igualdade e autonomia. A eugenia liberal atinge nossa autocompreensão normativa da espécie, pois a autoconsciência da pessoa fabricada, no que se refere à autonomia e à responsabilidade, é comprometida com a manipulação genética.

Nesse caso o sujeito não tem liberdade sobre o modo como se posiciona para dizer sim ou não, para dizer o que interessa ou não a seu projeto de vida. Os processos de autocompreensão do sujeito como um si mesmo, pertencente a uma determinada espécie, não podem ser controlados por ele. Habermas justifica-se dizendo que sua estratégia argumentativa não parte da suposição de que a tecnicização da natureza interna representa algo como uma transgressão de limites naturais; para ele, a força do argumento está no consentimento presumido.

O autor refere-se "àquilo que somos por natureza", "aquilo que cresce naturalmente", como algo ameaçado cada vez mais por "intervenções biotécnicas", pelo que "é fabricado".[18] Assim, "na medida em que a evolução aleatória das espécies move-se para o campo de intervenção da tecnologia genética e, por conseguinte, da ação que é de nossa responsabilidade, as categorias que, no mundo da vida, separam o que é produzido e o que se transforma por natureza passam a não se diferenciar mais".[19] Por isso, o autor se torna defensor de uma natureza que se autorregula, e, assim, toda intervenção do homem sobre o próprio homem deve ser responsável a tal ponto de deixar-se orientar pela própria natureza.

---

[17] *Ibidem*, 73-74.
[18] *Ibidem*, 32.
[19] Cf. *Ibidem*, 64-65.

Ética Cristã e Pós-humanismo

Para Habermas, as biotecnologias estão impedindo os indivíduos de suas possibilidades de constituírem a si próprios por meio de uma ética da autorreflexão; à medida que os pais podem exercer algum poder de escolha sobre o patrimônio genético de seus filhos, abre-se o caminho para o surgimento de indivíduos sem autonomia sobre seu próprio destino ou natureza. "A manipulação genética pode alterar a configuração genética do indivíduo em potencial (pré-pessoa), que não pode decidir de forma autônoma sobre essa intervenção."[20]

A manipulação genética possibilita interferir nos fundamentos somáticos da autocompreensão da liberdade ética da pessoa, impedindo, ao ser modificada, de ter acesso ao elemento da contingência, isso significa não poder contar com o "ser--capaz-de-ser-si-próprio", levando a pessoa a não querer responsabilizar-se pelas consequências de seus atos por se considerar produto genético. Uma pessoa determinada geneticamente não terá a seu favor o elemento contingente, porque sofreu uma influência específica que terá consequências no desenvolvimento de sua vida.

Em relação ao respeito à humanidade da pessoa humana quando se trata das novas tecnologias, Habermas estabelece que a indisponibilidade não se restringe apenas a quem recebe o estatuto de um sujeito de direitos e de quem é dotado de dignidade humana; ressalta que, ao *agredir um embrião humano*, não há agressão ao direito de uma pessoa existente, mas sim uma redução do estatuto de uma pessoa futura e um prejuízo à consciência da autonomia, pois implica a violação da liberdade ética da pessoa manipulada e um trato instrumentalizante da dignidade da vida humana da pré-pessoa do embrião. Segundo ele, "um indivíduo programado eugenicamente precisa conviver com a consciência de que seu patrimônio hereditário foi manipulado com o propósito de exercer uma influência em sua manifestação fenotípica".[21]

A manipulação genética de embriões com alterações dos genes no intuito de melhorar a performance do indivíduo pode transformar nossa constituição como seres humanos, nossa identidade de pessoas iguais, o que para Habermas é o fundamento normativo das relações sociais. Ao afirmar que a manipulação genética altera o patrimônio genético da pessoa e a *coloca na condição assimétrica, ferindo a igualdade de comunicação*, Habermas não fala diretamente de uma dignidade intrínseca da pessoa, mas nos oferece condições racionais de preservar a identidade genética como constituição da pessoa, afirmando que a biotecnologia moderna, em alguns de seus usos, seria um tipo de instrumentalização da pessoa humana ou da vida humana do individuo geneticamente manipulado, mostrando a ausência de respeito e consideração pela dignidade da vida humana.

---

[20] J. HABERMAS, & J. RATZINGER, *Dialectics of Secularization*: On Reason and Religion, Ignatius Press, California 2006, 46-47. (N.E.: *Dialética da Secularização*. Sobre Razão e Religião. Ideias & Letras, Aparecida, 2007.)
[21] J. HABERMAS, *O Futuro da Natureza Humana...*, 76.

II Uma apresentação das principais bases filosóficas e a concepção ético-teológica de dignidade humana

1.2. Dignidade humana: apresentação das principais bases filosóficas da teologia cristã

Na reflexão antropológico-teológica acerca da pessoa humana com o objetivo de aprofundar o conceito de dignidade, exigimos uma retomada das principais bases filosóficas essenciais, como os conceitos de natureza, pessoa e dignidade humana, que são pressupostos da bioética fundamental, que têm sua raiz última na compreensão de pessoa. Justificamos nosso desejo de buscar também na natureza racional as bases para esses conceitos porque, ambos, filosofia e teologia enquanto ciências em estreita concordância, buscam uma única verdade sobre o homem. Segundo Reale e Antiseri, para "Tomás, ninguém pode ter uma reta teologia sem antes possuir uma correta filosofia: (...) sendo, portanto necessária uma correta filosofia para ser possível uma boa teologia".[22] "E cabe ao teólogo demonstrar as verdades divinas naturalmente cognoscíveis pela razão."[23]

Os conceitos de dignidade e natureza humana são em si mesmos problemáticos, como também o é o de pessoa. Nossa compreensão de dignidade humana é baseada na compreensão de natureza e pessoa. Existe uma relação intrínseca entre natureza, pessoa e dignidade. *A pessoa humana possui uma substância própria conforme sua natureza*, um conjunto de possibilidades dinâmicas de desenvolvimento que faz a pessoa ser o que ela é e que tem valor em si, e confere à pessoa humana uma dignidade intrínseca. Os três estão implicados entre si como num único plano e são essenciais para nossa avaliação ético-teológica da manipulação genética. Por isso, compreendemos a importância desses três conceitos que estão na base filosófica da antropologia teológica.

Hoje é necessária uma antropologia fundamentada na pessoa com a contribuição das diversas ciências e na teologia conforme revelada por Jesus, conferindo à pessoa um conteúdo metafísico, ontológico e teológico, além do biológico. *Natureza e pessoa humana são conceitos básicos e fundamentais para a compreensão de dignidade*, conforme o pensamento do Magistério da Igreja católica, com seus princípios, reflexões, fundamentos e propostas. O bioeticista italiano Russo acredita que "é possível uma ética construída sobre um fundamento humano único e distinto que pode favorecer uma convergência de fundo em torno do homem, seu lugar na história, seu posto na natureza, sua origem e seu desenvolvimento".[24]

---

[22] G. REALE & D. ANTISERI, *História da Filosofia: Antiguidade e Idade Média*, 6ed. Paulus, São Paulo 1990, 554.

[23] S. TOMÁS DE AQUINO, *Suma contra os gentios*, Sulina, Porto Alegre 1990, cap. 9 do livro primeiro.

[24] G. RUSSO, *Fondamenti di metabioetica cattolica*, Edizioni Dehoniane, Roma 1993, 162.

Apesar do âmbito da investigação e da compreensão desses termos para a ética-teológica, nosso texto tem uma orientação bioética em função da manipulação genética. Como disse o professor Abel, a bioética é constitutivamente um diálogo. Um diálogo em nível fundamental e num plano mais profundo com competência profissional, de respeito mútuo, tolerância e fidelidade aos próprios valores numa atitude de humildade e reconhecimento que não pode monopolizar a verdade. A bioética nutre-se de teorias que se complementam. A bioética inclui uma visão de homem, do significado da vida, de sua história e sua natureza.[25]

A defesa da dignidade humana é um axioma que está muito presente na bioética católica, porém está em outros pensadores que se contrapõem em alguns pontos e convergem em outros tantos, e com conclusões diversas, contudo, todos se configuram na imagem que têm de mundo, de homem, de natureza e de Deus (mesmo que não exista para alguns).

Para nós, a exigência fundamental da bioética contemporânea pressupõe a compreensão de natureza, pessoa e dignidade humana em seus pressupostos biológicos, filosóficos, teológicos e linguísticos, que permitem justificar o que é permitido e o que não é permitido quando se trata de ações da engenharia genética direcionadas à pessoa humana em seu patrimônio genético. Por isso, *a bioética deve ser objeto de análise por parte do teólogo*, pois conceitos fundamentais que esta utiliza, como natureza humana, pessoa, dignidade humana, têm também uma larga tradição cristã. Existe uma relação íntima entre o discurso ético da teologia e o discurso da bioética, a tarefa não consiste unicamente em verificar o momento de aplicação de uma série de princípios, mas também fundamentar hipóteses para superar os desafios que emergem no mundo científico.

Estamos conscientes das polêmicas em relação a esses conceitos e de que a temática vai além do alcance deste livro, bem como das dificuldades de encontrar uma visão convergente para a bioética a partir de visões objetivas desses conceitos. Por esse motivo nosso interesse consiste num diálogo com as diversas ciências, *estabelecer uma bioética católica fundada na concepção de natureza, pessoa e dignidade, resultado da interação dialética entre fé e razão*, como escreve Russo, "a metabioética católica, sobre o fundamento de que Cristo revelou a verdade do homem, da criação e da história, propõe uma metodologia que é a mais adequada à epistemologia da bioética, que se refere ao princípio de contradição por excelência: a verdade do *ethos* do homem como homem".[26]

---

[25] Cf. F. ABEL, *Bioética: orígenes, presente y futuro,* Editorial Mapfre, Barcelona 2001.
[26] G. RUSSO, *Fondamenti di metabioetica...*, 162.

1.2.1. Natureza humana

Nas reflexões acerca da dignidade humana neste século XXI, o termo natureza é problemático, é objeto também das ciências naturais que são, sobretudo, empíricas.[27] O problema da natureza do ser humano é histórico e, com os avanços das ciências biológicas, o debate torna-se cada vez mais amplo e profundo, com diversas formas de compreensão, com muitas opiniões, quer seja do *ponto de vista biológico, filosófico, teológico, ético ou jurídico*. Diante de tudo isso surge a pergunta: Deve mesmo a antropologia teológica defrontar-se com a questão da natureza humana, da essência humana? Esta é uma pergunta que perpassa os debates a respeito da dignidade da pessoa humana. Para responder a essa pergunta precisamos definir a natureza humana, sua objetividade e cognoscibilidade.

Na concepção cristã de vida, sobretudo no que se refere à ética, contém um vínculo estreito entre a cristã e a greco-romana. "Ao mesmo tempo em que o cristianismo se apresenta com uma novidade radical que é ver nos gestos e palavras de Jesus Cristo a norma das normas, ele acolhe o influxo de várias culturas, particularmente da greco-romana. O mesmo aconteceu com o conceito de natureza, ou seja, aquilo que se traz ao nascer."[28] Por isso não é possível estudar natureza humana prescindindo das influências da filosofia greco-romana.

Conforme o dicionário, natureza significa também essência, conjunto de características que define a coisa. Neste sentido, diz-se que um ser tem sua natureza específica segundo a qual desenvolve e opera. Um ser, portanto, segue de tal modo a forma particular que lhe foi impressa e as leis universais impostas. Equivale à realidade fundamental de um ser, entidade ou essência de uma coisa. Num outro sentido significa que qualquer coisa é da natureza ou pertence à natureza, aqui pensa natureza como um todo, por analogia como um ser ou pessoa (*persona*) completa.[29] "Num sentido filosófico, a natureza é definida como o princípio imanente do comportamento ou do modo de agir de uma coisa".[30]

Desde a antiguidade é uma palavra usada com vários significados que derivam de um núcleo central: a ideia de qualquer coisa que nasce e se transforma de maneira autônoma, sem influência estranha, na base de um princípio imanente. A ideia que corresponde à origem dos termos grego, *physis*, e latino, *natura*, in-

---

[27] Cf. I. SANNA, *Dignità umana e dibattito bioetico*, Edizioni Studium, Roma 2009, 21.

[28] A. MOSER, *Biotecnologia e bioética: para onde vamos?* Vozes, Petrópolis 2004, 286.

[29] Cf. H. FRIES, *Dizionario Teologico*, Vol. II, Queriniana, Brescia 1967, (a cura di) Giuliano Riva; L. PACOMIO, *Dizionario Teologico Interdisciplinare*, Vol. 2, Marietti, Torino 1977.

[30] A. GUZZO, V. MATHIEU & V. MELCHIORRE, "Natura", in AA. VV., *Enciclopedia Filosofica*, citado por A. BOMPIANI, "Ecologia, natura e tecnologia nelle responsabilità umane. Riflessioni a proposito della cosidetta 'biologia sintetica'", in *Medicina e Morale* 5 (2011) 803-837, 805.

dicam crescer, gerar e nascer. Na transformação natural, o princípio da mudança é intrínseco ao ente mesmo que transforma, porque a natureza o possui em si mesma e imediatamente: um homem pode gerar um outro homem e um gato um outro gato, cada ser atua conforme sua natureza e, por meio dessa atuação, busca realizar o melhor para sua própria condição.

O termo natureza tem hoje significados dificilmente convergentes a uma compreensão comum. Para alguns é somente biológica ou de necessidade causal, pode-se então manuseá-la desde que seja de forma inteligente, em si não tem valor. Para outros, a natureza é essencialmente ecológica; tem valor em si e merece respeito, uma dignidade reconhecida como um espaço sagrado. Para outros ainda a evolução natural impede de conceber o significado de natureza na representação de uma substância fixa, ou pelo menos seria imprudente fazer tal coisa, não sendo considerada nem mesmo em sua essencialidade.[31] Contudo, a experiência de um ordenamento que governa a realidade está presente em todas as culturas. Mesmo com todos os limites, a natureza é vista como um cosmo e não como um caos. É com essa natureza que o homem procura adaptar-se e perpetuar-se.

A natureza, tanto universal quanto particular, esgota em si todo o real, é o ponto de referimento da ética e a medida da bondade do agir humano. Viver segundo a natureza é um bem, ao passo que viver contra a natureza é um mal, "é por isso que Zenão, em seu livro sobre a natureza humana, disse que o fim supremo era viver conforme a natureza, porque é vivê-la segundo a virtude, pois a natureza nos conduz à virtude, ou seja, vida boa é aquela coerente com a natureza do homem. Um homem será virtuoso se sua razão for desenvolvida e justa e se estiver adequada à plena realização da natureza humana".[32]

No estoicismo, a lei natural torna-se o conceito-chave de uma ética universalista. É bom e deve ser realizado o que corresponde à natureza, compreendida em todo sentido ao mesmo tempo psíquico-biológico e racional. Todo homem, qualquer que seja a nação à qual pertença, deve integrar-se como uma parte no todo do universo e deve viver segundo sua natureza. "Esse imperativo pressupõe que exista uma lei eterna, um *Lógos* divino, que está presente tanto no cosmo, que ela impregna de racionalidade, quanto na razão humana. Assim, para Cícero, a lei é a razão suprema inserida na natureza, que nos manda fazer o que é necessário e nos proíbe o contrário. Natureza e razão constituem as duas raízes de nosso conhecimento da lei ética fundamental, que é de origem divina."[33]

---

[31] Cf. F. T. ROSELLÓ, *¿Qué es la dignidad humana?...*, 21.
[32] D. LAÊRTIOS, *Vidas e Doutrinas dos Filósofos Ilustres*, Editora UnB, São Paulo 2000, VII, 62.
[33] COMISSÃO TEOLÓGICA INTERNACIONAL, *Em busca de uma ética universal: Novo olhar sobre a lei natural*, Paulinas, São Paulo 2009, 21.

Uma apresentação das principais bases filosóficas e a concepção ético-teológica de dignidade humana

Os termos que indicam a essência de um objeto e delimitações da esfera do ser e significados do conceito de natureza foram sendo definidos a partir de Sócrates.

> Sócrates, Platão e Aristóteles chegaram a um conceito ou ideia de ser humano prescindindo dos detalhes concretos para chegar à essência, este aspecto pelo qual os humanos são humanos. Eles desclassificaram o que é considerado acidental, tal como idade, gênero, raça, cor da pele, doença e assim por diante, a miríade de detalhes concretos que diferencia os indivíduos. O que eles buscavam era o irredutível conceito comum aplicado a todos aqueles que se dizem homens, mas não às outras espécies. Esse conceito privilegia a concepção de ser humano como ser racional, animal e social simultaneamente, de maneira que nenhum outro ser possui essas características.[34]

Aristóteles (384-322 a.C.) define a natureza como "algo que opera a partir de seus próprios princípios intrínsecos; algo que cresce a partir de si mesmo ou que tem em si seu princípio intrínseco de movimento e de repouso".[35] O autor considera a natureza como princípio e causa, por si mesma, e não de forma acidental.

Para Aristóteles, o ser humano pertence essencialmente ao âmbito da natureza (*physis*), mas se distingue por ser racional, ou seja, a racionalidade é um dos constitutivos da natureza humana; "a vida parece ser comum até às próprias plantas, mas agora estamos procurando o que é peculiar ao homem. (...) Resta, pois, a vida ativa do elemento que tem um princípio racional",[36] fato que lhe permite ir além da natureza, por isso suas ações devem ser guiadas conforme a razão.[37] Considera que as ações dos seres humanos tendem a uma finalidade boa, fixada pela natureza, e lhes permitem realizar sua função natural, para o pleno desenvolvimento de suas potencialidades racionais e corpóreas. "Cada espécie tem sua própria natureza à qual correspondem certas capacidades de atuação cujo fim é precisamente realizar-se."[38]

No pensamento aristotélico, o direito natural é colocado como norma suprema da moralidade, que corresponde à realização da forma essencial da natureza. Segundo Aristóteles, a racionalidade é um dado estrutural da lei: "A lei (...) é expressão de certa prudência e inteligência".[39] Aceitar a autoridade da lei é colocar-se sob o escudo da razão: "Assim, querer o reino da lei é querer o reino exclusivo de Deus e da razão".[40]

Seguindo o pensamento aristotélico, *Tomás de Aquino (1225-1274)* é de acordo que, em seu sentido mais próprio e genuíno, natureza é a substância e indica a essência de uma coisa vista como princípio de ação. Ele concorda com

---

[34] L. PESSINI, J. E. de SIQUEIRA, W. S. H. HOSSNE (org.), *Bioética em...*, 31.
[35] ARISTÓTELES, *Física*, Livro II, 1, 192b 10 ss.
[36] IDEM, *Ética a Nicômaco*, X, 1098 a 1-7.
[37] IDEM, *Metafísica*, Editora Globo, Porto 1969, 1025b §25.
[38] IDEM, *Política*, 3ed., UnB, Brasília 1997, 15.
[39] IDEM, *Ética...*, X, 1180 a 22-23.
[40] IDEM, *Política*, 3ed., UnB, Brasília 1997, 16.

Aristóteles em que, em geral, natureza é a geração de seres viventes;[41] porém, para ele, na natureza não acontece apenas a causalidade intrínseca, há também causalidade extrínseca, pois "Deus é o autor da natureza",[42] é a causa transcendente de todo o criado. Segundo o Aquinate, "a natureza é a razão de certa arte divina, intrínseca aos entes, que os faz mover-se por si mesmos a seu fim".[43]

Como observa Mondin, para Tomás de Aquino o termo *sobrenatural* indica, antes de tudo, o que transcende, na ordem do ser e na do agir, toda a natureza criada. O sobrenatural é intrinsecamente, originariamente e absolutamente Deus. Por bondade, Deus concede à criatura racional uma participação em sua vida divina, que está muito além das possibilidades de qualquer natureza. É necessário conceber algo além da natureza; não há separação entre natural e sobrenatural, mas ordem de um a outro.[44]

Para Tomás de Aquino, na mesma linha do pensamento de Aristóteles, a lei natural que existe no homem é a participação na lei eterna e, com isso, ela está infusa no homem e tem como preceito: "o bem tem que ser praticado e procurado, o mal deve ser evitado".[45] A ideia de lei natural apresentada na tradição escolástica é caracterizada pelo referimento à natureza em conjunto com a razão. As duas, natureza e razão, encontram expressão precisa no pensamento de Tomás de Aquino que, expressamente, distingue entre lei natural e lei eterna. A lei eterna é entendida como lei cósmica e a lei natural como a forma que a lei cósmica assume por relação à criatura humana. A lei é natural quando é segundo a razão.[46] Esse pensamento de Tomás ainda hoje é de grande importância para concepção de natureza humana conforme a antropologia-teológica.

No entanto, foi *Descartes (1596–1650)*, matemático e filósofo, numa visão racionalista, quem forneceu a base à moderna ciência natural, o conceito clássico de natureza assim como deve ser a ciência. Para ele, a ciência tinha de ter também uma dimensão prática que permitisse ao homem atuar na natureza. Uma ciência sólida e fundamentada teoricamente em princípios absolutos e, ao mesmo tempo, essencialmente prática, que tornasse os homens senhores e possuidores da natureza, adquire um conhecimento certo e claro de todas as coisas que podem ser de alguma utilidade para os homens.

Descartes virou as costas definitivamente, com ele toda a ciência, às perguntas especulativas e teóricas sobre a essência, a natureza e a bondade das coisas, sobre as causas primeiras e últimas. Para se tornar prática, a ciência devia estudar

---

[41] Cf. B. MONDIN, *Dizionario Enciclopedico del Pensiero di San Tommaso D Aquino*, 2ed., Edizioni Studio Domenicano, Bologna 2000.
[42] S. TOMÁS de AQUINO, *Suma Contra os Gentios*, I, VII, 3.
[43] IDEM, *Comentário à física de Aristóteles*, Livro V, cap. IV.
[44] B. MONDIN, *Dizionario...*, 75.
[45] S. TOMÁS DE AQUINO, *Suma Teológica*, Ia, IIae, q.34, a.3.
[46] Cf. I. SANNA, *Dignità umana...*, 197.

Uma apresentação das principais bases filosóficas e a concepção ético-teológica de dignidade humana

a natureza em ação, em seu papel de artífice, enquanto um novo tipo de física, capaz de resolver os problemas relativos à força e à ação, teria dado o poder para o homem e o teria conduzido enfim a dominar a natureza.[47] Ele não diz que o corpo seja realmente uma máquina, mas que fazemos bem em considerá-lo como certo tipo de conhecimento útil.[48]

Portanto, para Descartes a função essencial da alma, que ele considera o diferencial do homem, é pensar. Essa capacita o homem para fazer escolhas e agir, colocando-o numa condição privilegiada na natureza, pois o homem é o único ser vivo dotado de capacidade autônoma, de se autoguiar, de se autodeterminar. Todos esses argumentos afirmam que o homem não está numa posição de total submissão às leis da natureza, o corpo humano não está sujeito apenas às leis da física mecânica, mas também às vontades da alma. Esta autodeterminação é possível em função do livre-arbítrio que é próprio da alma. O homem distingue-se ontologicamente dos outros seres na natureza através do que não é corporal, ou seja, por sua alma. *Na concepção de Descartes, só o homem possui condições de afetar seu próprio corpo e de direcionar seu destino.* Essa concepção de natureza abre caminhos para todo tipo de manipulação do patrimônio genético humano.

Em Descartes, a separação entre *res cogitans* e *res extensa* torna-se problemática, à medida que se faz necessário pensar como as substâncias, com estatutos ontológicos próprios, poderiam interagir-se. Esta preocupação também foi apresentada por João Paulo II: "O filósofo que formulou o princípio *cogito, ergo sum* (penso, logo existo), acabou por imprimir à concepção moderna do homem o caráter dualista que a caracteriza. É típico do racionalismo contrapor radicalmente, no homem, o espírito ao corpo e o corpo ao espírito. O homem, pelo contrário, é pessoa na unidade do corpo e do espírito. O corpo nunca pode ser reduzido à pura matéria: é um corpo espiritualizado, assim como o espírito está tão profundamente unido ao corpo que se pode qualificar como um espírito corporizado".[49]

Consideramos que, com as influências do pensamento cartesiano, com os avanços tecnológicos e com as ciências modernas, o paradigma de natureza está mudando para uma compreensão materialista biológica; com isso, torna-se cada vez mais importante compreender o caráter eminentemente prático, social e tecnológico da ciência moderna como tal, incluindo a biologia moderna, para entendermos que a natureza não pode ser definida somente como uma espécie de matéria. Diante de toda esta mudança afirma Moser: "Nós nos encontramos diante de um paradoxo:

---

[47] Cf. L. R. Kass, *La sfida della bioetica...*, 392.
[48] Cf. R. Descartes, *Discurso...*, 33-37.
[49] João Paulo II, *Carta às famílias*, 2 de fevereiro de 1994, 19.

por um lado a linguagem teológica baseada numa concepção aristotélica que considera as substâncias no espaço e no tempo; por outro lado as ciências da natureza concebem essa natureza de forma dinâmica, que se faz e se refaz continuamente".[50]

Na maior parte das *filosofias contemporâneas* a concepção de natureza humana goza de má fama, sendo acusada de conduzir a uma visão legalista ou biologicista da moral, que não levava suficientemente em consideração a história, a cultura e a situação individual, favorecia uma corrente ontologizante ou essencialista.[51] Portanto, em sentido amplo, a natureza designa a essência global do homem, incluindo também os componentes biológicos de sua realidade, além da dimensão existencial e de seus excessos históricos por parte da liberdade criativa da cultura.

Em nossa compreensão, a natureza não é apenas um conceito que percorre os séculos, mas de alguma forma é a garantia de dignidade e igualdade dos seres humanos e de continuidade do próprio discurso ético. É essencial fundamentar a dignidade da pessoa humana, suas dimensões e exigências essenciais, ou seja, sua natureza. Fundamentar a ética na natureza é manter a continuidade (*esse)* de um processo em evolução (*fieri).* "Uma argumentação que se interroga acerca da relevância do natural para a conduta da vida individual do ser humano e pela ordem normativa de sua existência comunitária fundamenta-se sobre a ideia de que os princípios da vida ética e da ordem jurídica devem fazer referimento à específica característica de uma natureza comum a todos os humanos."[52]

"Criada por Deus, tanto a natureza no sentido cósmico, quanto a natureza no sentido humano, teriam inscritas em si a vontade do Criador: bastaria saber lê-la. Daqui nasce a ideia de uma natureza normativa, com base de uma moral natural."[53] Desta afirmação deriva a necessidade de conhecer a natureza humana para também saber das normas que ela nos apresenta. Este é o grande desafio, de como conhecer a natureza humana e a partir daí conhecer os princípios da ação normativa. A pessoa humana, com sua razão, é capaz de reconhecer a dignidade profunda e objetiva do próprio ser, como as exigências éticas que dela derivam, ou seja, por outras palavras, o homem pode ler em si o valor e as exigências morais da própria dignidade.[54]

Conforme Vidal,

---

[50] A. MOSER, *Biotecnologia e bioética...,* 290.

[51] Cf. A. M. JERUMANIS, "La legge di Dio per i figli", in R. TREMBLAY & S. ZAMBONI (a cura di), *Figli nel Figlio: una teologia morale fondamentale,* Edizione Dehoniane, Bologna 2008, 280.

[52] E. SCHOCKENHOFF, "Un approccio kantiano alla teoria della legge naturale di Tommaso d'Aquino", in *Concilium* 46 (2010) 52-62, 53.

[53] E. CHIAVACCI, "From Medical Deontology to Bioethics: The Problem of Social Consensus of Basis Issue Within Western Culture and Beyond it in the Human Family", in E. P. PELLEGRINO, *Transcultural Dimensions in Medical Ethics,* University Publishing Group, Frederick, MD 1992, 1023s.

[54] Cf. CONC. ECUM. VATICANO II, Constituição Pastoral *Gaudium et Spes,* 16.

Uma apresentação das principais bases filosóficas e a concepção ético-teológica de dignidade humana

o conceito de natureza, como lugar de normatividade moral, tem de aceitar uma ampliação de significado. Pelo menos nestes três aspectos: 1. Cultura junto à natureza. É preciso introduzir a dimensão de cultura. Evidentemente, existem morais universalmente válidas, porém, contanto que se entenda como uma unidade de convergência. 2. Historicidade junto à permanência. A normatividade do humano não pode ser apresentada como uma ordem fixa, estática e imutável. A realidade humana corresponde à dimensão de historicidade, dimensão que tem de estar também presente na vida moral e no discurso ético. 3. Pessoa mais que natureza. A normatividade pessoal não pode depender unicamente – nem preferencialmente – da ordem biológica. Tem de abarcar todas as dimensões da pessoa humana.[55]

O autor acredita que essa tríplice ampliação do conceito de natureza humana verifica-se quando se escolhe como expressão da moralidade a categoria da pessoa adequadamente entendida. Nessa opção está expressa a passagem da ética naturalista (também denominada: fisicista, biologicista) para uma ética personalista. Na pessoa integram-se: a natureza e a cultura; a essencialidade e a historicidade; a biologia, a existencialidade e os outros níveis do humano.

A secularização moderna significa uma mudança radical de prospectiva que exige uma nova compreensão, tanto no conceito de natureza humana em si mesmo quanto nas consequências para a teologia. Pessoas se colocam no direito de assumir a condição de senhores da natureza e admitem a necessidade de interferir na natureza humana, também no patrimônio genético do ser humano. Como escreve Moser, "a grande surpresa não se encontra na constatação das mudanças que vão acontecendo espontaneamente, mas no fato de essas mudanças poderem ser aceleradas e aprofundadas pela biotecnologia. Isso significa que um processo natural passa a ser assumido conscientemente pelos seres humanos para provocar em poucos segundos aquilo que a natureza iria requerer milhões de anos".[56]

O agir do ser humano em relação à natureza humana está muito relacionado com seu modo de concebê-la. Citamos aqui três modos de conceituar natureza que indicam o tratamento em relação a ela: Quando se aplica à natureza um conceito instrumental-material pela relação que contrai com o método matemático, é o que a ciência moderna experimental procura fazer, buscando o domínio da natureza por meio da técnica e que sobre tal princípio se fundamenta, transforma para toda a humanidade de nossos dias o pressuposto material para organizar o próprio viver. Quando a percepção de natureza é associada com espírito que deriva da interioridade, no encontro da natureza com nós mesmos, tende a um domínio construtivo de educação, mas não despótica ou arbitrária. Agora, na concepção de

---

[55] M. Vidal, *Moral cristã em tempos de relativismos e fundamentalismos*, Santuário, Aparecida 2007, 38-52.
[56] A. Moser, *Biotecnologia e bioética...*, 294.

que Deus é o criador de tudo o que existe, inclusive da natureza humana, a relação acontece também de dominar a natureza, mas sob a modalidade de cuidar do que se transforma por si mesmo.

Enfatizando a importância do conceito de natureza, a *Comissão Teológica Internacional* afirma: "A noção de natureza é particularmente complexa e não é, de maneira alguma, unívoca. Em filosofia, o pensamento grego da *physis* exerce um papel matricial. Nela, a natureza designa o princípio de identidade ontológica específica de um sujeito, isto é, sua essência, que se define por um conjunto de características inteligíveis estáveis. Essa essência toma o nome de natureza, sobretudo quando é compreendida como o princípio interno do movimento, que orienta o sujeito para sua realização".[57] Dentro da perspectiva antropológica, a natureza humana tem em si características que se impõem, agimos e mudamos conforme esta constituição essencial.

No entanto, são muitos os anos em que nos encontramos em meio a uma revolução biológica e cultural provocando uma transformação radical de nosso modo de compreender a nós mesmos como seres humanos e de interpretar a natureza humana e os escopos de uma vida humana propriamente vivida. Confiamos nossa natureza e nosso futuro aos biocentristas, que nos ensinam uma ética e a ideia de que somos essencialmente máquinas autorreplicantes, nascidos do processo evolutivo, projetados para a sobrevivência e a reprodução e guiados pelos genes e que não podemos morrer.

Precisamos entender a natureza e o valor da ação do homem, a fim de reconhecer tanto a verdadeira promessa de autoaperfeiçoamento como os perigos da autodegradação, o que é agressão à dignidade e o valor da aspiração e da realização humanas. *A noção de natureza não se limita ao âmbito físico, este também faz parte, mas se aplica analogamente às realidades além do físico.* Natureza não pode ser confundida com matéria, pois se define, acima de tudo, como um conjunto de dinamismos, de tendências, de orientações e de dimensões distintas. É uma unidade substancial de racionalidade e de corporeidade. Como tal, a natureza humana é dada pela composição do espiritual com o corporal, e a razão capacita a pessoa a tornar o que ela é chamada a ser por sua natureza.

1.2.2. Pessoa humana

Para determinar o que deve ou não ser feito no domínio da investigação biomédica, faz-se necessário compreender o que é pessoa humana. Diante disso surgem algumas questões: Quais são as implicações da compreensão de pessoa para a forma como

---

[57] COMISSÃO TEOLÓGICA INTERNACIONAL, *Em busca de uma ética universal...*, 64.

Uma apresentação das principais bases filosóficas e a concepção ético-teológica de dignidade humana

buscamos o desenvolvimento de nosso conhecimento genético e suas aplicações na prática? A quem se deve atribuir a qualidade de pessoa e, portanto, a quem são devidos o respeito e a inviolabilidade que se deve à pessoa? Um ponto sobre o qual existe um acordo unânime e obrigatório é o de respeitar a pessoa. Tanto que o respeito pela pessoa tornou-se critério para julgar o nível de civilização de uma sociedade humana.

Hoje é necessário identificarmos o que significa, à luz da antropologia filosófica e da biologia, o conceito de pessoa humana para compreendermos o que significa dignidade da pessoa. O conceito de pessoa no passado era pacífico de ser aceito, agora é tema de reflexões e de controvérsias com consequências teóricas e práticas: "Até pouco tempo, admitia-se pacificamente que era pessoa cada ser humano e somente o ser humano, os dois termos, pessoa e ser humano, eram coextensivos, onde havia um ser humano ali havia uma pessoa e somente a um ser humano pode ser dito uma pessoa".[58] Precisamos considerar o que escreve Roselló: "A palavra *persona* deixa de ser um lugar comum para se converter em um obstáculo no diálogo, e, ainda, a ideia de *persona* tem uma história muito dilatada no tempo".[59]

De fato, hoje a concepção não é unívoca. Alguns afirmam que existem seres humanos ou homens que não são pessoas e que existem não humanos, isto é, seres não pertencentes a esta particularidade da espécie animal que se chama humana e que são pessoas, e ainda sustentam que certos sujeitos não humanos, por exemplo, "o robô", que, no futuro, com o desenvolvimento da inteligência, é pessoa, assim como algumas espécies de animais.[60]

Para fundamentar o conceito de pessoa em sua totalidade e assim afrontar os riscos provocados pelas biotecnologias, a ética católica não pode esquecer-se de que a pessoa, mesmo tendo origem e destino divinos, deve ser considerada também do ponto de vista da natureza biológica. *O início da vida humana* (do indivíduo) é um dado biológico (fecundação), assim como o fim da vida humana (do indivíduo) é também um dado biológico (morte). "O primeiro dado incontestável, esclarecido pela genética, é o seguinte: no momento da fertilização, ou seja, da penetração do espermatozoide no óvulo, os dois gametas dos genitores formam uma nova entidade biológica, o zigoto, que carrega em si um novo projeto-programa individualizado, uma nova vida individual."[61]

Na fecundação, forma-se outro ser humano, com um patrimônio genético diferente daquele do pai e da mãe, que contém a capacidade intrínseca (teleologia interna) de realizar tal desenvolvimento, ou seja, todas as características

---

[58] La Redazione (Editorisce), "'Chi' è persona? Persona umana e bioetica", in *La Civiltà Cattolica* 4 (1992), 547-559, 547.

[59] F. T. Roselló, *¿Qué es la dignidad humana?...*, 317.

[60] Cf. Conceito de pessoa em Peter Singer, item 1.1.2; ver também: H. T. Engelhardt, *Fundamentos da bioética*, Loyola, São Paulo 1998.

[61] E. Sgreccia, *Manual de Bioética I...*, 342.

corporais. A fecundação dá início a toda uma série de acontecimentos articulados e transforma a célula-ovo em zigoto, que segue uma evolução num processo de coordenação, continuidade e gradação. É sempre o mesmo sujeito, o mesmo patrimônio genético individualizado desde a concepção até o nascimento. Esse conjunto de fatores, em seu patrimônio genético próprio e a partir de uma evolução biológica, constitui um indivíduo humano inserido na sociedade.

Contudo, não podemos conceituar pessoa a partir de um único dado, ou seja, de seu patrimônio genético ou da biologia. *Pessoa é um conceito também da filosofia* e devemos usá-lo no debate bioético, como afirma Pessini, "a biologia desconhece o que é pessoa, este termo não é de seu vocabulário técnico, ela ignora critérios filosóficos para decidir se e quando existe uma pessoa. Pessoa é um termo de valorização cultural com pressupostos sociopsicológicos e decorrência ética".[62]

Indo para além do biológico e dentro de uma concepção filosófica, tradicionalmente *persona significa tanto máscara como o ator, o papel como o sujeito do papel*. Este é o sentido que adquire a palavra grega *prosopón*, que, posteriormente, traduz-se para o latim *persona*, no contexto do teatro grego para o teatro romano. A palavra grega para o latim como *persona* provavelmente não significava propriamente a máscara, pois já existia em latim a palavra *masca*, mas para traduzir o ato de representar um personagem que ao mesmo tempo representava o sujeito do papel, pois na Grécia antiga as máscaras tinham o mesmo valor de um rosto verdadeiro. Daí em diante e muito rapidamente essa palavra foi incorporada no contexto jurídico, especialmente com Cícero, para significar o indivíduo como cidadão e, logo, foi absorvida pela filosofia, e mais tarde, com Boécio (480-525), passou a significar o indivíduo de natureza racional.

Para Boécio, a pessoa é uma "substância individual de natureza racional (*rationalis naturae individua substancia*)".[63] Esta concepção remete à unicidade de um sujeito ontológico que, sendo de natureza espiritual, goza de uma dignidade e de uma autonomia que se manifestam na consciência de si e no livre senhorio de seu agir.[64]

A definição de pessoa conforme Boécio, especialmente como foi reinterpretada por Tomás de Aquino, ainda é válida. *Tomás de Aquino* tem um conceito muito elevado de pessoa: "Pessoa significa o que há de mais perfeito de toda a natureza, isto é, o que subsiste na natureza racional (*Persona significat id quod est perfectissimum in tota natura, scilicet substantia in natura rationalis*)".[65] Todos os entes que possuem o título de pessoa gozam de uma dignidade infinita, de um valor absoluto,

---

[62] L. Pessini, & C. de P. Barchifontaine (org), *Fundamentos da Bioética*, Paulus, São Paulo 1996, 97.
[63] Boécio, *Contra Eutychen et Nestorium*, c.4, v.64, col 1344.
[64] Cf. Comissão Teológica Internacional, *Em busca de uma ética universal...*, 67.
[65] S. Tomás de Aquino, *Suma Teológica*, I, q.28, a.3.

Uma apresentação das principais bases filosóficas e a concepção ético-teológica de dignidade humana

seja quando se trata de Deus, dos anjos ou dos homens. O conceito de pessoa é um conceito analógico, não se aplica do mesmo modo, ou seja, de forma unívoca a Deus, aos anjos ou aos seres humanos, mas em ordem de prioridade e posteridade (*secundum prius et posterius*), mas ele sempre designa as perfeições fundamentais: a pessoa subsiste na ordem do espírito.[66] Portanto, podemos dizer que pessoa, quando se refere ao ser humano, indica indivíduo de natureza excelente e de dentro de seu ser brota a dignidade, como algo que é intrínseco a sua natureza.

O termo substância, indica o que está embaixo, o que permanece sob, mesmo com as mudanças dos acidentes, é um ente autônomo que subsiste em si mesmo; é uma realidade independente. O núcleo do ser da pessoa tem algo que subsiste e que vai além de todas as mudanças, que permanece igual e que em cada ser humano é único. Seifert, referindo-se a esse pensamento, afirma que "toda filosofia que negue o ser autônomo substancial da pessoa como sendo em si, ela nega a pessoa humana".[67]

Para Tomás, o que determina a natureza da pessoa humana é o subsistir, raciocinar e ser individual.[68] A forma substancial no homem subsiste por si mesma. O imperativo tomista coloca a pessoa como centro do universo e como lugar dos valores morais; pode ser a concretização do significado que encerra a compreensão de homem como ser pessoa: "as criaturas racionais são governadas por elas e as demais para elas",[69] afirmava Tomás de Aquino. Para ele, a natureza humana é definida como um composto substancial de matéria-prima e de forma substancial espiritual. É precisamente esta união substancial que faz o homem. Com isso, a interpretação teológica de uma vida conforme a natureza ganhou importância principalmente na tradição aristotélico-tomista, que considera o ser humano em sua existência de corpo e alma e o interpreta consequentemente como unidade de vida submetida ao primado da razão.

Unindo sinteticamente as contribuições da antropologia aristotélica e as afirmações da antropologia de Tomás de Aquino, "tem-se como resultado uma elaboração nova e singular naquele momento histórico, que transcende o marco genuinamente grego".[70] A doutrina tomista acerca da pessoa foi decisiva na história da teologia moral e na concepção de pessoa humana assumida pelo Magistério Católico, ao afirmar que a pessoa é uma substância individual, de natureza racional e compreendida com a categoria bíblico-teológica de imagem de Deus.[71]

---

[66] Cf. B. MONDIN, *Dizionario...*,

[67] J. SEIFERT, "El hombre como persona em el corpo", in *Espíritu* 300 (1995), 129-156, 137.

[68] Cf. S. TOMÁS DE AQUINO, *In II Sent* d.3 q.1 a.2, sol.

[69] Cf. IDEM, *Suma contra os gentios*, Porto Alegre 1990, cap. 112 do livro terceiro.

[70] F. T. ROSELLÓ, *¿Qué es la dignidad humana?...*, 64.

[71] Cf. S. TOMÁS DE AQUINO, *Suma Teológica*, I, q.93, a.2. & CATECISMO DA IGREJA CATÓLICA, 7ed., Vozes, Petrópolis 1997, 1700.

A partir de então, a palavra pessoa passaria a designar subsistência, dignidade e excelência sobrenatural, natureza humana como ser individual de natureza espiritual subsistente. A palavra pessoa passou a ser um nome especial que servia própria e adequadamente para nomear os indivíduos de natureza racional, porque estes eram os únicos, dentre as coisas corpóreas, capazes de subsistir, entender, amar, segundo sua natureza individual.[72]

O conceito de pessoa entrou realmente na história da humanidade por meio do cristianismo, depois se tornou o conceito central da cultura ocidental, não só entre cristãos como também na cultura laica, e lentamente está tornando-se da cultura globalizada, tomando assentos fortes no pensamento atual da bioética. O objeto de respeito não é a pessoa em particular, mas a humanidade representada na pessoa, ampliando à humanidade toda a dignidade. Porém, mesmo o conceito de pessoa sendo usado por vários setores da sociedade, não existe uma convergência de seu significado.

Seguindo nossa visão, ser pessoa é afirmar que um ser humano existe em concreto. Ser pessoa é uma palavra que reconhece o ser antes do que ele faz, o ser concreto antes do abstrato. Sua existência como uma pessoa deriva do tipo de uma entidade substancial, um ser humano, e este é o fundamento da dignidade. É o que afirma São Tomás de Aquino: "o ser humano, por causa desta excelência, é o único ser corpóreo que recebe um nome especial, a saber, o de pessoa, próprio dos indivíduos de natureza espiritual ou que possuem algo de espiritual em sua substância".[73]

Compagnoni afirma que "a pessoa é o sujeito imediato dos direitos humanos e o termo de cada relação ética. Sem a pessoa a ética não é fenômeno último. A existência da pessoa em moral é intuída intelectualmente como última ou primeira verdade da ética".[74] Com isso, todos os membros da espécie humana têm valor moral pleno, porque todos eles têm uma natureza racional e são agentes morais, embora muitos deles não sejam capazes de exercer de imediato essas capacidades básicas.[75] O conceito pessoa refere-se a todo indivíduo concreto que possui um valor maior que o das coisas. Ser pessoa significa alguém e não meramente algo. Ser pessoa significa não instrumentalizável.

Portanto, a partir dessa nossa compreensão de natureza e pessoa humana apresentadas é que queremos no próximo ponto conceituar a dignidade da pessoa

---

[72] Cf. P. FAITANIN, "O que é dignidade e qual a sua relação com o conceito de pessoa?", in *Aquinate*, 7 (2008), 242-253, 247.
[73] S. TOMÁS DE AQUINO, *In III Sent* d.6, q.1, a.1, sol.1; *De Potentia* q.9, a.1, ad2.
[74] F. COMPAGNONI, "La persona umana e la legge morale naturale. Problematica bioetica", in I. SANNA, (ed) *Dignità umana...*, 247.
[75] P. LEE, & R. P. GEORGE, "The Nature and Basis of Human Dignity", in THE PRESIDENT'S COUNCIL ON BIOETHICS, *Human Dignity and Bioethics...*, 412.

_Uma apresentação das principais bases filosóficas e
a concepção ético-teológica de dignidade humana_

humana fundamentada nos princípios filosóficos e daí dar mais um passo nessa compreensão, agregando às fontes da teologia católica. Somente assim teremos condições de aplicar a ideia de dignidade humana para as questões inquietantes em torno da manipulação genética com interesse de criar o pós-humano.

A dignidade é o fator mais próprio e diferencial da pessoa que deve ser o elemento polarizador da atividade humana considerada um ser físico, psíquico, social e espiritual ao mesmo tempo. Podemos afirmar que qualquer ser humano possui dignidade pelo fato de ser pessoa portadora de uma dignidade puramente ontológica. Como escreve Gracia, a _dignitas_ é uma característica própria do homem livre, é a condição inerente a todo ser humano. _A dignidade é intrínseca ao ser humano, e por isso todos os seres humanos gozam dessa condição que se chama "dignitas"_.[76]

1.2.3. Dignidade humana

Um dos objetivos deste ponto é entender de forma preliminar a questão da dignidade humana em uma leitura filosófica, como este conceito brota da pessoa e seu lugar na bioética. Entendemos que pode ser um conceito difícil de aplicar em controvérsias éticas, portanto, queremos explorar algumas raízes da noção moderna de dignidade humana e que tem um papel importante a desempenhar em bioética, a fim de lançar luzes sobre as técnicas de manipulação genética.

A história da origem e da evolução da concepção de dignidade humana é um processo complexo, com raízes no relato bíblico da criação humana, assim como no estoicismo antigo, na filosofia de Immanuel Kant, entre outras fontes. Tem uma longa história no pensamento ocidental com tradição filosófica. Nosso desejo aqui é não aludir à autoridade dos textos considerados sagrados ou revelados, mas buscar argumentos de caráter racional, objetivo e universalmente compartilhado para justificar a dignidade da pessoa humana. Vejamos um pouco o conceito da palavra dignidade ao longo da história até nossa compreensão atual.

A palavra dignidade possui vários significados ao longo da tradição filosófica e tem sido objeto de múltiplas interpretações como: qualidade de quem é digno, nobreza, respeitabilidade. Histórica e linguisticamente, dignidade sempre transmitiu algo elevado, algo merecedor de respeito. A ideia central, etimologicamente em sua raiz latina _(dignus e dignitas)_, é de valor, virtude, elevação, honra, nobre-

---

[76] Cf. D. GRACIA, "Es la dignidad um concepto inútil?" citado por P. F. HOOFT (coord.), _Jurisprudencia Argentina_, número especial bioética, Buenos Aires, 10/1(2008), 3-11.

za, grandeza, respeitabilidade (do grego *aristos,* significa melhor). Ao consultarmos o vocábulo dignidade em diversas enciclopédias filosóficas, encontramos com frequência termos como valor, respeito que merece alguém ou alguma coisa, qualidade ou estado a ser valorizado, norma etc.[77]

Essa noção clássica de dignidade como algo merecido e excepcional ainda mantém em nossos dias algo de seu poder, mesmo em nossa época democrática e igualitária. O testemunho da admiração que prestamos no excepcional desempenho atlético e musical, sobre heroísmo na guerra, em estadistas corajosos, ou sobre o altruísmo de todos aqueles que fazem sacrifícios ou passam por dificuldades por causa de outros, sobretudo por aqueles atingidos por infortúnio ou tragédia, revela uma concepção amparada pelas qualidades da pessoa.

Agora, vejamos o conceito de dignidade humana em alguns pensadores ao longo da história e que influenciaram comportamentos em relação à pessoa. Pelas concepções filosóficas e políticas da Antiguidade, constatam-se situações de quantificação da dignidade da pessoa humana em virtude da posição social ocupada pelo indivíduo e, nessa ótica, avaliavam-se certas pessoas como mais dignas e outras como menos dignas. A ideia que Aristóteles desenvolveu sobre natureza humana foi talvez aquela que mais sustentou essa concepção e que maior repercussão teve no pensamento ocidental. *Segundo Aristóteles*, o ser humano, o *anthropos*, está dotado da alma racional e esta lhe dá condições de pensar, raciocinar, fazer ciência e filosofia, colocando hierarquicamente o ser humano como superior; nisto consiste a dignidade da pessoa: "Cada espécie tem sua própria natureza à qual correspondem certas capacidades de atuação".[78]

Com isso, para Aristóteles, a dignidade do homem seria proporcional a sua capacidade de "pensar e conduzir a própria existência a partir da razão".[79] Para ele a dignidade indica, por um lado, a posição especial do homem no cosmos; por outro, sua posição na esfera da vida pública. A dignidade está relacionada ao fato de o homem se diferenciar do resto da natureza, porque é o único animal racional, e também ao fato de se diferenciar de outros homens em razão do papel ativo que exerce na vida pública e que lhe confere um valor particular. A partir dessa ideia, não existe uma concepção de dignidade humana entendida como uma qualidade comum a todos os homens, indistintamente. Mesmo assumindo essa distinção entre os cidadãos, Aristóteles apresenta a dignidade como um elemento que qualifica o ser humano, uma qualidade intrínseca da pessoa humana que é irrenunciável e inalienável.[80]

---

[77] Cf. H. FRIES, *Dizionario...*; L. PACOMIO, *Dizionario Teologico...*
[78] ARISTÓTELES, *Política*, I, 2.
[79] *Ibidem,* I, 13.
[80] Cf. *Ibidem,* IV, 12.

Uma apresentação das principais bases filosóficas e a concepção ético-teológica de dignidade humana

No entanto, com os estoicos se dá um passo muito importante na amplitude do conceito de dignidade, por estar dotado de racionalidade e por ele ser capaz de penetrar na ordem cósmica e adquirir o domínio de si mesmo. *O filósofo Cícero* (106-43 a.C.) é o destaque no pensamento estoico para a compreensão da dignidade em um sentido mais amplo e da dotação em sentido igualitário da dignidade em todos os seres humanos. O filósofo afirma a igualdade entre todos os seres humanos, "não há nada que pareça mais com outra coisa do que nós uns com os outros".[81] Isso significa que se deve reconhecer em todos sua dignidade humana.

Seguindo os passos dos atenienses estoicos, Cícero definiu dignidade como: "a autoridade de uma pessoa honrada, que merece atenção, respeito e honra (*Dignitas est alicuius honesta et cultu et honore verecundia digna auctoritas*)".[82] Para o filósofo, *o "dignitas" é a capacidade de todos para reconhecer um exemplo da excelência humana verdadeira.* Desde a filosofia estoica considera-se que todo ser humano é um bem cujo valor não se pode comprar. Cada ser humano, apenas em virtude de ter capacidades racionais, tem valor ilimitado, homem ou mulher, escravo ou livre, rei ou camponês, todos são iguais sem limites de valor moral e de dignidade, esta é a razão de respeito onde quer que seja. Essa igualdade se fundamenta que "todos os que foram dotados pela natureza com a razão também foram dotados com a correta razão, e, portanto, com a lei, que é a aplicação da correta razão em comandos e proibições. A razão foi atribuída (pela natureza) a todos".[83] Além disso, mesmo se os seres humanos variam em suas realizações, capacidade racional/capacidade moral, são fundamentalmente iguais e são fontes do valor igual em todos. A dignidade é uma ideia profundamente democrática, à medida que é encontrada entre todos, miseráveis ou nobres. Os homens têm um princípio divino, reconhecemo-nos como "cidadãos de todo o mundo".[84]

Quem também deu uma grande contribuição para o conceito de dignidade humana foi *Tomás de Aquino.* Ele afirma que a dignidade do ser humano não pode ser deduzida só da razão, mas deve estar em conformidade aos conteúdos da fé, e o ser humano é o único ser corpóreo que recebe o nome de pessoa, "próprio dos indivíduos de natureza espiritual ou que possuem algo de espiritual em sua substância".[85] Enquanto pessoa, o homem possui uma dignidade absoluta, sagrada e inviolável.

---

[81] CÍCERO, *Leis*, I, 29.
[82] IDEM, *De Inventione* I, 166.
[83] IDEM, *Leis*, I, 33.
[84] *Ibidem* I, 61.
[85] S. TOMÁS DE AQUINO, *Suma Teológica*, I, q.13, a.6.

Ao manifestar a intenção de encontrar uma definição para o conceito de dignidade, Tomás de Aquino afirmou: "o termo dignidade é algo absoluto e pertence à essência".[86] Nesse sentido a dignidade humana é uma característica intrínseca à natureza do homem como pessoa; dessa forma todos, na condição de seres humanos, têm igual dignidade. Por isso, é vista como uma característica essencial do ser humano, possuída por cada um de nós, independentemente da posição social. Coloca a pessoa como centro do universo; encerra no ser humano a dimensão ética do horizonte axiológico. O homem ocupa um lugar ontológico e axiológico privilegiado na ordem da criação, a ele foi dada uma dignidade sublime, que está enraizada na relação íntima que o une a seu Criador. No homem resplende um reflexo da própria realidade de Deus.

Por isso, com a influência de Tomás de Aquino no cristianismo medieval, a dignidade do homem baseava-se na crença de que Deus o criou a sua imagem, permitindo que o homem partilhe de alguns aspectos da racionalidade e do poder divino.[87] A dignidade do homem consiste em seu livre-arbítrio, em sua alma imortal e sua localização no centro do universo. Esta percepção de Tomás é fundamental para nosso posterior estudo sobre a pessoa humana imagem e semelhança de Deus.

Queremos também destacar uma outra visão de dignidade diversa da até agora apresentada e que tem grandes influências na concepção ética de muitos defensores da manipulação genética e que ainda prevalece de modo significativo nos meios científicos. O matemático e *filósofo Thomas Hobbes* (1578-1679) é um dos grandes destaques. Ele eliminou qualquer necessidade de relação com a verdadeira excelência humana e tomou o significado da dignidade apenas dependente das decisões intersubjetivas do mercado. Escreve: "O valor ou a virtude de um homem é, como em outras coisas, seu preço, isto é, tanto quanto seria dado para o uso de seu poder, e, portanto, isto não é absoluto, mas uma coisa dependente da necessidade e do julgamento de outros. O valor público de um homem é o valor definido para ele pela comunidade, é o que os homens comumente chamam de dignidade".[88] Esta concepção, segundo Hobbes, abriu caminho para uma visão do homem como máquina a ser projetada e manipulada. O ser humano, não apresentando dignidade intrínseca, abre portas para uma atividade biotecnológica indiferente ao valor próprio da pessoa.

Percebemos que as teorias contemporâneas de ética perderam sua confiança na razão e na religião, hoje o valor está na autonomia e na capacidade de produzir bens. Este ceticismo em relação à razão promove a expulsão da metafísica, seja

---

[86] *Ibidem*, I, q.29, a.3.
[87] Cf. *Ibidem*, I, q.3, a.1, ad2; a.3.
[88] T. Hobbes, *Leviatã*, Martins Fontes, São Paulo 2008, 63-64.

Uma apresentação das principais bases filosóficas e a concepção ético-teológica de dignidade humana

do campo da ética, seja no da filosofia moral. Como afirma Pellegrino, "a bioética no século XXI tende a confiar somente em critérios relativistas, pragmáticos e utilitaristas da verdade moral"[89] e isso leva as pessoas a desacreditarem na dignidade ontológica da pessoa humana.

Para autores da linha liberal, dignidade humana é geralmente associada à autonomia pessoal e se estendeu para escolha individual. Ruth Macklin, em uma declaração polêmica, afirmou que a dignidade é um conceito "inútil em ética médica e pode ser eliminada sem qualquer perda de conteúdo, não acrescenta nada à conversa, e o conceito de autonomia já é o suficiente".[90]

Nick Bostrom, um dos maiores promotores do pós-humanismo e que considera a dignidade como as qualidades que as pessoas possuem e como atributo vindo de fora, apresenta como exemplo melhorias na função executiva e de autocontrole. Para ele todas essas melhorias poderiam aumentar nossa dignidade como uma qualidade de forma bastante direta. As capacidades obtidas por meio de algum acessório artificial seriam suficientes para contribuir ou não, tanto para nossa dignidade, como para uma qualidade, como se as mesmas capacidades fossem obtidas por meios naturais.[91] Sugere também que uma característica adquirida por meio do emprego deliberado de algumas tecnologias de melhoramento poderia ser mais autenticamente nossa do que uma característica que possui desde o nascimento ou que se desenvolveu em nós independentemente de nossa própria ação. Pode ser que não apenas a pessoa que adquiriu uma característica por meio do crescimento pessoal e da experiência, mas também aquele que tem adquirido ao optar por fazer uso de algum acessório tecnológico, apresentem essa característica mais autêntica do que a pessoa que só cresce ao ter a característica por padrão.

Em contrapartida a esses autores, o teólogo Márcio Fabri dos Anjos assim escreve: "O uso do conceito de dignidade humana é suficientemente conhecido na literatura em bioética e ética médica. Evocando os sentimentos de respeito à pessoa humana, esse conceito se torna particular referência para quem cultiva perspectivas humanitárias. Por isso mesmo, duvidar de sua validade pode significar, para muitos, uma ameaça, de alguma forma, ao santuário de um consenso fundamental para a reflexão e para a rede de relações humanas".[92]

---

[89] E. D. PELLEGRINO, "Toward a Richer Bioethics: a Conclusion", in R. DALL'ORO, *Health and Human Flourishing: Religion, Medicina and Moral Anthropology*, Georgetow Univers., Washington 2006, 258.

[90] Ruth Macklin has urged that the concept be abandoned as useless on the grounds that it adds nothing to that of autonomy, which itself suffices. Cf. R. MACKLIN, "Dignity is a Useless Concept", in *British Medical Journal* 327 (2003), 1419-1420.

[91] Cf. N. BOSTROM, "Dignity and Enhancement", in THE PRESIDENT'S COUNCIL ON BIOETHICS, *Human Dignity and Bioethics...*, 175-180.

[92] M. F. dos ANJOS, *Dignidade humana em debate*, in http://www.portalmedico.org.br/revista/bio12v1/seccoes/seccao04.htm (05/02/2011).

Ética Cristã e Pós-humanismo

Em seus escritos, Roselló[93] apresenta uma visão atual, que trabalha o conceito dignidade humana dentro de três perspectivas:

> ontológica, ética e teológica que, segundo o autor, são as mais usadas. Na perspectiva ontológica, dignidade significa determinada categoria objetiva de um ser que pede, a si e aos outros, estima, cuidado e realização. Dignidade ontológica refere-se diretamente ao ser da pessoa, o que supõe que esse ser, que é considerado como uma excelência segundo a qual o ente humano é muito digno de respeito pelo ser que se sustenta em sua natureza. A dignidade no sentido ético é o ser individual que se realiza e se expressa a si mesmo na condição de quem entende, deseja e ama. Apresenta algumas características como consciência de si mesmo, racionalidade, capacidade de decidir e de determinar-se com motivações compreensíveis para os outros seres racionais, capacidade de entrar em relação de diálogo e de amor oblativo com outros seres pessoais. A dignidade ontológica é a condição da possibilidade da dignidade ética, pois a segunda requer também do ser um determinado modo de agir. Na perspectiva teológica, a pessoa, em seu próprio ser e em sua própria dignidade, reclama um respeito incondicional, absoluto, independentemente de toda livre valoração e toda finalidade. O ser humano tem uma dignidade que recebe por ser criado à imagem e semelhança de Deus e estabelece com Ele uma aliança de amor e amizade e por orientar-se existencialmente para Deus. A dignidade teológica tem sua raiz em Deus e não no ser humano, refere-se a todo ser humano, inclusive àquele que não pode desenvolver jamais, por causa de sua extrema vulnerabilidade constitutiva, a capacidade de pensar, de atuar livremente e de amar generosamente. A dignidade teológica não se perde jamais, porque é algo próprio de todo ser humano.

Por definição, então, a *dignidade intrínseca é a noção fundamental de dignidade humana*. O valor intrínseco é o valor que alguma coisa tem por si mesma, o valor que tem em virtude de ser o tipo de coisa que é. Neste caso a dignidade é essencialmente um atributo da pessoa humana, pelo simples fato de ser humana. Esse valor é descoberto, não é feito. É decididamente não instrumental.

Quando afirma que a pessoa humana é um valor em si mesma, que tem uma dignidade própria, um valor objetivo, o que está afirmando é uma dignidade intrínseca e que está apenas reconhecendo algo que já existe. A vida é um valor inviolável, é um dado objetivo e que a razão apenas reconhece o que se impõe a ela. Dignidade significa alguma coisa que vai além do respeito às pessoas e à autonomia. Ser alguém, ser um ser humano, é o fundamento da noção de dignidade humana. O sentido intrínseco da dignidade é o mais fundamental para a perspectiva ética da manipulação genética.

Noções importantes da dignidade humana devem ser encontradas na antiguidade clássica, na filosofia moderna e nas escrituras bíblicas, cada uma com uma

---

[93] Cf. F. T. ROSELLÓ, *¿Qué es la dignidad humana?...*, 84-95.

influência duradoura no pensamento moderno. No entanto, a concepção clarificada da dignidade em geral, fundamentada na excelência de pessoa, é relevante para a problemática da bioética de hoje, devido a sua relação com o progresso biotecnológico, e também na fundamentação de leis que protegem os direitos da humanidade contra todo tipo de agressão.

2. A dignidade da pessoa humana conforme o Magistério

Com este tema, nossa intenção é fundamentar o conceito de dignidade humana a partir da literatura teológica. Destacamos alguns textos do Magistério Católico que iluminam nossa compreensão de pessoa e dignidade humana e que nos ajudam a refletir e avaliar as diversas técnicas que agem diretamente na natureza biológica humana. A escolha dos documentos estudados neste livro é em função dos temas de nosso interesse. Buscamos em cada documento destacar o pensamento do Magistério Católico em relação à natureza, pessoa humana, dignidade da pessoa, ética em pesquisas científicas e lei natural. A partir dos dados recolhidos na literatura católica, será feita a aproximação teológica específica baseada nas pesquisas antropológicas, filosóficas e teológicas.

Reconhecendo a importância fundamental do ser humano, a Igreja atenta às diversas agressões que o homem sofre e ao interesse de pesquisadores de produzirem o pós-humano; este tema é relevante em diversos documentos elaborados pelo Magistério Católico que enunciaram inúmeros direitos e garantias ao homem, centrando sua doutrina na dignidade da pessoa humana.

A dignidade do homem é atributo conferido pelo próprio Deus que o cria a sua imagem e semelhança, conferindo-lhe, igualmente, liberdade, inteligência e capacidade de crescer, multiplicar-se e dominar a natureza e os animais da terra: "Deus criou o ser humano a sua imagem, criou-o à imagem de Deus; Ele os criou homem e mulher. Abençoando-os, Deus disse-lhes: Crescei e multiplicai-vos, enchei e dominai a terra. Dominai sobre os peixes do mar, sobre as aves dos céus e sobre todos os animais que se movem na terra" (Gn 1,27-28). A vida que Deus doa ao homem é original, diversa e superior àquela das outras criaturas, "o homem, única criatura sobre a terra a ser querida por Deus por si mesma".[94]

Seguindo o modelo veterotestamentário e o de Jesus revelado nos evangelhos, a Igreja continua a proclamar a dignidade do homem e da mulher como

---

[94] CONC. ECUM. VATICANO II, Constituição Pastoral *Gaudium et Spes,* 24.

valor intrínseco e inviolável. Permanece um testemunho extraordinário desta atitude da Igreja que, "perita em humanidade",[95] põe-se ao serviço de cada homem e do mundo inteiro.

Nos dias atuais, percebemos certa recusa naquilo que a religião propõe como princípios éticos, resultado também do ceticismo na razão e na metafísica. Porém, recusar o pensamento religioso é correr o risco da degradação do próprio ser humano. O declínio da crença religiosa e a falta de vontade de reconhecer a ligação entre religião e ciência são uma verdade que a sociedade pós-moderna não quer reconhecer; estamos cada vez mais numa situação em que nosso compromisso com a igualdade e a dignidade humana torna-se infundado e, portanto, insustentável para o mundo atual. Excluir a religião tem um custo. A fé cristã, rica em sabedoria acerca do humano, tem algo a dizer e, consequentemente, há de oferecer à sociedade suas orientações a respeito do futuro da condição humana.[96]

Acreditamos na dignidade da pessoa única e insubstituível e este reconhecimento encontra explicação razoável para nossa fé como fenômeno observado sobre o significado infinito, por um Criador pessoal. Nossa crença na igual dignidade de todos os seres humanos é uma parte indispensável de nossa herança cristã.

> Com certeza, a teologia subjacente aos relatos bíblicos, como ciência da fé e com uma larga caminhada de alguns mil anos, terá contribuições importantes a dar no sentido de iluminar caminhos tão cheios de interrogações decisivas para o presente e o futuro da humanidade. Ademais, aproximar biotecnologia e criação é algo tão natural que aparece inclusive em obras sem qualquer cunho teológico. Ora se fala em sétimo, ora em oitavo dia da criação, mas sempre para referir-se aos mais recentes avanços da biotecnologia.[97] Com isso, pretende-se caracterizar o extraordinário poder que os que lidam com a biotecnologia concentram hoje em suas mãos: são como deuses conduzindo o processo de uma nova criação. Assim os primeiros capítulos do livro do Gênesis apresentam-se espontaneamente como o ponto de referência.[98]

A impostação epistemológica do Magistério é caracterizada por fundamentar a própria força argumentativa sobre dois elementos, "a fé e a razão (*fides et ratio*), que constituem como que as duas asas pelas quais o espírito humano se eleva para a contemplação da verdade. Foi Deus quem colocou no coração do homem o desejo de conhecer a verdade e, em última análise, de o conhecer a Ele, para que, conhecendo-o e amando-o, possa chegar também à verdade plena sobre si próprio".[99]

---

[95] JOÃO PAULO II, Carta encíclica *Veritatis Splendor*, Loyola, São Paulo 1994, 27.
[96] Cf. M. VIDAL, *Moral cristã...*, 38-52.
[97] Cf. F. JUDSON, *The Eighth Day of Creation: the Makers of the Revolution in Biology*, Simon & Shuster, N. York 1979; F. OLIVEIRA, *Engenharia genética: o sétimo dia da criação*, Moderna, São Paulo 1995, 239s.
[98] A. MOSER, *Biotecnologia...*, 264.
[99] JOÃO PAULO II, Carta Encíclica *Fides et Ratio*, Paulinas, São Paulo 2010, 10.

Uma apresentação das principais bases filosóficas e a concepção ético-teológica de dignidade humana

Queremos, portanto, uma ética-teológica fundamentada na racionalidade humana e que tenha a Bíblia, a Tradição e o Magistério da Igreja como fontes para a partir daí compreender a pessoa humana em sua totalidade e responder às exigências éticas levantadas com as conquistas da engenharia genética.

2.1. *Gaudium et Spes* e o mistério do homem em sua dignidade

Mesmo sabendo que o Vaticano II teve uma perspectiva essencialmente eclesiológica numa releitura do mistério da Igreja e sua missão na história à luz do mistério trinitário, é de nosso desejo neste item mostrar sinteticamente, na relação das ciências com a fé, o homem em seu mistério, pois assim teremos condições de afirmar sua dignidade com fundamentos também teológicos.

Como estamos vendo neste livro, precisamos de uma base metodológica e teológica compreendida como a possibilidade de um diálogo autêntico e verdadeiro ao interno do mistério da verdade do homem e de Deus, para isso se torna cada vez mais urgente o diálogo de mútua relação e contribuição entre mundo e Igreja, um diálogo em que esta ajude àquele e ao mesmo tempo receba dele muitas coisas, estabelecendo a salvação de todo o gênero humano. Para esta dinâmica teológica e para iluminar nossa reflexão, tomamos como chave de leitura alguns textos da constituição *Gaudium et Spes*.

A categoria de pessoa apresentada pela constituição trouxe consequências práticas para a teologia moral, é o que afirma Vidal, "no imediato pós-concílio se preferiu utilizar, para as questões de moral da pessoa, a categoria de pessoa adequadamente entendida (GS 51).[100] A mesma afirmação é feita por Cipressa: "delineia uma antropologia que esclarece o mistério do homem à luz do mistério do Verbo encarnado e que fora do mistério do Verbo encarnado a existência pessoal permanece um enigma insolúvel".[101]

É evidente no centro da *Gaudium et spes* a presença de uma antropologia cristã como resposta adequada à ação no mundo contemporâneo. Trata-se, com efeito, de salvar a pessoa e de restaurar a sociedade humana. Por isso, o homem em suas unidade e integridade *"corpore et anima unus"*: corpo e alma, coração e consciência, inteligência e vontade é o suporte de toda exposição. Com isso, compreendemos o ser humano a partir do mistério trinitário e que ilumina a consciência do homem a favor da dignidade em defesa da vida integral da pessoa.

---

[100] M. VIDAL, "L'etica teologica nell'era della globalizzazione", in *Rivista di teologia morale* 166 (2010), 181-208, 199.
[101] S. CIPRESSA, *Bioetica per amare la vita*, Edizione Dehoniane, Bologna 2010, 29.

Dotados de alma racional e criados à imagem de Deus, todos os homens têm a mesma natureza e a mesma origem; redimidos por Cristo, todos gozam da mesma vocação e destinação divina de todos. Contudo, a afirmação da igualdade fundamental entre as pessoas humanas passa pela dignidade do indivíduo, como afirma a constituição, "Deus, depois de ter criado o homem a sua imagem e semelhança (cf. Gn 1,26), qualificou sua criatura como muito boa (Gn 1,31) para depois assumi-la no Filho (cf. Jo 1,14). O Filho de Deus no mistério da Encarnação, confirmando assim a dignidade do corpo e da alma, constitutivos do ser humano. Cristo não desdenhou a corporeidade humana, mas revelou plenamente seu significado e seu valor".[102]

Para descrever o ser humano, a constituição *Gaudium et Spes*, 12, usa um conceito operacional e vocacional: *o ser humano é a criatura capaz de conhecer e amar a Deus*, ou seja, homem e mulher pela força da própria natureza são abertos ao infinito, a Deus mesmo. Portanto, o ser humano só é adequadamente definido quando entra na definição de um valor absoluto. "O ser humano é completamente compreendido dentro desta finalização transcendente. Nesta perspectiva o ser humano reconhece que é parte do universo material, mas adverte, o específico humano é o que o transcende; ele é corpóreo, mas não redutível a isso; é no universo e é parte do mesmo, mas não é redutível a isto."[103]

A ciência oferece um grande contributo como instrumento do agir humano no mundo, porém deve-se compreender o valor e o significado da ciência e da técnica que oferecem os instrumentos para agir no cosmo e no próprio ser humano. A *Gaudium et Spes* em seu conjunto destaca muito eficazmente que o agir humano no mundo tem sentido somente enquanto tem como origem e como fim a pessoa humana, seu crescimento integral, que se realiza sobretudo no contexto de respeito, pois o homem vale mais por aquilo que é do que por aquilo que tem. Porém, tais progressos científicos podem proporcionar a base material para a promoção humana, mas, por si sós, são incapazes de realizá-la. O ideal ético da atividade científico-técnica consiste em propiciar o dinamismo sempre crescente de humanização dentro da história da humanidade. A partir dessa compreensão de ser humano e de mundo, é possível entender o significado e o valor último, ou seja, teológico, do agir humano no mundo em relação ao outro.

A humanidade vive um período novo de sua história caracterizado por profundas mudanças que progressivamente se estende ao universo inteiro, com-

---

[102] Conc. Ecum. Vaticano II, Constituição Pastoral *Gaudium et Spes,* 22.
[103] L. Lorenzetti, *La morale nella storia: una nuova voce nei 40 anni della rivista di teologia morale (1969-2009)*, Edizione Dehoniane, Bologna 2010, 291.

Uma apresentação das principais bases filosóficas e a concepção ético-teológica de dignidade humana

preendido aqui do micro ao macrocosmo. Podemos dizer hoje, conforme Coda, com os avanços da biologia molecular e das nanotecnologias, que o homem é capaz de chegar a mudar até mesmo o que parecia impossível, transformações no campo das biotecnologias que provocam mudanças sociais, culturais, de pensamento e éticas.[104]

Neste tempo de radicais mudanças na concepção de pessoa provocadas pelos avanços biotecnológicos e por ideais filosóficos e éticos em função de um futuro pós-humano, a doutrina da *Gaudium et Spes* acerca da dignidade do sujeito humano ecoa cada vez mais forte, não só no que diz respeito ao particular ou na descoberta individualista, mas também em sua dignidade como pessoa humana com respeito à voz de Deus e no agir moral em relação ao outro, ou seja, respeitar o outro em sua dignidade.

A lei inscrita por Deus no coração de cada ser humano é a raiz, a voz da interioridade que é a capacidade de acolher as normas objetivas da moral sem ferir a dignidade e a inviolabilidade do homem. O critério para a utilização das biotecnologias é a humanização, "nosso tempo precisa de uma tal sabedoria, para que se humanizem as novas descobertas dos homens".[105] O princípio que orienta o agir científico no âmbito do progresso científico-tecnológico é a realização da pessoa, isto é, a busca do bem integral de todas as pessoas por igual. Aqui se compreende que a normatividade pessoal não pode depender unicamente, nem preferencialmente, da ordem biológica, tem de abarcar todas as dimensões da pessoa humana.

2.2. *Veritatis Splendor* e a dignidade da pessoa humana

As conquistas no âmbito hermenêutico da antropologia proporcionam uma nova visão de pessoa em sua unidade, como também na compreensão da vida moral, "a alma racional é *per se et essentialiter* a forma do corpo. A alma espiritual e imortal é o princípio de unidade do ser humano, é aquilo pelo qual este existe como um todo, *corpore et anima unus*, como pessoa".[106] Esta compreensão de pessoa em sua unidade é cada vez mais importante na avaliação ético-teológica da manipulação genética, pois a intervenção no genoma humano é também uma intervenção na pessoa como um todo.

---

[104] Cf. P. CODA, "L'uomo nel mistero di Cristo e della Trinità. L'antropologia della Gaudium et spes", in *Lateranum* 54 (1988) 164-194, 160.
[105] CONC. ECUM. VATICANO II, Constituição Pastoral *Gaudium et Spes,* 15,2.
[106] JOÃO PAULO II, Carta encíclica *Veritatis Splendor,* 48.

A encíclica retoma com insistência a compreensão metafísica do conceito de natureza, a fim de evitar as interpretações erradas, ou seja, leva-nos a interpretar natureza humana para além do biológico, como portadora para o homem de uma mensagem ética, fonte de onde brotam os imperativos éticos que devem ser honrados. Por isso, afirma que a "reabilitação da natureza e da corporeidade na ética não poderá equivaler a qualquer fisicismo. É necessário levar em conta duas coisas simultaneamente: de uma parte, o sujeito humano não é um conjunto ou uma justaposição de inclinações naturais diversas e autônomas, mas um todo substancial e pessoal (...); de outra parte, nesse todo orgânico, cada parte mantém um significado próprio e irredutível, que a razão deve levar em consideração na elaboração de um projeto global da pessoa".[107]

O documento exalta ao máximo o valor da pessoa e é enfático ao afirmar que a lei natural não pode ser concebida como uma tendência normativa meramente biológica, mas deve ser definida como a ordem racional segundo a qual o homem é chamado pelo Criador a dirigir e regular sua vida e seus atos e, particularmente, a usar e dispor do próprio corpo.

Com tudo isso, a encíclica sai em atitude de defesa da pessoa que tem uma dignidade própria, oriunda não de uma atribuição vinda de fora, pois a "origem e o fundamento do dever de respeitar absolutamente a vida humana devem-se encontrar na dignidade própria da pessoa, e não simplesmente na inclinação natural para conservar a própria vida física (...); a vida humana, mesmo sendo um bem fundamental do homem, ganha um significado moral pela referência ao bem da pessoa, que deve ser sempre afirmada por si própria".[108]

Olhando para a *Veritatis Splendor,* podemos afirmar que *a dignidade humana realmente pertence a cada pessoa humana que vive além de sua existência biológica.* A encíclica coloca o homem em um todo unificado de corpo e alma fazendo referência à pessoa humana em sua totalidade unificada, ou seja, alma que se exprime no corpo e corpo informado por um espírito imortal. O significado especificamente humano do corpo pode acontecer sempre e somente na natureza humana. No entanto, rejeitando as manipulações da corporeidade que alteram o significado de pessoa, responde às ameaças à dignidade da pessoa considerada naquilo que é urgente, sua dimensão corpórea. Não se pode ignorar o que é urgente ou negar a dignidade da vida humana fisicamente compreendida.

---

[107] *Ibidem,* 79.
[108] *Ibidem,* 50.

2.3. A sacralidade da vida humana

2.3.1. O dom da vida

A instrução *Donum Vitae,* já na introdução, ressalta o caráter positivo das ciências e a liberdade de pesquisa e destaca: tanto a pesquisa científica de base quanto a aplicada constituem uma significativa expressão deste senhorio do homem sobre a criação. Ressalta também os benefícios que as pesquisas proporcionam aos homens e mesmo os riscos, "a ciência e a técnica, preciosos recursos do homem quando são postos a seu serviço e promovem seu desenvolvimento integral em benefício de todos, não podem indicar sozinhas o sentido da existência e do progresso humano". Um ponto essencial destacado pela instrução ainda no início é o perigo de "tomar nas mãos o próprio destino" e ceder "à tentação de ultrapassar os limites de um domínio razoável sobre a natureza".[109]

O dom da vida exige que se tome consciência de seu valor inestimável e de como esta é querida por Deus. Apresenta como critérios básicos os valores e os direitos da pessoa humana, o respeito, a defesa e a promoção do homem, seu direito primário e fundamental à vida, sua dignidade de pessoa. Também faz uma alerta ao afirmar que "nem tudo o que é tecnicamente possível é admissível do ponto de vista moral".[110]

Na linha do ensino personalista, a instrução *Donum Vitae* destaca que, ao considerar a verdadeira natureza da pessoa humana como totalidade unificada por força da união substancial, o corpo humano não pode ser considerado apenas como um conjunto de tecidos, órgãos e funções, nem pode ser avaliado com o mesmo critério do corpo dos animais. Ele é parte constitutiva da pessoa que, por meio dele, se manifesta e se exprime, e por isso toda e qualquer intervenção sobre o corpo humano envolve toda pessoa.

Quando se trata de uma ação terapêutica, o documento é enfático no apoio e no incentivo, pois uma intervenção estritamente terapêutica que se proponha como objetivo a cura de diversas doenças, como as que se devem a defeitos cromossômicos,[111] como regra geral deve ser considerada desejável, suposto que tenda a realizar a verdadeira promoção do bem-estar pessoal do indivíduo, sem prejudicar sua integridade ou deteriorar suas condições de vida.

---

[109] CONGREGAÇÃO PARA A DOUTRINA DA FÉ, Instrução *Donum Vitae,* Intr.,1.

[110] *Ibidem,* 4.

[111] *Ibidem,* Intr., 3.

2.3.2. O Evangelho da vida

Na encíclica *Evangelium Vitae*, João Paulo II faz uma análise abrangente a respeito da ética da vida e, sobretudo, da inviolabilidade da vida. Ela se apresenta como um evangelho que anuncia o significado e o valor da vida que é doada de modo particular ao homem criado alma e corpo à imagem do Verbo e recriado alma e corpo pelo Espírito vivente. Nisto consiste a sacralidade da vida, o vestígio do Criador na criatura vivente, e por isso apresenta uma dignidade particular.

Portanto, respeitar a vida humana em todas as dimensões é reconhecer o senhorio de Deus e levanta, pois, algumas delicadas questões acerca da liceidade das intervenções do homem sobre a vida. Assim afirma Faggioni, "se é verdade, como ensina a encíclica, que Deus em sua bondade fez que o homem participasse de seu senhorio, questiona-nos até que ponto a intervenção da *téchne* humana sobre o *bios* fica nos limites de um justo exercício do senhorio".[112]

A intervenção da inteligência humana, por meio das biotecnologias, não é em si um mal, *a Igreja é a primeira a elogiar e a recomendar a intervenção da inteligência*, numa obra que tão de perto associa a criatura racional com seu Criador, mas afirma também que isso se deve fazer respeitando sempre a ordem estabelecida por Deus. Pela técnica o homem participa da ação divina em favor da humanidade, assimila o agir do homem ao agir de Deus sempre em respeito ao projeto do Criador inscrito na natureza. Verdadeiramente, quando se perde o referimento do homem em Deus e se percebe sua vontade em oposição e concorrência com a autonomia humana, a centralidade axiológica da pessoa é menor e quaisquer manipulação e objetivação tornam-se possíveis.[113]

Seremos sempre defensores da ciência em sua legítima aspiração de investigar o imenso mistério da criação. E deveremos prestar sempre particular atenção a quantos colocam sua inteligência ao serviço do progresso e do desenvolvimento mediante as diversas técnicas que permitem entrar nos meandros da criação para encontrar uma solução que permita viver cada vez melhor num ambiente a serviço do homem e a sua medida. Fazer desaparecer a doença e a dor não é contrário à fé cristã.

Uma reação que culturalmente envolve a época moderna e acenada pela encíclica ao referir-se sobre a dicotomia em âmbito antropológico consiste no dualismo racionalista, definindo o sujeito humano somente em relação à racionalidade separado de sua natureza e de sua corporeidade. Nos números 19 e 20 da encíclica acontece uma *denúncia à ruptura entre a subjetividade da pessoa e sua natureza*

---

[112] M. P. FAGGIONI, "La vita tra natura e artificio", in *Studia Moralia* 33 (1995), 333-375, 333.
[113] Cf. JOÃO PAULO II, Carta encíclica *Evangelium vitae*, 52.

Uma apresentação das principais bases filosóficas e a concepção ético-teológica de dignidade humana

como característica da modernidade em detrimento da corporeidade. Essa concepção apresenta consequências graves em relação à pessoa, o poder absoluto sobre os outros e contra os outros, a destruição da corporeidade, o reducionismo racionalista depreciando a dignidade da pessoa. É insistente na encíclica o chamado ao respeito à natureza humana e consequentemente à dignidade da pessoa, e que se exprime também na corporeidade. Para a sobrevivência da humanidade é necessário que os homens ajam de maneira correta tanto em relação ao que se refere ao outro quanto também no cuidado com a própria natureza.

2.3.3. Um grande sim à vida humana

As intervenções técnicas que deturpam a natureza representam um trágico ataque à dignidade humana. Seguindo a tradição do Magistério, a *Dignitas Personae* relaciona-se com alguns princípios fundamentais que têm seu fundamento na dignidade da pessoa, na igualdade entre todos os seres humanos e na profissão de fé que confirma que cada pessoa é imagem de Deus.

Na primeira parte da instrução *Dignitas Personae,* que trata dos aspectos antropológicos, teológicos e éticos da vida e da procriação, reconhece-se a capacidade das ciências médicas de conhecer melhor as estruturas biológicas do homem como uma conquista positiva, e por isso merecem apoio. Porém, não aceita os procedimentos que lesam a dignidade da pessoa com finalidades contrárias ao bem integral do homem. A instrução chama a atenção para uma concepção reducionista do corpo de um ser humano ao conjunto de suas células. O ser humano, em sua constituição, exige respeito incondicional que é moralmente devido ao ser humano em sua totalidade corporal e espiritual.[114]

Um trecho importante citado pela instrução por que traz uma novidade, sobretudo se for confrontada com o documento *Donum Vitae* da mesma Congregação, lê-se: "A realidade do ser humano ao longo de toda a sua vida, antes e depois do nascimento, não permite afirmar nem uma mudança de natureza, nem uma gradualidade de valor moral por que possui uma plena qualificação antropológica e ética. Por conseguinte, o embrião humano tem desde o início a dignidade própria da pessoa".[115] É a defesa da igual dignidade do ser humano desde a concepção.

Na instrução, várias passagens são dedicadas às problemáticas éticas suscitadas com as conquistas genéticas. Porém, os números 25-27 tratam diretamente sobre manipulação genética e referem-se às diferentes técnicas de engenharia

---

[114] Cf. CONGREGAÇÃO PARA A DOUTRINA DA FÉ, Instrução *Dignitas Personae,* 4.
[115] *Ibidem,* n. 5.

genética, confrontando-as com o respectivo juízo moral que elas contêm. O princípio fundamental que move a instrução em tais questões *exprime-se na liceidade das intervenções que têm finalidade terapêutica* quando pretendem restabelecer a configuração genética normal da pessoa ou impedir os danos que podem derivar das anomalias genéticas presentes em algumas patologias. Porém, é formulado um juízo diferente acerca das aplicações da engenharia genética com finalidades diversas das terapêuticas e dirigidas, pelo contrário, às manipulações para realizar um melhoramento ou incremento do patrimônio genético.

A instrução é categórica ao afirmar que a todo ser humano, desde a concepção até a morte natural, deve reconhecer-se a dignidade de pessoa. Este princípio fundamental, que exprime um grande sim à vida humana, deve ser colocado no centro da reflexão ética a respeito da investigação biomédica, que tem uma importância cada vez maior no mundo de hoje. Este é o grande e central anúncio da Instrução *Dignitas Personae* – como escreve Fisichella –, "a dignidade da pessoa não pode ser uma proclamação abstrata que em diversos momentos da história se sente a necessidade de reafirmar; é muito mais".[116] O mérito da *Dignitas Personae* consiste em reafirmar com vigor e várias vezes o valor da ética na ciência, na experimentação e nas várias tecnologias biomédicas.

"O anúncio da vida pertence ao DNA da Igreja, porque é testemunha direta não só do pleno valor que a vida pessoal possui, mas sobretudo porque anuncia uma vida que venceu o limite da morte. E em volta dessa dimensão que se encontram e se confrontam as várias visões sobre a vida humana."[117] Nisto verificamos que a norma moral se fundamenta sobre a pessoa, porque o bem a perseguir ou conservar é um *bonum humanum*, o bem colhido da pessoa e na pessoa como abertura à plena realização.

Dignitas Personae apresenta muitas das interrogações que tantos levantam diante do progresso das tecnologias e, sobretudo, da engenharia genética, que apresenta características novas que fascinam, mas por isso não são menos problemáticas. A esfera de averiguação é ampla, e, quanto mais se entra no mistério da matemática, por muito paradoxal que possa parecer, tanto mais o enigma, em vez de se restringir e levar a soluções que possam aparecer, expande-se sem medidas e não para de causar admiração e estupefação diante das conquistas. Os problemas éticos em torno do tema da vida precisamente se multiplicam a cada nova conquista e em muitas situações ocorrem no conflito entre ciência e ética.

---

[116] R. FISICHELLA, "Reflexões sobre a *Dignitas Personae*: Para não atrasar os ponteiros da história", in *L'Osservatore Romano*, 7 de março de 2009, n. 10, p. 14.
[117] *Ibidem*.

Uma apresentação das principais bases filosóficas e a concepção ético-teológica de dignidade humana

A vida humana é proclamada e escrita como um bem precioso. Este anúncio parte de um reconhecimento da própria humanidade e não é necessário crer em Deus para se fazer tal afirmação. O próprio homem, olhando para si mesmo à luz da razão em sua existência, é capaz de descobrir-se como valor, assim como o valor do outro. Esta afirmação destaca que existe um nexo intrínseco entre a dimensão ontológica e o valor específico de cada ser humano.

A grande preocupação em torno da manipulação genética consiste na implantação de uma nova eugenia, como manifesta o professor Faggioni ao refletir sobre a *Dignitas Personae*: "Foram justamente criticados os êxitos inaceitáveis da chamada eugenética liberal, totalmente propensa para o sonho de uma humanidade nova, plasmada à imagem e semelhança dos desejos das pessoas".[118]

Em nenhuma situação, independentemente da forma como foi concebida, o Magistério fala de perda de dignidade, ao contrário, confirma a dignidade da pessoa humana em qualquer contexto de concepção ou de existência. O valor da dignidade de uma vida humana são totalmente independentes das qualidades que ela acidentalmente apresenta e dos serviços que ela poderá oferecer: "O respeito dessa dignidade compete a cada ser humano, porque ele tem impresso em si de modo indelével a própria dignidade e valor".[119]

Giertych, refletindo sobre a *Dignitas Personae*, escreve que as manipulações tecnológicas na qual o ser humano é reduzido ao nível de pura matéria experimental sobre a qual o cientista deseja ter o pleno domínio e manifesta rejeição da maravilha contemplativa acerca da dignidade da pessoa humana e de sua universalidade são um sinal de profundo orgulho intelectual. O intelecto de quanto adotam uma visão eugenética, aspirando produzir uma identidade humana completamente nova através de suas técnicas, é doente e narcisista.[120]

Portanto, a incumbente perspectiva da manipulação humana gera justamente a dúvida preocupante da humanidade. Por causa dos progressos científicos, os modos e os meios com que a dignidade humana pode ser servida, mas também atacada e manipulada, aumentaram em grande medida.

---

[118] M. FAGGIONI, "Reflexões sobre a *Dignitas Personae*: A veia eugenética da fecundação in vitro", in *L'Osservatore Romano*, 11 de abril de 2009, n.15, p.10.
[119] CONGREGAÇÃO PARA A DOUTRINA DA FÉ, Instrução *Dignitas Personae*, 6;15.
[120] Cf. W. GIERTYCH, "Reflexões sobre a Dignitas Personae: A clonagem humana. Uma abominável escravidão biológica", in *L'Osservatore Romano*, 25 de abril de 2009, n. 17, p. 6;10.

2.3.4. Em busca de uma ética universal: Novo olhar sobre a lei natural

O documento *Em busca de uma ética universal: Novo olhar sobre a lei natural*[121] é de grande importância para nosso estudo, porque nos ajuda a compreender o ser humano em sua natureza mais dinâmica, e não tanto estática quanto se imaginava, e a interpretar os princípios éticos conforme a lei em nós estabelecida, pois sabemos que a categoria de lei natural foi o centro das discussões teológico-morais dos últimos decênios na teologia católica.

A lei moral natural é a participação da lei eterna na criatura racional, é própria da razão e reflete a lei de Deus inscrita em cada coração. A lei natural é como algo próprio à natureza humana e por isso é, à luz da dignidade da pessoa humana, que se afirma por si própria, que a razão depreende, compreende o valor moral específico de alguns bens, aos quais a pessoa está naturalmente inclinada. Surge assim a possibilidade de definir a lei natural como "lei da natureza pessoal do homem".[122] O professor Vendemiati, em seu estudo sobre a lei natural na *Summa Theologiae*, de Tomás de Aquino, indica que "quando entendemos a natureza como essência da coisa enquanto possui uma ordem ou uma ordenação ao agir próprio da coisa, tal que nenhuma coisa se destitua da própria operação, compreendemos como a razão seja o sentido eminente da natureza do homem. É, portanto, plenamente justificado o sinônimo entre *lex naturae* e *lex rationis*".[123]

A lei natural é uma inclinação dinâmica radicada na natureza filial do homem e se torna guia para a perfeição e a plenitude da pessoa. É chamada de natural porque consiste na luz da razão que todo homem tem por natureza. Tendo em vista que a lei natural é própria da natureza humana e que tem força de lei como voz e intérprete da mais alta razão de Deus, da qual nosso espírito participa e à qual a nossa liberdade adere, confere-se ao ser humano uma dignidade própria.

Dentre os elementos trazidos pela Comissão Internacional Teológica e apresentados por Vidal como inovadores, destacamos o seguinte: "'a busca de um fundamento objetivo para uma ética universal'; descobrir 'o que é universalmente humano em cada ser humano', a fim de encontrar 'a base de colaboração entre todos os homens de boa vontade', construir assim 'um mundo mais humano'; e oferecer 'uma ampla base de diálogo entre todos

---

[121] Comissão Teológica Internacional, *Em busca de uma ética universal...*
[122] R. Tremblay, "Cristo e la morale", in R. Tremblay, & S. Zamboni (a cura di), *Figli nel Figlio...*, 280.
[123] Cf. A. Vendemiati, *La legge naturale nella Summa Theologiae di S. Tommaso d'Aquino*, Edizione Dehoniane, Roma, 1995.

Uma apresentação das principais bases filosóficas e a concepção ético-teológica de dignidade humana

os grupos humanos'. Em breve, mediante o renovamento da doutrina da lei natural, pretende-se 'a busca da linguagem ética comum (que) diz respeito a todos os homens'".[124]

O documento começa com algumas perguntas pertinentes para o momento histórico de grandes transformações éticas provocadas pelas conquistas biotecnológicas e que agem diretamente na natureza genética do ser humano. A grande preocupação é encontrar uma linguagem ética comum numa sociedade globalizada e responder às questões levantadas pelas novas biotecnologias para uma sociedade pós-humana. Apresenta o que é invariante e o que é variante na lei moral natural. Invariante verifica-se no mandamento fundamental: *"Necessário fazer o bem e evitar o mal"*, esta é a lei que o ser humano descobre em si mesmo. Invariante verifica-se também em nível dos valores morais comuns que derivam da tendência fundamental do ser humano, considerado em sua dimensão individual, transcendente e relacional. Trata-se da instância ética "que constitui o conteúdo do que se chama lei natural. A variante, ao contrário, verifica-se em nível de conhecimento do que é bem/mal, humano/desumano. O conhecimento e a determinação são evolutivos na história das pessoas, dos grupos humanos e das culturas, a própria história está submetida a um processo tal de aceleração que apenas é possível ao homem segui-la".[125]

A mesma interpretação é feita por Lorenzetti: "Ao falar de lei moral natural, é necessário distinguir, de um lado, a instância fundamental (fazer o bem e evitar o mal) e os valores morais comuns; e, do outro, as determinações ou concretizações que são elaboradas em um determinado período histórico e refletem, portanto, um determinado estágio, individual e coletivo, das compreensões dos valores morais".[126] Tudo isso nos revela a importância de uma avaliação ético-teológica da manipulação genética, considerando o que é estável e que não pode ser manipulado e o âmbito da plasticidade daquilo que pode sofrer intervenções sem agredir a dignidade da pessoa.

Deve acontecer o discernimento ético para verificar o que é bem para o sujeito e o que não o é, o que corresponde ao desejo do Criador e o que não corresponde. É preciso reconhecer que o significado teleológico ou finalístico é individuado dentro de uma visão total da natureza do ser humano. Nesta perspectiva, pressupõe-se, em última análise, a modificação do *"datum da natureza física"*, sempre que se inscreve em um processo de humanização, respeitoso da transcen-

---

[124] M. VIDAL, "L'etica teologica nell'era...", 202.

[125] Cf. COMISSÃO TEOLÓGICA INTERNACIONAL, *Em busca de uma ética universal...*, 44-53.

[126] L. LORENZETTI, "La legge naturale nella teologia morale contemporanea", in *Rivista di teologia morale* 167 (2010), 421-426, 423.

dência. Com isso entendemos que esta obrigação moral reconhecida pelo próprio sujeito afirma-se a partir de si mesmo, ou seja, o bem determinado pela própria razão e que se impõe ao sujeito.

Conforme o documento, como critério para discernir os confins entre o que é digno e o que não o é na manipulação genética do ser humano, "deve-se lançar mão dos recursos, de forma integrada, da teologia, da filosofia, assim como das ciências humanas, econômicas e biológicas, para discernir bem os dados da situação e identificar corretamente as exigências concretas da dignidade humana. Ao mesmo tempo, estar particularmente atento a salvaguardar os dados básicos expressos pelos preceitos da lei natural, que permanecem além das variações culturais".[127] Nesta situação, a lei moral natural é chamada em causa para avaliar e julgar as intervenções realizadas na natureza humana.

Interpretando o documento, afirmamos que pertence ao ser humano gerir responsavelmente a natureza externa e a interna; assim como Häring explicitamente coloca a questão: "Existe uma natureza em que podemos ler a vontade de Deus?". E responde que o critério da "natureza" ou, melhor, a estrutura do corpo é, certamente um critério, mas não pode ser "o" critério absoluto.[128] A natureza biológica revela certas leis, mas a possibilidade de intervir sobre essas leis é aberta da mesma vontade do Criador. *O problema é antes aquele de avaliar se a intervenção humana está conforme ou contra a vontade do Criador.* E este sujeito, em sua inteligência, poderá saber ao avaliar as consequências de sua ação, não apenas aquelas já realizadas, mas também aquelas previsíveis. Deve acontecer o discernimento ético para verificar o que é bem para o sujeito e o que não o é, o que corresponde ao desejo do Criador e o que não corresponde.

Diante do que foi visto anteriormente, nos documentos do Magistério, a doutrina da Igreja acerca da dignidade da pessoa oferece critérios e linhas fundamentais para a formação, o discernimento e a mediação social a todos os membros da sociedade a respeito do uso da manipulação genética. Adotando uma perspectiva personalista, mostra sua capacidade de interpretar a pessoa humana em sua complexidade e sua unicidade, envolvendo todos os aspectos fundamentais da biologia, da filosofia e da teologia a respeito da pessoa e de sua dignidade. *A dignidade vem afirmada com força.* Trata-se de um projeto articulado acerca da dignidade e do primado absoluto da pessoa humana, criada à imagem e semelhança de Deus. A defesa do valor transcendente da pessoa conduz os documentos do Magistério a valorizar as biotecnologias que a respeitam em sua dignidade e a questionar as

---

[127] COMISSÃO TEOLÓGICA INTERNACIONAL, *Em busca de uma ética universal...*, 54.
[128] Cf. B. HÄRING, *Ética medica*, Paoline, Roma 1979, 110-111.

intervenções genéticas que não a respeitam com intenções e objetivos que vão além da terapia e que desconsideram os próprios limites impostos pela natureza humana como plano do Criador.

3. Identidade de pessoa

Nosso escopo neste item, a partir dos estudos anteriores sobre o genoma humano, natureza e pessoa, é compreender melhor a identidade da pessoa humana e sua dignidade. Porém, o foco está em fundamentar a identidade de pessoa adequadamente entendida e verificar a conexão entre identidade genética e de pessoa, ou seja, o verdadeiro significado do genoma humano na configuração de pessoa, e, posteriormente, analisar as intervenções que acontecem sobre o genoma humano o quanto agridem ou não a pessoa.

Num primeiro momento apresentaremos análises argumentativas para fundamentar a identidade ontológica da pessoa e a partir de então estabelecer o que compreendemos por pessoa de forma adequadamente entendida, abrangendo o princípio da totalidade e da corporeidade também em sua identidade genética. Somente assim seremos capazes de dar o passo seguinte, que consiste no aprofundamento de uma antropologia-teológica como fundamento para nossa avaliação ético-teológica, pois sabemos que as razões da fé e as razões da filosofia encontram-se em nível antropológico.

3.1. Identidade ontológica da pessoa

Apresentaremos análises argumentativas para fundamentar a identidade da pessoa em nível ontológico. Para isso, vamos ater-nos às contribuições filosóficas e teológicas acerca do tema, recuperando dados da antropologia filosófico-cristã. É no horizonte do cristianismo, buscando apoio bíblico-teológico, que iremos também encontrar fundamentos importantes na compreensão da identidade da pessoa em nível ontológico; é o que afirma Pannenberg, citado por Vidal: "o cristianismo tem sido aquele que deu ao homem seu caráter específico. Somente através do cristianismo a palavra pessoa alcançou seu traço característico com referência à singularidade da individualidade humana".[129]

---

[129] W. PANNENBERG, citado por M. VIDAL, *Moral de atitudes: ética...*, 158.

Mesmo as pesquisas científicas revelando alto grau de proximidade genética do homem com o chimpanzé (variando de 95 a 98,7%), há uma distinção para o ser humano não encontrada em outros animais que o caracteriza como pessoa, em parte é um produto de seus genes, mas é também um produto de sua alma racional e divina. Os seres humanos são criaturas racionais em virtude de possuir capacidade natural para o pensamento conceitual, a deliberação e a livre escolha, isto é, a capacidade natural para moldar suas próprias vidas.

Geneticistas, decodificando o genoma humano, perceberam que os seres humanos fizeram um êxodo por determinação genética e seleção natural e passaram para uma esfera mental e social com novas características. Porém, esta nossa enorme particularidade ideacional introduz uma enorme dignidade. Os seres humanos têm uma capacidade de individualidade decretada que não é conhecida no mundo animal, isto torna possível a biografia, transcendendo a biologia em que se sobrepõem. Os seres humanos estão ligados ao mundo dos vivos, mas são bem diferenciados pelos próprios poderes cognitivos, e muito do comportamento humano é condicionado por preocupações abstratas e simbólicas.[130]

A dignidade da pessoa é *ipso facto* presente em seres humanos, um legado de nossa filogenia, desdobra-se e concretiza-se na ontologia de cada pessoa. Como ser vivo, as características do homem compartilham-se com as de outros animais, ao passo que este também é essencialmente diferente, nisto consiste sua identidade ontológica. Isso não significa que a igualdade da dignidade humana pode ser afirmada apenas por princípios religiosos e da fé, discernimos também a dignidade a partir de fundamentos ontológicos, como afirma Gabriel Marcel nos seguintes termos: "experiência do mistério inerente à condição humana".[131]

Nesta concepção ontológica, pessoa significa "o mais individual, o mais próprio que é cada homem, o mais incomunicável, o menos comum, o mais singular".[132] *O conceito de pessoa indica que cada homem é único, inconfundível, insubstituível, irrepetível, individual*; nisto consiste o verdadeiro respeito que se deve ao ser humano. Como os filósofos da Grécia antiga alegaram, e válido até em nossos dias, os seres humanos são animais racionais. A investigação científica continua a confirmar essa singularidade ideacional. Os seres humanos são notáveis entre todas as outras espécies por suas capacidades de processo de pensamentos e ideias. Pelo próprio fato de citarmos filósofos clássicos, estamos olhando para a diferenciação única de nosso gênero.

---

[130] Cf. H. ROLSTON, "Human Uniqueness and Human Dignity: Persons in Nature and the Nature of Persons", in THE PRESIDENT'S COUNCIL ON BIOETHICS, *Human Dignity and Bioethics...*, 137.

[131] G. MARCEL, *The Existential Background of Human Dignity...*, 134.

[132] E. FORMENT GIRALT, "La transcendentalidad de la persona en Santo Tomás de Aquino", in *Espíritu* 52/128 (2003), 271-284, 272.

Uma apresentação das principais bases filosóficas e a concepção ético-teológica de dignidade humana

A formulação do conceito de pessoa, em sua identidade ontológica, expressa um aspecto essencial da experiência da pessoa ao acentuar a incomunicabilidade e a subsistência do próprio ser. A pessoa no plano metafísico é entendida como uma substância portadora ou expressão individual de uma natureza geral e como uma subsistência espiritual autônoma que existe em si e por si.[133] A partir dessa perspectiva, a pessoa é um ser que tem dignidade intrínseca, pelo fato de ser uma substância individual da natureza racional. Essa é uma dimensão constitutiva de nosso valor e nossa dignidade.

Fundamentar o conceito de dignidade também a partir da identidade ontológica torna-se cada vez mais necessário em tempos em que estudiosos procuram filosófica e cientificamente naturalizar todos os fenômenos humanos incluindo o metafísico. Por isso enfatizamos que a dignidade ontológica é uma qualidade inseparavelmente unida ao ser da pessoa, sendo, portanto, a mesma para todos. É o valor que se descobre no homem pelo fato só de sua existência. Essa concepção nos remete à ideia da impossibilidade de reduzir o homem a um simples número ou objeto de uso.

Compreender a identidade ontológica do homem é reafirmar o caráter singular do respeito a sua identidade como requisito para sua igual consideração como pessoa, livre de qualquer forma de manipulação. A identidade ontológica constitui um bem da pessoa, uma qualidade intrínseca de seu ser e, então, um valor moral sobre o qual funda o direito/dever de promover e defender a integridade da identidade pessoal.

Natureza humana dota a pessoa com capacidade distintamente particular, biografias autorreflexivas. Terrence Deacon coloca incisivamente: "Centenas de milhões de anos de evolução produziram centenas de milhares de espécies com cérebros e dezenas de milhares de complexos, percepção, aprendizagem e habilidades comportamentais. Somente um destes já se perguntou sobre seu lugar no mundo, porque apenas um desenvolveu a capacidade de fazê-lo".[134] Uma das provas de nossa dignidade está em nossa atuação em resposta à autoconsciência, o pensamento sobre nós mesmos, e isso vem da própria identidade ontológica, do papel da consciência sobre a formação da identidade pessoal e a natureza da vida humana.

O reconhecimento da identidade ontológica do homem é que leva a pessoa ao agir moral em respeito à dignidade do outro. O filósofo Lévinas,[135] em sua ética, surge em defesa do outro, de um agir ético que perceba o outro como o

---

[133] F. T. ROSELLÓ, ¿Qué es la dignidad humana?..., 342-343.
[134] D. TERRENCE citado por H. ROLSTON, "Human Uniqueness...", 135.
[135] Cf. E. LÉVINAS, Ética e infinito, Edições 70, Lisboa-Portugal 1982.

mestre, o senhor, o nu a quem se deve servir e acolher, a quem se deve respeito e consideração, de uma autêntica relação entre o eu e o outro em que ambos se afirmam, crescem e se tornam mais verdadeiros. Nessa relação de respeito acontece a compreensão da identidade de ambos. É uma ética de respeito e acolhida profundos da pessoa humana.

Ao acentuar a contextualização do rosto do outro, Dussel[136] enfoca a realidade da voz do outro que interpela e impulsiona à acolhida. Evoca, consequentemente, o ouvido sensível à voz do outro, é chamado a reconhecer sua dignidade de pessoa. Para o autor, "o homem nunca poderá deixar de ser o que já é, como também não poderá radicalmente ser outro".[137]

Fazendo uma leitura atenta do pensamento de Lévinas e Dussel à luz da antropologia cristã, entendemos que a identidade do homem em nível ontológico vai firmando-se na relação com o Criador e com o semelhante, é o encontro inteligente e afetivo do Criador com a criação e de toda a criação, a identidade que se firma como reflexo de sua ação no mundo. Essa compreensão nos mostra que o homem estabelece com o semelhante uma relação prática que vai firmando sua identidade ontológica e o torna responsável pelo futuro da humanidade.

Retomando o número sete da instrução *Dignitas Personae*, ressalta claramente a relação do que é humano com a fé e que tem inspiração precisamente na Encarnação, no Filho de Deus que não desdenhou fazer-se carne e tornar-se assim também Filho do homem e "faz com que possamos tornar-nos 'Filhos de Deus' (Jo 1,12), 'participantes da natureza divina (2Pd 1,4)". Portanto, o critério de valor moral e posse plena da dignidade é ter um tipo específico de natureza substancial e participante da divina. *Ter uma natureza substancial qualifica como tendo um valor moral integral*, direitos fundamentais, a igualdade e a dignidade pessoal. Em virtude de uma natureza própria e comum, todos os seres humanos são pessoas, e por isso todas as pessoas possuem a dignidade real de que são merecedoras e que se sustenta na identidade ontológica.

Conforme as atas da oitava assembleia geral da Pontifícia Academia para a Vida, a dignidade do homem é puramente ontológica, pois possui dignidade por ser um sujeito, uma pessoa, independentemente de sua condição, de seu estado físico ou mental, de sua existência ou dos princípios da consciência de cada um. *O homem possui dons que podem ser institucionalizados ou que o transportam para um plano transcendente.*[138] Isto significa que o respeito de cada vida huma-

---

[136] Cf. E. DUSSEL, *Filosofia da Libertação na América Latina*, Loyola, São Paulo 1997.

[137] IDEM, *Acesso ao ponto de partida da Ética*, São Paulo 1982, 46-47.

[138] Cf. J. de D. V. CORREA, & E. SGRECCIA (a cura di), *Natura e Dignità della Persona Umana a Fondamento del Diritto alla Vita. Le Sfide del Contesto Culturale Contemporaneo*, Libreria Editrice Vaticana, Città del Vaticano 2003, 202-211.

na é fundamentado sobre a base da ontologia do ser humano, da pessoa, de sua dignidade e superioridade particulares, e não da simples consideração acidental de ordem política, pragmática ou psicológica. Para a concepção cristã, o ser humano, a pessoa, não é somente o ser mais alto na escala dos seres por razões da inteligência e da liberdade da qual goza, mas é também a única criatura que Deus quis por si mesmo.[139]

Por tudo isso, compreendemos que *a doutrina da "imago Dei" é fundamental para a antropologia cristã* desenvolver uma doutrina completa do homem, sobretudo quando se trata de sua identidade em nível ontológico. É na compreensão do homem como *imagem de Deus* que vamos compreender o fundamento seguro da antropologia cristã e o que realmente o caracteriza. Seibel afirma que "a doutrina da semelhança divina do homem é o núcleo fundamental da antropologia cristã e contém em si todos os seus temas, de maneira que se poderia desenvolver a partir dela uma doutrina sistemática sobre o homem".[140] É o que os teólogos, a partir da fundamentação bíblica, vêm desenvolvendo e o que define o ser pessoa humana. Esta compreensão permite dar qualidade teológica ao estudo acerca dos aspectos morais da vida cristã, sobretudo no que se refere à manipulação genética humana, pois sua realização consiste no conteúdo do dinamismo moral. O agir humano encontra na conformidade com o arquétipo divino sua razão de ser e sua perfeição.[141]

3.2. Pessoa adequadamente entendida

A reflexão acerca da pessoa, ponto essencial nos debates filosóficos e teológicos, é imposta recentemente de maneira diferente com o nascimento e o desenvolvimento da bioética e com as novas descobertas biotecnológicas. Nossos interesses são refletir neste item acerca da "pessoa adequadamente entendida" e entender como utilizar esta categoria para a avaliação ético-teológica da manipulação do patrimônio genético, um dos constitutivos da pessoa, com a intenção de produzir o pós-humano. O papa João Paulo II, na encíclica *Fides et Ratio*, diz que espera um diálogo sereno e construtivo entre a filosofia e a revelação e encoraja os filósofos a aprofundarem o conceito de pessoa prestando maior atenção à antropologia relacionada com a Bíblia.[142]

---

[139] Cf. CONC. ECUM. VATICANO II, Constituição Pastoral *Gaudium et Spes,* 24.
[140] W. SEIBEL, "El hombre, imagen de Dios", in *Mysterium Salutis,* II/2 (Madrid 1969), 902-914, p.160.
[141] Cf. M. VIDAL, *Moral de atitudes: ética...,* 160.
[142] Cf. JOÃO PAULO II, Carta Encíclica *Fides et Ratio,* 76; 80; Nos últimos tempos a filosofia e a teologia da pessoa têm realizados bons trabalhos em conjunto. Podemos verificar na obra: V. MELCHIORRE (a cura di), *L'idea di persona,* Vita e Pensiero, Milano 1996.

Entendemos a constituição da pessoa humana como um processo inteligível e subjetivo, entretanto estritamente dependente da natureza biológica, artífice e compositora de todos os seres vivos. A evidência empírica mostra que os gametas deixam de existir e o zigoto, a primeira etapa de um novo organismo, começa a existir, e "cada ser atua conforme sua natureza e, por meio dessa atuação, busca realizar o melhor para sua própria natureza".[143] Aqui já não há mais dúvida de que o embrião não é somente um indivíduo bem definido da espécie humana, mas abraça também todas as potencialidades biológicas, psicológicas, culturais, espirituais etc. O ser humano, em cada fase da vida, é uma unidade psicofísica com todos os seus poderes e todos os aspectos de sua atividade.

O processo evolutivo do indivíduo está estritamente relacionado com a propriedade da continuidade, como também a necessária passagem no tempo de uma fase menos diferenciada a um estágio mais diferenciado e com a existência de mecanismos que regulam o processo de desenvolvimento num conjunto unitário. Porém, constatamos que "há o fato da potencialidade biológica inerente ao embrião de tornar-se um ser humano desenvolvido e há o fato das realidades culturais no âmago das quais esse ser humano se encaminha para o sujeito pessoal".[144]

No pensamento moderno biologicista, a palavra substância muda radicalmente de conteúdo e pode influenciar na concepção de pessoa e nos processos biotecnológicos. Para alguns pensadores influentes, como John Locke, a substância é inacessível ao homem, seja qual for o modo de concebê-la, seja como substrato, como essência ou como razão do ser. Para Locke, a ideia de substância é uma compilação de ideias, mas não é algo que tenha existência por si. David Hume, na obra *Tratado da natureza do homem*,[145] reduz a substância a nada; para ele substância não é mais do que uma coleção de dados sensíveis unidos pela imaginação.

Com as afirmações anteriores, percebemos hoje uma notória tendência de recusar a metafísica e marginalizar o ser. A razão é que, no projeto cultural moderno, o homem é visto em partes: há um nível que o considera sujeito inviolável (a pessoa interpretada como titular dos direitos) e outro nível no qual é objeto, parte da natureza físico-biológica, sobre a qual a ciência coloca suas mãos. Obviamente que, neste nível puramente empírico das ciências biológicas, a dignidade da pessoa como sujeito inviolável torna-se problemática.[146]

---

[143] P. FAITANIN, "O que é dignidade e...", 243.
[144] Cf. G. P. DURAND, *Introdução Geral à Bioética: História, Conceito e Instrumentos*, Loyola, São Paulo 2003, 297.
[145] D. HUME, *Tratado da Natureza Humana*, Editora UNESP, São Paulo 2001.
[146] Cf. J. de D. V. CORREA, & E. SGRECCIA (edito da), *Natura e Dignità...*, 35.

Uma apresentação das principais bases filosóficas e a concepção ético-teológica de dignidade humana

Quando a concepção de pessoa é interpretada em partes e estabelece uma oposição à natureza e ao corpo humano, torna-se profundamente imprópria e desumana, isto porque não considera a dimensão concreta de pertença e nega o valor das particularidades da vida, que é sempre vivida em um lugar, em um corpo e conforme um itinerário personalíssimo que vai do zigoto no útero até a morte.

Na perspectiva personalista, a pessoa é considerada em seu todo com todas as suas dimensões e em sua identidade, isto é, ela é única e ao mesmo tempo apresenta as dimensões biológica, física, psicológica, afetiva, espiritual, moral e social. Colocar a pessoa como suporte bioético é considerá-la em todos os elementos que a envolvem, pressupõe uma reflexão de fundo antropológico ressaltando a dignidade da pessoa humana, sob os mais diversos aspectos.

A "pessoa não é essencialmente só substância, e certamente substância singular-individual, mas também substância espiritual, e que, por isso, diferencia-se substancialmente de todas as coisas e substâncias vivas".[147] *A pessoa é reconhecida como unidade e, ao mesmo tempo, é também uma totalidade*, isto é, é uma complexidade, um conjunto muito grande de fatores, e por isso a bioética personalista fala em unitotalidade.[148] No entanto, o nome pessoa, para ser aplicado ao indivíduo humano, exige que nele exista uma natureza que subsista e seja espiritual. Neste encontro, a alma anima o corpo, dando-lhe ser e vida, e o corpo individua a alma, dando-lhe existência, corporeidade e individualidade de cuja relação constitui-se a substância individual de natureza racional, cuja palavra pessoa serve para nomear.[149]

A bioética de valorização da pessoa coloca-nos uma antropologia de referência, e essa antropologia, esse personalismo ontológico, que é a base para o juízo, busca entender o ser humano em sua essência, em sua natureza, em sua verdade, em sua totalidade e em sua unidade. Refere-se à natureza própria e original do homem, à natureza da pessoa humana, que é a pessoa mesma na unidade de alma e corpo, na unidade de suas inclinações, tanto de ordem espiritual como biológica.

O que realmente nos faz singulares, únicos na existência, e o que confere unicidade ao ser humano não são os sinais empiricamente verificáveis, mas o ser substancial, o fato de ter uma alma individual criada diretamente por Deus. "Desde a perspectiva ontológica tradicional, o ser humano, como substância individual, é um ser único no mundo, uma realidade que não pode ser substituída por nada, nem por um qualquer. Um dos argumentos da dignidade humana

---

[147] J. SEIFERT, "El hombre como persona...", 139.
[148] D. L. de P. RAMOS, *Bioética Personalista*, in http://www.ccfc.com.br/artigos/BioeticaPersonalista-Dalton Luiz Paula Ramos. pdf (20/12/2011).
[149] Cf. P. FAITANIN, "O que é dignidade e qual...", 248.

fundamenta-se precisamente no caráter único desse ser."[150] Os seres humanos possuem uma autonomia própria por causa de sua dignidade intrínseca e sua individualidade. Não são dignos porque são autônomos, mas porque são dignos é que têm autonomia.

Mesmo a pessoa sendo uma realidade subsistente por si mesma desde o momento da concepção até a morte, também se aplica a noção de pessoa em desenvolvimento. "Nesta perspectiva filosófica, não tem sentido afirmar que há seres humanos que são *pre*pessoas e seres humanos que são *ex*pessoas, porque o ser pessoa depende do ser substância, e esse elemento subsiste por si mesmo e é indiferente ao desenvolvimento potencial das faculdades humanas."[151]

Toda pessoa é potencialmente capaz de desenvolver-se em todas as habilidades próprias de sua natureza de pessoa; a capacidade para alcançar a autoconsciência e a racionalidade para poder desenvolver essas capacidades requerem condições externas. E se esses fatores externos impedem a pessoa de desenvolver suas habilidades não significa que ela não seja uma *persona potencial*. Mesmo se em certas condições a pessoa não está em ato ou se encontra em graus distintos segundo os indivíduos e as diferentes circunstâncias de cada um, a condição permanece em potencial. Essa capacidade intrínseca a todos os seres humanos subsiste em sua essência. Escreve Andorno: "Pessoa se aplica a todo ser humano vivo, mesmo que ainda não tenha desenvolvido todas as suas potencialidades ou que as tenha perdido irremediavelmente".[152]

Reafirmando a ideia de pessoa a todo ser humano, independentemente do estágio ou condições de desenvolvimento, a filósofa Palazzani escreve que "o ser pessoa pertence à ordem ontológica; a posse de um estatuto substancial pessoal não se adquire ou se diminui gradualmente, mas é uma condição radical (não se é mais ou menos pessoa, mas se é pessoa ou não se é pessoa). A ausência (entendida como não atuação ou privação) das propriedades ou funções não nega a existência da referência ontológica, que permanece tal por natureza, enquanto que preexistem ontologicamente suas qualidades".[153]

Carrasco de Paula, no artigo intitulado *Il concetto di persona e la sua rilevanza assiologica: i principi della bioetica personalista*, apresenta três argumentos considerados fundamentais e que estão na base do princípio personalista:

---

[150] F. T. ROSELLÓ, *¿Qué es la dignidad humana?...*, 351.
[151] *Ibidem*, 356.
[152] R. ANDORNO, *Bioética y Dignidad...*, 63.
[153] L. PALAZZANI, "Significados del concepto filosófico de persona y sus implicaciones en el debate bioético y biojurídico actual sobre el estatuto del embrión humano", in AA.Vv., *Identidad y estatuto dl embrión humano*, Eiunsa S.A., Madrid 2000, 77.

Uma apresentação das principais bases filosóficas e a concepção ético-teológica de dignidade humana

1. A afirmação feita por Tomás de Aquino: "Pessoa significa o que há de mais perfeito em toda a natureza, a saber, o que subsiste em uma natureza racional". A dignidade da pessoa humana encontra aqui uma sustentação fortemente ontológica. 2. Para o autor, é mérito de Kant e está na obra *"Fundamentos da metafísica dos costumes"*, a pessoa impõe o imperativo categórico do agir em modo de tratar a humanidade, em si e nos outros, sempre como um simples fim e nunca como um meio. 3. Refere-se à *Gaudium et Spes*, que afirma: "O homem é a única criatura que Deus quis por si mesma".[154]

A pessoa é indiscutivelmente a categoria básica da bioética, pois a noção de dignidade humana faz referência incondicional à compreensão de pessoa, ou seja, a fonte da dignidade humana, puramente ontológica, ocorre do fato de o homem ser um sujeito, uma pessoa, um indivíduo existente.

Nesta perspectiva, o ser humano tem sua dignidade por aquilo que ele é em si mesmo independentemente do que aparece como fenômeno, o que ele é não deixa de ser. Com isso o fundamento de nossa dignidade reside na essencialidade humanamente específica da espécie humana. Nossa bioética se refere à pessoa, ao sujeito subsistente, isto é, à verdade manifesta do ser em seu realizar-se concreto e histórico. *Segundo Tomás de Aquino, a pessoa "é o mais digno de toda a natureza".*[155] O que chamamos de dignidade fundamental do ser humano é expressa como a santidade da vida humana ou o respeito devido à vida humana como tal.

Em síntese, a pessoa humana não pode ser reduzida a um número, células, código genético, a um feixe de percepções ou a um simples elemento fruto da cultura, pois o homem tem em si um caráter transcendente. O relato da criação no livro do Gênesis já revela o encanto e a complexidade da vida que o homem sempre procurou conhecer e explorar, mas que apresenta limites impostos pelo Criador expressos desde o princípio simbolicamente com a proibição de "comer o fruto da árvore" (cf. Gn 2,16-17); mostra com suficiente clareza que, nas relações com a natureza visível, nós estamos submetidos a leis, não só biológicas, mas também morais, que não podem impunemente ser transgredidas.[156]

3.3. Princípio da totalidade e da corporeidade

À evolução de uma antropologia bem compreendida com contribuições das diversas ciências, uma nova concepção de pessoa é reconhecida. Hoje a pessoa é

---

[154] I. CARRASCO DE PAULA, "Il concetto di persona e la sua rilevanza assiologica: i principi della bioetica personalista", in *Medicina e Morale* 54/2 (2004), 265-278, 270.
[155] S. TOMÁS DE AQUINO, *De Potentia*, I, q.9, a.3.
[156] Cf. JOÃO PAULO II, Carta encíclica *Evangelium vitae*, 42,3.

vista não em partes, mas como uma totalidade, inclusa a corporeidade. "Na visão cristã do homem *corpore et anima unus, a pessoa, mesmo em sua multidimensionalidade, é compreendida como realidade unitária*; os mesmos dinamismos físicos que temos em comum com os outros viventes são atraídos para a esfera da humanidade, porque o corpo não é um objeto biológico que o homem possui, mas seu modo de existir como espírito encarnado no mundo, no tempo, na relação, é um corpo humano, um corpo vivente e vivido."[157] Este texto nos mostra que o homem não é um composto dualista, embora existam nele partes interatuantes.

Afirmar que o homem todo é sujeito do comportamento moral é assumir uma visão integral de pessoa em todas as suas dimensões biológica, racional, afetiva, cultural e metafísica. Com isso, podemos dizer que não é uma faculdade que age, mas quem age é a pessoa. Isso não significa que o ser humano não tenha aspectos, tais como interioridade-exterioridade, objetividade-subjetividade, intenção-execução etc., esses aspectos podem prevalecer de forma distinta em certos momentos, porém o ser humano é sempre expressão da pessoa como unidade totalizante, proclamada, seja como constitutivo ou funcional da pessoa humana, condição esta confirmada pelo *papa Bento XVI*: "O homem torna-se realmente ele mesmo quando corpo e alma se encontram em íntima unidade (...); nem o espírito ama sozinho, nem o corpo: o homem, pessoa, é que ama como criatura unitária, de que fazem parte o corpo e a alma. Somente quando ambos se fundem verdadeiramente numa unidade é que o homem se torna plenamente ele próprio".[158]

Pessoa humana como estrutura do ser pessoal significa dizer que a pessoa é conformação, isto é, os elementos que a constituem não são compostos de modo caótico, as dimensões ou elementos de sua constituição encontram-se em conexão de estrutura e função. O todo existe a partir dos elementos e os elementos a partir do todo, portanto, nenhum dos elementos separadamente pode ser chamado de homem.

A redução empirista (antimetafísica) da pessoa é a raiz do dualismo antropológico, ou seja, da divisão da pessoa a partir do corpo do ser humano (no sentido biológico). O corpo é reduzido à matéria orgânica entendida em movimento (segundo as coordenadas de espaço-tempo), sendo constituído de um agregado ou acúmulo de células humanas, em contato umas com as outras, que se diferenciam em tecidos e órgãos, trocando informações bioquímicas e genéticas, conforme uma complexificação ou descomplexificação morfológica funcional e neurofisiológica regulada pela lei causa/efeito.

---

[157] M. P. FAGGIONI, *La vita nelle nostre mani. Manuale di Bioetica Teologica*, Edizioni Camilliane, Torino, 2009, 353.
[158] BENTO XVI, Carta encíclica *Deus Caritas Est*, Paulinas, São Paulo 2006, 5.

Uma apresentação das principais bases filosóficas e a concepção ético-teológica de dignidade humana

Tendo em vista a concepção materialista estratificada de pessoa para além das questões práticas, *The President's Council on Bioethics* dos EUA,[159] tendo como presidente Leon Kass, chamou a atenção para uma boa autocompreensão de dignidade humana, ameaçada pelo superficial pensamento científico acerca dos fenômenos humanos, por exemplo, pontos de vista sobre a vida humana que veem os organismos como meros meios para a replicação de seus genes, o corpo humano como uma máquina sem vida, ou enxergam o amor humano e a escolha moral como simples eventos neuroquímicos.

O dualismo entre alma e corpo foi concebido, sobretudo, por René Descartes (1596-1650).[160] Descartes entende que a alma é uma substância imaterial, substância pensante, distinta do corpo, substância material; existe uma assimetria entre as propriedades da alma (imaterialidade, não espacialidade e indivisibilidade) e as propriedades do corpo (materialidade, espacialidade e divisibilidade). Ele compreende todo universo material, incluindo os corpos vivos, a partir do modelo da máquina (é o chamado mecanicismo cartesiano, no qual o mundo se compõe de matéria e movimento).

O materialismo científico concebe o homem como uma máquina complexa, sem alma ou sem status moral especial. Hobbes foi um materialista estrito em afirmar que o pensamento ou a consciência é simplesmente um movimento do cérebro e que a linguagem é um movimento da língua. Na concepção de Hobbes, a substância é como a realidade das coisas, é o corpo, algo físico ou material, submetido às leis da física. Ao desenvolver sua ontologia, vai antes de tudo tratar o homem como um corpo autômato, isto é, como "uma máquina",[161] que, como tal, está sujeita às leis dos movimentos dos corpos. Em sua ontologia materialista apresenta o corpo dentro de uma visão mecanicista e materialista que é o fundamento de sua antropologia.

Com a influência desses filósofos, a noção de pessoa deixou de ser atribuída ao homem de maneira unívoca. Deste modo o conceito de pessoa humana, como unívoco capaz de exprimir a subjetividade ontológica que caracteriza o ser humano e que constitui e qualifica a própria corporeidade humana desde seu surgimento, está cada vez mais ameaçado pelas novas concepções criadas pelas biotecnologias e com consequências práticas significativas para a humanidade.

A biologia moderna está repensando a natureza do corpo humano em sua constituição orgânica, considerando-o não como algo animado, que tem intenções e motivações, mas como matéria inerte em movimento. Esse reducionismo científico nos confere um grande poder, mas não nos fornece critérios para sua

---

[159] Cf. THE PRESIDENT'S COUNCIL ON BIOETHICS, *Beyond Therapy...*,
[160] Cf. R. DESCARTES, *Discurso...*,
[161] Cf. T. HOBBES, *Leviatã...*, 107.

utilização, além de pôr em questionamento nosso conceito de nós mesmos como pessoa humana rica em dignidade, impedindo o reconhecimento dos perigos para nossa humanidade quando damos à biologia um poder imensurável.

O principal desafio da nova biologia não vem do que é produzido pela biotecnologia, mas do pensamento científico que a sustenta. Nestes tempos em que tudo é considerado lícito desde que seja feito em plena liberdade, em que o corpo é considerado como um mero instrumento da vontade, tem-se dado um valor exacerbado sobre o princípio da autonomia ou o direito de liberdade, levando as pessoas a reivindicarem para si o direito de propriedade do próprio ser ou do próprio corpo, "meu" ser e "meu" corpo; isto é o corpo susceptível de ser estudado e descrito como tantos outros objetos; com isso, a aplicação dessa ideia na vida privada e suas consequências dão origem à ideia de objetificação, mercantilização e manipulação do corpo em sua constituição genética.

O que precisamos no momento, e que é essencial até mesmo para nossa sobrevivência, é de uma antropologia natural e rica de significados em condições de perceber o verdadeiro valor daquilo que é puramente humano em todas as suas dimensões, inclusive a corporeidade, que se encontram unidas de forma indissolúvel e precisam de valorização mais elevada.

Pessina[162] escreve que o fruto da geração humana desde o primeiro momento de sua existência, isto é, a partir do constituir-se do zigoto, exige o respeito incondicionado que é moralmente devido ao ser humano em sua totalidade corporal e espiritual. A presença de noções estreitamente científicas – zigoto, embrião – e de conceitos propriamente filosóficos e éticos – pessoa e dignidade pessoal – requer uma consideração atenta, quer para não confundir os planos da argumentação, quer para compreender que se está falando da mesma realidade com perspectivas metodológicas diferentes. A linguagem da biologia permite-nos descrever o desenvolvimento do ser humano; a linguagem da filosofia e da teologia permite-nos compreender o significado e o valor daquilo de que estamos falando.

Melina afirma que "o homem é mais que o próprio corpo e mais que o físico e o biológico de um organismo. A antropologia forte da tradição do pensamento cristão afirma que o homem é pessoa dotada de uma alma espiritual pela qual ele transcende a matéria e seus limites e alcança o mundo do espírito. No entanto, o status de pessoa de um indivíduo humano não é constatável pelos métodos das ciências empíricas e, em particular, pela biologia".[163]

---

[162] Cf. A. PESSINA, "Reflexões sobre a *Dignitas Personae*: A gramática da vida humana e da democracia", in *L'Osservatore Romano*, 28 de março 2009, n. 13, p. 14.

[163] L. MELINA, "Cuestiones epistemológicas relativas al estatuto del embrión humano", in AA.Vv., *Identidad y estatuto del embrión humano...*, 87.

Uma apresentação das principais bases filosóficas e a concepção ético-teológica de dignidade humana

O modo de ser pessoa do homem, seu ser pessoa humana, é o dado também por sua corporeidade. Sua identidade própria e sua subjetividade derivam da união substancial de uma alma espiritual criada por Deus com uma matéria herdada do processo da geração humana; esta unidade é o homem individual, a pessoa humana que existe como unidade corpórea. O homem não é seu corpo, nem seu espírito, mas aquele ser vivo concreto que se transforma ao longo do tempo e que é capaz de pensar precisamente porque é certo tipo de ser vivo. Não é necessário compreender ou compartilhar a metafísica de Tomás de Aquino para compreender a unidade do homem, basta a fenomenologia da vivência humana para nos fazer entender como espírito e matéria, alma e corpo estão intimamente relacionados em nossa existência concreta. O corpo claramente existe como uma substância, porque diferencia um indivíduo humano do outro.

A integridade biológica se torna eticamente relevante como condição da identidade pessoal; uma igualdade conexa com a natureza biológica se encontra para desenvolver a tarefa de assegurar a singularidade pessoal na qual uma desigualdade criada artificialmente se torna como perigo de diminuir os pressupostos naturais da liberdade, sejam internas como externas, introduzindo restrições ao que é pleno de singularidade pessoal.[164] A impossibilidade de dispor de forma arbitrária do corpo deriva no fundo do fato de que a liberdade humana, em seu exercício, encontra um vínculo na natureza biológica, porque nela reconhece a marca de seu próprio valor pessoal e não a indiferença que caracteriza sua relação com objetos simplesmente materiais externos a ela.[165]

A pessoa não é um núcleo espiritual isolado do corpo, nem uma manifestação do mundo das ideias, mas uma totalidade humana, animada por um princípio espiritual. Cada pessoa é um eu, que é ao mesmo tempo espiritual e corporal, sendo espírito pelo mesmo título que o corpo. No entanto, a dignidade humana realmente está relacionada a cada pessoa que vive além de sua existência biológica, porém não pode prescindir de sua condição corporal. Somente quando nossa existência biológica é ameaçada, humilhada ou arrancada à força, entendemos como nossa dignidade é inseparável de nossa humanidade, no entanto, cada homem continua a ter o dever de salvaguardar a integridade também corpórea da pessoa humana.

Estabelecendo o significado autêntico da pessoa e da normatividade dos dinamismos biológicos e que reporta à questão de liceidade das intervenções sobre o corpo humano em seus fundamentos antropológicos, entendemos que toda intervenção sobre o corpo abrange não apenas o físico, mas toda a pessoa. Por

---

[164] Cf. K. DEMMER, *Interpretare e agire. Fondamenti della morale cristiana*, Paoline, Balsamo 1989, 129.

[165] Cf. J. de FINANCE, "La nozione di legge naturale", in *Rivista di Filosofia Neoscolastica* 61 (1969) 365-396.

exemplo, a tortura física é um atentado contra a pessoa. Nisto consiste o reconhecimento de que o corpo humano em sua condição biológica também é portador de significado pelo fato de ser o corpo de uma pessoa.

A bioética teológica preocupa-se com o fato de que a nova biologia toca e ameaça elementos profundos de nossa humanidade: a integridade corporal, a identidade e a individualidade. Os experimentos invasivos e manipulativos do patrimônio genético do indivíduo fundamentam-se na suposição de que se trata de coisa, objeto inanimado, e negam o fato de nossa condição transcendental de pessoa humana. Os limites da manipulação do corpo são estabelecidos pela intenção do ato, pelos objetivos buscados e pela própria natureza humana. Essa é a visão de que a linguagem da dignidade serve como um espaço reservado e um conceito útil.

3.4. Identidade genética e identidade de pessoa

Desde quando, em meados do século XIX, o abade agostiniano Gregório Mendel descobriu as leis que regem a transmissão dos caracteres hereditários, esta ciência deu realmente passos largos na compreensão da linguagem que está na base da informação biológica e que determina o desenvolvimento de todo ser vivo. A partir de então, a ciência e suas decorrências, em especial a descoberta do ácido desoxirribonucleico, do DNA recombinante, a clonagem da ovelha Dolly e a decodificação do genoma humano, marcaram na história da evolução genética as implicações entre engenharia genética, em particular a manipulação genética, e suas consequências éticas, teológicas e legais.

A relevância do tema da manipulação genética proporciona múltiplos entendimentos e debates acerca da nova ação da biotecnologia e dos direitos fundamentais da pessoa, com destaque para a engenharia genética, decorrente da descoberta do genoma e do consequente conhecimento de grande parte das peculiares características do patrimônio genético de cada um de nós. Como afirma Fisichella: "A pesquisa genética, por sua própria natureza, abrange diversos horizontes; desde o estritamente biomédico até ao jurídico, da reflexão filosófica e teológica à sociológica e psicológica".[166]

O ser humano tem uma identidade genética específica, própria da espécie, e quase estável desde a concepção. Para Petterle, a *"identidade genética corresponde ao genoma de cada ser humano individualmente considerado"*[167] e, a partir disso, entendemos

---

[166] R. FISICHELLA, "As novas fronteiras da genética e o risco da eugenética", in *L'Osservatore Romano*, 28 de fevereiro de 2009, n. 9, p. 6.
[167] S. R. PETTERLE, *O direito fundamental à identidade genética na Constituição brasileira*, Livraria do Advogado, Porto Alegre 2007, 26.

Uma apresentação das principais bases filosóficas e a concepção ético-teológica de dignidade humana

que todo indivíduo é um ser único, irrepetível, com composição genética própria distinta da dos demais indivíduos, e que a identidade genética seria então a base biológica da identidade de pessoa, porém esta não se resume ao genético, pois tem como referencial tanto o aspecto biológico como o meio. À identidade genética corresponde a dimensão da individualidade biológica do indivíduo, ao genoma de cada ser humano, é sinônimo de unicidade genética, e por isso a compreensão da identidade genética é um caminho para o conhecimento da própria identidade de pessoa.

O corpo humano está no mundo graças a um processo ordenado e autônomo de diferenciação que tende a um fim ou conclusão determinada a partir de dentro, do patrimônio genético. Em cada fase, o indivíduo constitui um todo orgânico e ativo, uma unidade de estrutura e funções cujas partes se interagem e se ajudam na manutenção e no funcionamento do todo. A integridade física é preservada por meio de uma notável capacidade de autorregeneração, e cada corpo age involuntariamente a partir de dentro para restabelecer a própria integridade, que de alguma forma conhece e deseja porque faz parte da própria natureza.

O ser humano, mesmo com a carga genética predefinida, vai além desse patrimônio, ele é muito mais do que uma combinação de informações genéticas que lhe são transmitidas pelos pais. A geração do homem nunca poderá ser limitada a uma mera reprodução de um novo indivíduo da espécie humana, como acontece com um animal qualquer. *Cada surgimento de uma pessoa no mundo é sempre uma nova criação.* "À identidade estática, ou genética, acrescentar-se-ão, desde o momento inicial da vida, outros elementos que irão modelar certa e original personalidade. A partir da concepção, estão dadas todas as possibilidades futuras que permitirão a projeção social de uma determinada personalidade."[168]

Apesar de os processos vitais acontecerem de forma ordenada, isso não significa que sejam fundamentalmente mecânicos. A explicação mecanicista não deixa espaço para a espontaneidade ou a ação individual, desconsidera a interioridade da pessoa. Em nossa compreensão antropológica, a dicotomia entre o biológico e o pessoal não é aceitável. A vida pessoal comporta também a vida biológica de tal forma que não admite separação. Mesmo na compreensão atual das diversas identidades da pessoa humana (genética, ontológica, psicológica, metafísica), elas se encontram na pessoa e estão inextricavelmente entrelaçadas.

"Esta complementariedade permite evitar o risco de um difundido reducionismo genético, propenso a identificar a pessoa exclusivamente com referência à informação genética e a suas interações com o ambiente. É necessário reafirmar que o homem

---

[168] C. F. Sessarego, *Derecho a la identidad personal*, Editorial Astrea, Buenos Aires 1992, 21.

será sempre maior do que tudo o que forma seu corpo; de fato, ele tem em si a força do pensamento, que está sempre inclinado para a verdade acerca de si e do mundo."[169] Esta concepção de unicidade indica uma exigência de respeito de toda vida humana.

Se este é o homem verdadeiramente compreendido, como, onde e quando a ciência e a técnica podem ser interpeladas para modificar sua estrutura que o qualifica como tal? Para responder, será necessário ter sempre diante de nós a concepção unitária da pessoa; o corpo, embora sendo um componente essencial, não esgota a globalidade da pessoa que se estende além, na autoconsciência de si e do que está a realizar, chegando até a formular um juízo.[170]

É importante considerar que quando falamos de patrimônio genético não estamos pensando em essencialismo genético ou determinismo genético, mas também não devemos esquecer-nos do oposto, de pensar que os genes não importam. *A existência é também vida biológica*, não podemos prescindir daquilo que também é a constituição da pessoa. Porém, com toda a evolução da engenharia genética, a biologia moderna não será capaz de explicar que coisa seja a vida em sua totalidade e complexidade, de que coisa a vida é responsável ou do que ela precisa, por isso torna-se necessário o diálogo com a filosofia, a sociologia e a teologia.

Encontrar respostas válidas para tantos questionamentos que surgem com as conquistas da bioengenharia não dependem somente da ciência, mas de uma correta antropologia, nas condições de compreender profundamente o sentido real do significado de ser humano em todas as suas dimensões. Na verdade, não podemos sequer começar a discutir uma possível condição de dignidade na condição encarnada, real, da procriação à finitude humana, se não afirmamos sua essência e seu significado também além do biológico.

Com essa visão, é possível projetar a conexão da identidade da pessoa com o patrimônio genético, a humanidade e a bioengenharia. A associação entre patrimônio genético e humanidade decorre do substrato genético comum aos seres humanos, da irrepetibilidade do genoma de cada pessoa e das informações presentes nos genes. A humanidade, como expressão da garantia da identidade genética, determina a defesa natural da identidade de pessoa. Com isso, as biotecnologias devem estar condicionadas à dignidade da pessoa e à identidade genética do ser humano, configurando as intervenções sobre o genoma deste. Assim afirma o Comitê Internacional de Bioética da UNESCO, art. 1: "O genoma humano subentende à unidade fundamental de todos os membros da família humana e também ao reconhecimento de sua dignidade e sua diversidade inerentes".

---

[169] BENTO XVI, Discurso Academia para a Vida, 22 de fevereiro de 2009, 7.
[170] Cf. R. FISICHELLA, "As novas fronteiras...", 6.

Uma apresentação das principais bases filosóficas e a concepção ético-teológica de dignidade humana

O conceito de integridade genética é compreendido em seu sentido adequado a partir da identidade biológica, que se expressa na permanência do código genético do indivíduo. Compreende-se identidade genética como a qualidade de idêntico, a persistência do ser em sua unidade por meio de suas múltiplas mudanças e determinações,[171] corresponde ao genoma de cada ser humano, que é específico para cada espécie, e as bases biológicas de sua identidade que são consideradas um bem pessoal. A identidade pessoal vem assegurada na ideia de integridade, que corresponde ao que é intangível, isto é, ao que não pode ser tocado no patrimônio genético do ser humano que deve ser respeitado.[172]

A genética tem estreita relação com os questionamentos a respeito da dignidade da pessoa humana e dos direitos fundamentais, quando tratamos das mudanças oriundas da engenharia. A dignidade humana é um valor intrínseco, genuinamente reconhecido a cada ser humano, fundado em sua condição de pessoa, tendo como base uma obrigação de respeito a tudo que lhe é próprio, com consequências práticas de deveres e direitos. Se houver direitos de construir a dignidade atribuída aos seres humanos, certamente os cuidados à identidade genética são um dos principais meios de fazê-lo, pois a razão fundamental presta cuidados e respeito pela dignidade intrínseca.

4. Concepção ético-teológica de dignidade humana

A clarificação e o uso da antropologia teológica, uma visão do que a espécie humana é e deve realmente ser, em seus diversos aspectos, tornam-se cada vez mais importantes para desenvolver um conceito de dignidade humana que considera a pessoa naquilo que ela é, criada à imagem e semelhança de Deus. Para isso, nosso desejo neste item é, a partir das conquistas científicas no campo da engenharia molecular, especificamente no que se refere à manipulação genética dos seres humanos, encontrar na antropologia-teológica os princípios para uma avaliação ético-teológica segura conforme o Magistério Católico.

Dentro da perspectiva ético-teológica de dignidade humana, a avaliação moral é feita com base numa antropologia cristã do homem criado "à imagem e semelhança de Deus" (Gn 1,26-27). É o que os teólogos, a partir da fundamentação bíblica, vêm desenvolvendo e que define o ser pessoa. Esta compreensão é a referência do dinamismo moral e permite dar qualidade teológica a nosso estudo,

---

[171] Cf. M. D. VILA-CORO, *Introducción a la biojurídica*, Universidade Complutense, Madrid 1995, 207.
[172] Cf. J. A. de O. BARACHO, "A identidade genética do ser humano: Bioconstituição: Bioética e Direito", in *Revista de Direito Constitucional e Internacional* 8/32 (2000), 90.

pois o agir humano encontra, em conformidade com o arquétipo divino, sua razão de ser e sua perfeição. Esse ensino tem sido interpretado de muitas maneiras, mas a implicação central é que os seres humanos, porque apresentam alguns aspectos divinos, possuem uma dignidade inerente e inviolável.

4.1. O mistério do homem e da mulher criados à imagem e semelhança de Deus

Imago Dei é o grande referencial na criação do homem, é o que, por certo, diferencia o homem do resto da criação. A afirmação de que o ser humano é imagem e semelhança de Deus tem gerado muitas correntes de ideias e teorias, porém não cabe a nós analisar aqui essas diferentes teorias, o que queremos é compreender uma antropologia teológica como fundamento para a dignidade da pessoa imagem e semelhança de Deus.

A doutrina da semelhança divina da pessoa é o núcleo da antropologia do Antigo Testamento, que está expressa nas passagens do Gênesis 1,26s.; 5,1.3; 9,6; Sabedoria 2,23 e Eclesiástico 17,3. Portanto, a passagem fundamental é a do Gn 1,26-31: "Deus disse: Façamos o ser humano a nossa imagem e segundo nossa semelhança. (...) Deus criou o ser humano a sua imagem, à imagem de Deus o criou. Homem e mulher ele os criou".

Diante dos resultados da exegese bíblica e da teologia do Antigo Testamento, podemos dizer que, com a expressão *imago Dei*, o autor do livro do Gênesis afirma a posição privilegiada que cabe ao homem como ponto alto e conclusivo da criação: *o homem é perfeito a ponto de assemelhar-se a seu Criador* e tem a função de representar Deus no universo cuidando da criação. "O ser humano é imagem de Deus no sentido de que, como criatura inteligente, é capaz de falar, à semelhança de Deus, uma palavra fecunda, que o torna senhor da criação."[173] A criação é uma hierarquia ordenada com um estatuto especial para os seres humanos como a única criatura feita à imagem e semelhança de Deus. É a manifestação e a revelação de Deus de uma maneira que supera toda a criação visível. A vida que Deus doa ao homem é original, diversa e superiora daquelas de outras criaturas.

Conhecemos o ser humano somente por referência a Deus, porque procede dele e se orienta para Ele como causa final. A razão da dignidade do homem, portanto, não radica nele mesmo, mas no fato de ser teomorfo, de ter uma origem e um destino di-

---

[173] B. HÄRING, *A lei de...*, 479.

Uma apresentação das principais bases filosóficas e a concepção ético-teológica de dignidade humana

vino, de ser imagem e semelhança de Deus.[174] O teólogo Karl Rahner, nos *Escritos de Teologia* com sua teologia transcendental antropocêntrica, afirma que "Deus planeja o homem de modo criador, tirando-o do nada, e o coloca em sua realidade de criatura, diferente de Deus, mas como a gramática de possível autoexpressão de Deus".[175]

Deus criou as pessoas para serem sua imagem e lhes deu condição de participação no ser divino, como afirma Moltmann: "Deus se coloca num tal relacionamento com a pessoa que esta se torna sua imagem e sua honra na terra".[176] Portanto, ao criar o homem, Deus se colocou como centro de sua essência e com isso podemos afirmar que este é o ser do homem, sua razão de ser e sua perfeição. "A realidade criada, incluso o ser humano, tem uma consistência ontológica e axiológica e é digna de respeito, porque se refere ao Criador e tem relação com Ele. Tudo o que existe encontra em Deus sua razão de ser, Ele é a referência última de cada realidade."[177] Podemos então dizer que o dado fundamental da antropologia cristã é a criaturalidade do homem. O homem é uma criatura pensada somente em relação com Deus.

O homem traz em sua essência o ser de Deus e é chamado a participar misteriosamente da vida de Deus. Conforme o teólogo Boff, "este mistério, entretanto, manifesta-se como compreensão de si mesmo e verdade de seu próprio ser; não é a inteligência que entende, é a pessoa que emerge como inteligente e portadora da verdade de si mesma. Este mistério não apenas se expressa inteligivelmente; ele também se comunica e estabelece uma comunhão de amor com o outro".[178]

Na condição de imagem de Deus o homem é expressão de Deus, colaborador dele na obra da criação, participa do senhorio de Deus e é constituído como rei e senhor, "a glória de Deus resplandece no rosto do homem".[179] O homem não é somente rei e senhor das coisas, mas também sobre a vida humana, porém não é um senhorio absoluto, mas ministerial, é reflexo concreto do senhorio único e infinito de Deus, como afirma a Pontifícia Comissão Bíblica, "ao ser humano é atribuído certo poder sobre a vida dos animais. No entanto, ele deve respeitar qualquer vida como algo de misterioso".[180]

A criação do homem à imagem e semelhança de Deus prepara seu acesso efetivo à divinização/filiação do tempo da recriação. Como Deus é espírito pessoal, a semelhança consiste na dignidade pessoal, que no homem abrange o corpo e o espírito, portanto, não leva em si a imagem divina como uma propriedade, mas ele é a própria imagem.

---

[174] Cf. F. T. ROSELLÓ, *¿Qué es la dignidad humana?...*, 323.
[175] K. RAHNER, *Escritos de teologia*, Cristiandad Ediciones, Madrid 2003, 132.
[176] J. MOLTMANN, *Deus na criação: Doutrina ecológica da criação*, Vozes, Petrópolis 1993, 318.
[177] S. CIPRESSA, *Bioetica per...*, 38.
[178] L. BOFF, *Trindade e Sociedade*, Vozes, Petrópolis 1986, 135.
[179] JOÃO PAULO II, Carta encíclica *Evangelium Vitae*, n. 35.
[180] PONTIFÍCIA COMISSÃO BÍBLICA, *Bíblia e moral: Raízes bíblicas do agir cristão*, Paulinas, São Paulo 2008, 23.

A semelhança afeta a totalidade corporal e espiritual do homem, estende-se também ao corpo, à medida que se faz visível na própria dignidade da pessoa humana. O corpo não é estranho à alma ou vice-versa, tendo em consideração que toda a pessoa, corpo e alma, de certa forma foi criada à semelhança de Deus. De fato, ser criado segundo a imagem de Deus implica em que até mesmo os aspectos mais naturais do homem, inclusive o genoma humano, derivem de Deus e lhe conferem uma dignidade singular que leva a questionar formas, motivações e objetivos das intervenções no patrimônio genético.

4.2. Sacralidade da dignidade da pessoa à luz da encarnação do Verbo de Deus

O mistério do homem criado à imagem e semelhança de Deus é interpretado à luz de Cristo, primogênito de toda a criação, como forma de cooperar na solução das principais questões de nosso tempo. "Deus, depois de ter criado o homem a sua imagem e semelhança (cf. Gn 1,26), qualificou sua criatura como muito boa (Gn 1,31) para depois assumi-la no Filho (cf. Jo 1,14). O Filho de Deus, no mistério da Encarnação, confirmou a dignidade do corpo e da alma, constitutivos do ser humano. Cristo não desdenhou a corporeidade humana, mas revelou plenamente seu significado e valor."[181]

Esta forma de compreensão não está em contraste com a dignidade da criatura que todos os homens reconhecem como racional, mas a eleva a um ulterior horizonte de vida, que é a própria vida de Deus, e permite refletir mais adequadamente sobre a vida humana e sobre os atos que a constituem. A fé cristã apresenta-se como lugar no qual se consolida a afirmação da dignidade e da sacralidade da vida humana. *A sacralidade da vida é a dimensão teológica da dignidade humana.* Não existe contradição, mas convergência na pessoa, a sacralidade da vida humana é a confirmação por Deus sobre a dignidade da pessoa. O ser sagrado é o selo de Deus sobre a dignidade. Brambilla, ao descrever a relação metodológica entre cristologia e antropologia, diz que o homem em Cristo encontra sua figura, o arquétipo na dupla dedicação de Jesus ao Pai e aos homens.[182] Somente à luz da revelação de Deus em Cristo se esclarece definitivamente o mistério da vida humana e de seu valor inviolável.

A instrução *Dignitas Personae*, ao descrever o papel de Cristo para a compreensão do mistério do homem, retomando *Gaudium et Spes* 22, parte de dois caminhos fundamentais que não se excluem, mas se entrelaçam: a criação do homem à imagem e seme-

---

[181] CONGREGAÇÃO PARA A DOUTRINA DA FÉ, Instrução *Dignitas Personae*, 7.
[182] F. G. BRAMBILLA, *Antropologia teologica*, Queriniana, Brescia 2005, 147.

Uma apresentação das principais bases filosóficas e a concepção ético-teológica de dignidade humana

lhança do Criador e a recriação em Cristo que recapitula em si toda a criação. Delineia a antropologia cristológica, ou seja, *o mistério do homem se esclarece verdadeiramente no mistério do Verbo encarnado*. Já que, nele, a natureza humana foi assumida e não destruída, por isso mesmo também em nós ela foi elevada à sublime dignidade. Em uma palavra podemos dizer que o mundo tem, pela encarnação do Verbo, a estrutura encarnada da existência humana, uma essencial importância para a humanização integral do homem.

A encarnação do Verbo revela a dimensão cristológica do homem e a possibilidade que a criatura humana tem de realizar uma comunhão filial plena e autêntica com o Pai. Portanto, o mistério da encarnação se mostra como mistério da plena humanização do homem, não em contraposição a Deus, mas em uma relação de recíproca, relação entre o homem e Deus, unidos e distintos em Cristo.[183]

Rahner afirma que "a pessoa é para o fiel imagem de Deus, reflexo de Cristo, presença ativa do Espírito etc. Deste modo, a dignidade humana recebe uma qualidade ainda mais elevada pelo fato de que o homem é chamado a associar-se com Deus imediatamente, este Deus que é, numa palavra, o absoluto e o infinito".[184] O homem é visto de forma mais existencial, mais concreta: o Verbo de Deus se fez verdadeiramente como um de nós. O sustentáculo e o trâmite de cada criação é o Cristo, o divino modelo à imagem da qual o homem foi plasmado por ser filho no Filho e viver do Filho, nosso existir como criatura humana, na unidade de corpo e alma, é por e em Cristo.

No Cristianismo, a mensagem de respeito à humanidade veio da humanidade plena e pura. O portador da mensagem não era apenas um homem temente a Deus, mas Deus se fez homem. Estamos a imitar sua perfeição. Deus está perto da humanidade, é com a humanidade e está dentro da humanidade. Cristo é visto não só como o revelador definitivo do Pai e de seu amor, mas também como o projeto realizado de Deus sobre o homem.[185]

Para descrever o sentido cristão da vida não podemos abstrair do mistério Trinitário, nem do mistério do Verbo encarnado que esclarece o mistério do homem. *O fundamento de toda a existência está em Deus, Uno e Trino.* A comunhão do Pai, do Filho e do Espírito Santo constitui a esfera dentro da qual é compreendida a vida humana, sua origem, os acontecimentos históricos e seu fim último. Esta iniciativa de Deus, tornando-se um de nós, não está em contraste com a dignidade da criatura humana racional, mas a eleva a um subsequente horizonte de vida, que é a própria vida de Deus, possibilitando mais empenho em defesa contra toda forma de agressão à dignidade da vida humana e sobre os atos que a compõem.

---

[183] Cf. P. CODA, "L'uomo nel mistero...", 183.
[184] K. RAHNER, "Anthropologie und Theologie: Christlicher Glaube", in *Moderner Gesellschaft* 24 (1981), 5-55, 158.
[185] JOÃO PAULO II, Carta encíclica *Redemptor Hominis*, Loyola, São Paulo 1979, 9;10.

4.3. Antropologia teológica

A defesa da vida pela vida, no sentido biológico, denota uma simplificação ingênua, no fundo injustificável, mas frequente. É preciso referir-se também aos valores transcendentes, ou seja, ao valor máximo que transcende qualquer outro bem temporal, e, por conseguinte, afrontar os desafios levantados pelas conquistas científicas que estão configurando uma nova compreensão de pessoa e que em certas situações representam uma ameaça contra a pessoa. Por isso, é urgente uma antropologia que ajude a enfrentar os desafios de nosso tempo em relação à vida humana, elaborando uma visão positiva, equilibrada e construtiva, sobretudo na relação entre a fé e a razão, ou seja, uma compreensão de pessoa adequadamente entendida.

O papa Bento XVI, em seu discurso aos participantes da Assembleia Geral da Pontifícia Academia para a Vida, afirma que: "As problemáticas que estão relacionadas com o tema da bioética permitem verificar quanto as questões que com ela estão implicadas põem em primeiro plano a questão antropológica".[186] E ainda na carta Encíclica *Caritas in Veritate* destaca a importância para a bioética de uma autêntica visão teológica do ser humano, que as descobertas científicas e as possibilidades de intervenção técnica parecem tão avançadas que impõem a escolha entre estas duas concepções: a da razão aberta à transcendência ou a da razão fechada na imanência.[187]

Segundo a filósofa judia Edith Stein, o fundamento de uma correta compreensão de ser humano está no fato de ser criado à imagem de Deus.[188] A semelhança divina consiste na referência essencial e permanente da pessoa a Deus como fundamento e forma de seu ser. A antropologia teológica trabalha sobre a profundidade do ser: origem e fim, riquezas e limites, aspirações e linguagem, comportamentos, mas à luz da revelação divina. Visa a conhecer o homem em sua totalidade e em suas diferentes dimensões e chegar a algo fundamental. Isto revela que o discurso antropológico da teologia deve ter um diálogo aberto com as ciências biológicas na formulação do conceito de pessoa humana, porém é teológico, o que significa a partir da revelação.

Na participação da vida de Deus, a vida do homem encontra sua plenitude de significado, porque encontra seu fundamento e seu cumprimento. A dignidade da pessoa não está ligada apenas a suas origens, a sua proveniência de Deus,

---

[186] BENTO XVI, Discurso aos participantes da Assembleia Geral da Pontifícia Academia para a Vida, 13 de fevereiro de 2010, 7.
[187] Cf. IDEM, Carta encíclica *Caritas in Veritate*, n. 74.
[188] Cf. E. STEIN, *Obras selectas*, Monte Carmelo, Burgos, 1997, 123.

Uma apresentação das principais bases filosóficas e a concepção ético-teológica de dignidade humana

mas também a seu fim, a seu destino de comunhão com a Trindade. Como afirma o documento do CELAM: "Deus criou os homens para que participássemos desta comunidade divina de amor; o Pai com seu Filho Unigênito no Espírito Santo".[189] A antropologia cristã é uma antropologia colocada sob o sinal de Cristo e do Espírito, e, por isto, uma antropologia trinitária.

A encarnação do Verbo divino em forma humana (cf. Jo 1,1-14) veio revelar a dignidade do homem e regenerá-lo com o Criador (cf. Ef 1,4-6); o ser humano é em Cristo nova criatura (2Cor 5,17; Gl 6,15). Essa novidade coloca o homem mais uma vez na condição de superior aos animais e renova seu ser e todas as suas relações existenciais, desde a relação íntima com as três pessoas divinas até a relação de comunhão com a comunidade eclesial.

É importante acenar também a dimensão pneumatológica do esboço conciliar da antropologia trinitária. A *Gaudium et Spes* dá-nos as indicações fundamentais, destaca que no Espírito a pessoa humana, unida a Cristo, pode experimentar o autotranscender-se de si no *Abba* e que o Espírito é aquele que plasma a existência da pessoa segundo o modelo cristológico de filiação. "O cristão, tornado conforme a imagem do Filho que é o primogênito entre a multidão dos irmãos, recebe as primícias do Espírito (Rm 8,23), que o tornam capaz de cumprir a lei nova do amor. Por meio desse Espírito, penhor da herança (Ef 1,14), o homem todo é renovado interiormente, até à redenção do corpo (Rm 8,23)."[190]

A compreensão da fé cristã do homem criado à imagem da Trindade e superior às outras criaturas, fazendo desta uma categoria relevante na antropologia teológica, é enfatizada por Peña ao afirmar que "o homem é um ser inevitavelmente aberto ao Tu transcendente, que lhe deu origem, que estabelece sua índole pessoal e social, que assegura sua superioridade ontológica e axiológica sobre o resto dos seres do mundo".[191] O homem, como abertura para o transcendente, é natureza espiritual, é desejo de Deus, e como tal foi criado. *Deus criou o homem dotado de razão e o destinou à graça.* Essa é a estrutura ontológica do homem. A noção de imagem atinge todo o ser humano, tanto em sua dimensão corpórea quanto espiritual, exterior e interior; todo ser humano, considerado em sua totalidade, é compreendido como imagem de Deus.

---

[189] CELAM - CONSELHO EPISCOPAL LATINO-AMERICANO, *A Evangelização no presente e no futuro da América Latina,* Conclusões da III Conferência Geral do episcopado Latino-americano, Puebla de Los Angeles, México, São Paulo 1979, 182.
[190] CONC. ECUM. VATICANO II, Constituição Pastoral *Gaudium et spes,* 22.
[191] J. L. R. de la PEÑA, *O Dom de Deus: antropologia teológica,* Vozes, Petrópolis 1996, 11.

Conclusão

Nosso entendimento de dignidade humana está baseado na compreensão de natureza e pessoa, pois existe uma relação intrínseca entre natureza, pessoa e dignidade. A pessoa humana é entendida como substância individual de natureza racional, é portadora de uma substância própria conforme sua natureza, que a faz ser o que ela é, que tem valor em si e que confere a ela uma dignidade ontológica.

Na compreensão de pessoa existe uma distinção objetiva entre dois tipos de identidade: a identidade genética e a identidade de pessoa. A primeira é resultante do fato de o indivíduo ser um organismo biológico, estudado pelas ciências biológicas e que possui um genoma específico. A segunda é resultante do fato de o indivíduo ser racional e autônomo, ter consciência própria e, por isso, ser estudado pelas ciências humanas. No entanto, a pessoa humana é esse conjunto formado pela identidade genética e de pessoa, e estão ligadas, necessariamente, à dignidade da pessoa. A dignidade humana realmente está relacionada a cada pessoa que vive além de sua existência biológica, mas não pode prescindir de sua condição corporal também em sua identidade genética. Esta unidade é a pessoa humana que existe como unidade corpórea.

Compreendendo o significado real e verdadeiro da pessoa e da normatividade dos dinamismos biológicos e que reporta à questão de liceidade das intervenções sobre o corpo humano em seus fundamentos antropológicos, percebemos que toda intervenção sobre o corpo abrange não apenas o físico, mas toda a pessoa, pois o ser pessoa humana acontece também no respeito devido a cada indivíduo humano e, portanto, a seu corpo: "Cada pessoa humana, em sua singularidade absolutamente única, está constituída não somente por espírito, mas também por seu corpo. Assim, no corpo e por meio do corpo, chega-se à pessoa mesma em sua realidade concreta. Respeitar a dignidade do homem supõe, como consequência, salvaguardar esta identidade do homem '*corpore et anima unus*'".[192]

A pessoa é o ser humano individual realmente existente, é a expressão lógica da realidade ontológica do indivíduo real. Com pessoa humana quer-se indicar tudo aquilo que é específico do homem, quanto o diferencia dos outros seres e onde se fundamentam a dignidade e o direito que existem em um indivíduo concreto. Com isso, a identificação do indivíduo de natureza humana com a pessoa humana é relevante para a bioética, enquanto explicita, em nível filosófico, os caracteres específicos já perceptíveis no nível empírico, no reconhecimento do indivíduo biológico pertencente à espécie humana.[193]

---

[192] GIOVANNI PAOLO II, Discorso ai partecipanti della 35ª Assemblea generale dell'Associazione medica mondiale, 29 ottobre 1983.
[193] Cf. R. LUCAS LUCAS, "Fondazione antropologica dei problemi bioetici", in *Gregorianum* 80 (1999), 697-758, 718.

Uma apresentação das principais bases filosóficas e a concepção ético-teológica de dignidade humana

No entanto, o homem é uma unidade substancial de racionalidade e de corporeidade. A natureza humana não pode ser limitada à dimensão biológica, mas deve ter em conta sua dimensão espiritual e vice-versa; ambas constituem de modo particular a natureza humana e são imprescindíveis para entender o homem. A identidade própria da pessoa é resultado da união substancial da biologia da geração com o sopro divino.

A questão que se desvela envolvendo conceitos como pessoa humana, dignidade humana e identidade de pessoa é consequência direta dos avanços no campo da biotecnologia, sobretudo aqueles envolvendo experimentos genéticos, e aponta um novo conflito no curso ético reconhecido pela humanidade. Portanto, nossa análise argumentativa apresentada foi para aprofundar nossa compreensão de natureza e pessoa e, a partir de então, estabelecer o que entendemos como dignidade intrínseca da pessoa, e estabelecer os critérios ético-teológicos para a avaliação das intervenções acerca do patrimônio genético da pessoa que são os ideais do período chamado pós-humanismo.

Entendemos que a bioética que se fundamenta na dignidade da pessoa humana coloca-nos uma antropologia de referência, e essa antropologia, esse personalismo ontológico, que é a base para a avaliação ético-teológica, busca entender o ser humano em sua essência, em sua natureza, em sua verdade, em sua totalidade e em sua unidade. Por isso, afirmamos que a ética cristã é ética da pessoa em sentido forte, a pessoa é realmente critério de discernimento e ponto de referência do bem e do mal moral. Assim como afirma Paul Ricouer: *"A pessoa continua o melhor candidato para afrontar as batalhas jurídicas, políticas, econômicas e sociais"*.[194] Mas qual pessoa? A pessoa considerada em sua unidade psicofísica; em sua individualidade e relacionalidade, em sua finalização transcendental. O ser humano é plenamente compreensível dentro dessa finalização transcendente. A pessoa reconhece que é parte do universo material e que o específico humano é aquilo que o transcende.

Tudo isso nos indica que o ser humano, em sua identidade de pessoa, é mais que ter um genótipo humano, significa que ele tem uma identidade de pessoa ou antropológica, tem um aspecto transcendental. Por isso é cada vez mais necessário salvaguardar a pessoa em sua totalidade, seu valor, bem como sua identidade única e irrepetível que constitui o cerne, o núcleo do direito a ser respeitado em sua excelência.

A afirmação bíblica de que os seres humanos foram criados à imagem de Deus tem sido tomada como o fundamento de igual valor para todos, ou seja, são iguais em seus direitos naturais à vida e à liberdade. Nós somos iguais uns aos outros, independente-

---

[194] P. RICOEUR, "Meurt le personnalisme, revient la personne...", in *Esprit* 1(1983), 113-119, 115.

mente de nossas diferenças em termos de excelência de vários tipos. Todos nós recebemos nossa vida, igualmente, como um dom do Criador. Com isso, o homem já não se limita à descrição dos processos biológicos, ele vai mais longe, é imagem do Criador.

O conceito de dignidade humana fundamentado na antropologia teológica é visto como um princípio fundamental nesta perspectiva bioética. Sem este princípio, seria difícil encontrar uma fonte para os direitos da pessoa e chegar a um juízo ético em relação às conquistas da ciência que intervêm diretamente na vida humana.[195] O homem é um ser responsável diante de Deus e criado para Ele, e graças a esta semelhança divina que constitui sua excelência e o diferencia fundamentalmente de todo o mundo não humano.

Para a bioética católica o valor da vida humana não deriva do que uma pessoa faz ou exprime, mas de sua própria existência como ser humano. Roselló escreve que "a pessoa é *locus theologicus*, é o único lugar no mundo visível em que podemos conhecer a Deus como espírito pessoal, porque nos remete a Deus não somente em sua existência, mas também em sua essência".[196] O filósofo Fernández del Valle define o ser humano como "um ser deiforme, porque tem a forma de Deus teofânico, porque através dele se manifesta o Deus-Outro; e teotrópico, porque é o lugar de encontro com Deus".[197] Esses traços conferem ao ser humano uma dignidade própria que vem de sua natureza de origem divina.

Diante de todo o debate bioético e jurídico acerca da manipulação genética do ser humano, somos chamados a descobrir o que nele é mais misterioso em sua dimensão ontológica e fundamentar todo um princípio de respeito à dignidade da pessoa em sua totalidade de corpo e alma. A corporeidade, a partir da perspectiva teológica, é também uma expressão de sua natureza teomórfica, ou seja, a dimensão corporal da pessoa é também concebida como *vestigium Dei*. Quer por seu grau de perfeição, de beleza ou de complexidade, é possível ver no corpo humano traços divinos.

Paulo, no contexto ético da primeira carta aos Coríntios, afirma de forma concisa que "o corpo é... para o Senhor e o Senhor para o corpo" (1Cor 6,13) e indica assim o fundamento da moral cristã sobre o corpo no sentido cristológico de nosso existir corpóreo. Portanto, a descoberta da dignidade cristológica da corporeidade tem consequências importantíssimas em nossa vida e em nosso comportamento em relação ao corpo e a suas expressões. Nossa corporeidade é a modalidade humana de viver e de gozar, de ser e de realizar-se.[198] Com tudo isso afirmamos que o critério da eticidade das intervenções se encontra na pessoa

---

[195] BENTO XVI, Assembleia Geral da Pontifícia Academia para a Vida, 13 de fevereiro de 2010, 7.
[196] F. T. ROSELLÓ, *¿Qué es la dignidad humana?...*, 330.
[197] Cf. A. B. F. del VALLE, *Meditación sobre la pena de muerte*, FCE, México 1997, 135.
[198] M. P. FAGGIONI, *La vita nelle nostre mani...*, 59.

Uma apresentação das principais bases filosóficas e a concepção ético-teológica de dignidade humana

mesma e é dado do cuidado ao bem humano autêntico e da salvaguarda dos valores humanos essenciais, inclusive os valores relacionados ao patrimônio genético da pessoa, ou seja, o que é humanamente digno.

Quando o homem não compreende mais o valor da dignidade intrínseca da pessoa humana, pode incorrer, como consequência, na gravidade das diferentes formas de atentados contra vida humana, ou seja, a vida torna-se simplesmente uma coisa, que ele reivindica como sua exclusiva propriedade, que pode plenamente dominar e manipular. E "quando se refere ao plano biológico, a Bíblia previne o ser humano de qualquer tentação de arrogar-se um poder sobre a vida, seja a própria, seja a dos outros".[199]

Conforme a encíclica *Evangelium vitae*, "o domínio conferido ao homem pelo Criador não é um poder absoluto, nem se pode falar de liberdade de 'usar e abusar', ou de dispor das coisas como melhor agrade. A limitação imposta pelo mesmo Criador, desde o princípio, e expressa simbolicamente com a proibição de 'comer o fruto da árvore' (cf. Gn 2,16-17), mostra com suficiente clareza que, nas relações com a natureza visível, nós estamos submetidos a leis, não só biológicas, mas também morais, que não podem impunemente ser transgredidas".[200] O sentido último do respeito à pessoa tem origem transcendente, ou seja, provém de uma fonte que não pertence à ordem temporal e espacial.

Em uma sociedade como a nossa, em que estamos comprometidos com a igualdade humana e seus direitos, não podemos deixar de nos preocupar com as diversas concepções de dignidade humana e não podemos desviar nosso olhar de nossos compromissos de pessoas com capacidades racionais. Em qualquer sociedade, mas certamente em uma com nossa história, temos de pensar cuidadosamente a respeito de que tipo de criatura mais alta entre os animais, porque é racional e vive em comunhão com Deus, o ser humano é e como viver melhor de forma condizente com tal condição.

A vida é um bem confiado por Deus ao homem e que requer responsabilidade no agir em relação à própria vida e à vida de outros. O critério de liceidade das intervenções é oriundo do cuidado e da responsabilidade ao bem humano, que é o bem integral da pessoa considerada como totalidade, em todas as suas dimensões e em todas as suas relações. Os seres humanos são mais que apenas seres naturais, eles desejam ser vistos, em seu particular, distintos, significativos e respeitados.

A dignidade do ser humano, enraizada na dignidade da própria vida, completa-se e fica mais alta quando nos abrimos à intimidade do Criador; funciona como um espaço reservado para uma antropologia mais rica, mais desenvolvida

---

[199] PONTIFÍCIA COMISSÃO BÍBLICA, *Bíblia e moral...*, n. 98,2.
[200] JOÃO PAULO II, Carta encíclica *Evangelium Vitae*, 42.

da natureza humana e de sua ação. A dignidade não é um conceito inútil e tem de ser salva do reducionismo inumano da ciência moderna.

A compreensão do mistério da pessoa humana, imagem e semelhança de Deus, sugere cautela acerca da experimentação científica em seres humanos, mesmo quando o fim é bom, de aliviar o sofrimento ou do avanço do conhecimento. A arrogância da ciência deve ser moderada pelo reconhecimento de que a ciência e a razão nunca serão capazes de compreender completamente as coisas mais importantes a respeito do universo e do homem.

Uma das maiores reivindicações do agir científico é o direito de pesquisar com autonomia e liberdade. O homem imagem de Deus participa da autonomia de Deus, portanto, a autonomia do homem não é absoluta, mas relativa. "Por essa razão, a investigação metódica em todos os campos do saber, quando levada a cabo de um modo verdadeiramente científico e segundo as normas morais, nunca será realmente oposta à fé, já que as realidades profanas e as da fé têm origem no mesmo Deus."[201]

Para que exista e funcione a ética da ciência e da técnica, há que se desvelarem na atividade técnica-científica as instâncias de implicação humana e suscitarem nos cientistas amplos níveis de conscientização. Somente através desses canais de conscientização e de responsabilização pode penetrar a moralidade na atividade científica-técnica. "Essa responsabilidade deve ser exercitada de um modo sábio e benévolo, imitando o domínio do próprio Deus sobre a criação."[202] Contudo, a antropologia teológica encara o ser humano na ordem histórica real, na ordem da natureza humana, da revelação e da salvação em Jesus Cristo, e se torna essencial na compreensão da pessoa e no respeito a sua dignidade.

Em suma, podemos aceitar certas características da revolução biotecnológica e reconhecer as verdades parciais da ciência moderna, mas moderados pela consciência de toda a verdade acerca do homem como misteriosa unidade do corpo, da alma racional e imagem da divindade. Com esta nossa compreensão de pessoa, queremos no próximo capítulo apresentar as diversas interferências que acontecem na natureza humana biológica. Nosso interesse é verificar de que modo a engenharia genética com suas conquistas e consequências interfere na identidade da pessoa humana, agredindo-a ou não em sua dignidade. A partir dos critérios ético-teológicos que fundamentam a bioética, apresentaremos algumas situações concretas que surgiram com os avanços da biotecnologia e como podemos avaliá-las dentro da perspectiva de dignidade humana aqui aprofundada.

---

[201] CONC. ECUM. VATICANO II, Constituição Pastoral *Gaudium et Spes,* 36.
[202] PONTIFÍCIA COMISSÃO BÍBLICA, *Bíblia e moral...,* 11,4.

III Reflexão ético-teológica sobre a manipulação genética

*N*este terceiro capítulo apresentaremos a *avaliação ético-teológica da manipulação genética e os possíveis elementos que a influenciam*. Para esta avaliação, temos como objeto as conquistas da engenharia genética, em particular a manipulação genética conforme apresentada no primeiro capítulo deste livro; traremos como princípio norteador da avaliação a dignidade humana, fundamentada nos conceitos de natureza e pessoa à luz da antropologia, da filosofia e da teologia, aprofundados no segundo capítulo do livro. Acreditamos que o apelo ao argumento da pessoa em sua dignidade parece aplicar-se a qualquer ato de modificação genética. O interesse maior é saber o quanto da manipulação genética agride ou viola a dignidade da pessoa humana em toda a sua complexidade e sacralidade.

Para efetivarmos nossa avaliação é importante conhecermos, *além dos objetivos buscados e o resultado final a ser conquistado, o modo e o tipo de intervenção sobre o genoma humano*, pois sabemos que "os motivos, os fins e os meios do potenciamento como intenção primeira são moralmente variáveis".[1] Compreendemos que estas modalidades, o modo e o tipo de intervenção, agem diretamente sobre o patrimônio genético da pessoa de tal forma que podem alterar a identidade genética e, consequentemente, a integridade do genoma humano.

Os atos específicos da manipulação genética devem ser objeto de avaliação, pois a moralidade das intervenções genéticas não depende apenas da sinceridade da intenção e da apreciação dos motivos; deve também determinar-se por critérios objetivos, tomados da natureza da pessoa e de seus atos; critérios que respeitem a integridade do genoma humano, a identidade e a dignidade da pessoa.

As questões fundamentais sobre as quais queremos indagar são se certas formas de intervenção genética alterariam ou não a identidade qualitativa da pessoa e/ou dos futuros indivíduos, o grau de alteração (a proporção da constituição ge-

---

[1] E. PELLEGRINO, "Oltre la terapia: è lecito il potenziamento umano?", in J. THAM, & M. LOSITO (a cura di), *Bioetica al futuro...*, 228.

nética) e que características são alteradas. Daqui surgem algumas perguntas: Qual o grau de invasão sobre o patrimônio genético da pessoa é permissível e quais características podem ser melhoradas ou alteradas? Qual o limite entre intervenção terapêutica e de aprimoramento? Como estabelecer as fronteiras entre tipos de ações que são aceitáveis ou permitidas e tipos de ações que não são permitidas? Toda intervenção que envolve o genoma humano reflete sobre sua identidade e integridade? Quando tais intervenções agridem a dignidade da pessoa? Produzir o pós-humano é agredir a dignidade da pessoa?

Para nos auxiliar nesta avaliação, além dos conceitos aprofundados no segundo capítulo do livro, iremos, num primeiro momento, desenvolver os princípios da prudência, da justiça, da responsabilidade e da temperança, pois entendemos que esses princípios estão relacionados com a dignidade humana e a ela estão condicionados, além disso, são essenciais para a conservação e realização da vida humana.

Estamos conscientes de que existem princípios a partir da fé cristã que contribuem para a avaliação ética das conquistas biogenéticas e aplicações de resultados referentes à manipulação genética e suas consequências para a pessoa em particular e a sociedade em geral. Esses princípios dizem respeito particularmente aos valores antropológicos e teológicos ali implicados; ao tratamento devido aos seres humanos e às questões relacionadas com a aplicação dos resultados das ações em questão.

É nosso desejo apresentar uma proposta de ação que se fundamenta nos princípios ético-teológicos da dignidade da pessoa humana e que nos fornecem dados para então avaliarmos as conquistas apresentadas pelas novas biotecnologias, principalmente no que se refere à manipulação genética. *Apontamos para a categoria dignidade da pessoa humana criada à imagem e semelhança de Deus, como princípio de intervenção ética que indica em que direção devemos conduzir as biotecnologias.* Ela identifica e incorpora a percepção da pessoa como uma totalidade na qual estão articuladas as dimensões física, racional e espiritual.

Por fim, iremos avaliar três situações específicas como resultados da engenharia genética: duas relacionadas diretamente com desempenho superior, o doping genético nas competições esportivas e o tema das crianças projetadas; e uma terceira mais ligada com o desejo de prolongar a vida e com a saúde, o retardamento do processo de envelhecimento ou a senescência. Escolhemos estes casos concretos por acharmos que hoje são os que estão mais presentes nos desejos dos cientistas e da sociedade em geral.

Reflexão ético-teológica sobre a manipulação genética

1. Desafios diante dos grandes dilemas éticos

A verdadeira responsabilidade no uso das tecnologias se constitui em sua utilização para o bem e o ético. Elaborar uma concepção ontológica e ética da vida da pessoa é essencial para a consciência moral e indispensável na compreensão dos elementos éticos envolvidos. Com isso afirmamos que existem bens intrínsecos ao ser e estes bens são valores em si mesmos, ou seja, a pessoa tem dignidade em si mesma.

Os avanços alcançados pelos desenvolvimentos científico e tecnológico nos campos da biologia e da saúde, principalmente nos últimos anos, têm colocado a humanidade diante de situações conflitantes e até pouco tempo inimagináveis. Se, por um lado, todas essas conquistas suscitam renovadas esperanças de melhoria da saúde e da qualidade de vida, por outro, criam uma série de desafios que necessitam ser analisados eticamente com a finalidade de um futuro equilíbrio, a preservação e o bem-estar da humanidade e de toda espécie de vida no planeta.

Afirmamos anteriormente que as consequências da engenharia genética não apresentam efeitos somente em âmbito individual, mas também no âmbito social, e que precisam ser avaliadas com responsabilidade. Para isso, bioeticistas acenam para a necessária observância dos princípios orientadores da bioética, como os princípios da prudência, da justiça e da responsabilidade, sob pena, nos casos previstos de manipulações genéticas em humanos, de severas consequências para a humanidade, pois a falta de princípios éticos impede o respeito pela dignidade do outro como parte da responsabilidade moral. "A dignidade humana devidamente concebida pode ajudar-nos a fazer escolhas que moldarão o futuro no qual as coisas fundamentais ainda se aplicam."[2]

O uso de princípios como forma de reflexão é uma abordagem extremamente utilizada na bioética e tem como objetivo ocupar-se dos deveres do ser humano para com o outro e de todos para com a humanidade. A bioética como disciplina normativa estabelece os princípios, regras e valores que devem regular a ação humana, tendo em vista a proteção da pessoa.

Neste item iremos desenvolver quatro princípios: da prudência, da justiça, da responsabilidade e da temperança, que julgamos essenciais na construção de uma ética mundial de preservação da vida. O valor fundamental é a dignidade do ser humano que precisa ser preservada, pois o fim da natureza é a vida mesma. Escolhemos esses princípios por estarem vinculados à exigência incondicional de proteção à vida, são constitutivos da dignidade da pessoa e nos quais encontram

---

[2] C. RUBIN, "Human Dignity and the Future of Man...", 170.

referências, por isso estão condicionados a ela e ligados à realização da vida humana. A palavra princípio indica que existe um ponto de partida e o fundamento de um processo que sustenta uma ação. É uma forma de reflexão para regular a ação humana e proteger a humanidade.

Acreditamos que os princípios éticos aqui escolhidos orientam e fundamentam a conduta moral, pois são assumidos como os mais adequados para proteger a pessoa humana de toda intervenção em seu patrimônio genético que agride sua dignidade.

1.1. Princípio da prudência ou precaução

No mito de Ícaro, da mitologia grega, Dédalo confecciona dois pares de asas, um para si e outro para Ícaro, seu filho, feitas de penas e cera, para que possam fugir do labirinto onde foram aprisionados. Ícaro fora advertido por seu pai para não voar tão rente ao sol, pois o calor derreteria a cera, nem tão rente ao mar, pois a umidade deixaria as asas mais pesadas, levando-o a cair no mar. O filho, no entanto, possivelmente inebriado pelas novas potencialidades fornecidas por seu novo aparato, aproximou-se demais do sol, ocasionando o derretimento da cera e sua queda no mar.

Em 1924, o filósofo inglês Bertrand Russell publicou o ensaio *Icarus: or the future of science*, em que analisava as consequências da ciência de seu tempo realizando projeções para o futuro. Nele se lê: "Ícaro, que aprendeu a voar com seu pai Dédalo, foi destruído por sua imprudência".[3] Analogamente, esse mito tem muito a nos dizer a respeito dos novos paradigmas advindos da relação do homem no mundo com o advento da tecnologia, que evolui de forma cada vez mais rápida.

Verificamos em diversos dicionários que as palavras prudência, precaução e cautela são de origem latina e designam a ação que nos faz prever e evitar inconvenientes, dificuldades ou danos. Existem um ponto de partida e o fundamento de um processo. Partimos de um pressuposto de que precisamos ter prudência e que esta tem seus próprios fundamentos, e que estão enraizados na ação ética da pessoa.

Atualmente, no campo do direito e da bioética, a expressão *princípio da prudência* está tornando-se cada vez mais usual e de grande interesse na comunidade internacional, principalmente como uma preocupação. Foi proposto formalmente na Conferência RIO-92, no artigo 15 da *Declaração do Rio sobre Meio Ambiente e Desenvolvimento*:[4] "O princípio da precaução é a garantia contra os riscos potenciais

---

[3] B. Russell, *Icarus: or The Future of Science*, Kegan Paul, Trench & Trubner, London 1924.
[4] United Nations, "Report of the United Nations Conference on Environment and Development: Rio Declaration on Environment and Development", Rio de Janeiro, 1992. Princípio 15, in http://www.un.org/documents/ga/conf151/ aconf15126-1annex1. htm (02/12/2010).

que, de acordo com o estado atual do conhecimento, não podem ser ainda identifica-dos". Segundo esse princípio, "na ausência da certeza científica formal, a existência de um risco, de um dano sério ou irreversível, requer a implementação de medidas que possam prever este dano". Esta definição invoca as noções de "certeza científica" e de "risco potencial"[5] e une diferentes segmentos da sociedade com o intuito de ga-rantir o desenvolvimento das pesquisas científicas, mas sempre de maneira cautelosa.

A ideia moderna de responsabilidade leva o homem a ser prudente em seus comportamentos, é a segurança que dá às obrigações morais a forma de ética e transforma o princípio de responsabilidade em precaução, ou seja, numa ciência capaz de sempre melhor controlar os riscos que está provocando a afirmação do novo paradigma, o da segurança.

Diante dessas preocupações e em busca da ética na era da técnica, Hans Jonas apresentou, entre outras, as seguintes proposições: 1. Toda ação deve trans-formar-se em lei universal. 2. Todo semelhante deve ser tratado como um fim em si e não como um meio. 3. Os efeitos da ação devem ser compatíveis com a permanência da vida humana genuína. 4. Nenhuma condição de continuação indefinida da humanidade na terra deve ser comprometida. Em resumo, "uma vez que é nada menos que a própria natureza que está em causa, a prudência torna-se, por si só, nosso primeiro dever ético. Em outras palavras, aquilo que devemos evitar a todo custo deve ser determinado por aquilo que devemos preservar a qualquer preço".[6] São argumentos não fracos, e dada a relevância do bem que está em jogo, a própria humanidade, e as dúvidas razoáveis a respeito dos perigos que estas intervenções poderiam conduzir, será necessário aplicar com determinação e certeza o princípio da precaução.

Escreve o professor Del Missier: "A partir do momento em que a vida hu-mana é sempre um bem original e irrepetível, que deve ser defendida em sua singularidade e sua integridade, também biológica e genética, as biotecnologias devem ser empregadas sempre na perspectiva da *promoção da pessoa*, e, onde novas promessas de recursos terapêuticos apresentam riscos significativos para os pacientes, exige-se uma prudente aplicação do princípio da precaução, por meio do qual se realizam o serviço e a proteção devidos ao ser humano".[7] Nisto consiste a implantação de procedimentos ou medidas que efetivamente assegu-rem a execução da atividade biotecnológica dentro de condições suficientemente necessárias à prevenção do potencial risco de dano já previsto e dimensionado.

---

[5] C. A. POSSAS & R. L. MINARÉ, "O princípio ético da prudência ou precaução na engenharia genética: implicações para a saúde humana e o meio ambiente", in *Parcerias Estratégias*, 16 (2002), 183-191, 185.

[6] V. GARRAFA, "Crítica bioética…", 114.

[7] G. DEL MISSIER, "*Dignitas Personae*. Logica della tecnologia e logica della persona", in *Studia Moralia* 47/2 (2009), 361-385, 364.

Diante do imperativo tecnocientífico imposto pelas biotecnologias, precisamos apresentar o imperativo ético da precaução de como usar o conhecimento científico. Nesta perspectiva, *o ser humano continua a agir a favor da humanidade* no exercício da responsabilidade criativa que preserva a dignidade humana e é fator de construção de um mundo mais saudável e de um ser humano mais realizado. Reconhecer a existência da possibilidade da ocorrência de danos e a necessidade de sua avaliação com base nos conhecimentos já disponíveis é o grande desafio que está sendo posto a toda comunidade científica mundial.

Nenhum agente biológico é capaz o suficiente de alcançar grandes mudanças no corpo ou na mente e que seja totalmente seguro e sem efeitos colaterais. O custo não intencional de buscar músculos mais fortes e desempenho superior por meio de drogas ou pela engenharia genética poderia muito bem ser o dano físico (ou mental). Os efeitos colaterais são por agora incertos, por isso é necessária a máxima prudência.

O indivíduo depende dos outros para viver uma plena e próspera vida humana. Sua identidade está inserida em uma rede de relações próximas e distantes, nos sentidos vertical e horizontal, e, em conjunto, todos necessitamos de proteção. No entanto, descobrir quais efeitos sobre as pessoas em particular e sobre a humanidade em geral, agora e no futuro, sobre os quais os cientistas sociais deveriam investigar exige reflexão prévia e cuidadosa análise dos resultados possíveis e seus prováveis significados para o ser humano. E, apesar da falta de conhecimento prévio, somos obrigados a abordar essas questões biotecnológicas e éticas com o melhor de nossas habilidades se quisermos agir de forma responsável em relação ao futuro biotecnológico, para que possamos ser, indiscriminadamente, construtores de uma sociedade responsável.

Mas se, por outro lado, as intervenções funcionam bem e são de fato muito desejadas, as pessoas aceitam livremente, mesmo com os riscos consideráveis de saúde corporal ou psíquica por causa de algumas vantagens atuais. Para estes, a maior questão ética tem pouco a ver com a prudência, a mais básica está relacionada não com os riscos associados com as técnicas, mas com os benefícios e malefícios do uso dos poderes de aperfeiçoamento, assumindo que tais intervenções genéticas podem ser usadas com segurança.

O que é permitido livre e amplamente utilizado pode, sob certas circunstâncias, tornar-se praticamente obrigatório. E, como sugere fortemente Huxley em seu *Admirável Mundo Novo,* quando os poderes biotecnológicos estão disponíveis para satisfazer os desejos em curto prazo ou para produzir contentamento fácil, o caráter do ser humano muda profundamente e o desejo de excelência humana desvanece.

Reflexão ético-teológica sobre a manipulação genética

O corpo e a mente humana altamente complexos e delicadamente equilibrados, como resultado de eras de evolução gradual e exigentes, estão certamente em risco de qualquer tentativa mal elaborada de melhoria. Não é apenas uma questão de consequências não intencionais, existe também a questão dos objetivos incertos e ausentes nas normas naturais, uma vez que a intenção é além da terapia.

Como em todas as intervenções biomédicas existe a preocupação ética com os riscos de danos corporais sofridos pelos sujeitos aos procedimentos envolvidos na seleção e na manipulação genética, desse modo, o *princípio de precaução* não se compraz apenas com a caracterização do dano a ser compensado, pois ele abriga a convicção de que existem comportamentos que devem ser proibidos, sancionados e punidos. Com isso, implica a obrigação dos poderes públicos e, portanto, do Estado, de garantir as pesquisas científicas e, ao mesmo tempo, que cada ser humano não venha influenciado, quanto à origem, ao crescimento e ao genótipo, por uma intervenção externa, que este ser humano seja livre de práticas manipulativas capazes de impedir o desenvolvimento da pessoa que constitui o direito necessário e a garantia de uma livre e natural evolução do homem quanto a suas dimensões corporal e temporal.[8] O princípio da precaução não deve constituir barreira à pesquisa científica e às atividades que envolvem a manipulação de organismos vivos. É uma proposta atual e necessária como forma de resguardar os legítimos interesses de cada pessoa em particular e da sociedade como um todo.

1.2. Princípio da justiça e Doutrina Social da Igreja

Neste tópico iremos analisar o princípio da justiça na manipulação genética tomando duas direções. A primeira está relacionada ao acesso da sociedade às conquistas da engenharia genética, apresentaremos a contribuição da *Doutrina Social da Igreja* (DSI) para afrontar todo tipo de injustiça; e a segunda consistirá na análise de um cenário onde a engenharia genética pode dividir a sociedade entre os "geneticamente enriquecidos ou melhorados" e os "naturais", o que poderia aumentar ainda mais a desigualdade social, um tema ainda conflituoso na sociedade mundial.

A destinação adequada dos recursos biotecnológicos e farmacêuticos tornou-se uma questão de grande controvérsia em bioética, com implicações significativas para nossa sociedade. Muitas preocupações têm sido levantadas sobre a segurança

---

[8] Cf. F. D'AGOSTINO, "La bioetica, le biotecnologie e il problema dell'identità della persona", in *Bioetica nella prospettiva della filosofia del diritto*, Giappichelli, Torino 1998, 200.

das técnicas utilizadas e sobre a possibilidade de acesso aos benefícios, se serão distribuídos de forma justa. Justiça surge da necessidade de equilibrar as exigências do princípio da precaução e da responsabilidade, como expressão da justiça distributiva, entendida como a distribuição justa, equitativa e apropriada na sociedade, de acordo com normas que estruturam os termos da cooperação social.[9]

Precisamos acentuar que "alguns dos principais pesquisadores do mundo estão começando a levantar inquietantes questões sobre o futuro, no que diz respeito ao enfoque dos descobrimentos como um bem comum ou como um privilégio para poucos",[10] isto revela que a democratização das conquistas científicas com o direito de todos se beneficiarem é um dos pontos cruciais a serem debatidos com os avanços das biotecnologias. A utilização dos benefícios da ciência tem de ter uma ética que atenda às necessidades de toda a sociedade. Não estamos afirmando que se eliminarmos os problemas relacionados com a justiça distributiva e tomarmos todas as precauções possíveis, a ação seja ética e por isso passiva de ser concretizada.

Justiça pode ser compreendida como o dever ético de tratar cada pessoa de acordo com o que é moralmente certo e adequado, dar a cada pessoa o que é devido. Na ética das conquistas científicas envolvendo seres humanos, o princípio refere-se primariamente à justiça distributiva, que exige a distribuição equânime dos benefícios da participação na pesquisa.

São reconhecidas a autonomia e a liberdade para pesquisar, e o quanto isto é essencial para a investigação desenvolver-se, o que é essencial para a descoberta. A liberdade de inventar e de mercado é essencial para o avanço tecnológico, portanto, uma pesquisa que não é pautada por uma ética perde em sua competência e como tal merece ser avaliada e julgada.

> Neste sentido, poder-se-ia dizer que princípios como autonomia e justiça em bioética são subsidiários à dignidade humana. Eles próprios, antes do encontro com aplicações específicas, prestam-se a indicações éticas ainda genéricas, também chamadas de parenéticas ou exortativas. Estas remetem sempre a uma identificação mais especificada na prática. Assim, as proposições "proceda-se com toda a justiça" e "respeite-se sempre a autonomia dos sujeitos" são proposições parenéticas que requerem explicitar o que concretamente significa "proceder com justiça" e "respeitar a autonomia", nas diferentes situações e práticas.[11]

Os seres humanos podem desenvolver e exercitar o senso de justiça pela própria condição de seres racionais. A capacidade de senso de justiça é caracteristicamente humana, portanto, ser justo com o homem é viver de um modo distinta-

---

[9] Cf. T. L. BEAUCHAMP & J. F. CHILDRESS, Principles of Biomedical Ethics, Oxford University Press, Oxford 1994.
[10] V. GARRAFA, "Bioética, Saúde e cidadania", in *O mundo da saúde,* 23/5 (1999), 263-269, 267.
[11] M. F. dos ANJOS, *"Dignidade humana..."*

III Reflexão ético-teológica sobre a manipulação genética

mente humano e ter a possibilidade de fazer o bem. Uma vida em que alguém não tem a capacidade de raciocinar acerca da justiça é uma vida carente de dignidade humana, pelo menos neste ponto.

A experimentação científica levanta questionamentos sérios quanto aos custos das pesquisas, que muitas vezes são retirados da exploração de uma sociedade marcada por pobreza e discriminação. Afirmamos que "a desigualdade socioeconômica é refletida no paradoxo em que a tecnologia médica mais avançada convive com os fracassos dos serviços de saúde pública. Dentro de uma sociedade que caminha para a genetocracia, os despossuídos e desprotegidos deveriam lutar por direitos genéticos".[12]

Alastair Campbell, presidente da *International Association of Bioethics,*[13] quando visitou o Brasil em 1998, afirmou que o maior desafio para a bioética será encontrar uma forma mais adequada de justa distribuição de recursos de saúde, numa situação crescente de competitividade. Segundo ele, é indispensável fugirmos do debate reducionista voltado exclusivamente para os direitos individuais, preocupando-nos, além do problema mais básico da exclusão social aos novos benefícios, com o resgate de conceitos mais abrangentes relacionados à dignidade da vida humana, sua duração, o valor da diversidade na sociedade humana e, especialmente, a necessidade de se evitarem formas de determinismo genético.

O *dever de justiça* na participação dos bens da medicina está baseado no respeito pela dignidade intrínseca, traz consigo uma noção de igualdade radical de todos os seres humanos. É urgente raciocinar coletivamente acerca de se estamos conduzindo as biotecnologias de forma justa, de acordo com aquilo que nossos próprios direitos básicos exigem, e se as condições sob as quais vivemos são justas. E se somos capazes de desenvolver e exercitar o senso de justiça na participação de todos nas conquistas obtidas a partir da engenharia genética.

A questão da *justiça distributiva* é um fator importante especialmente se existem disparidades sistêmicas entre aqueles que terão e aqueles que não terão acesso aos poderes de melhoria biotecnológica. Se esses recursos biotecnológicos forem possíveis, podemos enfrentar situações graves de injustiças no jogo da vida, especialmente se as pessoas que precisam de determinados produtos para o tratamento de doença grave não podem obtê-los, ao passo que outras pessoas possam apreciá-los, e que não se encontram em situação de urgência, ou mesmo para ações eticamente questionadas, como o potenciamento do corpo ou da mente simplesmente

---

[12] L. A. de Mattos, "Reprodução humana assistida: valoração ético-teológica na perspectiva dos excluídos", in *Revista Cultura Teológica* 34 (2001), 31-49, 36.
[13] Cf. A. Campbell, "A bioética no século XXI, São Paulo", in *Saúde Heliópolis* 3/9 (1998), 9-11.

Ética Cristã e Pós-humanismo

por vaidade ou para exercer certa superioridade. Tal atitude se torna ainda mais agravante à medida que diz respeito a gastar dinheiro e mão de obra em objetivos, além da terapia com uma má alocação de recursos limitados em um mundo onde as necessidades básicas de saúde de milhões de pessoas não são atendidas.

É somente por meio da justiça, associada à ética da responsabilidade (individual e pública), que os povos conseguirão tornar realidade o direito à saúde. "A equidade, ou seja, o reconhecimento de necessidades diferentes, de sujeitos também diferentes, para atingir direitos iguais, é o caminho da ética prática em face da realização dos direitos humanos universais, entre eles o do direito à vida, representado neste contexto pela possibilidade de acesso à saúde."[14] O princípio moral da justiça deve ser inspirador na formulação da ética social como "aspiração à igualdade".[15]

A Doutrina Social da Igreja é hoje uma grande ajuda na reflexão ético-teológica na distribuição de recursos. O documento final de Puebla definiu o ensino ou a DSI como "um conjunto de orientações doutrinais e critérios de ação (...) que têm sua fonte na Sagrada Escritura, na doutrina dos Santos Padres e dos grandes teólogos da Igreja e no Magistério, especialmente dos últimos papas".[16]

Torna-se cada vez mais evidente que o desenvolvimento científico e os avanços tecnológicos não poderão estar a serviço do bem comum em sociedades exploradoras e opressoras. Para estar a serviço da humanidade, a modernidade científica e tecnológica coloca, paradoxalmente, a exigência da construção de um mundo onde a justiça social, a equidade entre todos, seja o referencial para a bioética social e onde este alto custo das biotecnologias não venha a beneficiar apenas um grupo privilegiado economicamente.

Os princípios teológicos devem orientar a ciência para a justa participação de toda a sociedade nos benefícios conquistados pela biotecnologia. Princípios como a centralidade da pessoa humana em todo o projeto humano, micro e macrossocial; a solidariedade universal, que exclui todas as formas de individualismo social e político; e o princípio de subsidiariedade, que protege a liberdade, a privacidade e criatividade das pessoas, das famílias e da sociedade.[17]

A teologia moral contribui nas questões bioéticas que envolvem o comportamento humano à luz da fé. Temas como a solidariedade, acesso às conquistas científicas, alocação de recursos e justiça social fazem parte constante da reflexão teológica e, por isso, podem iluminar a bioética. Uma das contribuições mais

---

[14] V. GARRAFA & G. D. OSELKA, "Saúde pública, bioética e equidade", in *Bioética* 5/1 (1997), 27-33, 30.
[15] PAULO VI, Carta Apostólica *Octogesima Adveniens*, Paulus, São Paulo 1997, 22.
[16] CELAM - CONSELHO EPISCOPAL LATINO-AMERICANO, *A Evangelização...*, 159.
[17] Cf. E. G. RIVAS, "Cem anos de Doutrina Social da Igreja: aproximação histórica e ensaio de síntese", in F. IVERN & M. C. L. BINGEMER, *Doutrina Social da Igreja e Teologia da libertação*, Loyola, São Paulo 1994, 27.

III Reflexão ético-teológica sobre a manipulação genética

vigorosas da teologia para a bioética é certamente o desenvolvimento de uma mística pela qual o semelhante é visto com amor, então as desigualdades tornam--se um clamor.

A bioética contemporânea, nas palavras de Anjos, "é aquela que recupera a capacidade de indignação diante dos contrastes que estamos habituados a ver sem solução. O amor que a impulsiona busca eficácia de transformação social".[18] "Poder--se-ia afirmar que a moral deve estabelecer os fins da atividade científica. Depois a ciência determinará os meios eficazes para alcançar tais fins, e, por último, a moral deverá intervir de novo para decidir quais desses meios eficazes são também meios legítimos. Portanto, a DSI não é pensada exclusivamente para ser doutrina, mas para ser levada à prática."[19] Podemos ser cidadãos de pleno direito, mutuamente reconhecendo nossos direitos e responsabilidades individuais fraternas.

Este é o princípio que deve guiar a práxis cristã. A superação de uma prática individualista para a "justiça e a equidade",[20] vinculada à "caridade",[21] numa visão totalmente "humanista", como foi apresentada por João Paulo II,[22] em contraste com toda a visão em que o lucro pela exploração da pessoa humana é colocado em primeiro lugar. Na carta encíclica *Populorum Progressio*,[23] afirma a primazia da pessoa humana considerada como fim de todo o desenvolvimento científico, por meio do princípio da solidariedade. Afirma a respeito de um humanismo que caminha ao Absoluto: "tal é o verdadeiro e pleno humanismo que se há de promover".

Torna-se hoje tanto mais necessário e urgente propor os valores de um humanismo integral, baseado no reconhecimento da verdadeira dignidade e dos direitos do homem, aberto à solidariedade cultural, social e econômica entre pessoas, grupos e nações, na consciência de que uma mesma vocação busca a realização de toda a humanidade em sua dignidade. Significa para uma sociedade distribuir recursos em saúde com justiça, isto parece tornar a dignidade um conceito útil.

Como expressamos no início, outra direção do princípio da justiça, que é de nosso interesse neste trabalho, consiste em evitar a divisão provocada pelas biotecnologias entre os "naturais" e os "melhorados". A constituição genética dos indivíduos, diversa por natureza, pode ser objeto não somente de diferenciação ou individualidade, mas também de injustiça genética, a chamada "discriminação genética", que se traduz em injustiça social.

---

[18] M. F. dos ANJOS, "Bioética nas desigualdades sociais", in V. GARRAFA & S. F. I. COSTA (org.), *A bioética no século XXI*, Editora Universidade de Brasília, Brasília 2000, 62.

[19] L. GONZÁLEZ-CARVAJAL, "Doutrina Social da Igreja", in M. VIDAL, et al, *Ética teológica...*, 608.

[20] JOÃO XXIII, Carta encíclica *Mater et Magistra*, 21;24;33;75;77.

[21] PAULO VI, Carta encíclica *Populorum Progressio*, 22.

[22] JOÃO PAULO II, Carta encíclica *Sollicitudo Rei Socialis*, 34.

[23] PAULO VI, Carta encíclica *Populorum Progressio*, 14; 42.

Ética Cristã e Pós-humanismo

A preocupação com o acesso desigual às conquistas biotecnológicas é, de fato, uma preocupação com a incapacidade do economicamente pobre para a prática da discriminação contra o geneticamente pobre. A utilização dos diagnósticos genéticos preditivos pode promover a produção de um novo grupo de indivíduos, ou seja, "indivíduos que não são propriamente enfermos, porém começam a ser discriminados antes mesmo que se manifeste seu genótipo".[24]

Obviamente, somente os detentores do poder econômico teriam acesso ao mercado de melhoramento genético e aqueles já considerados socioeconomicamente privilegiados seriam então os geneticamente valorizados, promovendo o que chamamos de castas genéticas ou movimento de eugenia. *Os indivíduos seriam classificados em função de seu patrimônio genético*, estabelecendo-se hierarquias sociais, o que suporia uma redução da cidadania. Por isso, uma objeção óbvia à utilização de tecnologias de aperfeiçoamento, especialmente por parte dos participantes em atividades competitivas, pois elas dão àqueles que as utilizam uma vantagem injusta. O mesmo acontece em concursos ou vestibulares nos quais os intelectualmente aprimorados encontram-se em situação de vantagem e assim por diante.

Considerar o princípio da *justiça na perspectiva de Habermas* é interessante a partir do momento em que compreendemos as alterações causadas na pessoa com as intervenções genéticas. Habermas parte do pressuposto de que antes ou longe da engenharia genética havia ou há simetria entre progenitores e seus descendentes. Essa simetria é entendida como igual responsabilidade e estaria quebrada pela intervenção genética unilateral dos progenitores no organismo embrionário de seus filhos. Ao tomar uma decisão irreversível em relação à constituição genética dos próprios descendentes, os progenitores limitam definitivamente a simetria moral existente entre pessoas livres e iguais. Escreve: "Com a decisão irreversível que uma pessoa toma em relação à constituição natural de outra, surge uma relação interpessoal desconhecida até o presente momento. À medida que um indivíduo toma no lugar de outro uma decisão irreversível, interferindo profundamente na constituição orgânica do segundo, a simetria da responsabilidade, em princípio existente entre pessoas livres e iguais, torna-se limitada".[25]

Para que a simetria aconteça é preciso igualdade de oportunidades (baseada também na inteireza do patrimônio genético humano) para todos os participantes da comunicação. Ao passo que o aprimoramento genético coloca estes em posição diferente, ou mesmo acima, não estabelecendo o diálogo entre iguais, impossibilitando a ética comunicativa. Para Habermas, as alterações genéticas

---

[24] J. BLÁZQUEZ RUIZ, "Derechos humanos y eugenia", in C. M. ROMEO CASABONA (ed.), *La Eugenia hoy*, Comares, Granada 1999, 169.
[25] J. HABERMAS, *O Futuro da Natureza Humana...*, 20.

realizadas no intuito de melhorar a performance do indivíduo podem transformar nossa constituição como seres humanos, nossa identidade de pessoas iguais, o que para ele é o "fundamento normativo das relações sociais".[26]

Uma sociedade estratificada e cada vez mais desigual proporcionada pelos adicionais oferecidos pela biotecnologia pode ampliar as lacunas entre os poucos privilegiados e os muitos não privilegiados. Pode provocar uma sociedade egoísta de pessoas cada vez mais fechadas em suas satisfações pessoais e das pessoas próximas, com pouca ou nenhuma preocupação para com o outro, o diferente e para com a próxima geração; sem interesses pelo bem comum, uma sociedade de conformistas sociais, mas com gostos superficiais, entregues à moda, aos cosméticos e às atividades triviais, ou mesmo uma sociedade de indivíduos radicalmente competitivos, envolvidos em uma cena de lutas, sempre para chegar à frente, utilizando as mais recentes intervenções biotecnológicas, tanto para um melhor desempenho ou para lidar com a insatisfação psíquica.

As características genéticas de uma pessoa não podem provocar qualquer tipo de discriminação. O direito à não discriminação se traduz no direito fundamental à igualdade. Devemos proteger a sociedade contra as ações da engenharia genética que criam grupos dos desfavorecidos promovendo a injustiça genética ou a eugenia. A engenharia genética não pode promover a injustiça genética aumentando o nível de separação entre as pessoas.[27]

1.3. Princípio da responsabilidade

O tema aqui proposto tem por objetivo relacionar a ética da responsabilidade com o futuro do ser humano e da humanidade, pois sem uma reflexão da realidade não podemos criar uma consciência moral. Trata-se aqui de ética de fronteira ligada às tecnologias, sobretudo às biotecnologias com possibilidades de manipular a natureza biológica humana, pois os avanços da engenharia genética trouxeram novas reflexões para a ética atual com responsabilidade para com as gerações futuras.

---

[26] IDEM, & J. RATZINGER, *Dialectics of Secularization*: On Reason and Religion, Ignatius Press, California 2006, 46-47. (N.E.: *Dialética da Secularização*. Sobre Razão e Religião. Ideias & Letras, Aparecida, 2007, 27, 33.)

[27] No Brasil foi estabelecida a política de cotas nas universidades públicas brasileiras, ou seja, cotas para o ingresso de negros em universidades. Conforme os idealizadores e defensores, o sistema de cotas raciais nas universidades públicas brasileiras, adotado como política social de desenvolvimento, como políticas afirmativas, é uma tentativa para diminuir as diferenças sociais existentes entre brancos e negros, causadas pelo sistema escravagista dos séculos XVIII e XIX. Existe um grande debate em torno dessa decisão com muitos prós e contras. Não queremos discutir aqui o mérito da questão, não temos espaço nem condições para tal. Nossa intenção é levantar a possibilidade de que, no futuro, governos tenham que estabelecer leis de justiça social também na tentativa de corrigir uma injustiça praticada pelas biotecnologias ao longo da história contra os não melhorados, ou seja, os humanos.

Ética Cristã e Pós-humanismo

Por meio das ciências da vida compreendemos de fato o que nos faz diferentes dos outros animais, em formas moralmente relevantes. Nós somos a única espécie com linguagem, arte e música, religião, humor, habilidades para imaginar o tempo antes de nosso nascimento e depois de nossa morte, com a capacidade de planejar projetos que levam séculos para se desdobrarem, capacidade para criar, defender, rever e viver por códigos morais de conduta, capaz de solidarizar-se com o outro e, também, capaz de promover a guerra em escala mundial.

O ser humano apresenta a *capacidade de enxergar o futuro, prever consequências, criar cultura* e, com isso, proporcionar a continuidade para outros que virão. Tudo isso e ainda mais nos coloca em condições de superar qualquer outra espécie. Essas capacidades nos dão poderes que por sua vez nos dão responsabilidades de agentes morais. Somos a única espécie que pode saber o suficiente a respeito do mundo para ser razoavelmente responsável por ele e proteger seus preciosos valores. Nossa capacidade de imaginar o futuro é a fonte de nossa força moral e a condição de nossa vulnerabilidade: "Age de tal modo que os efeitos de tuas ações não sejam destruidores da possibilidade de vida futura",[28] é o que afirma Jonas.

Com as novas biotecnologias, aumentou consideravelmente a responsabilidade do ser humano em relação a seu próprio futuro, uma vez que o que antes era atribuído ao acaso, à natureza, ao destino, à vontade de Deus, passa doravante a ter a interferência direta da ação humana. "Nos dias atuais o *Homo sapiens* transforma-se em *Homo faber*. Diante do poder e da velocidade do processo científico e tecnológico que nos atropela todos os dias, é indispensável substituir as antigas éticas da contemporaneidade ou do imediatismo por uma nova ética da prospectiva ou da responsabilidade futura."[29]

O homem é o animal com que busca a "perfectibilidade". O homem busca sempre superar o presente, ele vive em função do futuro, e a busca pela eternidade é intrínseca a seu ser, o que muda é justamente o sentido de eternidade. Existe uma aspiração prometeica de refazer a natureza, inclusive a natureza humana, para servir a nossos propósitos e satisfazer nossos desejos.

O homem moderno, cuja razão tinha por objetivo organizar o caos, de sujeito tornou-se objeto da técnica e, por seu excesso de poder, ameaça a própria humanidade. O niilismo moderno consiste nesta alienação do homem quanto à ciência, sendo que sua origem está no dualismo ciência-homem. A indiferença em relação à vida e o excesso de poder da tecnologia põem em risco a continuidade das espécies e colocam-nos diante da possibilidade real da catástrofe e da morte essencial.[30]

---

[28] H. Jonas, *El principio de responsabilidad: ensayo de una ética para la civilización tecnológica,* Einaudi, Barcelona 1995, 40.
[29] V. Garrafa, "Crítica bioética…", 120.
[30] L. Zancanaro, "Cuidando do futuro da vida humana – a ética da responsabilidade de Hans Jonas", in *O mundo da saúde* 24/4 (2000), 310-320, 311.

III Reflexão ético-teológica sobre a manipulação genética

O ser humano existe e existir é ser no mundo com seus valores que transcendem o próprio homem. Esses valores são constitutivos do ser e como tal merecem ser preservados, obrigando o homem a agir em função da continuidade do que é humano. Neste dever o homem torna-se responsável por preservar as exigências do ser, torna-se o que Heidegger chama de "pastor do ser".[31]

O filósofo Hans Jonas, em sua obra *O princípio da responsabilidade*, apresenta uma das grandes contribuições para o campo da bioética. Preocupado não só com as consequências em longo prazo provenientes dos riscos do progresso técnico-científico global e de seu uso perverso, mas também com a possibilidade de uma ação gradual decorrente do efeito cumulativo das ações humanas, apresenta por isso o imperativo para uma ética da civilização tecnológica: "aja de tal maneira que os efeitos de sua ação sejam compatíveis com a permanência de uma vida humana autêntica sobre a terra".[32]

Temos consciência dos perigos intrínsecos à tecnologia e por isso se torna necessário colocar limites e freios, a partir do princípio de responsabilidade, nos ilimitados poderes que o homem alcançou mediante os avanços biotecnológicos. A natureza tem o direito de continuar a existir e precisamos agir hoje e para além do hoje em sua defesa.

A biotecnologia apresenta riscos que ultrapassam qualquer previsão de cálculo e esses riscos ameaçam a humanidade, e com isto deve brotar "o sentimento de responsabilidade como antecipação da ameaça, da destruição e da catástrofe, pois estas contribuem para tornar nossa ação moral, já que nela está implicada a vida, e sua continuidade exige renúncia à onipotência do poder",[33] pois não vivemos apenas o momento, mas o passado e o futuro.

A defesa da dignidade não depende de uma concordância prévia. A dignidade intrínseca precede tudo o que deve ser e fazer, e o imperativo da preservação do ser obriga-nos a agir com responsabilidade; é necessário que a humanidade continue. Ser responsável é agir com ética e respeito em relação ao direito de preservar-se como humano, portanto, nenhum ato que depõe contra a vida pode ser aprovado. A responsabilidade cresce com os avanços biotecnológicos e com nossa capacidade de interferir nos destinos da natureza, portanto, preservar o homem de sua própria destruição é ampliar a responsabilidade.

A vida não é só um fenômeno do patrimônio genético, das informações que ele oferece, vai além e é repleta de sentidos. É imperativo a preservação da pessoa contra toda a forma de agressão e as obrigações que devem ser construídas

---

[31] M. HEIDEGGER, *Sobre o humanismo*, Abril Cultural, São Paulo 1979, 69.
[32] H. JONAS, *El principio de responsabilidad...*, 41.
[33] L. ZANCANARO, "Cuidando do futuro da vida humana...", 312.

nos limites das biotecnologias, com uma ética pautada pela responsabilidade do homem pelo homem com um controle racional de todo o processo e suas projeções. Afirma Zancanaro: "O dever é pensado a partir do poder-fazer"[34] e o poder transforma-se em responsabilidade. O homem é vulnerável e por isso grita por responsabilidade para continuar a existir. O importante é a continuidade da mesma existência junto com o cuidado por si mesmo, entendido como preocupação.

Nesse sentido, deve-se avançar de uma ciência eticamente livre para outra eticamente responsável; de uma tecnocracia que domine o homem para uma tecnologia a serviço da humanidade e do próprio homem (...), de uma democracia jurídico-formal a uma democracia real, que concilie liberdade e justiça.[35] Trata-se, portanto, de estimular o desenvolvimento da ciência dentro de suas fronteiras humanas e, ao mesmo tempo, de desestimulá-la quando esta passa a avançar na direção de limites desumanos.

1.4. Princípio da temperança

Temperantia (latim); *sophrosyne* (grego) – ordenar, equilíbrio, critério. Temperar é compor com partes diferentes um todo uno e ordenado com a finalidade de conquistar a ordem interior. A temperança "modera a atração pelos prazeres e procura o equilíbrio no uso dos bens criados. Assegura o domínio da vontade sobre os instintos e mantém os desejos dentro dos limites da honestidade. A pessoa temperante orienta para o bem seus apetites sensíveis, guarda uma santa discrição".[36]

Conforme o Antigo Testamento, a pessoa temperante é discreta e "não se deixa levar a seguir as paixões do coração" (Eclo 5,2). A temperança é muitas vezes louvada: "Não te deixes levar por tuas paixões e refreia teus desejos" (Eclo 18,30). No Novo Testamento, a temperança é chamada de "moderação" ou "sobriedade". Devemos "viver com autodomínio" (Tt 2,12). O apóstolo Pedro segue na mesma trilha, colocando como uma das virtudes a ser buscadas pelo cristão (2Pd 1,5-6).

No Novo Testamento, a palavra "temperança" é o termo grego *enkrateia*, que, literalmente, é o "governo interior", ou seja, o "domínio próprio", "autodomínio". Nossos instintos para o comer, o beber, o sexo, o prazer, o olhar etc. têm a função de nosso equilíbrio físico e, consequentemente, da pessoa. Para Tomás de Aquino, "as potências que a temperança deve disciplinar 'são as que mais podem

---

[34] *Ibidem*, 313.
[35] Cf. H. Küng, *Projeto de uma ética...*,
[36] Catecismo da Igreja Católica, 1809.

perturbar a alma', e precisamente porque pertencem à essência do homem".[37] Temperança é a qualidade de quem é moderado, de quem tem autocontrole, de quem é capaz de dominar seu espírito, seus sentimentos, suas paixões, de ter um crescimento e amadurecimento equilibrados. É o equilíbrio do ser humano.

"A temperança é essa moderação pela qual permanecemos senhores de nossos prazeres, em vez de seus escravos. É o desfrutar livre, e, por isso, desfruta melhor ainda, pois desfruta também sua própria liberdade. Que prazer é fumar, quando podemos prescindir de fumar! Beber, quando não somos prisioneiros do álcool! Fazer amor, quando não somos prisioneiros do desejo! Prazeres mais puros, porque mais livres. Mais alegres, porque mais bem controlados. Mais serenos, porque menos dependentes."[38]

A temperança é autoconservação generosa e desinteressada. A intemperança é autodestruição pela degeneração egoísta das forças dirigidas à autoconservação e à preservação da espécie. O ser humano é também paradoxo, ou seja, nele se dá continuamente uma tensão dialética entre *Eros e Tanatos*, forças orientadas uma para a vida e outra para a morte. Por um lado, ele pode autoconstruir-se pela autoconservação orientada pela temperança, mas ele pode também se autodestruir pela intemperança.

Vemos então que a temperança consiste no aperfeiçoamento constante da potência sensitiva, de modo a disciplinar o prazer sensual nos limites estabelecidos pelo ordenamento da razão. Assim, a temperança é a moderação no comer, a sobriedade no beber e a castidade no prazer sexual. Pelo exercício da temperança a pessoa usa da razão que é própria de sua dignidade. Significa a realização da ordem e do equilíbrio em si próprio. Somos os autores de nossa conservação e de nossa destruição.

Portanto, a temperança pertence à intimidade das pessoas, expressa-se na práxis das pessoas, cresce e cria raízes pela práxis. A temperança não é uma realidade anexa ou acessória da vida moral, não é algo que se acrescenta à personalidade operativa pessoal, mas é o desenvolvimento da própria personalidade segundo uma escala de valores. É esta mesma potencialidade que se desenvolve e se autodispõe a agir conforme uma alta escala de valores.

A aquisição da *temperança é um caminho de humanização*, pois aponta para aquilo que é e o que deve ser o humano. Não se trata de ter a temperança, mas de ser equilibrado, diz respeito àquilo que é constitutivo do ser humano. Viver mais tempo e com melhor qualidade de vida é o grande desejo da humanidade e

---

[37] S. TOMÁS DE AQUINO, *Suma Teológica*, II-II, q.141, a.2.
[38] A. COMTE-SPONVILLE, *Pequeno Tratado das Grandes Virtudes*, Martins Fontes, São Paulo 1999, 45.

pertence à identidade ontológica da pessoa, a "autoconservação e a preservação da espécie". A pessoa humana é dotada de duas tendências presentes no apetite concupiscível que nos arrastam aos bens deleitáveis: a conservação do indivíduo ou autoconservação (comer, dormir, beber...) e a preservação da espécie (instinto sexual).[39] Em nosso caso é de interesse tratar do princípio da temperança, pois este capacita a pessoa a orientar com moderação os instintos de autoconservação e preservação da espécie, que são amplamente explorados pelas biotecnologias. Portanto, trataremos especificamente mais à frente quando discorrermos sobre o retardamento do envelhecimento.

2. Critérios ético-antropológicos

Apresentaremos uma proposta de ação que se fundamenta nos princípios éticos e teológicos da dignidade da pessoa humana, pois é de nosso conhecimento que, as novas perspectivas levantadas pela biotecnologia exigem, porém, uma discussão ética que leve em conta os valores culturais, sociais e religiosos, entre outros.

Neste ponto não faremos um levantamento das muitas linhas de explicação sobre as diversas concepções ético-teológicas, ainda que existam muitos desdobramentos, mas sim construiremos e defenderemos uma perspectiva e um conjunto de valores que possam proteger o que precisa ser protegido, com muitos passos no sentido de uma apreciação dos fundamentos da dignidade humana.

A biotecnologia é objeto de reflexão ético-teológica, porque pode destruir a vida, nosso bem maior, levando-se em conta a onipotência de seu poder. A dignidade da pessoa humana deve ser considerada como verdadeiro princípio axiológico da ética, e, por isso, a liberdade da criação científica como expressão da liberdade de pensamento deve submeter-se ao respeito desse princípio precedente, pois aqui se encontram os princípios para a avaliação das biotecnologias. Todo e qualquer aprimoramento científico e tecnológico que objetive manipular genes deverá ter como pressuposto fundamental a dignidade da pessoa humana,[40] a defesa de nossa própria humanidade na dignidade pessoal e coletiva.

A vida também é uma construção social, por isso a *bioética é o estudo sistemático do comportamento humano na área das ciências da vida e do cuidado da saúde*, ao passo que tal comportamento é analisado à luz dos valores e dos princípios

---

[39] Este tema é tratado muito bem por Santo Tomás de Aquino, sobre a virtude cardeal da Temperança. S. TOMÁS DE AQUINO, *Suma Teológica*, II-II, q.47, a.2.
[40] Cf. R. ANDORNO, "La dignidad humana como noción clave en la Declaración de la UNESCO sobre el genoma humano", in *Revista de Derecho y Genoma Humano* 14 (2001), 41-53.

Reflexão ético-teológica sobre a manipulação genética

morais.[41] Na gênese da bioética influiu e continua a influir um conjunto de fatores que deixaram e continuam a deixar sua marca particular na configuração desta nova área da interdisciplinaridade científica. Evoca realidade, fatos e dados em que a vida e a saúde se realizam e trazem interrogações éticas, questões relacionadas com o início da vida, com saúde, qualidade de vida, biotecnologias, condições relacionais humanas; questões do ecossistema; situação limite, morte; questões de injustiça social etc.

A bioética estuda os avanços recentes da ciência em função, sobretudo, da pessoa humana, com isso as dimensões morais examinadas estão constantemente evoluindo e tendem a enfocar várias questões relacionadas à vida. Constitui um desafio para a ética contemporânea providenciar um padrão moral comum para a solução das controvérsias provenientes das ciências biomédicas e das altas tecnologias aplicadas à pessoa.

Ao refletir a respeito de ética para a era tecnológica, Casals destaca a responsabilidade individual dizendo que "se trata de atingir o equilíbrio entre o extremo poder da tecnologia e a consciência de cada um, bem como da sociedade em seu conjunto. Os avanços tecnológicos nos remetem sempre à responsabilidade individual, bem como ao questionamento ético das pessoas envolvidas no debate, especialmente aquelas que protagonizam as tomadas de decisões".[42]

Ética[43] é um produto do ser humano, um fenômeno de nosso comportamento social. A dignidade ética fundamenta-se em um ser livre e que pode atuar segundo sua consciência, como também contra ela mesma. Ser ético é refletir racionalmente a respeito dos princípios considerados certos e errados e agir em conformidade com o seguramente certo; e os seres humanos são os únicos com a capacidade ética reflexiva, não podemos realizar nossa dignidade sem ela.

Todos os membros de uma espécie natural, que têm dignidade intrínseca e que são individualmente capazes de exercer a atividade moral como distintivo de sua espécie natural, têm a obrigação moral para com eles mesmos, para com quaisquer outros seres que tenham dignidade intrínseca e para com o resto que existe. É o valor intrínseco do ser humano que fundamenta seus deveres morais para com seus companheiros seres humanos e dá a esses direitos a sua valência moral especial.

---

[41] REICH, W. T., *Encyclopedia of Bioethics*, ed. rev., vol 5, Macmillan, New York 1995, 21.

[42] Cf. J. M. E. CASALS, *"Una ética para..."*, 65-84.

[43] Para os gregos, o *ethos* indicava o conjunto de comportamentos e hábitos constitutivos de uma verdadeira segunda natureza do homem. Na Ética a Nicômaco (Cf. ARISTÓTELES, *Ética...*,), uma obra rica de profundas reflexões sobre a vida moral, Aristóteles interpreta a ética como a reflexão filosófica sobre o agir humano e suas finalidades, uma profunda atenção à lei e à prática nos ordenamentos da vida. A partir de então, a ética passou a ser referida como uma espécie de ciência da moral. *Ethos*, originariamente significa habitação, moradia, ou seja, quando se fala de *ethos* do ser humano entendemos como a expressão do lugar onde ele habita, designa sua morada. A própria cultura adquire sua identidade de *ethos*, contudo, podemos dizer que é ética diz respeito muito mais a uma qualidade de caráter (modo de ser adquirido) do que a um costume assumido. O existir humano deve ser considerado como um projeto ético, ou seja, é preciso que a pessoa humana empenhe-se em função de sua realização, buscando sentido e significação para a própria existência e em favor do bem-estar da humanidade.

Quando pensamos nos fins das biotecnologias para os próximos anos, acreditamos numa fusão do que é técnico com o que é ético, em outras palavras uma decisão correta tecnicamente e uma decisão justa moralmente em relação ao bem particular da pessoa. Como afirma o professor Del Missier, "a tecnologia não é intrinsecamente boa, mas possui a possibilidade de ser dirigida ao Bem".[44]

É importante identificar as diversas finalidades que estão ligadas à engenharia genética: a primeira e basilar realiza-se no número cada vez mais crescente de procura pela geneterapia. Porém, na engenharia genética um dos feitos mais desafiadores para a ética é quando o fim buscado é o melhorativo ou alterativo que encontra no âmbito farmacológico e biotecnológico uma ampla realização.

Arnold Munich, diretor do Centro de Genética Médica do Hospital Necker de Paris, em 1998, revelou que em 10 anos identificou e localizou uns vinte genes responsáveis por graves perturbações genéticas, porém, "antes de tudo, é preciso preocupar-se com a ética. É preciso conservar o domínio dos instrumentos que temos concebido, assegurar-se de que não ocorrerá desvios de manipulação".[45]

Cada ação da engenharia genética requer uma análise particular, porque o juízo ético diferencia-se pela finalidade e pelo uso da biotecnologia. Callahan, estudioso do *Hastings Center*, instituto dedicado a pesquisas em bioética, afirma que "a pesquisa que está dentro dos limites morais é digna de respeito. A pesquisa que incansavelmente procura encontrar uma via para iludir, propondo qualquer suposto bem maior, não é digna de respeito".[46] A ciência e a técnica, no entanto, não podem prescindir da ética, caso contrário, podem tornar-se armas catastróficas para o futuro da humanidade nas mãos de pessoas com o poder tecnológico e mal-intencionadas.

Na medicina, o conceito e a experiência de dignidade humana como fundamento para a ética biomédica estão enfrentando seus desafios mais graves. Como acertadamente escreveu o *ombudsman* do jornal *Folha* de São Paulo, Brasil, ao relatar a notícia da clonagem da ovelha Dolly em matéria do dia 02/03/97: "(...) a ovelha não foi recebida com otimismo, mas antes como a prova da iminente decadência da espécie humana, incapaz de refrear seus instintos diante das mórbidas possibilidades colocadas a sua disposição pela ciência (...)". Na lei, a destruição da dignidade humana enfraquece os direitos humanos, mas na medicina sua destruição enfraquece a humanidade do ser humano em si, ou seja, compromete as bases para os direitos e as obrigações inerentes aos seres humanos.

---

[44] G. Del Missier, "Dignitas personae...", 372.
[45] A. Munich, in *L'Express*, 27 novembro 1997.
[46] D. Callahan, "The Puzzle of Profound Respect", in *The Hastings Center Report* 25/1 (1995), 39-40, 40.

III Reflexão ético-teológica sobre a manipulação genética

> Embora podendo celebrar as magníficas conquistas do PGH, é preciso reconhecer que, sob o crescente sentido das capacidades, das potencialidades e dos domínios, está enfraquecido o sentido de quem é o homem, do que é bom e do que é mau e, como consequência, o sentido dos limites; e, perdido o sentido dos limites, perde-se também o senso de responsabilidade com todas as suas consequências, o que não deixa de ser deplorável. Somente o retorno, sobretudo da parte dos cientistas, dos tecnólogos e dos médicos, à compreensão dos limites diante da realidade homem e da realidade natureza em que ele vive, poderá dar uma vitória leal e sempre benéfica à revolução genômica.[47]

No passado, os impactos tecnológicos não eram tão preocupantes quanto os de nossos dias, com consequências radicais na vida do homem e do planeta, por isso hoje a ética assume uma tarefa reflexiva em relação à tecnologia. Um apelo para o uso responsável desse poder onipotente, uma alerta aos que detêm os poderes científico e político, pois estamos lidando com uma realidade frágil e carente de cuidados.

Vieira Neto afirma que "na maioria das vezes o que dita a ética de uma era é a necessidade do homem de controlar o futuro. A bioengenharia tem potencial para melhorar as perspectivas de sobrevivência da humanidade, podendo, desta forma, tornar-se o mais eficiente instrumento de controle do futuro. A chave para o poder político desta era é o controle. Os conhecimentos da tecnologia genética possibilitam o uso e controle do mais fantástico sistema de informações: o DNA. Desta forma, traz embutido um poder político até então inimaginável, cujas consequências são ainda imprevisíveis".[48]

Admitimos a dignidade humana como princípio de avaliação, pois ela identifica e incorpora a percepção da pessoa como uma totalidade na qual estão articuladas as dimensões física, racional e espiritual, que se manifestam de maneira integrada nas inter-relações sociais e nas relações com o ambiente. Nesta visão explicita-se a relação dialética entre reflexão e ação na responsabilidade individual e coletiva pelo impacto que as intervenções genéticas provocam na pessoa.

Portanto, a utilização da categoria dignidade na bioética pretende apontar em que direção se devem conduzir as biotecnologias e a garantia de que a pessoa será respeitada. A dignidade humana não é apenas abstratamente como um conceito, mas também como uma experiência, uma realidade da vida humana e um referencial de ação. É necessário, se quisermos viver bem, apesar dos novos desafios da biotecnologia, elaborar uma bioética mais respeitadora, recuperando uma orientação teórica mais natural e emocional, além de um compromisso mais direto com a excelência da pessoa.

---

[47] A. SERRA, "La rivoluzione genomica: conquiste, attese e rischi", in *Civiltà Cattolica* 3623 (2001) 439-453, 453.
[48] A. VIEIRA NETO, "Questões éticas da biotecnologia", in *Rev. Ciência e Saúde* 2/1 (2007) 1-6, 3.

2.1. Princípios teológicos

Confrontados com uma depreciação da situação, admitindo uma situação que só pode acelerar o declínio das condições naturais, sem acrescentar limites à atual pesquisa científica e tecnológica dentro dos próprios limites da vida humana, podemos em breve nos encontrar em uma situação de deterioração em que as pessoas, com ou sem razão, começam a tirar conclusões precipitadas sobre a sacralidade ou não da vida humana, favorecendo a manipulação e a mecanização de todos os aspectos da vida. Por isso, *precisamos de uma nova bioética*, uma descrição ética do bem-estar humano com base na descrição biológica da vida humana realmente vivida, não apenas no plano físico, mas também no transcendental. Na ausência de tal descrição, não seremos capazes de afrontar os desafios desumanizantes da nova biologia e por isso a importância de estabelecer princípios teológicos como fundamentos para a avaliação da manipulação genética.

Na tentativa de evitar uma bioética que desumaniza e para construir uma bioética mais rica, esta tem de ser fundamentada sobre uma melhor compreensão de que coisa significa ser humano em todas as suas dimensões. A ciência nos diz sobre o corpo e, especialmente, as reações físico-químicas do cérebro, a filosofia nos diz sobre a alma racional unida ao corpo, mas a teologia nos leva ao reino misterioso da imagem divina do destino eterno de cada ser humano. Como afirma Pellegrino, "existe um bem humano superior, o bem espiritual, conforme definido pelo destino espiritual de uma pessoa, que é a união com Deus. O homem não é só genoma, ele não é determinado pelo seu DNA, a pessoa humana tem alma, espírito, é imagem e semelhança de Deus".[49] A vida é sagrada, e transgredir o limite da sacralidade da vida é desqualificar a própria humanidade, ou seja, transgredir o que faz da vida um valor sagrado.

A razão da dignidade do genoma humano não é a pertença biológica a determinada espécie, mas expressa aspectos conceituais de pessoas sagradas; a pessoa humana em sua totalidade possui uma dignidade que é transcendente. Com isso entendemos que também o genoma humano, configurado na pessoa, é portador de uma qualidade moral e sagrada que infunde respeito, pois também foi criado à imagem e semelhança de Deus. Essa afirmação adquire proeminência quando levamos em conta a manipulação mais que presente na engenharia genética, que, a partir de suas técnicas, "pode" violar e agredir a pessoa.

---

[49] E. PELLEGRINO, "Oltre la terapia...", 239.

III Reflexão ético-teológica sobre a manipulação genética

Considerando ética como a reflexão do comportamento humano baseada na ciência da práxis e ética-teológica a práxis do homem e da mulher fundamentada essencialmente numa identidade própria, o acontecimento Jesus Cristo, é que iremos avaliar o comportamento humano a partir de referenciais e tradições de fé em chave comunitária comprometida com a humanização.

É nossa tarefa a formulação de uma ética-teológica em consonância com a práxis cristã e a resposta aos desafios da sociedade técnico-científica; "a teologia se vê hoje diante do desafio comum em salvar a humanidade, seu meio ambiente e toda forma de vida que lhe faz parceria. A teologia encontra, então, na bioética e na ecologia, grandes aliadas para repensar este braço imanente da salvação. E não é de se admirar que tenhamos, por parte de expoentes de nossa teologia, um crescimento no estreito diálogo com as ciências e tecnologias de ponta e suas incidências na vida".[50]

A reflexão ético-teológica é formulada a partir de critérios científicos com bases filosóficas fundamentados na especificidade cristã. O Concílio Vaticano II não fala explicitamente de fontes, mas usa a fórmula "à luz do Evangelho e da experiência humana".[51] Com isso a fundamentação é a partir dos parâmetros da racionalidade humana e dos pressupostos da teologia chamada bioética-teológica. A vida humana deve ser tratada à luz do dado da fé cristã, assumindo a racionalidade da bioética e redimensionando-a a partir dos pressupostos metodológicos do discurso teológico-moral.[52] A relação entre fé e razão vem tomando destaque nos discursos do Magistério da Igreja, capaz de dar contribuições seguras aos questionamentos éticos que surgem com os avanços da biotecnologia, distinguindo entre o que é e o que não é eticamente praticável.

A bioética teológica busca a autonomia do homem em consonância com o senhorio de Deus, não são dois princípios que se excluem ou se anulam, eles vivem em perfeita harmonia, como afirma Anjos: "a fé fica implícita nos argumentos que se tecem";[53] a soberania divina conciliável com a autonomia do homem para decidir acerca de sua própria vida, com destaque para a liberdade humana como dom do Criador. A Bíblia e a teologia cristã tornam-se os mais fortes defensores da dignidade humana, porque é reconhecida a dignidade da pessoa como um mistério, como algo sagrado. O estatuto especial do homem não pode ser reduzido a um conjunto de atributos essenciais, mas sim repousar sobre a eleição misteriosa do homem como a única criatura no universo feita à imagem de Deus.

---

[50] M. F. dos ANJOS, "Bioética e Teologia: janelas e interpelações", in *Perspectiva Teológica* 33/89 (2001), 13-31, 15.

[51] CONC. ECUM. VATICANO II, Constituição pastoral *Gaudim et Spes* 46.

[52] Cf. M. VIDAL, *Dicionário de Teologia...*, 93.

[53] M. F. dos ANJOS, "Bioética e Teologia...", 30.

Para Robert Kraynak, a teoria clássica da dignidade humana é mais plausível que o materialismo ou o dualismo, portanto, não é inteiramente satisfatória. O homem pode usar dos elementos da filosofia clássica e da ciência moderna para dar uma explicação plausível de sua dignidade como homem racional, alma corporificada no topo de uma hierarquia natural. No entanto, a razão reconhece que a maioria dessas coisas são verdadeiros mistérios, existem perguntas que nunca serão totalmente respondidas pela razão ou pelas ciências.[54] Quando tais mistérios são reconhecidos, mais a mente se abre à fé nas verdades reveladas, como as da Bíblia e da fé cristã, portanto, cabe à ética-teológica estabelecer os critérios éticos de avaliação das biotecnologias.

A fé cristã tem de construir uma ética que pode contribuir muito em situações que envolvem a vida e a dignidade humana. A reflexão ético-teológica tem de tomar partido diante das intervenções genéticas que agridem a pessoa, do grito do pobre-excluído, que clama por melhores condições de saúde, por equidade na participação das conquistas biotecnológicas, por justiça social, necessitando assim da inculturação da ética, levando as pessoas à prática da responsabilidade e da solidariedade como condições básicas da existência humana e cristã.

O papa Bento XVI propõe uma bioética agápica ou seja, "só por meio da caridade, iluminada pela luz da razão e da fé, é possível alcançar objetivos de desenvolvimento dotados de uma valência mais humana e humanizadora".[55] Para Cipressa, "a bioética proposta pelo Magistério é uma bioética *agápica* e *biofílica*, porque se fundamenta em Deus, que é amor e vida. A vida eterna de Deus manifesta-se a nós em Cristo, verdade da vida (cf. 1Jo 1,1-2). O paradigma bioético do Magistério é um paradigma *biofílico* e *antropoteológico*; por dar sentido e valor a sua vida, o homem é chamado a viver na aliança com Deus em Cristo. A bioética é a ética da vida humana, vivida em toda a sua plenitude".[56]

O Magistério projeta uma visão global do conceito vida e ilumina o mistério do homem e de seu valor à luz do mistério trinitário e da revelação de Deus em Cristo Jesus. Ele é o homem novo que, na própria revelação do mistério do Pai e de seu amor, revela o homem a si mesmo e descobre-lhe sua vocação sublime.[57] O Deus de Jesus Cristo é amor e vida. Ele é amor eterno (1Jo 4,8) e "Senhor, que ama a vida" (Sb 11,26), vive em si mesmo um mistério de amor e de vida e convida o homem a participar. "A glória de Deus é o homem vivo",

---

[54] Cf. R. P. Kraynak, "Human Dignity and the Mystery of the Human Soul...", 73.
[55] Bento XVI, Carta encíclica *Deus Caritas Est,* 9.
[56] Cf. S. Cipressa, *Bioetica per...,* 56-57.
[57] Cf. Conc. Ecum. Vaticano II, Constituição pastoral *Gaudim et Spes,* 22.

III Reflexão ético-teológica sobre a manipulação genética

também é verdade que "a vida do homem é a visão de Deus".[58] O homem só vive e se realiza inteiramente, à medida que acolhe a própria vida de Deus e dela participa!

Respeitar a vida em sua totalidade é reconhecer o senhorio de Deus sobre a vida humana e assim avaliar as atitudes da engenharia genética, sobretudo no que se refere às intervenções do homem sobre a própria vida ou a do outro. "O sentido essencial desta realeza e deste domínio do homem sobre o mundo visível, que lhe foi confiado como tarefa pelo próprio Criador, consiste na prioridade da ética sobre a técnica, no primado da pessoa sobre as coisas e na superioridade do espírito sobre a matéria."[59]

O conhecimento humano é um bem, pois, é uma busca sincera de Deus, é o que afirma o livro do Eclesiástico (38,1-2.6-8): "Toda a medicina provém de Deus. O Altíssimo deu-lhes a ciência da medicina para ser honrado em suas maravilhas; e dela se serve para acalmar as dores e curá-las". Deus é o Senhor de todo o universo e confere ao homem a participação em seu ser. Deus confere ao homem a capacidade de orientar, por meio de sua obra responsável, a vida da criação para o autêntico e integral bem do próprio homem (de todo o homem e de cada homem).

O modelo ético-teológico que fundamenta a dignidade da pessoa deve inspirar o agir humano e ser a base de nossa avaliação ética da manipulação genética. A fonte da dignidade humana é seu estado moral especial e aquilo que o explica é Deus, o qual se revela também por meio da natureza humana criada à imagem e semelhança do Criador.

A bioética beneficia-se dessas meditações, porque ela precisa de mais do que a utilidade e o avanço do conhecimento como princípios orientadores, precisa de um princípio como o respeito pela dignidade humana, com base no estatuto moral especial dos seres humanos como criaturas com almas racionais misteriosamente ligadas ao corpo e, ainda mais, misteriosamente eleitos por Deus como criaturas com almas imortais que são uma imagem da eternidade.[60] Por isso, para os cristãos, as possibilidades de melhoramento genético não podem ser temidas nem cultuadas, devem ser utilizadas para o bem da humanidade, para a realização de cada ser humano e a dignificação da pessoa.

A ética-teológica contribui dessa forma fomentando o compromisso dos cientistas para agirem com responsabilidade e aclarando a consciência dos riscos que ameaçam a vida. A contribuição da teologia dá-se na elaboração do conceito de vida, de forma particular quando esta está ameaçada pelas biotecnologias, no

---

[58] IRINEU DE LIÃO, *Adversus Haereses,* Paulinas, São Paulo 1995.
[59] JOÃO PAULO II, Carta encíclica *Redemptor Hominis*, 16.
[60] R. P. KRAYNAK, "Human Dignity and the Mystery of the Human Soul...", 79.

resgate da pessoa humana imagem e semelhança de Deus e no conceito de identidade da pessoa que não se prende apenas ao biológico, mas que é elaborado também a partir de princípios teológicos.

A existência de uma ética cristã nos leva à necessidade de encontrarmos coerência interna ao conhecimento teológico moral. As fontes da ética cristã concretizam-se na possibilidade de relação e da proximidade do ser humano com Deus e apontam para a realidade primeira – ontológica – do humano; marcam-no em sua existência como pessoa. Portanto, qualquer desejo de intervenção no patrimônio genético da pessoa geralmente deve ter origem numa decisão de grande valor ético e teológico.

2.2. Dignidade como fundamento para os direitos humanos

Neste tópico mostraremos o apoio político que esperamos para conduzir nosso desejo de preservar o respeito pela dignidade humana. Verificamos a necessidade de respeitar o homem em sua condição de pessoa criada à imagem de Deus. Nosso desafio é defender a necessidade de leis que reconheçam os direitos do homem e que emanem de sua dignidade. Portanto, "os decretos não devem impedir o avanço da biotecnologia, mas ela deverá ser regulamentada por leis e decretos muito precisos, uma vez que afeta tão profundamente os destinos da humanidade e do próprio cosmos".[61]

Nossa única chance de preservar uma remanescente respeitável tradição é garantir que os valores que defendemos mereçam o respeito de todos. Respeito pela dignidade humana não é apenas com palavras, significa também criar condições favoráveis para o desenvolvimento e o amadurecimento. Exige a criação de condições em que as capacidades possam desenvolver-se e desdobrar-se, encontrar uma fundamentação objetiva da dignidade humana e, a partir dessa concepção, estabelecer uma base de direitos invioláveis, com efeitos concretos no tratamento dos seres humanos.

Entendemos que a dignidade da pessoa humana é o princípio ético e se refere aos direitos morais que antecedem as normas positivas que são adotadas, ou seja, o fundamento dos direitos humanos é de natureza ética. Reconhecendo assim a dignidade como caráter que antecede ao próprio direito, este deve ser reconhecido pelas autoridades e pelas normas que promulgam esses direitos.

A única realidade que existe e pertence à categoria dos sujeitos de direito é o ser humano, pelo próprio fato de ser pessoa, ou seja, é o próprio homem em sua dimensão pessoal e social que é digno de respeito. De fato, o homem é a única

---

[61] A. MOSER, *Biotecnologia e bioética...*, 273.

III Reflexão ético-teológica sobre a manipulação genética

criatura dotada de um valor absolutamente intrínseco, vale em si mesmo, independentemente de qualquer circunstância extrínseca, e esse valor não é fruto de um acordo convencional. O homem é a rigor um sujeito de direito e sua pertença à espécie humana é um requisito inconfundível e objetivo.[62]

Não é o direito que confere dignidade, respeitamos os direitos de um indivíduo, porque primeiro reconhecemos sua dignidade intrínseca. Os seres humanos têm direitos que devem ser respeitados por causa do valor que eles têm em virtude de serem o que são. Dignidade intrínseca é o coração de todas as nossas concepções acerca da obrigação moral, de especial relevância para as discussões em torno da manipulação do patrimônio genético.

Os direitos absolutos (também chamados direitos naturais) consistem no dever de respeitar todos os membros da espécie humana, como afirma Garcia, "o estudo dos direitos humanos, dos comportamentos científicos, amarram-se sem dúvida às questões de natureza ética. A dupla dimensão ética e jurídica que caracteriza os direitos humanos não é uma série dos modelos morais nem mesmo reduzida a uma simples formulação positiva. Os direitos humanos cabem àqueles indivíduos dos quais se possa afirmar, com certeza, que são seres humanos".[63]

Afirmar que existem direitos humanos ou direitos do homem em nosso contexto significa afirmar que existem direitos fundamentais que o homem possui pelo fato de ser pessoa, pelas próprias natureza e dignidade; direitos que lhe são inerentes e que, longe de nascer da concessão da sociedade, devam ser-lhe consagrados e garantidos. *"A própria humanidade é uma dignidade"*,[64] escreve Immanuel Kant na *Doutrina das virtudes*, que procurou uma dignidade humana universal com seu respeito pelas pessoas. Respeito pelos direitos humanos exige acima de tudo o respeito humano, no entanto, o objeto dos direitos humanos é a proteção dos seres humanos, ou seja, os sujeitos beneficiários devem ser simplesmente os homens.

Vamos agora analisar os direitos humanos no campo da manipulação genética em duas direções: numa primeira perspectiva, quando nos referimos ao sujeito melhorado e nascido, ou seja, depois da ação realizada, este sujeito não perde sua essencialidade de ser humano e por isso a ele cabem os mesmos direitos estabelecidos para todos, ou seja, independentemente das condições e do local da fecundação ou da maneira como foi produzido, é reconhecida em sua existência a dignidade de maneira igual. O fato de o sujeito melhorado ser pessoa reúne-lhe os direitos e as condições suficientes para ser sujeito de direitos.

---

[62] Cf. M. PALMARO, "I soggetti non-umani sono titolari di diritti?" in J. THAM & M. LOSITO (a cura di), *Bioetica al futuro...*, 107-108.
[63] A. GARCIA, "Clonazione e diritti dell'uomo", in *Ibidem*, 263.
[64] I. KANT, *Doutrina das Virtudes*, Edipro, São Paulo 2003, 108.

A forma como o ser humano foi gerado e o que foi produzido nele não são razões que justificam ou não o reconhecimento de sua dignidade e, consequentemente, de seus direitos. A condição humana leva consigo uma dignidade conatural muito profunda; portanto, nem mesmo se desejasse, o sujeito poderia renunciar a (ou abdicar-se de) ser digno. Os direitos humanos são incondicionais e unicamente invioláveis se não se fazem depender da satisfação de certas condições qualitativas sobre cuja existência decidem aqueles que são já membros da comunidade jurídica.

Numa segunda perspectiva ou direção, falamos de direitos da pessoa antes mesmo da intervenção, ou seja, na linhagem germinativa. Como afirma o geneticista americano Bentley Glass, que defende o direito de manipular geneticamente o ser humano antes do nascimento: "(toda criança tem) o direito de nascer com uma constituição física e mental saudável, com base em um genótipo sólido (...), o direito inalienável a uma hereditariedade sólida".[65] Perguntamos: Temos o direito de manipular o futuro da pessoa? De interferir em sua identidade genética e, consequentemente, de pessoa? Até onde podemos intervir?

Entendemos que a doutrina dos direitos da pessoa pressupõe o significado real e infinito de cada ser humano em sua particularidade e sua dignidade. Para nós, nossa dignidade é garantida não só pela afirmação do próprio indivíduo, mas também com um parâmetro divino e de significado pessoal. As provas reais, as questões individuais, estão na base para identificar a dignidade com a proteção de direitos. "Os Direitos Universais não são outra coisa senão aqueles já inscritos no coração humano pelo Criador e que chamamos de lei natural. Tomar consciência desses direitos é fundamental para considerar infamante tudo o que viola a dignidade da pessoa humana e para constatar que toda agressão à dignidade do ser humano é pecado contra Deus, pois ofende grandemente a honra do Criador".[66]

Em seus princípios, os *direitos humanos* reconhecem como exigência da dignidade humana o direito à vida, às integridades física e psíquica, à própria identidade, à saúde etc. Quando especifica o direito à integridade genética, ainda que seja na fase pré-implante, a pessoa tem o direito de não ser alterada em seu patrimônio genético, de ser respeitada em sua identidade de pessoa, salvo em duas condições: quando o objetivo buscado é terapêutico ou o bem-estar da pessoa respeitando a natureza humana, partindo de um consentimento presumido e dos princípios da beneficência e não maleficência em função da pessoa. Portanto, para nós, manipular no intuito de restabelecer a integridade genética da pessoa, ou seja, a eugenia negativa, é respeitar a pessoa em seu direito à integridade física e psíquica.

---

[65] B. GLASS, "Science: Endless Horizons or Golden Age?", in *Science* 171 (1971), 23-29.
[66] J. ADRIANO, "Direitos humanos e dignidade", in *Revista de Cultura Teológica* 14 (1996), 7-12.

III Reflexão ético-teológica sobre a manipulação genética

Na opinião de Rifkin, é possível que, no futuro, a sociedade aceite alguns usos da biotecnologia e rejeite outros. "No futuro, uma abordagem de caráter mais sistêmico e integrado dos conhecimentos biotecnológicos permitirá à sociedade uma reflexão mais ponderada sobre os riscos e benefícios desses conhecimentos e sobre os limites para a intervenção humana em seu próprio genoma."[67] Com isso devem-se estabelecer critérios claros de ação da engenharia genética que respeitem a pessoa em seus direitos. Contudo, em nossa sociedade atual já temos grandes avanços. A dignidade humana tem sido um conceito central nas mais importantes declarações acerca dos direitos humanos.[68]

3. Elementos que influenciam

Para realizarmos a avaliação ético-teológica da manipulação genética e de suas consequências, precisamos trazer para nossa reflexão alguns elementos essenciais que perpassam as ações e que influenciam as conclusões. Consideramos como elementos significativos, além das técnicas utilizadas, também os fins buscados, o tipo e o grau de ação envolvida no processo de intervenção no patrimônio genético da pessoa e as consequências que podem advir da aplicação desse conhecimento acerca da dignidade da pessoa humana. Com base nesses elementos faremos a classificação da manipulação genética e, a partir de então, nossa avaliação ético-teológica.

Primeiramente faremos a hermenêutica da função da técnica em si e seu significado ético na manipulação genética.

3.1. Tecnologias e valor ético

Na história da humanidade o ser humano usou de técnicas para dominar e manipular a natureza na tentativa de encontrar meios de sobrevivência, no entanto, podemos dizer que a diferença que encontramos entre a intervenção ao

---

[67] RIFKIN, J., *O século da biotecnologia,* Makron, São Paulo 1998.
[68] O respeito pelas pessoas é um desses três princípios enunciados no *Relatório Belmont,* publicado em 18 de abril de 1979 (NATIONAL INSTITUTES OF HEALTH, *"The Belmont Report Ethical Principles and Guidelines for the Protection of Human Subjects of Research"*, Ethical Principles & Guidelines for Research Involving Human Subjects). A *Declaração Universal sobre o Genoma Humano e os Direitos Humanos* destaca a necessidade de respeitar plenamente a dignidade, a liberdade e os direitos da pessoa humana e de proibir toda forma de discriminação por motivos genéticos (Cf. R. JUNQUEIRA, "Los derechos humanos: criterios para la bioética", in *Moralia* 105 (2005), 7-32, 22). O artigo primeiro da *Carta dos Direitos Fundamentais da União Europeia*, dezembro de 2000, diz que: "A dignidade do ser humano é inviolável. Deve ser respeitada e protegida". Consideravelmente nas declarações, tanto da ONU quanto da UNESCO, como fundamento dos direitos humanos e da bioética, a dignidade humana é o primeiro princípio. Notavelmente, estas declarações foram acordadas entre nações e entre elas de muitas diferentes religiões, culturas, crenças metafísicas e antecedentes históricos. Também o papa João Paulo II, que muitas vezes recorreu à dignidade humana, fala da necessidade de uma ordem mundial "compatível com a dignidade humana", JOÃO PAULO II, "The Church and the State are not Rivals but Partners", in *Vatican Information* Service, February 23, 2004.

longo da história e a dos últimos tempos reside, além das diferentes técnicas, na eficiência e na rapidez que o homem consegue imprimir atualmente aos resultados que pretende alcançar e aos efeitos sobre a vida e a saúde da humanidade, e nas intenções pretendidas. "Procedendo por intermédio de sistema de observações parciais, a técnica promoverá a aquisição de competências particulares em ordem ao funcionamento dos diversos campos de aplicação e sua medida será a funcionalidade, entendida em termos de eficácia operativa. A tecnologia visa, de fato, a ação eficaz sobre a natureza, a fabricação e a construção de expressões da vontade e a potência de transformações."[69]

Tais rapidez e eficiência aumentaram significativamente a partir do momento em que o método científico permitiu explicar o modo como se faz a transmissão genética das características, bem como quantificar a expressão dos caracteres herdados e selecioná-los nas populações estudadas.

José Ortega y Gasset, em sua obra *Meditación de la técnica*, sugere que *por meio da técnica o homem pode libertar-se dos vínculos e da escravidão natural* e desenvolver suas infinitas possibilidades. Por mérito da técnica, o homem pode ocupar-se de si mesmo e dedicar-se a uma serie de realizações não biológicas, que não são impostas pela natureza, que ele inventa por si.[70] A técnica é necessária ao homem devido a suas carências biológicas. O homem é um ser carente, desprovido de uma forma definitiva, é o que afirma Del Missier: "A técnica constitui uma eficaz compensação da fragilidade humana; com o domínio e a transformação da natureza viva assim modelada pelo mundo cultural que constitui a condição imprescindível da existência humana: este é o ambiente antropizado pela técnica, com a qual tem início a possibilidade de emancipar-se da necessidade e da ciclicidade inexorável à natureza".[71]

Afirma a instrução *Dignitas Personae*: "Alguns imaginaram a possibilidade de utilizar as técnicas de engenharia genética para praticar manipulações com pretensos fins de melhoramento e potenciamento da dotação genética. Em algumas propostas, manifesta-se uma insatisfação ou mesmo a recusa do valor do ser humano como criatura e pessoa finita".[72] A técnica é para o homem uma necessidade inscrita em sua natureza.

Se por técnica entendemos a capacidade e os meios com os quais o homem coloca a natureza a seu serviço, uma vez que este conhece suas propriedades e leis, desfruta-as e contrapõe-nas umas com as outras, então a técnica, em sentido mais geral, é inerente à

---

[69] G. DEL MISSIER, *"Dignitas Personae..."*, 372.
[70] Cf. J. ORTEGA Y GASSET, "Meditación de la técnica", in *Obras completas*, Madrid 1970, 317-375.
[71] G. DEL MISSIER, *"Dignitas Personae..."*, 370.
[72] CONGREGAÇÃO PARA A DOUTRINA DA FÉ, Instrução *Dignitas Personae,* 27.

III Reflexão ético-teológica sobre a manipulação genética

essência do homem.[73] O homem serve-se dela para suprir as condições deficitárias que são as características mais relevantes de sua natureza física. É um simples instrumento, um meio, não tem o poder de decifrar os valores e não tem referência valorativa em si mesmo. A valoração deve-se dar por intermédio da hermenêutica da ação. O intelecto coloca o ser humano em condições de transformar a natureza conforme sua necessidade.

A técnica não é intrinsecamente perversa, ela foi e continua sendo para a filosofia objeto de estudo e reflexões. A técnica, de fato, encontra seu lugar no âmbito da instrumentalidade, vale dizer no âmbito dos meios e não dos fins. "A manipulação genética, a cibernética, a nanotecnologia e a psicofarmacologia em si mesmas não são intrinsecamente boas nem más",[74] se não em relação à intenção desejada e ao fim pelo qual venham a ser usadas.

As ciências e as novas tecnologias são instrumentos poderosos, tanto de auxílio quanto de ameaça à vida. A compreensão de um dilema ético requer a identificação de seus componentes ou dos elementos envolvidos, pois a técnica é avaliada a partir dos elementos envolvidos, como as consequências, os fins buscados, os sujeitos envolvidos, quem sofre a ação e quem age (cientistas, médicos, genitores, governo), o tipo de ação e os limites impostos. Com isso, a tecnologia é contingente à intenção e aos fins buscados.

3.2. Classificação da manipulação genética

Quando se trata de manipulação genética, ou seja, da possibilidade de manipular o patrimônio genético humano, o *datum* original da pessoa, devem-se considerar alguns aspectos relacionados com o tipo e o modo de intervenção, a função dos materiais genéticos afetados e conforme as intenções e os objetivos buscados. De acordo com esses elementos, queremos estabelecer nossa classificação da manipulação genética e a partir desta fazer a avaliação ético-teológica.

Quanto aos tipos de intervenções, podem caracterizar-se de três formas: 1. *Intervenção mista* na linha germinal e em células somáticas, quando a manipulação acontece tão precocemente no embrião que as mudanças nas células somáticas são também incorporadas na linha germinal. As mudanças se prolongarão nos descendentes (diretrizes antecipadas). 2. *Intervenção exclusiva na linha germinal* sem efeitos simultâneos nas células somáticas da pessoa. Também é herdado pelos descendentes. 3. *Intervenção exclusiva nas células somáticas* do indivíduo sem consequências para a descendência.

---

[73] Cf. A. GEHLEN, *L'uomo, la sua natura e il suo posto nel mondo*, Feltrinelli, Milano 1983.
[74] E. PELLEGRINO, "Oltre la terapia...", 227.

As células a serem geneticamente modificadas são de tipos diferentes (em virtude de terem funções diferentes). A distinção clara entre as células somáticas e a linha germinal diz respeito a um fator biológico. Alterações em células da linha germinal serão transmitidas aos filhos do indivíduo submetido à modificação, que, por sua vez, transmitirão também às futuras gerações. Com alterações em células somáticas, as consequências da ação influenciam somente o indivíduo modificado, sem implicações diretas para a geração futura.

Quanto aos objetivos e consequências buscados, os modos de intervenção são classificados da seguinte forma: 1. Intervenção terapêutica em células somáticas. 2. Intervenção terapêutica em células de linha germinal. 3. Intervenção visando o aprimoramento ou melhoramento (*enhancement*) em células somáticas. 4. Intervenção visando o aprimoramento ou melhoramento (*enhancement*) em células de linha germinal. 5. Intervenção alterativa ou com finalidades eugênicas.

A distinção entre terapia genética e melhoramento ou aperfeiçoamento genético depende da intenção ou do objetivo por trás da modificação. Terapia é o uso da engenharia genética para tratar as pessoas portadoras de doenças, deficiências ou danos, com o desejo de restaurá-las para o estado normal de saúde. Já aperfeiçoamento (*enhancement*) é o uso da engenharia genética direcionada a alterar, por intervenção direta no patrimônio genético, o funcionamento normal do corpo e da psique humana, para aumentar suas capacidades e performances naturais e/ou conferir uma característica desejável. Segundo Juengst, melhoramento é definido como "intervenção que tem como objetivo aprimorar a forma ou o funcionamento humanos, para além do que é necessário para manter ou restaurar a boa saúde".[75]

A divisão estabelecida entre *terapia e melhoramento* é critério essencial para determinar o que é lícito e o que não é lícito. Porém, o grande desafio é estabelecer a linha divisória entre as duas atividades, ou seja, o que é 'normal' (curar doenças) e o que é "além da terapia" (melhoramento ou alterativa).

> Terapia e melhoramento são categorias que se entrecruzam: todas as terapias que foram bem-sucedidas são terapias de aperfeiçoamento. Além disso, tais conceitos estão ligados às ideias de saúde e às sempre controversas ideias de normalidade. As diferenças entre saudável e doente nem sempre são tão evidentes. A distinção entre terapia e melhoramento como argumentos para fazer um julgamento moral é problemática. Além disso, argumentos sobre se algo é ou não um melhoramento podem, com frequência, encontrar o caminho das questões éticas apropriadas: O que seria um bom e um mau uso do poder biotecnológico?[76]

---

[75] E. JUENGST, "What does Enhancement Mean?", in C. PARENS, *Enhancing Human Traits*, Washington, DC 1998, 25-43.
[76] L. PESSINI, J. E. de SIQUEIRA, W. S. H. HOSSNE, (org.), *Bioética em tempo...*, 230.

Passaremos agora para a avaliação ético-teológica da manipulação genética, de acordo com os fins buscados, o tipo e o modo de intervenção, conforme nossa classificação anterior.

4. Eliminação das doenças: Terapia gênica ou eugenia negativa

Neste tópico, nosso desejo é avaliar a eugenia negativa quando a intenção consiste na eliminação sistemática dos assim chamados traços biológicos "indesejáveis", ou seja, a geneterapia ou terapia gênica, com a possibilidade de manipular o patrimônio genético humano, o *datum* original da pessoa, somente em sentido terapêutico. Ao descrever sobre as aplicações do Projeto Genoma Humano, Serra afirma: "Hoje é possível, de maneira relativamente fácil, traçar um diagnóstico seja de um sujeito portador sadio de um determinado gene patógeno, seja de um sujeito que mais cedo ou mais tarde será afetado por uma determinada doença genética e que ainda não se manifestou".[77]

O potencial da medicina genética para tratar doenças humanas que têm base genética é cada vez maior. A engenharia genética proporcionou a descoberta das causas de muitas doenças com bases genéticas, no momento, fala-se em 6.000 doenças genéticas. Existem doenças com base em um só gene (monogênicas) e outras, poligênicas (multigênicas).

O *Comitato Nazionale per la Bioetica* (CNB – italiano) define a terapia gênica com os seguintes termos: "A introdução de um gene, isto é, de um fragmento de DNA, em organismos ou células humanas, que tem o efeito de prevenir e/ou curar uma condição patológica".[78] *A terapia gênica*, no sentido mais amplo do termo, é o tratamento de doenças hereditárias, congênitas ou adquiridas, mediante a transferência de material genético sadio para as células do corpo afetadas. A terapia gênica em sentido estrito consiste na correção de uma anomalia presente em um gene ou no mascaramento ou neutralização de sua ação. Podemos falar neste caso de terapia do gene ou sobre o gene, uma vez que envolve diretamente o gene responsável pela patologia.

Vimos nas declarações anteriores que a intervenção genética pode ter como fim buscado a cura ou prevenção de uma doença de base genética, isto quando o resultado ou o objetivo desejado é terapêutico. Partimos do princípio de que a terapia visa a ajudar alguém que apresenta uma doença genética.

---

[77] A. Serra, "La rivoluzione genomica...", 444.

[78] Cf. Comitato Nazionale per la Bioetica – L. de Carli, *La terapia genica*, in http://www.governo.it/bioetica/eventi/ BIOETICA15anni.pdf (22/03/2011).

Os tipos de intervenção com intenção terapêutica são classificados de duas formas: intervenção terapêutica em células somáticas e intervenção terapêutica em células de linha germinal. Estes são dois critérios importantes para a avaliação ético-teológica.

4.1. Intervenção terapêutica em células somáticas

A CTNBio assim define: "Terapia gênica somática ou transferência gênica para células somáticas são técnicas de intervenção ou manipulação genética que visam a introdução de material genético em células somáticas por técnicas artificiais, com a finalidade de corrigir defeitos genéticos ou estimular respostas imunes contra a expressão fenotípica de defeitos genéticos, ou para prevenir sua ocorrência".[79] Com a terapia genética somática a intervenção afeta as células somáticas, ou seja, tem implicações somente para o indivíduo envolvido.

Que questões éticas são suscitadas pela *terapia genética somática*? A resposta imediata, quando falamos de doenças reais, é: provavelmente nenhuma, pois a intervenção gênica que busca reparar uma "falha genética" e que provoca o mal-estar do indivíduo com objetivo terapêutico está de acordo com o respeito à pessoa que tem o direito à saúde. Conclusão esta apoiada pelo relatório sobre a ética da terapia genética do Reino Unido, emitido pelo Comitê Clothier: "Concluímos que o desenvolvimento e a introdução de meios seguros e eficazes de modificação genética de células somáticas destinadas a mitigar doenças em pacientes individuais são um objetivo apropriado das ciências médicas".[80]

Existe certa concordância em considerar esse tipo de terapia lícita, não existem maiores problemas éticos na terapia genética em células somáticas, como descreve Elizari: "Tendo em conta a situação do doente, não existindo melhores alternativas e, pesados os benefícios e os riscos, ao prevalecerem os benefícios, esta técnica poderá aplicar-se sem reservas morais. Contudo, a exigência legal de submeter a diversas comissões os protocolos para sua investigação em sujeitos humanos é sensata e deverá ser respeitada".[81] Neste caso, outro fator a favor é que, quando adulto, o indivíduo tem o direito de consentir nas intervenções médicas que o afetam.

Entretanto, para a intervenção gênica em células somáticas devem vigorar as condições éticas estabelecidas para experimentação humana, notadamente a

---

[79] COMISSÃO TÉCNICA NACIONAL DE BIOSSEGURANÇA – CTNBio, na IN n. 9, de 10.10.1997.
[80] C. CLOTHIER, *Report of the Committee on the Ethics of Gene Therapy*, HMSO, London 1992, 17.
[81] F. J. ELIZARI, *Questões de bioética...*, 172.

III Reflexão ético-teológica sobre a manipulação genética

autonomia, o consentimento do doente ou responsável e a relação risco-benefício. "Lembremos ainda que o objetivo terapêutico deve visar a uma anomalia grave e não ser confundido com motivo de conveniência, enfim, a ausência de alternativas eficazes."[82]

Da mesma forma que devemos ter responsabilidade em relação à vida particular da pessoa doente, assim também as ciências da vida e da saúde justificam os recursos a intervenções técnicas para curar ou melhorar a qualidade de vida do sujeito, no qual cada artifício da medicina é em si utilizado como "artifício necessário".[83] Também o papa João Paulo II escreve que as intervenções terapêuticas são por si lícitas, colocando-se na categoria do "artificial necessário",[84] ou seja, quando é possível a transferência ou a mutação dos genes para melhorar as condições de saúde das pessoas com doenças cromossômicas.

Podemos dizer que, quando forem superadas as dificuldades técnicas e o risco para a pessoa, serão justificadas as intervenções legitimamente terapêuticas em células somáticas. Para a terapia gênica somática, o juízo é em linha de princípio favorável se respeitar os princípios que defendem a autonomia, a beneficência, a justiça e o bem-estar do indivíduo em conformidade com a própria normalidade da natureza humana.

4.2. Intervenção terapêutica em células germinativas

Um dos grandes questionamentos feitos quando o tema é geneterapia é se a intervenção gênica deve limitar-se a tratar células somáticas ou adultas, isto é, células diferenciadas, ou se também pode utilizar a técnica para tratar células germinativas, considerando aqui os gametas masculino e feminino ou o ovo fecundado nos primórdios da divisão embrionária quando as células não começaram a se diferenciar.

Um dado importante a ser aqui considerado para a avaliação é que as intervenções genéticas em linha germinativa apresentam consequências em todas as descendências, ou seja, "a correção gênica operada sobre um ovo modifica a totalidade das células mesmo germinativas, mudando o patrimônio genético não apenas para o sujeito tratado, mas ainda para sua descendência, perturbando a sequência evolutiva da humanidade neste filo".[85]

---

[82] H. LEPARGNEUR, "Ética e engenharia...", 241.
[83] G. COTTIER, "Riflessioni sulla distinzione fra naturale e artificiale", in *Scritti di etica*, Casale Monferrato (Al), 1994, 171.
[84] JOÃO PAULO II, *Discorso ad un gruppo di biologi sperimentatori*, 23/10/1982.
[85] H. LEPARGNEUR, "Ética e engenharia...", 240.

As terapias gênicas radicais na linha germinativa, além de curar as doenças, também podem alterar radicalmente a identidade genética do indivíduo, porém, o critério estabelecido é a intenção e o significado, neste caso a intervenção genética visa a causa genética de determinada doença muito severa e não a alteração da integridade do genoma humano.

Para justificarmos essa ação, partimos do argumento sobre o *"continuum"*, quando na extremidade final do processo acontece mudança radical. "A oferta terapêutica seria sem sentido, caso não existisse uma pessoa em desenvolvimento; a alteração genética praticada no conjunto de células denominado embrião tem a finalidade de curar a pessoa existente, e não as células embrionárias em si."[86] Escreve Holland que a intervenção genética pré-natal pareceria um procedimento mais palatável, uma vez que visa à deficiência e não ao deficiente. Manipulando-se o genoma, aparentemente se permitiria que aquele embrião se desenvolvesse para se tornar a própria criança deficiente, porém com a deficiência subtraída.[87]

Muitos justificam que a *terapia na linha germinal* deve ser permitida porque é uma forma mais efetiva de erradicar as doenças para as quais se efetua a terapia das células somáticas,[88] pois seria mais eficaz e de menor custo que a terapia gênica sobre células somáticas; ao passo que para os que se posicionam contrários justificam-se na incerteza sobre quando começa a vida individual, a pessoa, e a quem pertence o patrimônio genético do indivíduo. São perguntas sem respostas científicas e por isso se posicionam contrários.[89] A instrução *Dignitas Personae* exclui a terapia genética germinal pelos atuais riscos significativos e ligados a qualquer manipulação genética não controlável e que não permita atingir o resultado terapêutico, assim como a possibilidade que esses danos propaguem à descendência.[90]

Habermas sustenta que nem todas as intervenções genéticas são questionáveis da mesma forma, pois as que têm o intuito de eliminar preventivamente as doenças ou as com efeito profilático podem ser permitidas moral e juridicamente, ou seja, a eugenia negativa, contudo, com a seguinte restrição, no caso do adulto, apenas se este der sua permissão. A terapia gênica em embriões é justificada pelo autor no princípio do consentimento presumido.[91]

Entendemos que os dois princípios éticos fundamentais para avaliar as terapias genéticas são o princípio terapêutico e o da identidade do patrimônio genético de um sujeito, fundamentado, por sua vez, no respeito à integridade genômica da

---

[86] Cf. E. S. Azevêdo, "Terapia gênica", in *Bioética* 5/2 (1997) 157-164, 162.
[87] Cf. S. Holland, *Bioética...*, 162, 239.
[88] Cf. *Ibidem*, 162, 239.
[89] Cf. E. S. Azevêdo, "Terapia gênica...", 162.
[90] Cf. Congregação para a Doutrina da Fé, Instrução *Dignitas Personae,* 26.
[91] Cf. J. Habermas, *O Futuro da Natureza Humana...*, 61-62.

pessoa. Esses dois princípios conjugados, o direito do sujeito doente à conservação ou à recuperação da integridade física e a eficiência da própria dotação genética conforme o princípio terapêutico, admitem tanto a terapia genética de tipo somático quanto a de tipo germinal. A finalidade terapêutica é boa e é eticamente aceitável.

Quando for possível a terapia genética em linhas germinativas, muitas doenças poderão ser tratadas ainda no útero da mãe ou mesmo diretamente nos gametas; em princípio, para nós, não há nenhuma objeção moral nesse sentido, porque se trata de uma decisão importante do médico com motivações terapêuticas, é sua missão lutar pela saúde das pessoas.

Outra situação e de relevância para nossa avaliação acontece quando as células germinativas não apresentam a doença real, porém o sujeito é portador sadio de um determinado gene patógeno. Essas questões trazem à tona a reprogenética, ou seja, a técnica que utiliza a manipulação de genes em embriões para obter seres com menos riscos de desenvolver doenças e defeitos físicos.

A reprogenética consiste na combinação da reprodução medicamente assistida (RMA) com as biotecnologias, possibilitando modificações genéticas na linhagem germinativa por várias razões, dentre estas existem justificativas de ordem terapêutica. A reprogenética na linha germinativa com o escopo e o objetivo de evitar uma doença ou curar a pessoa dela, seguindo os princípios terapêutico, do direito à saúde e do consentimento presumido, não apresenta problemas éticos e pode ser admitida. Devemos considerar também que o risco de manifestação da doença seja acentuado e que os possíveis danos ao embrião sejam os mais reduzidos possíveis, ou seja, na relação riscos/benefícios a vantagem para o embrião seja maior.

Uma situação importante a ser considerada com a realização da terapia gênica, uma vez que não existirem mais distinções entre defesa da saúde e valorização ou melhoramento genético, entre eugenia negativa e eugenia positiva, consiste no grande risco de haver uma divisão entre pessoas geneticamente melhoradas e as concebidas naturalmente com suas imperfeições. Além de provocar discussões referentes à liberdade de escolha, à riqueza da diversidade humana, à utopia do homem perfeito levada ao extremo, suscita o problema da dificuldade de acesso das pessoas às tecnologias.

Não há dúvida de que curar ou melhorar uma síndrome mórbida leva consequentemente também a um melhoramento das qualidades vitais do indivíduo. Neste caso está restituindo a saúde ou aliviando os sintomas causados pela doença. O paciente sente-se melhor e readquire as próprias capacidades funcionais, retornando às condições primeiras de saúde ou podendo até mesmo conseguir um estado de saúde em melhores condições que antes, portanto, esse tipo de intervenção genética tem finalidade terapêutica e não com objetivos além da terapia.

Ética Cristã e Pós-humanismo

O desafio consiste em estabelecer *critérios que determinam quais são as características desejáveis e as indesejáveis*. Alguns autores afirmam até mesmo a necessidade de oficializar um elenco de doenças que justificariam intervenções sobre o patrimônio genético do indivíduo e estabelecer uma lista dita ética ou uma tabela moral: "Os políticos e todos os interessados, em nível geral, assim como em nível nacional (ou de União Europeia), deverão discutir e decidir quais os produtos da nanotecnologia e quais formas de potenciamento são aceitáveis, e quais devem ser banidos ou regulados".[92]

5. Além da terapia: Eugenia positiva

As biotecnologias, e em particular as descobertas recentes sobre o genoma humano, se por um lado abrem novas e promissoras possibilidades para o tratamento de diversas doenças, objetivo em si nobre, por outro lado colocam problemas éticos inevitáveis. Uma coisa é a *engenharia do tipo terapêutica*, cujo *finis operantis* é restituir a integridade normal do sujeito, outra coisa é a que visa a alterar o patrimônio genético e criar grupos de homens diferentes, uma intervenção que vai além dos fins da medicina (ex.: aperfeiçoar sujeitos em uma ou mais qualidades acima da média estatística, obter para a descendência uma superioridade em algumas qualidades; dotar o homem com qualidades em si mesmas alheias à raça humana). Eric Juengst compreende potenciamento como "as intervenções destinadas a melhorar as formas ou as funções para além do que é necessário para manter ou restituir um bom estado de saúde".[93] Nestas condições, os problemas nascem das características melhoradas e das intenções que movem os cientistas na manipulação da natureza humana.

Nos debates atuais com a possibilidade de intervenções no patrimônio genético, recebem atenção especial as de aperfeiçoamento ou melhoramento (*Genetic enhancement*) ou alteração, entendidas em contraposição à terapia, e são bastante conhecidas por atividades com objetivos de "ir além da terapia". No documento do President's Council of Bioethics, intitulado *Beyond Therapy Biotechnology and the Pursuit of Happiness*,[94] são destacadas quatro esferas das intervenções além da terapia: 1. Bebês melhorados. 2. Performance superior. 3. Corpos sem idade. 4. Espíritos felizes.

---

[92] I. Malsch, "Le nanotecnologia e il potenziamento umano in Bioetica al futuro", in J. Tham & M. Losito, (a cura di), *Bioetica al futuro...*, 209.
[93] E. Juengst, What does enhancement mean?, citado por E. Pellegrino, "Oltre la terapia ...", 225.
[94] Cf. The President's Council on Bioethics, *Beyond Therapy...*,

As consequências, o tipo e o modo de invasão e o consentimento são usualmente considerados fatores moralmente significativos para a avaliação ética neste contexto. Diferentes avaliações são feitas quando os objetivos buscados com a intervenção genética são produzir o pós-humano, ou seja, pessoas ou grupos com características superiores às capacidades permitidas pela natureza humana. O questionamento que aqui fazemos resume-se nas seguintes perguntas: É possível aceitar outras intervenções no patrimônio genético que não sejam aquelas descritas como terapêuticas? Qual o limite entre a terapia e o melhoramento?

Quando se trata de manipulação genética além da terapia, qualquer outra intervenção é classificada como melhorativa ou alterativa. Portanto, existe uma diferença conceitual entre intervenção melhorativa e intervenção alterativa. O melhoramento ou aperfeiçoamento quer dizer o incremento de uma característica existente (ex. de aperfeiçoamento do gene responsável pelo crescimento da estatura ou pelo prolongamento da idade), ao passo que a alteração implicaria na produção de um caráter novo.

Manuel Cuyás,[95] ao formular quatro hipóteses de engenharia genética na tentativa de estabelecer critérios entre engenharia genética melhorativa e a alterativa, estabelece que a diferente graduação depende das diferenças das finalidades:

> 1. Suprir uma deficiência que deixa o sujeito em condições de inferioridade em relação à média estatística. 2. Aperfeiçoar o sujeito em uma ou mais qualidades acima dessa média estatística. 3. Obter para a descendência uma superioridade em relação ao normal na exploração de certas qualidades (altura, força, inteligência etc.). 4. Dotar o homem de qualidades que em si mesmas ou em nível de intensidade são alheias à espécie humana.

Passemos agora para a avaliação das intervenções consideradas melhorativas ou de aperfeiçoamento, nas células somáticas e na linhagem germinativa. Depois faremos a avaliação quando a intervenção é alterativa.

5.1. Intervenção melhorativa em células somáticas e em células germinativas

O desejo de corrigir aquilo que a natureza, sem ajuda externa, não nos proporcionou é forte e constante no homem. *O melhoramento genético de uma pessoa acontece aperfeiçoando sua constituição genética* com o fim de incrementar traços ou caracte-

---

[95] Cf. M. CUYÁS, "Problematica della manipolazione genetica", in *Rassegna di Teologia* 28 (1987), 487-494.

rísticas desejáveis ou erradicar as indesejáveis. D'Agostino, em uma entrevista acerca do respeito aos embriões humanos, quando foi questionado sobre a possibilidade de transformar a natureza humana, se o homem não põe em risco sua dignidade e os direitos humanos, responde: "Não cria problemas o fato de que a natureza seja transformada pelo homem, isto em qualquer medida sempre ocorreu (pensemos na inatural domesticação dos animais selvagens). Criam problemas as razões pelas quais se quer transformar a natureza: se são razões não orientadas pelo bem de todos, mas somente de alguns, serão decididamente condenadas. Assim, por exemplo, manipular o genoma humano por razões terapêuticas é não só legítimo, mas também louvável. Manipulá-lo para criar pretensos super-homens é aberrante".[96]

Portanto, entre esses dois extremos existe uma possibilidade de manipulação genética que não seja especificamente terapêutica, pois a pessoa não apresenta nenhuma anomalia genética e também não busca a produção de um super-homem, mas tem a finalidade de melhorar certas características físicas que proporcionariam melhor qualidade de vida ou bem-estar da pessoa e que são permitidas pela própria plasticidade da natureza humana. Para Cuyás, suprir uma deficiência que deixa o sujeito em condições de inferioridade em relação à média estatística se equivale à terapia.[97]

Conforme Faggioni, "em consideração às consequências a médio e longo prazo, induzem a grandes cautelas sobre a engenharia genética humana, (...) do ponto de vista estritamente deontológico, sejam admissíveis algumas intervenções melhorativas sobre o patrimônio genético humano, sob condições que não afetem a integridade da natureza psicofísica, nem o desenvolvimento da plasticidade intrínseca ao longo das direções indicadas pela teleologia da pessoa inscrita em sua natureza. As intervenções seriam vantajosas para a pessoa quando tendem a adquirir um pleno e autêntico bem-estar".[98] Portanto, numa leitura dinâmica da pessoa humana.

Numa posição contrária, para Habermas as "intervenções que alteram as características genéticas constituem um fato da eugenia positiva quando ultrapassam os limites estabelecidos pela lógica da cura, ou seja, da ação, supostamente aprovada, de evitar males".[99] Também o papa João Paulo II exorta a se orientar a intervenção genética de modo a que se evitem manipulações que tendam a modificar o patrimônio genético e a criar grupos de homens diferentes, com risco de provocar na sociedade novas marginalizações.[100]

---

[96] F. D'AGOSTINO, "Embriões são seres humanos: É eticamente indispensável respeitá-los", in *Revista do Instituto Humanitas Unisinos* 246 (2007), 11.
[97] M. CUYÁS, "Problematica della ...", 490.
[98] M. P. FAGGIONI, *La vita nelle nostre mani...*, 244.
[99] J. HABERMAS, J., *O Futuro da Natureza Humana...*, 74.
[100] JOÃO PAULO II, *Discorso all'Associazione Medica Mondiale*, 29 ottobre 1983, 6.

Para nós, são admissíveis algumas intervenções melhorativas sobre a estrutura psicofísica do homem, seja em células somáticas ou germinativas. Isso quando por meio da biotecnologia são melhoradas as expressões da natureza humana ao *status* de normalidade, ainda que por meio de novas técnicas, mas sempre respeitando os valores humanos fundamentais de sua natureza, ou seja, a integração da estrutura e da funcionalidade psicofísica do homem operada na continuidade com o desenvolver-se natural de seu ser, objetivando proporcionar-lhe características próximas à normalidade da natureza humana e que respeitem a integridade genética do indivíduo.

De modo particular *destacamos aqui as intervenções melhorativas no embrião humano.* Compreendemos que o aperfeiçoamento ou o melhoramento do embrião, no sentido de restabelecer o estado normal (a integridade) do genótipo, que respeitem a plasticidade intrínseca da natureza humana na direção indicada pela teleologia da pessoa inscrita em sua natureza, quando melhora as condições de expressão de sua natureza ontológica, partindo do consentimento presumido e livre dos riscos para o embrião de danos para a linha futura, não vemos com grandes problemas éticos nem como uma agressão à pessoa, por isso, são lícitas.

Tal ação é aceitável por apresentar "intenção normalizadora" ao buscar atingir o alcance de desenvolvimento do paciente. Na condição atual do conhecimento científico sobre o genoma humano, torna-se difícil estabelecer a priori quais genes podem ser manipulados de maneira aceitável e ética, portanto, deve-se agir com prudência e decidir de tempos em tempos quais genes podem ser anulados ou acrescentados, ou modificados, com segurança e que respeitem a integração da estrutura e funcionalidade da natureza humana em seu aspecto psicofísico em conformidade com seu próprio desenvolvimento.

Justifica-se também a potencialização genética de uma pessoa quando configurada a um ato de medicina preventiva, como para aumentar a defesa natural a algumas infecções ou doenças, aumentando a capacidade imunológica da pessoa; este seria o critério ético para a utilização dessa técnica. Neste caso a intenção e o fim buscado não estão relacionados com a eugenia positiva, mas com a lógica da medicina terapêutica.

Estamos indo também para além da normalidade, buscando na engenharia genética formas de manipular nosso genoma com o intuito de obtermos características morfológicas além do padrão estabelecido pela própria natureza. Como explica Cuyás, "aperfeiçoar o sujeito em uma ou mais qualidades acima dessa média estatística."[101]

---

[101] M. Cuyás, "Problematica della...", 492.

Entendemos que o melhoramento genético de uma pessoa para características acima da normalidade da natureza entra no âmbito de eugenia positiva, além de ser uma agressão à integridade do patrimônio genético, por isso não contém argumentos éticos que justifiquem tal intervenção. Os critérios para a avaliação ético-teológica estão de acordo com os das intervenções alterativas, conforme veremos a seguir.

5.2. Intervenção alterativa

Conceitualmente alteração quer dizer a produção de um caráter novo com genes adicionais de um doador, além dos genes herdados dos pais. Consiste na alteração da chamada *germline*, ou seja, no grupo de genes que os pais passam para os filhos. É transmitida para as gerações futuras e tem o potencial de provocar não apenas uma revolução na medicina, mas também na sociedade em geral com a criação de uma sociedade mais dividida.

A criação de pessoas super-habilitadas ou superespecializadas em determinados setores ou para determinadas tarefas, mesmo que seja para uma missão específica como viver em condições extremas ou situações de risco, pode comprometer a identidade e a individualidade da pessoa, pois cada intervenção que envolve a estrutura biológica da pessoa pode refletir sobre sua identidade e sua integridade. Sendo o homem uma unidade multidimensional, a manipulação alterativa da estrutura corpórea, incluso o genoma, tem influências sobre outras dimensões da pessoa em seu conjunto, ou seja, por meio do corpóreo toda a pessoa é atingida. Tal afirmação encontra seu fundamento no princípio da totalidade e da corporeidade.

O termo *"valorização"*, usado por muitos, é obviamente um eufemismo para alteração, uma palavra que implica inevitavelmente a ideia de bom, melhor e ótimo. Em situações de alterações da natureza humana, como vamos estabelecer uma medida ou um critério do que é bom, ou melhor, como faremos para compreender o que se entende por melhoramento? Como afirma Kass, "este me parece o problema mais grave da eugenética positiva: não tanto a ameaça de coação, mas a presunção de acreditar que somos bastante sábios para poder projetar melhoramentos da raça humana".[102]

Com a *manipulação genética dos embriões ou das células germinativas*, podemos moldar a identidade da pessoa de acordo com nossos desejos e aspirações, exercendo um controle sem precedentes. Graças ao conceito moderno de individualismo e da velocidade na mudança cultural, não nos consideramos

---

[102] L. R. KASS, *La sfida della bioética...*, 198.

mais ligados aos antepassados nem mesmo definidos pela tradição, mas somos o produto de nossa própria criação, não apenas os homens que são autoproduzidos, mas os seres criados pelo homem. A vida não seria mais uma geração autônoma, e sim produzida de forma heterodeterminada. Segundo Sandel, o incômodo nasce da vontade prometeica de remodelar a natureza, de alterar os limites, perdendo a capacidade de acolher a vida humana como um dom.[103] Afirma o teólogo Karl Rahner, "a vida não nos é dada por nós, recebemo-la por criação".[104]

O professor da Universidade de Manchester, John Harris, escreve: "Estamos também em nível, ou estaremos no futuro, de *criar seres absolutamente inéditos* pela natureza e pelas características. Não é exagerado dizer que hoje a humanidade se encontra em uma encruzilhada. Pela primeira vez pode começar a modelar, literalmente, o próprio destino, no sentido de que pode decidir não somente que tipo de mundo deseja criar e habitar, mas também que características ou fisionomia deseja dar-se".[105] Existe aqui uma concepção de dignidade como qualidades que a pessoa possui ou adquiri, ou seja, melhorar-se ou melhorar o outro geneticamente é adquirir certas qualidades consideradas superiores, o que consistiria também em "ganho" de dignidade.

Cuyás avalia essas qualidades como lícitas, "obter para a descendência uma superioridade em relação ao normal na exploração de certas qualidades (altura, força, inteligência etc.)",[106] ou seja, no sentido e na direção de incremento de qualidades físicas e intelectuais, fora do fim terapêutico e acima da normalidade. Portanto, estabelece como condição a possibilidade de estender esse possível benefício à maior parte das pessoas e manifesta preocupação de utilização por parte de governos como estratégias racistas. O autor assume que o homem possa tomar nas mãos as rédeas da evolução humana. Enquanto que, para Sgreccia, quando houver a possibilidade não terapêutica, mas de tipo amplificativo de algumas características físicas acima da média normal, além do consentimento do sujeito submetido a esse incremento e da ausência de risco, é preciso perguntar sempre se esta eleição--seleção das qualidades físicas ou intelectivas não estará ofendendo o princípio de igualdade ou exorbitando, caindo no arbitrário domínio sobre o próprio corpo.[107]

Dentro das perspectivas da engenharia genética, uma nova concepção antropológica vem sendo delineada com a tendência de considerar a natureza humana como um objeto biológico, um dado natural, separado do âmbito da humanidade

---

[103] Cf. M. SANDEL, *Contro la perfezione. L'etica nell'età dell'ingegneria genetica*, Vita e Pensiero, Milano 2008.
[104] K. RAHNER, "Il problema della manipolazione genetica", in *Nuovi saggi*, III, (1969), 370-371.
[105] J. HARRIS, *Superman y la Mujer maravillosa: Las dimensiones de la biotechnologia humana*. Edition of *Wonderwoman & Superman*, Editorial Tecnos, Madrid 1998, 39.
[106] Cf. M. CUYÁS, "Problematica della...", 487-494.
[107] Cf. E. SGRECCIA, *Manual de Bioética I...*, 251.

e disponível para o uso conforme os desejos pessoais sem considerar a natureza da pessoa. Porém, com as novas antropologias, identidade de pessoa é algo constantemente debatido por cientistas, filósofos, teólogos etc. Fala-se em identidade ontológica, psicológica, genética, relacional. O ser humano é um complexo extraordinário que o constitui como pessoa humana.

De fato, com base na *redescoberta do significado pessoal do genoma humano*, consegue-se compreender até mesmo como é moralmente incorreta qualquer intervenção que não procure integrar o ser pessoal, por meio da manipulação de sua natureza biológica. Uma ação lícita é aquela que respeita a verdade e a dignidade do homem em sua integridade genética e identidade de pessoa, e uma ação ilícita que manipula o homem e o aliena de si mesmo, como afirma Cornwell: "Ciência sem consciência é a ruína da alma".[108] Na realidade, a potenciação ameaça a dignidade humana, é o que afirma Palazzani,

> é uma tentativa de superar os limites da natureza, no esforço de manipulá-la com base nos desejos subjetivos e, portanto, arbitrários, selecionando características físicas, mentais e emotivas consideradas melhores. A potenciação ameaçaria também a justiça social, porque inevitavelmente produziria desigualdades entre quem tem a possibilidade de aceder às tecnologias e quem permanece nas condições naturais, introduzindo desequilíbrios na competição, conduziria a outras formas de discriminação: não só criaria uma subalternidade entre habilitados (naturais) e super-habilitados (potencializados), mas acentuaria inevitavelmente a diferença entre desabilitados e habilitados, promovendo uma mentalidade de marginalização de quem é considerado imperfeito.[109]

Quando nos referimos ao *tipo de invasão*, a alteração genética muito radical pode alterar a identidade e a integridade genotípica do indivíduo. Para Habermas, a manipulação genética de embriões pode transformar nossa constituição como seres humanos. Afirma também que "a biotecnologia moderna, em alguns de seus usos, seria um tipo de instrumentalização da pessoa humana ou da vida humana do indivíduo geneticamente manipulado, mostrando a ausência de respeito e consideração pela dignidade da vida humana".[110] A pessoa não perde sua dignidade, mas é ofendida naquilo que lhe é mais íntimo, comprometendo até mesmo sua integridade genética.

Em nossa avaliação ético-teológica, o argumento aqui está precisamente relacionado com o impacto sobre o indivíduo futuro ou existente, causado por esse tipo de intervenção sobre o patrimônio genético da pessoa e pelo objetivo buscado, que é a manipulação com objetivos alterativos. Sabemos que a identidade genética cor-

---

[108] J. CORNWELL, *Os cientistas de Hitler*, Imago, Rio de Janeiro 2003, 13.
[109] Cf. L. PALAZZANI, "Reflexões bioéticas sobre a enhancement...".
[110] J. HABERMAS, *O Futuro da Natureza Humana...*, 37.

III Reflexão ético-teológica sobre a manipulação genética

responde à individualidade biológica do indivíduo, ao genoma de cada ser humano e compreende parte da própria identidade pessoal. E, por ser um constitutivo da pessoa, possui valor ético que lhe é próprio e por isso deve ser respeitado, ou seja, a agressão não acontece no genoma, mas na pessoa criada à imagem e semelhança de Deus. A semelhança divina consiste na referência essencial e permanente da pessoa a Deus como fundamento e forma de seu ser. O homem não se limita à descrição dos processos biológicos, ele transcende, é imagem de Deus.

O conceito de dignidade humana baseado na antropologia teológica é assumido por nós como princípio fundamental para avaliação da manipulação genética. A antropologia teológica encara o ser humano criado à imagem e semelhança de Deus, na ordem da revelação e da salvação em Jesus Cristo, e se torna essencial na compreensão da pessoa, pois o sentido último do respeito à dignidade do ser humano tem origem transcendente, ou seja, provém de uma fonte que é conferida pelo próprio Criador. Com este princípio encontramos critérios seguros para o respeito à pessoa e para chegar a um juízo ético em relação às conquistas da engenharia genética que intervêm diretamente na natureza biológica do ser humano.

O progresso científico e o técnico, sejam quais forem, devem, portanto, manter o maior respeito aos valores morais que constituem uma proteção da pessoa humana, ou seja, autonomia, liberdade, saúde, integridade genética etc. E porque, na ordem dos valores médicos, a vida é o bem supremo e mais radical do ser humano, ocorre um princípio fundamental, antes de tudo impedir qualquer detrimento, depois pesquisar e perseguir o bem.[111] De fato, o potenciamento genético traz consigo problemas éticos e legais; isto porque uma alteração da pessoa é matéria de juízo subjetivo, pois, traz em seu escopo a eugenia positiva e como tal agride a dignidade e a sacralidade da vida humana.

5.3. Manipulação genética e manipulação de ambiente

A grande questão a ser refletida neste item está em torno do seguinte argumento: *"Manipular ambientes é permitido, mas não pessoas".* Aprovamos quando os pais proporcionam todos os meios possíveis para melhorar ou manipular seus filhos. O caso de pais que matriculam seus filhos em uma escola de música ou de línguas (entre outros exemplos) são também formas de manipulá-los conforme os desejos dos progenitores. Podemos ingerir hormônios para aumentar a inteligência

---

[111] Cf. JOÃO PAULO II, *Discorso all'Associazione Medica Mondiale*, 29 ottobre 1983.

ou para o crescimento, ou ainda para retardar os efeitos da senescência etc., mas não podemos alterar as bases genéticas para essas características. Os protagonistas do melhoramento genético se apoiam muito sobre a prioridade da autonomia do ser humano para justificar ou não suas posições sobre as intervenções genéticas.

As repostas à situação levantada sobre a problemática da manipulação genética e de ambiente, sobretudo dos filhos, podem ter dois pressupostos que se entrecruzam. Partimos do que chamamos identidade biológica da pessoa e integridade do genoma humano (argumento ontológico ou por princípio), e outro pressuposto consiste no princípio da autonomia (argumento consequencialista). O fato consiste na iliceidade de modificar o patrimônio genético da pessoa, em sua identidade biológica mais íntima e que entrecruza com a autonomia da pessoa geneticamente manipulada.

A alteração genética reduz a autonomia, porque não lhe apresenta uma opção, mas uma imposição de como se deve ser e comportar-se. Habermas afirma que a pessoa modificada geneticamente está heterodeterminada e refere-se a uma autodepreciação induzida que a futura pessoa sofrerá antes do nascimento. Essa intervenção sobre a identidade de alguém é unilateral e irreversível, afetando a autocompreensão de seres responsáveis e a autonomia individual.

Muitos questionam esta posição de Habermas afirmando que, hoje, pais também impõem condições a seus filhos sem lhes proporcionar opções. Para alguns, a mudança de ambiente equivale à intervenção genética, quanto ao impacto sobre a identidade da pessoa. Quando uma família muda-se de cidade ou de condições de meio, visando a melhores condições para seus filhos, causa-lhes o mesmo efeito que causaria se, em vez disso, alterasse seus filhos geneticamente, proporcionando-lhes melhores condições de vida.[112]

Outra situação e que foi levantada por Holland é que o aprimoramento genético causaria a *intensificação da angústia individual* de uma maneira que as técnicas de aprimoramento não genético não o fazem. O indivíduo seria tentado a pensar: "O que quer que eu faça deve-se a minha constituição genética. O crédito não é meu". O autor continua afirmando que também poderia causar angústia nas pessoas que não foram modificadas, provocando uma autoimagem negativa causada pelo desempenho intelectual inferior ao que a pessoa normalmente queria. Provocando até mesmo o desprezo social. O aprimoramento genético diminuiria o valor de grupos inevitavelmente destituídos do traço relevante, mesmo num nível normal.[113]

---

[112] Confira os trabalhos citados por S. HOLLAND, *Bioética...*, 165.
[113] Cf. S. HOLLAND, *Bioética...*, 246.

Respondemos que a *pressão socioeducativa-cultural*, por mais forte que sejam os condicionamentos, ainda deixa uma margem para opor-se e para fazer escolhas alternativas, pois se trata nesses casos de pôr condições para um aperfeiçoamento e não de determinar diretamente o grau de qualidade física por meio de uma intervenção na estrutura biológica, ao passo que uma manipulação genética instaura situações estruturais ou coações internas insuperáveis, "a irreversibilidade das consequências de manipulações genéticas parcialmente realizadas a partir de uma decisão unilateral significa uma responsabilidade problemática para aquele que se julga capaz para tal decisão".[114] Manipular ambiente não implica nos mesmos problemas éticos quanto à manipulação genética da pessoa.

O critério avaliativo aqui estabelecido depende seguramente do grau de invasão sobre o genoma da pessoa, ou seja, quanto mais invasiva ou mais radical for a intervenção maior será a heteroderminação e menor a autonomia. A intervenção radical, além de afetar a integridade do genoma humano, condiciona mais fortemente a pessoa, reduzindo sua autonomia e consequentemente o espaço de opções, impondo-lhe comportamentos. É uma ação unilateral por outros, com implicações diretas na identidade da pessoa, enquanto a mudança de ambiente não promove o mesmo impacto, respeitando o princípio de autonomia da pessoa, que é um dos elementos da dignidade humana.

5.4. Artificialização da vida humana

O desejo de manipular incondicionalmente a natureza humana manifesta uma concepção materialista da pessoa, o reducionismo genético sem nenhum valor que transcende ao biológico do indivíduo. A medicina se transformaria numa engenharia de órgãos, com ênfase quantificadora muito mais que qualificadora ou humanizadora na pesquisa das relações humanas. O reducionismo biológico é a interpretação da realidade humana unicamente com base na informação genética.

Segundo Daniel Dennett, o universo é apenas um acidente, as leis da natureza são os acidentes, o surgimento da vida, os seres humanos e a sociedade são simplesmente os acidentes incrementais da evolução darwiniana. Somos máquinas complexas, e a mente é apenas o movimento de células do cérebro e dos processos neurológicos que um dia será replicada pela inteligência artificial feita por robôs minúsculos.[115] Nossa mente está livre para transformar nosso corpo. O homem moderno identifica-se com a mente: "Penso, eu sou".

---

[114] J. HABERMAS, *O Futuro da Natureza Humana...*, 89.
[115] D. C. DENNETT, "How to Protect Human Dignity...", 45; 84.

A ciência tornou-se tecnociência. O universo é composto por particularidades engenhadas, como engrenagens, e o homem como uma peça dessa engrenagem. Estamos em meio a programas de computador, temos peças intercambiáveis a serem manipuladas de forma simples. Neste modelo, a bioética é entendida como o predomínio da racionalidade dominadora sobre o "frio universo material", acentuando a dicotomização da pessoa como um princípio antropológico. Esta artificialização da vida humana traz consequências graves para a humanidade, reveladas na desumanização da medicina, na incompreensão do papel e dos limites dos sentimentos e emoções, a medicina mecanicista deixa de lidar com dimensões psicológicas e existenciais do ser humano, pois, desde Descartes, o organismo humano foi concebido como máquina com certa capacidade de agir de forma automática.

A artificialização da vida, feita pela biomedicina, constitui um atentado à pessoa, quando transforma as práticas fundamentais da autocompreensão humana pelas livres expressões de si por parte do indivíduo falível e mortal em operações antecipadamente programadas dos indivíduos mecanizados, na qual a vida autenticamente humana é substituída pelos processos mecânicos ou químicos; neste sentido nós caminhamos em direção a uma condição pós-humana. A natureza humana não pode ser vista como a operação automática das máquinas num movimento mecanicista, ela possui forma própria que necessariamente deve ser respeitada em sua dignidade.

Com as novas biotecnologias, a biologia tornou-se uma referência básica para compreender o ser humano. Entretanto, é preciso não perder o respeito diante dos grandes entendimentos acerca do mistério da vida. É a dimensão de profundidade do ser humano verdadeiramente compreendido que merece respeito por parte da tecnociência. Uma defesa eficaz da dignidade humana exige o cuidado também das condições de nosso ser encarnado.

"A técnica, de fato, inaugura uma nova temporalidade projetada ao futuro, percorrida pelo desejo e pela intenção do homem de fazer o mundo acolhedor e habitável."[116] As formas de potenciação artificiais não são erradas porque artificiais, mas porque querem substituir o acaso pela escolha, os dons naturais pela vontade e o contemplar pelo modelar,[117] com a possibilidade concreta de reprogramação técnica de indivíduos em um nível pré-natal, colocando a pessoa na condição de objeto a ser utilizado conforme os desejos de outros (médicos, cientistas, pais).

---

[116] G. Del Missier, *"Dignitas Personae…"*, 370.
[117] Cf. M. Reichlin, "L'appello alla natura in bioetica", in *Natura in etica*, Vita e Pensiero, Milano 2009, 157-173, 169.

Observando os extraordinários mistérios do nascimento e da individualidade, o profundo significado da relação pais-filhos somente através do olhar de uma ciência reducionista e de seu potencial tecnológico é, na melhor das hipóteses, uma grave distorção da excelência humana ferindo a própria humanidade.

5.5. Manipulação genética e dignidade em função das qualidades da pessoa

Conforme vimos no segundo capítulo, ainda hoje constatamos situações de quantificação da dignidade da pessoa humana em virtude da posição social ou pelas qualidades e dons que possui; relacionam a dignidade com ato de qualidade da característica adquirida. Constatamos também que a busca desenfreada pelo aprimoramento genético reflete uma concepção de dignidade humana como valorização das qualidades da pessoa, ou seja, a pessoa é valorizada ou respeitada a partir de suas características melhoradas ou superiores. Ainda confundimos dignidade como uma qualidade com outros conceitos, tais como posição social ou status. Também pode refletir uma perspectiva ética mais proeminente, uma ética utilitarista.

Os defensores da potenciação (enhancement) genética argumentam ser possível melhorar as capacidades físicas e psíquicas humanas sem problemas de ordem moral, por serem livremente desejadas. Alegam que melhorar as capacidades do indivíduo, proporcionando-lhe um bem-estar, é respeitá-lo em sua dignidade, que o aprimoramento genético, as características a serem tiradas, alteradas ou acrescentadas, são escolhas subjetivas, e ainda relacionam a potenciação genética com as mesmas condições dos treinamentos físicos para melhorar o corpo ou a educação dos filhos para melhorar as capacidades intelectuais; da mesma forma o uso dos fármacos para a memória.

Percebemos que existe uma concepção de que se melhorar ou melhorar o outro geneticamente não depõe contra a pessoa, mas o contrário, é valorizá-la em sua dignidade. Compreendemos aqui que o desejo e a busca por possuir uma característica positiva, como resultado do crescimento e experiência pessoal, são considerados como contribuição extra para nossa dignidade, talvez a dignidade do esforço e da superação das deficiências e dos obstáculos. Portanto, são duas as formas diversas de se adquirir uma capacidade ou qualidade, quando nos são dadas a partir do nascimento, e aquelas que poderíamos desenvolver se nos fosse dado o acesso às tecnologias de aprimoramento.

Para idealizadores do pós-humano, a nossa dignidade humana consistiria em nossa capacidade de autoformação, autocrescimento; ganharíamos em dignidade por meio do exercício dessa capacidade, mesmo quando buscássemos essas capacidades por meio de técnicas. Ainda para estes, os que buscam como contribuição extra consideram mais em sua dignidade que aqueles que recebem como *datum* pela natureza. Agora quando uma pessoa em condições de potencializar-se rejeita a oportunidade de melhorar suas capacidades, por preconceito ou indiferença em relação aos benefícios que podem resultar para si ou para outros, estaria assim reduzindo sua dignidade. Neste caso, o direcionamento horizontal da dignidade igualitária do ser humano parece estar mudando na direção da escala vertical de ser (mais ou menos) efetivamente e ativamente humano.

O conceito de ter e de não ter um bem, então, estender-se-ia às características pessoais que atribuem a qualquer dos benefícios sociais. Seria acelerada a atual evolução da sociedade dividida em duas classes. Aqueles que não podem usufruir dos corpos e mentes potenciados seriam condenados a uma vida de oportunidades reduzidas ou a se submeter às vontades dos potenciados. A tentativa de melhorar geneticamente a pessoa colocaria a sociedade humana no "risco de que nossa democracia evoluísse para a genocracia, julgando as pessoas não pelo que revelam e realizam, mas pelos genes que têm".[118] A pessoa não pode ser valorizada a partir de seus atos externos, de suas propriedades e habilidades, mas a partir de seu ser essencial. Além das aparências, subsiste um princípio autônomo, que é a substância que confere a este ser humano um ser dotado de dignidade intrínseca.

Os pais, compreensivelmente, querem que seus filhos se realizem em níveis elevados, situando-se com ou acima de seus pares e para ter sucesso. Eles sabem que essas coisas são cruciais para o futuro de qualquer criança em uma sociedade competitiva como a nossa, eles querem fazer o melhor possível para seus filhos. Mas a introdução de agentes que melhoram a performance confunde a imagem, neste domínio como nos outros. Valorização artificial pode certamente melhorar as habilidades da pessoa para certo desempenho (pelo menos de tarefas específicas, no curto prazo), mas pode fazer separando pelo menos alguns elementos como a realização do esforço para alcançar naturalmente tal desempenho, comprometendo a maturidade da pessoa alterada.

Melhorar as características da pessoa está muito presente nos ideais transumanistas, mostrando a não aceitação da condição humana natural, das carências, da vulnerabilidade, e a ânsia de superação dos limites e da aquisição de qualidades por meio da razão, da ciência e da tecnologia. Buscam recursos nas diversas esferas, nas neuro-

---

[118] L. ARCHER, *Desafios da nova genética*, Brotéria, Lisboa 1992, 60.

III Reflexão ético-teológica sobre a manipulação genética

ciências, nanotecnologias e na engenharia genética para atingir seus objetivos que são o potenciamento das capacidades física, cognoscitiva e psíquica do homem, usando da técnica para apropriar-se do mundo e de si mesmo, prometendo vida melhor e mais longa; "uma luta trágica e heroica contra os limites, a finitude e a vulnerabilidade".[119]

Um dos sonhos da humanidade é de apropriar-se do controle da evolução do ser humano para erradicar a fragilidade e a finitude da vida humana; e a ciência coloca nas mãos do homem os instrumentos de controle da natureza, e com isso a humanidade pode tornar-se redentora de si mesma. Este é o grande ideal do movimento pós-humanista, o desejo de melhorar de maneira fundamental a condição humana por meio da razão aplicada, especialmente por meio do desenvolvimento e da ampla disponibilidade das tecnologias, eliminar o envelhecimento e potenciar grandemente as capacidades humanas intelectuais, físicas e psicológicas.

Por fim, para afrontarmos a esses desafios consideramos o pensamento do papa João Paulo II:

> A vida humana, mesmo sendo um bem fundamental do homem, ganha um significado moral pela referência ao bem da pessoa, que deve ser sempre afirmada por si própria. Na realidade, só fazendo referência à pessoa humana em sua totalidade unificada, ou seja, alma que se exprime no corpo e corpo informado por um espírito imortal, pode ser lido o significado especificamente humano do corpo. Com efeito, as inclinações naturais adquirem dimensão moral apenas quando se referem à pessoa humana e a sua autêntica realização, a qual, por seu lado, pode acontecer sempre e somente na natureza humana.[120]

Até o momento nossa avaliação ético-teológica dos diversos modos de manipulação genética foi baseada principalmente no tipo e o modo de intervenção e nos fins buscados, conforme a classificação estabelecida. Agora, passaremos para uma avaliação que tem como objeto a identidade genética da pessoa e a integridade do genoma em conexão com a identidade de pessoa, os níveis de intervenções genéticas e a função dos genes, pois sabemos que cada ação gera suas próprias questões éticas.

6. Genoma humano e humanidade

Avanços espetaculares da engenharia genética, como exemplo, a descoberta do genoma humano, porventura o mais publicado e o mais midiático deste novo século, estão a nossa frente a cada dia. A tônica é colocada na importância do novo

---

[119] M. P. FAGGIONI, "La natura fluida. Le sfide dell'ibridazione, della transgenesi, del trans umanesimo", in *Studia Moralia* 47/2 (2009) 387-436, 418.
[120] JOÃO PAULO II, Carta encíclica *Veritatis Splendor,* 50.

genoma diploide do zigoto para a determinação da identidade da pessoa humana. Com essa visão, conseguiremos cumprir algumas tarefas: conhecer nossa diversidade genética, estar em condições de fazer prognósticos sobre o futuro, manipular nosso patrimônio genético, efetuar a geneterapia e estabelecer a medicina preditiva.

Antes de tudo, o projeto genoma humano está transformando o pensamento dos homens, pois já se fala de *uma nova metafísica, "a metafísica genômica"*,[121] segundo a qual o genoma é visto como a verdadeira essência de nossa natureza. As evoluções da engenharia genética deram margem a intensos debates, com especulações metafísicas acerca da pessoa humana que às vezes ultrapassam suas consequências, significando a intervenção direta do homem sobre a própria essência da vida. Tal concepção revela a ideia do genoma como núcleo essencial do organismo vivo, determinante da individualidade e da particularidade, e também estabelecendo a constituição a uma determinada espécie. Assim, nosso conjunto de genes constitui a parte mais essencial do ser humano e determina o que se chama de "natureza humana", à qual estaríamos inexoravelmente acoplados.

O professor e médico Daniel Serrão, em uma conferência médica, afirma que: "Para este cientista (Alex Mauron), com todo o genoma humano já conhecido, ganha força a noção de que nosso genoma é sinônimo de nossa humanidade, o que é uma espécie de metafísica genômica. Para os defensores desta posição, o genoma é considerado como o *core*, o núcleo central de nossa natureza, determinante quer de nossa individualidade, quer de nossa identidade como espécie".[122]

O que apresentamos anteriormente é apenas um exemplo daquilo que está presente nas ideias de muitos cientistas e teóricos do mundo pós-humano, o reducionismo da pessoa ao biológico, de que o genoma é o único determinante de nossa individualidade humana e que reflete em toda uma ação de intervenção com a manipulação ocorrida de vários graus e formas. Essa concepção influencia ideologias fortemente sustentadas acerca do que há de certo e de errado com a manipulação genética em seres humanos.

Essa visão *metafísica genômica* é atraente quando olhamos para o processo de desenvolvimento biológico do ser humano a partir da fecundação. A análise em primeira vista é correta, porque é na fertilização que surge o ovo ou zigoto com um genoma diploide, resultado da fusão de dois gametas com genomas separados e distintos. O novo genoma coincide com o surgimento de um novo organismo individual com o programa genético que vai condicionar o desenvolvimento do organismo com suas características específicas. O genoma pode simplesmente ser

---

[121] Cf. A. MAURON, "Is the Genome the Secular Equivalent of the Soul?", in *Science* 291(2001) 831-832 .
[122] D. SERRÃO, XVI Jornadas de Medicina do Hospital de S. José. Hospital de S. José, 3 de junho de 2003.

III Reflexão ético-teológica sobre a manipulação genética

encarado como o marcador material da condição de pessoa. Além disso, o fato de o novo genoma permanecer (quase) estável durante a vida reforça o entendimento de que genoma é sinônimo de identidade pessoal.

A crença de que o genoma contém a essência da natureza humana levanta vários problemas. Citamos o pensamento do filósofo alemão Peter Sloterdijk de "desbestialização" do "bicho-homem", que se assenta no pressuposto fundamental de que o homem é um animal violento que representa o maior perigo para sua espécie, o que torna imperativa a construção de metodologias que o domestiquem. Por isso, o autor especulou que "antropotecnologias", como programas de base genética para criar uma raça humana mais dócil, possam substituir a educação humanista tradicional como a força moldadora das próximas gerações.[123] Tal relato genômico está fortemente relacionado com a ideia de que todos os traços comportamentais da humanidade possam ser explicados por nossos genomas e todas as características fundamentais dos seres vivos são simplesmente reflexos de nossos genes, ou seja, o determinismo genético que nos coloca na condição de escravos de nosso genoma.

Para muitos, o genoma humano nada mais é do que *locus* de informação. Todas as informações genéticas de um indivíduo estão contidas em seus genes e são hereditárias e únicas, salvos os gêmeos monozigóticos. Porém, para estes, a informação genética é o princípio de equivalência do discurso da vida, responsável por uma série de representações através das quais a vida é apreendida como consequência da informação, ou seja, é compreendida sempre por referência à informação, como a fonte de conhecimento e controle material sobre a vida.

Contrário à visão determinista do genoma, Souza diz: "É um exagero pensar que o genoma pode dizer o que é o ser humano. Ora, o ser humano é uma teia de relações complexas e seus genes explicam uma das partes dessa teia".[124] Ser pessoa humana significa muito mais que ter um genoma, porque cada pessoa tem uma história biográfica própria. Pertencer à família humana implica um riquíssimo leque de ligações culturais que não podem ser reduzidos à simples pertença taxonômica, a uma espécie viva, neste caso a espécie humana.

Colocar toda confiança, nossas esperanças e nossos medos nos genes é estabelecer uma expectativa de que o genoma humano seja a última palavra sobre a natureza humana. Sabemos que *a engenharia genética nos permite exercer uma ação direta sobre nosso futuro*, mas isso não significa a superação de uma

---

[123] Cf. L. SOARES, Peter Sloterdijk e a produção de escândalos na sociedade da excitação, in http://www.recantodasletras.com.br/ensaios/599677 (20/01/2011).
[124] V. J. de SOUZA, *Projeto genoma humano...*, 90.

visão mais completa do ser humano que também é consciência, vontade, liberdade e transcendência. "Há uma enorme diferença entre nossa consciência e as consciências de outras espécies, o suficiente até mesmo para fazer uma diferença moral",[125] e "o que nos torna especiais é que só nós, entre as espécies, podemos elevar-nos acima dos imperativos de nossos genes".[126] A vida humana é caracterizada não apenas pela genética e pela fisiologia, mas também por aspirações, escolhas e convicções, instituições culturais, práticas e normas humanas.

Existem conceitos elevados e significativos sobre a vida e a bondade humana, dignidade e virtudes, que nos ajudam a compreender que o ser humano não é simplesmente um aglomerado de moléculas que se agrupam ou um acidente no percurso evolutivo, como se fosse apenas uma distinção que aconteceu durante a evolução e que se tornasse uma parte insignificante do intelecto em um universo irracional, basicamente diferente das outras criaturas vivas ou inanimadas.

> A ideia do gene como uma unidade de informação é uma tradução metafórica, somente possível após a confluência entre ciências da vida e da informação, a qual tem conformado um conjunto de práticas científicas e culturais. Afirmar que o gene é apenas parte de uma natureza física sujeita ao acaso e à seleção natural não implica que as intervenções no nível biotecnológico eliminarão a contingência interna à vida. É precisamente neste ponto que emerge a possibilidade de um engajamento crítico com as biotecnologias.[127]

A ideia de pessoa implica uma moral, um estatuto especial para os seres humanos, e esse estatuto, em especial, requer uma crença na alma humana. O materialismo científico nega a alma e, assim, compromete a dignidade da pessoa. E o niilismo, a crença em nada, tem sido visto por muitos como um vírus profundamente perigoso e por razões óbvias. A filosofia clássica é mais sensível ao afirmar que os seres humanos têm alma racional unida a corpos físicos.

O conhecimento dos princípios básicos que fundamentam a distinção entre o que é bom e o que não é muitas vezes não é fácil de alcançar e com certeza esses princípios não são fornecidos pelas ciências biológicas. Fundamentados em uma visão técnico-científica do mundo, não é possível conhecer em sentido estrito e exato o objetivo e o significado da vida humana, o progresso humano e muito menos a ética. As ciências biológicas ajudam-nos a compreender a dimensão biológica do ser humano, portanto, o juízo ético das ações, sobre o bem e o mal,

---

[125] Cf. E. SHUSTER, "Fifty Years Later: the Significance of the Nuremberg Code", in *New England Journal of Medicine* 337 (1999), 1436-1440.
[126] F. FUKUYAMA, *Our Posthuman Future: Consequences of the Biotechnology Revolution*, Farrar, Straus & Giroux, New York 2002.
[127] A. AMARAL, "Ética do discurso e eugenia liberal: Jürgen Habermas e o futuro da natureza humana", in *Liinc em Revista* 4/1 (2008), 12-27, 15.

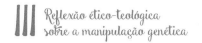

justiça e injustiça, virtudes e vícios precisam ser lidos na totalidade da pessoa e elaborados na natureza racional.

Mais do que nunca, precisamos de uma concepção mais rica da condição humana. *Ser humano significa mais do que ter um genoma humano*, significa ter uma identidade narrativa de si mesmo. Da mesma maneira, pertencer à família humana envolve um nexo rico de laços culturais, que não podem ser reduzidos a simplesmente algo pertencente a uma espécie (à taxonomia). O significado do bem humano não se esgota no exercício simplesmente da livre escolha; a própria existência, a relação biológica, o amor, a transcendência e a morte também constituem o ser humano em sua dimensão ontológica. Dignidade não significa viver de acordo com suas próprias intuições interiores, ela apresenta significado universal, uma posição reconhecida por filósofos, teólogos e instituições públicas.

O homem é um ser que busca o Transcendente, ele aspira a coisas do alto que vão além da matéria, o próprio desejo de superar-se revela toda uma dimensão humana que sobrepõe o biológico. Hoje se torna mais relevante e importante a crença em que denominamos que o homem é um ser metafísico, aberto ao outro e ao Outro, como afirma o filósofo Lévinas.[128]

A maior ameaça à dignidade humana não se reduz simplesmente às técnicas da biotecnologia, mas ao próprio pensamento científico, à intenção de objetivação da vida humana e que não faz justiça ao próprio sujeito a ser intervindo. O agir ético e respeitoso acontece com a humildade de reconhecer os limites impostos pela condição humana, renunciando a uma arrogância epistemológica, restaurando o sentimento de maravilha e mistério em relação ao mundo, tomando uma atitude de respeito que manifesta todo sentimento de cuidado e de contemplação da vida que, por si só, é uma expressão da excelência humana. É essencial redescobrirmos a sacralidade, o êxtase e o respeito pelo mistério da vida, se quisermos defender a pessoa das deformidades inevitáveis da abstração científica.

7. Alteração de pessoa

Diante dos avanços da engenharia genética, frequentemente vistos como um passo definitivo no conhecimento da pessoa humana, a sequência do genoma humano vem sendo considerada central para o debate bioético como princípio fundamental para as ideias contemporâneas acerca de como nossos genes

---

[128] Cf. E. LÉVINAS, *Ética e...*, 77-78.

ordenam nossa humanidade e como o conceito de espécie ou de pessoa é hoje compreendido. Técnicas atuais e futuras destinadas a modificar nossos corpos e nossas mentes, o poder cada vez maior de controlar a vida humana constituem um desafio para o próprio sentido da palavra pessoa, ou seja, algumas alterações biotecnológicas põem em questão a própria identidade de pessoa. E, mais ainda, que o conceito de identidade de pessoa é definido somente pela identidade biológica.

O questionamento que se apresenta hoje consiste no "quanto" da constituição genética de uma espécie é necessário para que um indivíduo seja considerado daquela espécie ou é necessário para a preservação da identidade de pessoa humana.

Ainda Alex Mauron, em sua reflexão, questiona: o genoma diploide define a natureza humana, certo? Responde: "Não exatamente. O problema é que a identidade pessoal não necessariamente se sobrepõe, de modo exato, à identidade genômica, a identidade estabelecida com a formação de um novo genoma diploide, com a fertilização. Gêmeos monozigóticos, por exemplo, provêm do mesmo embrião e têm genomas idênticos, mas são inquestionavelmente pessoas distintas. Mesmo partilhando vários traços físicos e psicológicos, têm necessariamente biografias separadas. 'Mesmidade-de-pessoa' e 'mesmidade-de-genoma' são claramente relações distintas, com sobreposições incompletas".[129]

O genoma pode assim ser assumido por muitos como o marcador material da condição de pessoa. Na realidade, são a dignidade do homem e a unidade da família humana que conferem ao genoma humano seu valor e exigem que este seja protegido de maneira especial. Portanto, seria bom afirmar que "a humanidade inteira tem a responsabilidade particular de proteger o genoma humano".[130]

Podemos afirmar que no interior de cada pessoa existe uma vida biológica e específica para a espécie humana. Cada espécie é configurada inicialmente por seu patrimônio genético, resultado da fecundação de um óvulo, com DNA específico, com um espermatozoide também com DNA específico e que vai configurar o novo ser daquela espécie. Com isso, compreende-se identidade genética como a qualidade correspondente ao genoma de cada ser humano, específico para cada espécie, sendo a base biológica de sua identidade considerada um bem pessoal. O ser humano, mesmo com a carga genética predefinida e estável, vai além desse patrimônio.

---

[129] A. MAURON, DNA reacende falsa esperança da explicação da essência humana. Texto publicado originalmente na revista *Science* (A. MAURON, "Is the genome the secular equivalent of the soul?", in *Science* 291/5505 (2001), 831-832.
[130] Cf. Observações a respeito da Declaração Universal sobre o Genoma Humano e os Direitos do Homem, 11 de novembro de 1997, Documento formulado pelo "Grupo Informal de Trabalho sobre Bioética", Seção para as "Relações com os Estados".

III
Reflexão ético-teológica sobre a manipulação genética

> Conforme a ética católica, o homem é uma realidade pluridimensional ou pluristratificada, uma realidade complexa na qual se correlacionam natureza e pessoa, a dotação comum de estrutura e dinamismo dados a singularidade e irrepetibilidade do sujeito. Na pessoa existe a natureza biológica, a singularidade da pessoa subsiste na repetitividade da natureza: a mesma percepção de si como sujeito, no sentido de identidade pessoal que constitui o eixo importante de nosso mundo interior, aquele originário da autocompreensão de si como distinto dos outros e, portanto, desenvolve-se por meio da consciência do próprio corpo.[131]

Quando se trata de alteração de pessoa, o debate dirige-se também na direção do princípio de preservação entre o inato e o adquirido, isto é, entre o princípio de que a constituição genética do indivíduo é essencial para configurar sua identidade singular, própria e específica da espécie e a que se afirma na preponderância do meio ambiente sobre o fator hereditário, sendo a constituição genética não essencial para a definição de identidade. Se esta segunda posição for válida, proporcionará uma abertura a qualquer nível de manipulação genética da pessoa prescindindo da inviolabilidade do patrimônio genético.

Para Habermas, "o progresso das ciências biológicas e o desenvolvimento das biotecnologias ampliam não apenas as possibilidades de ação já conhecidas, mas também possibilitam um novo tipo de intervenção. O que antes era dado como natureza orgânica e só podia quando muito ser cultivado move-se atualmente no campo da intervenção orientada para um objetivo".[132] Ainda devemos estar atentos para aquilo que Predebon escreve, "que a natureza nos fez precavidos por um princípio de preservação da espécie".[133]

Consideramos o fato de que os pós-humanistas, na busca desenfreada de mudanças genéticas da natureza humana, demonstram uma abertura consciente para a extinção e a superação da espécie humana atual. Essa agitação pode ser exatamente a base que nos estimula a busca de clareza acerca do real significado de pessoa humana. Considerando o que é verdadeiro de cada ser vivo, de alguma forma, não devemos destruir desenfreadamente ou danificá-lo, e isto pode acontecer de várias formas, como violência, tortura, escravidão, como também as manipulações genéticas invasivas que podem provocar agressões insustentáveis para a dignidade da pessoa.

O corpo como resultado de uma estrutura genômica em questão é um corpo vivo, não uma mera máquina, não apenas o corpo de qualquer animal, mas um ser humano, não de outra pessoa, mas um corpo próprio. Cada um de nós é pessoalmente encarnado e vive com (e por causa de) certos dons corporais. Cada um de

---

[131] M. P. Faggioni, "La vita tra natura...", 367.
[132] J. Habermas, *O Futuro da Natureza Humana...*, 16-17.
[133] J. Predebon, *Criatividade hoje: como se pratica, aprende e ensina*, Atlas, São Paulo 1999, 11.

nós tem não só um corpo, mas também é um corpo específico para nossa espécie. Embora todos sejamos igualmente encarnados, não somos corporalmente idênticos. Ao contrário, nossas diferentes identidades são anunciadas e exibidas em nossa aparência física única, e por isso nossa preocupação com tal transformação não é apenas de importância teórica ou conceitual, também é prática, afetando o significado de corporeidade como nos vemos e nos relacionamos.

O homem é corpo e espírito, é uma entidade física e psíquica que forma um todo indissociável. Ao proclamar a unidade do homem, afirma também a inviolabilidade e intangibilidade do genoma humano que se dão pela preservação de certa integridade do genoma humano a tal ponto de não alterá-lo de forma radical, comprometendo até mesmo o princípio de preservação e conservação da identidade de pessoa. Para Aristóteles, a *physis* é o princípio interno de mudanças de uma forma viva que explica sua capacidade de realizar mudanças, enquanto mantém sua identidade de espécie.[134]

Diante do conhecimento que temos sobre significado da identidade genética para a de pessoa, uma das dúvidas consiste em: se modificamos o patrimônio genético de um dos gametas ou dos dois, antes da fecundação, podemos falar de alteração de pessoa? A nosso parecer, com a modificação genética dos gametas, o acréscimo, o cancelamento ou alteração dos genes, acontece alteração da pessoa, porém para fazermos a avaliação ético-teológica, ou seja, se tal alteração é uma ofensa contra a integridade do genoma humano e a dignidade da pessoa, devemos basear-nos também em outros critérios, como o grau de modificação, a função dos genes de interesse, a intenção e a eugenia genética.[135]

Quando a alteração acontece no embrião, nas condições extremamente iniciais, na fase de prediferenciação, além dos critérios estabelecidos para a modificação de gametas, anteriormente estabelecidos, devemos acrescentar os riscos para o embrião com os procedimentos aplicados e o consentimento presumido. Uma alteração do genoma do embrião provoca a alteração da pessoa em desenvolvimento. Isto se dá devido ao significado do patrimônio genético na configuração do ser pessoa, ou seja, na conexão entre identidade genética e de pessoa.

Em se tratando de alteração genética de adultos, considerando o estado de desenvolvimento da pessoa, a diferenciação genética já está praticamente definida, a consciência bastante estruturada, a educação recebida e identidade narrativa de si mesma, a simples modificação genética é quase impossível que atinja a estrutura de

---

[134] Cf. T. KESSELRING, "O conceito de natureza na história do pensamento ocidental", in *Ciência & Ambiente* 3/5 (1992) 19-40.
[135] Aqui se empregam os mesmos critérios utilizados para a avaliação da manipulação genética em linhas germinativas com a intenção terapêutica ou além da terapia.

Reflexão ético-teológica sobre a manipulação genética

pessoa a tal ponto de falarmos de alteração da pessoa existente. Porém, acreditamos que a ciência precisa ainda avaliar melhor os efeitos da intervenção genética sobre o genoma de uma pessoa nas diversas fases de desenvolvimento e configuração do genoma, até quando e o quanto é possível agir sobre o patrimônio genético de um adulto a ponto de alterar sua identidade genética e de pessoa. Ainda não está muito clara a possibilidade de introduzir características novas em um adulto capaz de alterar sua identidade de pessoa. Contudo, qualquer alteração que aconteça em uma pessoa e que altera sua integridade genética se torna uma ofensa à própria pessoa.

8. "Humanização" de animais

Ainda dentro do entendimento do significado do patrimônio genético na configuração de pessoa, surge um grande debate quando o assunto consiste no enxerto de genes humanos em animais conhecido por muitos como "humanização" de animais.

A inventividade humana tem poderes para eliminar as fronteiras taxonômicas (entre as espécies) e transferir diretamente características genotípicas de uma espécie a outra ou mesmo entre reinos diferentes, ou seja, animal para vegetal e vice-versa, e remodelar genomas com projetos livres. Isto se compara com uma nova arte na qual o cientista é o escultor e o indivíduo, a obra de arte ou a escultura produzida ou criada. Surge uma profunda reflexão do significado de tais intervenções sobre a natureza das espécies e o sentido da identidade humana.

Animais transgênicos, *"humanização" dos animais*, ou seja, a elevação do animal em direção ao *humanum,* é o novo projeto da engenharia genética, ou seja, a possibilidade de conferir à criatura não humana capacidades operativas de tipo intelectiva e emotiva semelhantes às humanas. Significa fazer o animal biologicamente o mais próximo possível do homem. Na transgênese o organismo animal é "humanizado", portanto, essa "humanização" se restringe à transferência de características simplesmente biológicas, ou seja, no caso de um suíno que recebe material genético proveniente do ser humano, seu genoma continua a funcionar como o de suíno, com comportamento próprio da espécie a que pertence. Devemos entender que o genoma humano não é a última palavra sobre a natureza humana; ser humano significa mais do que ter um genoma humano, significa ter uma identidade própria. A essência de cada espécie é imutável, ou seja, cada forma essencial corresponde a uma particular estrutura da espécie.

Toda a fundamentação antropológico-teológica tem afirmado que o homem não é só genoma, ele não é determinado por seu DNA; a pessoa humana tem alma, espírito, é imagem e semelhança de Deus. Por tudo isso, mesmo perante a possibilidade de um animal desenvolver um órgão, célula, tecido ou hormônio humanos, não podemos afirmar que sua natureza seja humana. Partindo da reflexão antropológica cristã do ser humano em sua unidade corpo e espírito, afirmamos que o simples fato de enxertar genes humanos em animais não é garantia de que estamos humanizando o animal; o homem não pode soprar o espírito no animal e este não é adquirido pela transmissão genética.

Existe também uma grande preocupação quanto ao inverso, ou seja, *transplantar para humanos genes de origem animal*. Não desconsiderando os riscos das xenozoonoses, de rejeição por parte do homem, os princípios de autonomia, beneficência e não maleficência, afirmamos que não haveria problemas éticos e seria lícito transferir para o homem com finalidade terapêutica genes de animais, não violando a base biológica para identificar o indivíduo, ou seja, a identidade genética, e com isso não causaria riscos para sua integridade psicofísica que encontra sua base na dignidade humana. Portanto, devemos considerar a função e a qual estrutura o gene está ligado dentro da importante definição biológica de natureza humana. Deve ser proibida a transferência de genes relacionados com as gônadas, o complexo hipotálamo-hipófise, os tecidos cerebrais e o encéfalo.

Ainda hoje a ciência ainda não definiu com clareza quantos e quais genes são necessários para mudar um animal de uma espécie para outro de outra espécie já existente ou não. Precisamos especificar melhor o fenômeno de especiação. Porém, um animal, por mais que seja modificado e potenciado, não é capaz de assimilar-se ou atingir a excelência própria do ser humano.

9. Formação de uma "nova" espécie e o pós-humano

Apresentaremos esta nova cultura que vem sendo implantada com a evolução da engenharia genética a serviço da eugenética na tentativa de criar uma nova espécie ou um novo ser denominado pós-humano, agindo seja em nível somático, seja na linha germinativa, que evoca aberrações e coloca a premissa para uma sociedade baseada sobre a desigualdade biológica.

Uma das grandes descobertas a partir do genoma humano é a pequena diferença do código genético do homem para o do chimpanzé, de aproximadamente 1,3%. O DNA do homem e do rato de laboratório (camundongo), por exemplo, tem mais de 70% de similaridade. Devido a isso, cientistas consideram que a principal questão na pesquisa genômica é descobrir quais as pequenas sequências de DNA que nos fazem ser humanos.

III Reflexão ético-teológica sobre a manipulação genética

Ainda, cada vez mais a ciência vem demonstrando que geneticamente não existem raças,[136] e, com isso, muitos sustentam a necessidade da igualdade de todas as pessoas, independentemente de sua raça e que deve ser fortemente promovida. Escreve o geneticista Pena:

> Em dois seres humanos escolhidos ao acaso, notamos milhões de diferenças no código genético, não importando a origem geográfica ou étnica deles. Mais de 90% dessa variação ocorrem entre indivíduos e menos de 10% ocorrem entre grupos étnicos (raças) diferentes. Em outras palavras, há apenas uma raça de *Homo sapiens*: a raça humana! Com base nesses dados, podemos derivar um paradigma genômico de acordo com o qual cada um de nós é um ser humano único e tão extremamente diferente de qualquer outro ser humano. Não existem diferenças suficientes entre os distintos grupos étnicos para permitir dissociar os seres humanos em raças distintas.[137]

Em outras palavras, as categorias raciais humanas não são entidades biológicas, mas construções sociais.[138] Uma natureza em sentido forte, um substrato comum aos seres da mesma espécie, um princípio invariante, portanto, um indicador de pertença a uma espécie é a presença de um genoma comum e, neste caso, genoma humano.

O rompimento das fronteiras que separam o humano do não humano, assim como a possibilidade profetizada pelas biotecnologias de redução do gene humano a um objeto a ser manipulado, evocam a um novo preconceito sem precedentes em relação ao próprio humano sustentado pelos suportes tecnocientíficos. Esta nova cultura genômica suscita uma fonte geral de temor, ou seja, os potenciais eugênicos que subjazem as estratégias biotecnológicas de melhoramento de seres humanos.

No entanto, *hoje falamos em um pós-humanismo com a produção de pós--humanos*, ou seja, pessoas com características superiores aos humanos, o que foi acenado no romance de Aldous Huxley *Admirável Mundo Novo* (*Brave New World*, 1927). Retrata um futuro hipotético, no qual as pessoas são precondicionadas biologicamente, criadas a partir das novas biotecnologias, uma humanidade melhorada e por isso superior à humanidade atual, uma sociedade organizada por castas. É a superação dos limites naturais, da carência humana, pela ação da tecnologia.[139] O mundo idealizado por Huxley torna-se cada vez mais próximo da realidade por meio dos progressos biotecnológicos.

---

[136] O projeto genoma humano revelou que todos os seres humanos são 99,99% iguais biologicamente falando. Para alguns, isto revela a superação da diferença genética entre raças, não justificando mais as discriminações raciais; do ponto de vista genômico, as raças inexistem.

[137] S. J. D. PENA, "Lições de vida do genoma humano", in *Folha de São Paulo* 23 janeiro 2001.

[138] Cf. American Anthropological Association Statement on Race, in www.aaanet.org/stmts/racepp.htm.

[139] São muitas as associações transumanistas em todo o mundo: World Transhumanist Association. A Declaração Transhumanista, 2002, in www.transhumanism.org/index.php/WTA/more/208/; Humanity, in http://humanityplus.org/; A history of transhumanist thought, in www.nickbostrom.com/papers/history.pdf (22/06/2011).

Em 1924, o famoso bioquímico britânico John Haldane publicou o ensaio *Daedalus; or, Science and the Future,* no qual ele argumentou que grandes benefícios viriam para controlar nossa própria genética e ciência em geral. Ele previu uma sociedade mais rica, com abundante energia limpa, em que a genética seria utilizada para fazer as pessoas mais altas, mais saudáveis e inteligentes, e na qual ectogênese (fetos em gestação no útero artificial) seria comum.[140]

Caso a engenharia genética de células germinativas prospere, teremos uma sociedade dividida entre os "enriquecidos geneticamente" e os "naturais". Lee Silver, da Universidade de Princeton, acredita que, embora uma distopia do gênero não seja iminente, é plausível e poderia no fim das contas levar a duas espécies de humanos. Se o acúmulo de conhecimento genético continuar à taxa atual, diz Silver, no fim do terceiro milênio a classe genérica e a classe natural se tornarão espécies completamente separadas, sem capacidade de intercruzamento e com um interesse romântico tão grande uma pela outra quanto o que um humano atual teria por um chimpanzé.[141]

Com efeito, as pesquisas genéticas e o DGPI são importantes, principalmente porque são o exemplo de um perigo que está ligado ao simbolismo da criação de uma nova espécie humana e "mais perfeita". Com a genética, os mecanismos da cibernética ou a nanotecnologia, a esperança é purificar as espécies de seus males históricos e ignorar as forças da evolução e da seleção natural. As inspirações se reduzem simplesmente na humanidade que controlará todos os processos vitais e modelará segundo os próprios desejos.

"Mas nos perguntamos: se o homem é unidade de alma e de corpo, será ainda homem também aquele em que o corpo é profundamente modificado tanto para fazê-lo corpo não mais humano? Se a consciência de si passa através da mediação da corporeidade, será ainda autoconsciência humana aquela de uma criatura em que o corpo tem adquirido características de todo estranhas a nossa espécie?"[142] Podemos falar de uma nova criatura melhor do que o *Homo sapiens?* O genoma é um indicativo, não somos nosso genoma e por isso é cada vez mais urgente compreender melhor a antropologia fundamental e em particular na relação entre genoma humano e pessoa humana para respondermos a essas questões.

Dentre as razões pelas quais Habermas vê a necessidade de regulamentação da técnica genética, cita a questão da identidade da espécie em nossas representações do direito e da moral e a autocompreensão do indivíduo identificado com a espécie. A autocompreensão ética da espécie e a implicação dessa neutralização

---

[140] Cf. J. B. S. Haldane, *Daedalus; or, Science and the Future,* Trench, Trubner & co., London 1924.
[141] Cf. S. Connor, "Mutantes de verdade", in *Folha de S. Paulo*, Ciência, 20 março 2005, 4.
[142] M. P. Faggioni, *La vita nelle nostre mani...*, 243.

III
Reflexão ético-teológica sobre a manipulação genética

biotécnica da distinção que antes parecia existir, entre o que cresce naturalmente e o que é fabricado, entre o subjetivo e o objetivo, mudam a autocompreensão ética de espécie que tínhamos até agora.[143]

A ambição dos pós-humanistas em *criar um novo pós-humano*, que não é mais humano, é uma atitude audaciosa e que desconsidera a valorização da pessoa em sua humanidade e dignidade. Essa pretensão reflete um materialismo que reduz o homem apenas a sua etapa biológica, razoavelmente bem-sucedida, de uma evolução das espécies que nossa capacidade pode alterar e acelerar. Afirma Black: "Não importa até onde ou quão rapidamente a ciência se desenvolva, nada deverá ser feito ou ser permitido, em nenhum lugar do mundo, por ninguém, para excluir, infringir, reprimir um indivíduo ou fazer-lhe mal, com base em sua composição genética. Somente então a humanidade poderá estar segura de que jamais haverá outra guerra contra o fraco".[144]

A exigência de proteção da liberdade humana pressupõe a proibição dos atos de intervenção genética radical que são impedimentos ao desenvolvimento biológico do embrião ou que impedem a progressiva evolução natural da pessoa. Tal proibição fundamenta-se sobre o *princípio de conservação da espécie*. Na espécie "o direito a um livre desenvolvimento da personalidade é importante, em primeiro lugar, a proteção da dimensão corporal do ser humano, sem a qual não é possível uma vida racional. Por esse motivo, o percurso biológico do novo sujeito deve ser respeitado".[145] Contudo, a origem e o fundamento do dever de respeitar absolutamente a vida humana devem-se encontrar na própria pessoa, e não simplesmente na inclinação natural para conservar a própria vida física.

O elemento preocupante é a volatilização dos limites entre a natureza que somos e a disposição orgânica que nos querem oferecer. "Não existe uma gradualidade na natureza metafísica de algum ser e mesmo na do homem: ou se é humano ou não se é."[146] No entanto, este desafio é colocado no quadro de muitos dilemas bioéticos envolvidos na transferência de genes e na engenharia genética.

> O que está em questão não é a alternativa entre apoiar a cultura genética contemporânea e sua perspectiva pós-humanista ou opor a esta um humanismo prometeico. Para além de perspectivas utópicas ou distópicas, o fato é que estamos lidando com as possibilidades concretas de produção da vida (humana e não humana) em nível molecular. Uma vez mais, o que está em questão não é o que a ciência "já" alcançou em suas investidas nesse campo do conhecimento, tampouco o que é mera especulação ou alarme fatalista.[147]

---

[143] Cf. J. HABERMAS, *O Futuro da Natureza Humana...*, 32-33.
[144] Cf. E. BLACK, *A guerra contra os fracos...*, 697-701.
[145] J. GABALDON, "Libre desarrollo de la personalidad y derecho a la vida", in *Persona y derecho* 44 (2001), 133-172, 135.
[146] M. P. FAGGIONI, "La natura fluida...", 411.
[147] A. AMARAL, "Ética do discurso e eugenia liberal...", 13.

Ética Cristã e Pós-humanismo

Hoje, *a própria natureza humana encontra-se na mesa de cirurgia*, pronta para ser alterada, valorizada eugenética e neuropsiquicamente, remodelada em grande forma. Os grandes laboratórios, universidades, a indústria e os novos criadores estão acumulando poderes e aperfeiçoando capacidades, enquanto pelas ruas profetizam um futuro pós-humano, uma raça melhorada. A tentativa de produzir um grupo de seres humanos além da normalidade da natureza humana ou, como alguns consideram, um novo *homo sapiens* consiste numa agressão à própria humanidade e por isso é ilícita. Como alerta a instrução *Donum Vitae*:

> as novas possibilidades técnicas, abertas no campo da biomédica, exigem a intervenção das autoridades políticas e do legislador, uma vez que um recurso incontrolado a tais técnicas poderia levar a consequências imprevisíveis e prejudiciais para a sociedade civil. A referência à consciência de cada um e à autorregulamentação dos pesquisadores não pode ser suficiente para o respeito dos direitos pessoais e da ordem pública. A eugenia e as discriminações entre os seres humanos poderiam encontrar-se legitimadas. Isso constituiria uma violência e uma ofensa grave contra a igualdade, a dignidade e os direitos fundamentais da pessoa humana.[148]

10. Híbridos: Produção "homem-animal"

Dentre as possibilidades desenvolvidas pela engenharia genética, destacamos neste item a produção de seres híbridos mediante utilização de material genético de espécies diferentes, ou seja, de homem e de outros animais. *Podem-se obter seres com DNA de espécies diferentes* com a fusão de gametas de origens diferentes ou com a tecnologia do DNA recombinante. Híbrido é o organismo que resulta da união de dois gametas de espécies diferentes e, portanto, no qual estão presentes elementos dos genomas de duas espécies. O genoma humano corretamente funcional, quando fosse transferido para uma estrutura celular de proveniência animal, como no caso da hibridação, daria origem a um zigoto humano e, potencialmente, a um organismo humano.

Existem diferenças evidentes entre híbridos e organismos geneticamente modificados (OGMs). O híbrido homem-animal é um organismo criado por meio do emprego do óvulo ou espermatozoide de origem animal e de origem humana, ao passo que os OGMs, ou transgênicos, são aqueles que tiveram genes estranhos, de qualquer outro ser vivo, inseridos em seu código genético.

---

[148] Congregação para a Doutrina da Fé, Instrução *Donum Vitae*, 3.

III Reflexão ético-teológica sobre a manipulação genética

Portanto, o híbrido confunde em si a natureza, os gêneros e as espécies, rompe as fronteiras naturais entre si e com o outro, entre o orgânico e inorgânico, o artificial e natural, o masculino e feminino. Com o híbrido afirma-se que não existe mais divisão nem separação e que a natureza não está mais em condições de garantir a base substancialmente unitária da realidade para além das mudanças.

O advento da *tecnologia de DNA recombinante* ocasiona um tipo de dissonância cognitiva em torno das fronteiras taxonômicas, que poderia resultar, e tem resultado, em desaprovação moral. Portanto, algumas transformações, nesse caso a hibridização, e certos procedimentos biomédicos põem em questão a identidade das próprias criaturas relevantes pela mistura de elementos genéticos humanos e animais, capazes de alterar a identidade específica do homem. "Expor conscientemente um ser humano a tais riscos é moral e deontologicamente inaceitável."[149] A mesma preocupação foi apresentada pelo *President's Council on Bioethics* ao dizer: "A apreciação e o respeito pelo *datum naturale* ameaçado pelo híbrido; a dignidade da atividade humana ameaçada pelos meios antinaturais; a preservação da identidade ameaçada pelas tentativas de autotransformações e o pleno desenvolvimento humano ameaçado por coisas ilegítimas e superficiais".[150]

Também são ofensivas à dignidade da pessoa todas as intervenções alterativas ou amplificativas que, utilizando genes estranhos à espécie humana, tivessem como objetivos impedir ao homem de algumas de suas qualidades típicas por criar linhagens subumanas destinadas aos trabalhos perigosos ou entediantes, assim como as intervenções que eliminassem a natural variabilidade genética que é própria de cada indivíduo e a singularidade pessoal, constituindo uma produção repetitiva em série.

O respeito aos limites entre espécies faz parte do respeito pela natureza, temida e venerada em seu mistério sagrado e em sua atitude imutável. *Traçar o limite de respeito à identidade do genoma humano tornou-se o grande desafio para as diversas ciências.* A hibridação ou as intervenções que, por meio da manipulação genética, visem intencionalmente a geração de seres humanos inferiores ou superiores e, contudo, danifiquem a natureza biológica comum, que é o fundamento da natural igualdade e de igual dignidade de todos os seres humanos, são em absoluto contrárias à identidade e dignidade da pessoa.

O hibridismo é condenado por atribuir ao indivíduo qualidades estranhas à espécie humana, por meio de engenharia genética. É capaz de alterar a identidade específica do homem, constitui seguramente uma das atividades mais pe-

---

[149] IDEM, *Dignitas Personae*, 33.
[150] THE PRESIDENT'S COUNCIL ON BIOETHICS, *Beyond Therapy...*, 286-287.

rigosas para a integridade genética da espécie humana e por isso é ilícita e deve ser eticamente proibida. A instrução *Dignitas Personae* chama a atenção para a arbitrariedade dos critérios de discernimento: "seria para perguntar quem está habilitado a estabelecer quais modificações seriam positivas e quais não, ou quais deveriam ser os limites dos pedidos individuais de pretenso melhoramento, uma vez que não seria materialmente possível responder aos desejos de cada ser humano. Deve-se, por fim, sublinhar que, na tentativa de criar um novo tipo de homem, entrevê-se uma dimensão ideológica segundo a qual o homem pretende substituir-se ao Criador".[151]

Por outro lado, a nosso parecer, é eticamente aceitável a introdução de genes que dotassem a pessoa com qualidades naturais e estão ausentes na pessoa, que além de não danificar a integridade do patrimônio genético também permitiria mantê-la ou restaurá-la com maior eficácia que as terapias convencionais. Citamos situações em que a introdução de genes no conjunto genético da pessoa proporcionasse ao organismo produzir, conforme as necessidades, substâncias que neutralizassem a ação de bactérias ou vírus patógenos sem a necessidade de ingerir medicamentos; ou conferir a este a capacidade de sintetizar algumas vitaminas desprovidas no organismo por vários fatores, e por isso precisam ser acrescentadas aos alimentos.

11. *Cyborg*: *"Homo robô"*

Iniciamos este item com o comentário do bioeticista Hubert Lepargneur: "Um dos aspectos mais intrigantes das inovações tecnológicas consiste na flexibilização das fronteiras que separam os seres vivos da matéria inerte".[152] Outra citação para iluminar nossa reflexão: "um mundo artificial vai substituir o mundo real".[153] Podemos trazer essas frases para o novo feito das tecnologias, que é a possibilidade de criação do assim chamado *homo robô*, como anunciou Jonas: "Entre o natural e o artificial não existe mais diferença, o natural é absorvido na esfera do artificial, e ao mesmo tempo a totalidade dos artefatos, as obras do homem que influem sobre ele e mediante ele geram uma própria natureza, que é uma necessidade com a qual a liberdade humana deve confrontar-se num sentido completamente novo".[154]

---

[151] CONGREGAÇÃO PARA A DOUTRINA DA FÉ, Instrução *Dignitas Personae*, 27.
[152] H. LEPARGNEUR, "Ética e engenharia genética...", 242.
[153] DA REDAÇÃO, *"Baudrillard decifra Dolly"*, in *O Globo*, 22 março 1997.
[154] H. JONAS, *Dalla fede...*, 52.

III Reflexão ético-teológica sobre a manipulação genética

Com as novas biotecnologias, são muitas as tentativas de produzir um ser pós-humano e de *criar o "homo robô"* por meio do uso de genes em robôs. Estes são os novos desafios do projeto homem. "Quando pensamos no itinerário percorrido entre as concepções de F. Nietzsche e de M. Foucault, concluímos que da chamada morte de Deus passa-se para a morte do homem. Na realidade se trata de uma morte que coincide com o desaparecimento, ou melhor, com a obsolescência do conceito em questão."[155] Perguntamos: É possível elevar ao nível de pessoa com valor intrínseco outro sujeito não humano? O robô pode ser considerado pessoa e, consequentemente, sujeito de direito?

Pensamos na possibilidade de elevar ao nível de pessoa com valor intrínseco outro sujeito não humano. Surgem as tentativas de produzir o *cyborg*,[156] um organismo cibernético dotado de partes orgânicas e mecânicas, geralmente com a finalidade de melhorar suas capacidades utilizando tecnologia artificial, assim como as pesquisas *Neurobotics*, financiadas pela Comunidade Europeia e que têm como objetivo criar diversos tipos de plataformas em conjunto entre neurocientistas e robótica.[157]

Como foi escrito por Rizzacasa:

> Nascem assim as novas fronteiras da roboética, que abre o horizonte do pós-humano em direção a uma realidade na qual o natural e o artificial se fundem e se confundem em uma configuração complexa, destinada a tornar concretas muitas imaginações de ficção científica. Portanto, abre-se a uma interessante perspectiva de caráter moral em que a relação entre fé e ciência, liberdade e necessidade, encontra-se e se desencontra numa nova visão antropológico-filosófica, na qual o homem aparece ao conhecimento filosófico como um grande desconhecido, cujo destino é completamente confiado a um futuro imprevisível.[158]

Nasce no âmbito da bioética a neuroética, que tem a ver, de maneira específica, com os problemas que surgem com as manipulações cibernética, eletromagnética e farmacológica do cérebro humano.

A partir de nossa definição de identidade genética e ontológica de pessoa, *não podemos afirmar que um robô se torne humano*, membro do gênero *Homo*, no sentido de que aconteça a transformação de uma máquina em um indivíduo de determinada espécie, dotado de certas essência e natureza, assim como aconteceu no processo evolutivo do homem, quando afirmamos que um primata, ancestral

---

[155] A. RIZZACASA, "Roboetica e post umano. Alcuni interrogativi inquietanti del nostro tempo", in *Bio-ethos*, 8 (2010), 59-71, 68.
[156] O termo deriva da junção das palavras inglesas *cyber(netics) organism*, ou seja, organismo cibernético.
[157] Cf. http://www.sssup.it/ citado por M. PAGLIA, "Il postumano: traguardo della genetica odierna?", in J. THAM & M. LOSITO (a cura di), *Bioetica al futuro...*, 252.
158 A. RIZZACASA, "Roboetica e post umano...", 71.

comum aos chimpanzés e ao homem, tenha dado origem a diversas linhas evolutivas, inclusive à linha que chegou ao ser humano. A essência dos seres vivos é imutável, ou seja, a cada forma essencial correspondem uma particularidade da estrutura viva, um substrato estático, porém isso não significa que não possam surgir espécies diferentes, uma especialização biológica em outra espécie; pode acontecer uma transformação gradual de um ser vivo em outro tipo diferente, como aconteceu segundo a teoria evolucionista. Estamos falando aqui da criação ou do aparecimento de uma espécie cujo ancestral não existe, podendo até ela mesma ser criada a partir da matéria em laboratório.

Os debates que surgem a propósito do assim chamado homem-máquina, fruto da relação genoma humano e matéria inerte ou vice-versa, são de natureza abrangente como a relação natureza humana e genoma humana, gene e matéria. A questão consiste em quanto de material genético é necessário em uma matéria para produzir um substrato biológico mínimo para que apresente os atributos de pessoa ou para realizar a hominização. A construção de um ser vivo no laboratório não depende somente de fatores biológicos, mas, de uma forma original e particular, de funcionamento do genoma humano.

Uma matéria, por mais que seja alterada ou potenciada em sua constituição como matéria humana, não pode assemelhar-se a um ser humano e não atinge a dignidade própria da pessoa humana. Falamos de gene da inteligência, gene da opção sexual, gene dos desejos etc., mas não podemos falar em gene da humanidade. *Não existe um gene específico que caracteriza o indivíduo em sua humanidade.* Falamos em robôs com sentimentos, mas está claro que não atingem um grau de percepção e elaboração dos seres humanos próprios da natureza racional do homem e por isso não alcançam o status ético humano. Os sentimentos manifestados pelos robôs vêm de uma programação e não da racionalidade ou da inteligência emocional.

Nossa reflexão não está direcionada na possibilidade ou não de se criar um organismo dotado de partes orgânica e artificial, *o "cyborg"*, com as finalidades de reparar funções ou de melhorar as capacidades dos seres humanos ou produzir o *homo robô*. Não sabemos quanto e quais materiais genéticos são necessários em um vivente para produzir o substrato biológico mínimo para a hominização. *A passagem biológica de animal em homem ou "máquina"* em homem não depende somente do dado quantitativo do genoma, mas da forma original de funcionamento do próprio genoma humano. O *status* ético do *homo robô* não atingirá o *status* ético humano. Porém, partimos do pressuposto de que o uso de material artificial com o desejo de alterar o ser humano para além da terapia ou para a criação do *homo robô* fere a identidade e integridade do genoma humano e consequentemente a humanidade. É um atentado ao respeito devido à dignidade humana. A engenharia genética não nos dá a capacidade de dar a nós mesmos o que a natureza não nos deu e, por isso, não respeitar a natureza humana em sua essência é uma ofensa ou agressão ao homem criado à imagem e semelhança de Deus.

12. Nanotecnologias e dignidade humana

Como vimos no primeiro capítulo deste livro, uma das formas de potenciamento da pessoa é por meio da nanotecnologia. Por isso, esse é um tema que exige um estudo aprofundado com a contribuição das várias ciências e setores da sociedade, inclusive foi tema de um grande fórum (*European nanotechnology*) chamado "nanoforum".[159]

As nanotecnologias usadas pelos futurologistas pós-humanistas vêm refazendo a compreensão fundamental da relação orgânico/inorgânico, natureza/cultura. Assim como afirma Paglia, para os pós-humanistas o potenciamento humano trará duas consequências sobre o humanismo:

> Como primeira hipótese, graças à implementação e, portanto, ao uso das novas tecnologias sobre o corpo biológico, o homem pode emancipar-se sempre mais da cega ação aleatória dirigida pela evolução. (...) A partir desta visão otimista, o homem transforma-se em um *cyborg* em nível de responder melhor às exigências do próprio ambiente. Nesta perspectiva, o homem irá não só melhorar as próprias condições de vida, mas, graças ao desenvolvimento das novas potencialidades, relacionadas com a hibridação do próprio corpo *cyborg*, irá aumentar as maneiras em que sua humanidade pode exprimir-se. Como segunda hipótese, a autora coloca a possibilidade de as ações combinadas das tecnologias *hi-tech* e *bio-tech* determinarem o nascimento de uma nova espécie artificial mais adaptada que nós à sobrevivência e capaz de suplantar sem escrúpulos.[160]

Os divulgadores das nanotecnologias partem do princípio de que o corpo e a mente humana, como estão hoje, não são suficientemente perfeitos e por isso precisam ser melhorados. As nanotecnologias estão sendo testadas para melhorar a capacidade visual e a de audição de muitas pessoas com deficiências, para o rastreamento de indivíduos com o uso de *chips* de identificação sem que eles

---

[159] NANOFORUM, "Benefits, Riskes, Ethical, Legal and Social Aspects of Nanotechnology", Nanoforum, 2005, in www. nanoforum. org (Junho/ 2011).
[160] M. PAGLIA, "Il postumano: traguardo...", 249.

saibam, para manter pessoas alertas por vários dias, para melhorar a capacidade intelectiva, com finalidades militares, esportivas, cirúrgicas e estéticas.[161] Percebemos que as potencialidades e os objetivos desejados assemelham-se com os da engenharia genética, para terapias ou para remediar as características negativas, físicas ou mentais, e para incorporar características desejáveis. A diferença é que aqui tudo acontece por meios artificiais.

Alguns consideram que a inserção de objetos artificiais ao interno do corpo humano sem uma motivação de ordem médica é uma ameaça à pessoa e à sociedade democrática, ao passo que para outros o corpo humano é carente e precisa ser ajudado a tornar-se melhor mesmo que seja artificial. Contudo, esses potenciamentos deixam pouco clara a distinção entre o ser humano e as máquinas, com a violação dos direitos humanos ou da autonomia no caso de uma interferência na procriação humana, nas percepções mentais ou sensoriais da pessoa.

Conforme nosso parecer, as *nanotecnologias utilizadas como terapia* (princípio terapêutico) ou para melhorar a qualidade de vida das pessoas em conformidade com a natureza, não vemos como maiores problemas éticos; hoje já usamos o artificial em nosso corpo (ex.: as próteses, máquinas de que trabalham como verdadeiros rins, o coração artificial, o conhecido marca-passo cardíaco etc.). Ao passo que o uso das nanotecnologias para alterar a configuração genética da pessoa com o intuito de produzir o pós-humano é uma ofensa contra a pessoa, pois fere o princípio de respeito à identidade e à integridade genética do ser humano em sua natureza, cria uma relação assimétrica entre "humanos" e "pós-humanos", configurando assim uma nova eugenia ou eugenésica. O uso de meios artificiais para alterar as capacidades acima da normalidade da natureza apresenta interferência na pessoa, ofende a dignidade da pessoa e por isso não pode ser admitido.

13. Manipulação genética e natureza humana

Descrever a manipulação genética dentro do contexto da natureza humana é trazer para nosso estudo uma síntese dos processos anteriormente apresentados, as diversas intervenções na natureza biológica do ser humano, tendo como base a relação identidade genética, identidade de pessoa e dignidade humana.

Descrevendo sobre o ano de Darwin, Scaraffia afirma:

---

[161] Cf. I. MALSCH, "Le nanotecnologia e il potenziamento umano", in J. THAM & M. LOSITO (a cura di), *Bioetica al futuro...*, 207-208.

III Reflexão ético-teológica sobre a manipulação genética

> Hoje a questão mais premente é não tanto a possibilidade de fazer coexistir a hipótese científica da evolução das espécies vivas com um projeto divino, mas o próprio modo de conceber o ser humano. Colocando assim em crise a ideia de que a capacidade humana de produzir cultura, linguagem, moral etc., constitua uma prova da especificidade do homem. Portanto, hoje mais do que nunca, a questão não é tanto a contraposição entre ciência e Bíblia a respeito da história da evolução, mas a relação entre ciência, ou pelo menos uma parte dela, e fé na definição do conceito de natureza humana. Para defender uma especificidade que dá sentido espiritual a cada uma de nossas vidas.[162]

O texto acima é ponto inicial para nossa reflexão acerca da relação ciência e natureza humana, ou melhor, até onde a ciência pode e tem poder de ação sobre a constituição mais íntima do ser humano, sua natureza. Compreender ou estudar a natureza torna-se o equivalente a compreender os valores que existem e operam em nossa razão prática.

No respeito à dignidade da pessoa, *o princípio de defesa da vida física é essencial*, porém a natureza à qual se refere, contudo, não é só biológica, mas ontológica, compreendida não como fatos empiricamente demonstráveis, mas, ao contrário, como característica estrutural pela qual cada ser humano é união intrínseca de corpo e espírito. É a esta unidade que fazemos referência quando falamos de natureza humana e sobre ela medimos a liceidade ou iliceidade de um ato. Porque se deixássemos a visão dualista, poder-nos-ia correr realmente o risco de submeter o agir humano às leis biológicas. Nesta dimensão física, mas ao mesmo tempo transcendente da natureza, é que o homem busca o caminho para se realizar como homem e que é cheia daquele significado conferido para quem é crente, por seu Criador.[163]

Ao tratar a respeito do ser humano não podemos esquecer da ligação genoma, natureza, pessoa, dignidade humana e estado moral da pessoa. O homem é um ser pluridimensional. A natureza humana é concebida hoje como uma realidade multiestratificada, composta por um estrato primordial e fundamental, o biológico, e por extratos superiores, ou seja, personalidade, socialidade, capacidade cultural e transcendência. Tudo isto lhe confere dignidade e a condição de ser moral de respeitar e de ser respeitado.

A mais recente tecnologia possibilita manipular o nascituro modificando-o em modo determinante, seja a condição temporal, seja a constituição biológica. Podem-se programar o sexo, o estado de saúde e outros aspectos biológicos e morfológicos da pessoa. Fazer e agir exprimem, de fato, significados diferentes. Isto não só limita a liberdade, mas altera a própria condição da natureza da pessoa. A

---

[162] L. SCARAFFIA, "Mas a biologia não explica todo o homem", in *L'Osservatore Romano*, 14 de fevereiro de 2009, 11.

[163] Cf. M. L. di PIETRO, "Reflexões sobre a *Dignitas Personae*. Parte do texto: O tratamento da infertilidade", in *L'Osservatore Romano*, 4 de abril de 2009, 10.

tecnologia incide sobre a construção do material humano, a constituição biológica, portanto, o problema não é avaliar se incidem, é uma questão de quanto tal incidência é capaz de modificar a natureza humana e das eventuais consequências.

O homem possui os meios para agir sobre o dinamismo da vida. As novas técnicas de manipulação genética permitem uma vontade externa, aquelas dos cientistas ou dos biólogos ou dos genitores, de incidir sobre a origem e sobre o destino da vida, determinando em laboratório o princípio da trajetória temporal e biológica de um ser humano. É também verdade que *as novas tecnologias reprodutivas permitem ao homem decidir e manipular alguns elementos essenciais da ontogênese, mas não toda a pessoa.* As novas tecnologias permitem de fato não só dominar, mas interferir ao interno, na íntima estrutura dos fenômenos e dos caracteres naturais, como orgulhosamente os pós-humanistas levantam a bandeira da ciência moderna ao lema de Francis Bacon: "conquiste a natureza e alivie a condição humana".[164] Essas possibilidades de invasão da técnica no mais íntimo da pessoa suscitam desafios a uma reflexão ética que deverá sempre mais se confrontar com as profundas transformações provocadas pelas biotecnologias e pelos novos problemas.

Na mudança natural, seu princípio é intrínseco ao ente mesmo que o transforme, ou seja, um *télos*, porque a natureza possui em si mesma o princípio da geração. Um homem somente pode gerar outro homem e um animal, outro animal. Na mudança pela técnica ou pela produção, o princípio da transformação é outro, a atividade acontece a partir de um agente externo que se posiciona como estranho ao próprio processo. Uma vez que a crença na integridade de procedimentos científicos é quase tão importante como a própria integridade, há sempre uma tensão. "Não apenas a natureza é reduzida a uma estrutura matemática, ou, no dizer de Marcuse, a um *a priori* tecnológico; os seres humanos são submetidos ao mesmo expediente."[165]

Enquanto nos capacitamos cada vez mais com o intuito de modificar a natureza humana a nossa vontade, pode muito bem se revelar um confronto inevitável e direto com a concepção de pessoa. Consideremos um questionamento necessário, isto é, entre todas as características da natureza humana suscetíveis à ação da biotecnologia, da manipulação ou da eliminação, quais são tão essenciais para nossa humanidade e que são justamente consideradas invioláveis?

Para quem se coloca numa atitude de direito sobre a natureza, a dignidade está na consciência de que aquilo que é dado por natureza é inútil, a menos que possa trazê-lo sob seu controle consciente. Assim, o indivíduo não tem por objeti-

---

[164] F. BACONE, *Scritti filosofici*, UTET, Torino 1975.
[165] A. AMARAL, "Ética do discurso e eugenia liberal...", 13.

Reflexão ético-teológica sobre a manipulação genética

vo garantir a si mesmo como um ser biológico, porque ele está plenamente consciente de que ele é mais ou além de um ser biológico, sua dependência biológica já é diminuída por sua liberdade e por isso não reconhece limites para o quanto sua mente pode assumir o comando sobre seu corpo e seus órgãos. A natureza tem sido e será cada vez mais uma forma moldada por sua ação livre em nome de seu ser individual. A evolução natural impessoal está sendo suplantada pelo consciente e pelo volitivo ou pela evolução pessoal dirigida.

Tornar-nos livres diante da natureza é uma qualidade misteriosa possuída somente pelos seres racionais. *Ser livre diante da natureza é considerada nossa qualidade natural,* singular ou transcendente, portanto, essa nossa liberdade de seres racionais não nos dá a capacidade de transformar nossa natureza, de dar a nós mesmos o que a natureza não nos deu. Podemos chamar de direito natural à medida que reconhecemos que não somos capazes de nos fazermos e que nossa liberdade se depara com um limite imposto pela própria natureza. Portanto, existem características humanas essenciais e por isso invioláveis, são aquelas impostas pela própria natureza humana, cabe ao homem aprender a lê-las e a respeitá-las. O ser humano deve continuar a ser padrão para si mesmo em modo pleno e exclusivo.

Alterar nossa estrutura biológica de forma catastrófica de maneira tal que a recuperação possa ser difícil ou impossível é uma ameaça contra a dignidade humana e afeta muitos aspectos da humanidade, como a própria preservação. Pequenas mudanças na sociedade podem provocar alterações indesejadas nela, por isso, mudanças genéticas comparam-se com as mudanças climáticas globais, essas mudanças tendem a ser irreversíveis.

Ryan é enfático ao afirmar que "os seres humanos não são patrões da natureza, mas trabalham com suas potencialidades para realizar um mundo que tenha um significado. Nosso conhecimento do mundo e de nossas ações não é arbitrário, mas é, em qualquer modo, o complemento daquilo que é escondido ao interno da natureza".[166] Saímos em defesa do respeito à vida, à liberdade, do direito à busca do progresso científico, porém o homem deve ser intérprete e administrador fiel de sua natureza biológica.

Os principais desafios da revolução biotecnológica não são derivados de elementos estranhos a nosso modo de vida, mas dos princípios fundamentais que estão em torno da definição de humanidade e do bem-estar, o respeito pela vida e por sua preservação, a liberdade de estudar, inventar ou investir no que queremos, um compromisso com um humanismo de compaixão.

---

[166] M. RYAN, "Tecnologia a servizio dell'uomo: riflessioni filosofiche ed etiche in Bioetica al futuro", in J. THAM, & M. LOSITO (a cura di), *Bioetica al futuro...*, 64.

O crescente poder da tecnologia de influenciar no corpo e na mente humana, justamente exaltado por sua contribuição ao bem-estar humano, também se presta a aplicações que poderiam fazer-nos cair na desumanização. Temos também de evitar o cientificismo descontrolado e o projeto utópico de remodelar a humanidade à imagem e semelhança de nossas escolhas. A segurança do futuro humano baseia-se em nossa capacidade de adotar uma meia distância prudente para evitar a desumanização.[167]

Podemos dizer que a biotecnologia está fazendo um recriacionismo; a profundidade de evasão da manipulação genética pode ser um fator relevante na redefinição de natureza humana. É a condição pretensiosa do ser humano de ir além do que é essencial para o cuidado humano, do bem-estar da pessoa comprometendo a ciência biomédica em sua contribuição efetiva com a salvação da pessoa. Este domínio sobre a natureza é proclamado por Engelhardt ao afirmar que:

> à medida que desenvolvermos nossa capacidade de atuar no campo da engenharia genética não só da linha somática, mas também da linha germinal, conseguiremos plasmar e modelar a natureza humana à imagem e semelhança dos objetivos predefinidos não pela natureza ou por Deus, mas pelas pessoas humanas. (...) Se na natureza humana não há nada de sagrado (...) não restará mais nenhuma razão para que, com as devidas cautelas, não se possa transformá-la radicalmente.[168]

O propósito de um domínio da natureza baseado na ciência são aqueles ditos humanitários e que tendem a uma medicina sem limites, capaz de curar uma infinidade de doenças do corpo e da mente, talvez capaz de derrotar o envelhecimento e, por fim, até mesmo a morte. A física, em sua definição de ciência da natureza (*physis*), desembocará no domínio da natureza, realizado por meio de uma nova física, entendida como medicina onicompetente e onicompreensiva, abrangendo o corpo e a mente.

Alterar a natureza humana não é uma opção que podemos tomar em qualquer tempo e, depois, decidir se os resultados são bons ou ruins, com base no princípio de que Deus sabe. Pelo contrário, uma questão que está em jogo é nossa humanidade, não só a existência, mas também as implicações dessa escolha. O fato é que a vida de cada ser humano tem um limite biológico e inato, evoluiu em conformidade com sua natureza.

A mudança natural emerge da própria natureza, ao passo que com a manipulação a mudança emerge de nosso controle sobre a natureza. Não somente a moldamos, mas a transformamos profundamente em proveito próprio. Não perguntamos

---

[167] Cf. L. R. Kass, *La sfida della bioetica...*, 10.
[168] H. T. Engelhardt, *Manuale di bioetica*, Il Saggiatore, Milano 1999, 429.

III Reflexão ético-teológica sobre a manipulação genética

mais que coisa é, mas como funciona. A natureza torna-se para o pensamento moderno um material a transformar. O projeto de domínio sobre a natureza coloca à disposição do dominador ilimitados poderes e o deixa à deriva em meio aos vidros.

As pessoas geralmente acreditam que a nova ciência nos permite descobrir a verdade a respeito da natureza, porque esperam que esse conhecimento se revele totalmente útil: procure o conhecimento que lhe dará o poder, manifesta claramente a concepção do saber como poder, porém, como afirmou com domínio Richardo Kennington, "seria mais justo dizer que a nova ciência primeiro buscou o poder sobre a natureza e, em seguida, encontrou uma maneira de reinterpretá-la que deriva da espécie de conhecimento que dá o poder".[169]

É preocupante quando as pessoas agem em direção da natureza humana como se fosse simples matéria-prima a ser moldada de acordo com a vontade própria, quando as pessoas falam como se fossem sábias o suficiente para transformar os seres humanos, melhorar o cérebro humano ou remodelar o ciclo da vida humana. As muitas mudanças que algumas pessoas podem pensar como melhoramentos atentos e conscientes, portanto, não são tão conscientes como pensam inicialmente, devemos considerar que as melhorias propostas são susceptíveis de interferir na natureza do que está sendo melhorado.[170]

Precisamos encontrar um novo equilíbrio entre a dimensão permanente da lei natural e sua historicidade. "De fato, no atual estado da discussão pode-se notar um duplo desequilíbrio: de um lado, um equivocado metafisicismo acabou privando a lei natural de sua dimensão histórica; de outro lado, ao contrário, a reação do positivismo historicista acabou privando a lei natural de seu fundamento ontológico e absoluto, conduzindo a um relativismo não só cultural, mas também moral."[171] Portanto, para encontrarmos esse equilíbrio e para dominar os processos normais naturais, temos de descobrir as leis ocultas por trás deles e reinterpretar a natureza à luz destas e não da experiência.

Para orientar a utilização adequada do poder biotecnológico, precisamos de algo além de uma apreciação generalizada para os dons da natureza, ou seja, precisaríamos também de atenção e respeito exclusivos pelo dom especial que é dado por nossa própria natureza. Porque só se houver uma humanidade natural, que é boa e que precisa ser respeitada, é que vamos encontrar formas de como manipulá-la sem deixar de ser ela mesma. Este será um passo positivo como guia para escolher o que alterar e o que deixar continuar sozinho. Só se compreendermos algo precioso em nossa natureza

---

[169] R. KENNINGTON, "Conferenza inédita su Francis Bacon", The Committee on Social Thought, University of Chicago, Chicago 1986, citado por L. R. KASS, La sfida della bioética..., 396.
[170] Cf. C. ELLIOTT, Better Than Well, Norton, New York 2003, 257-258.
[171] C. ZUCCARO, Bioética e valores no pós-moderno, Loyola, São Paulo 2007, 185.

humana, além do fato de seus dons, o que é dado pode levar-nos a resistir aos esforços que a degradam, como afirma Habermas: "a integridade do patrimônio genético não manipulado pode ser justificado pelo entendimento dos fundamentos biológicos da identidade pessoal como algo de que não se pode dispor".[172]

A medicina ordinária faz uso extensivo de meios artificiais similares, de medicamentos à cirurgia para implantes mecânicos, a fim de tratar a doença. Se o uso de meios artificiais é absolutamente bem-vindo na atividade de cura, não pode ser só sua inaturalidade que nos inquieta quando eles são usados para fazer as pessoas melhores do que são. Algumas intervenções biotecnológicas podem auxiliar na busca da excelência sem o rebaixamento de sua realização.

O natural desenvolvimento dos fenômenos naturais é normativo, porque responde ao projeto com que o Criador modelou o mundo. O homem mesmo, seguindo livremente suas inclinações naturais inscritas em suas estruturas corpórea e espiritual, realiza suas potencialidades de criatura e se adéqua à eterna vontade de Deus refletida no dinamismo da natureza humana.

Para a Bíblia, natureza, entendida como complexo das realidades criadas, inclusive o homem, tem uma densidade ontológica e axiológica, "em virtude do próprio fato da criação, todas as coisas possuem consistência, verdade, bondade e leis próprias, que o homem deve respeitar, reconhecendo os métodos peculiares de cada ciência e arte".[173] "Não se trata de uma normalidade puramente biológica, mas de uma ordem racional que exprime e revela o plano divino sobre o homem."[174]

Entendemos que o direito de intervenção sobre a pessoa não é absoluto; deve-se compor com o direito dos seres naturais de existirem e de serem conservados no respeito de suas realidades, direito radicado no valor intrínseco de cada criatura e baseado na participação ao *bonum* fundamental de Deus. Cada ato que envolve os processos naturais pode tornar-se uma invasão do espaço intangível do ser humano e traduz-se em um domínio não somente sobre a natureza, mas sobre a humanidade. Essa invasão acontece quando o homem é capaz de interferir diretamente na identidade genética da pessoa, ferindo sua integridade, indo além da própria lei da natureza humana.

Assim, modificações no patrimônio genético do indivíduo para além do respeito aos limites éticos significam comprometer a pessoa de qualquer coisa que lhe pertence por natureza e por dignidade, ou seja, a autonomia, identidade e integridades genética e pessoal significam modificar com um só gesto seu presente e seu futuro. Por tudo isso o respeito é um princípio universal que se torna constitutivo da dignidade.

---

[172] J. HABERMAS, *O Futuro da Natureza Humana...*, 29.
[173] CONC. ECUM. VATICANO II, Constituição Pastoral *Gaudium et Spes,* 36.
[174] M. REICHLIN, *L'appello alla natura...*, 159.

Afirmamos então que, quando falamos de manipulação ou de disponibilidade da natureza à modelação, *o critério ético não vem encontrado somente na natureza como datum biológico, mas na pessoa compreendida em sua pluridimensionalidade.* Aqui falamos de uma natureza entendida e interpretada por meio da mediação antropológica que é a natureza da pessoa. A relação com a natureza deve ser sempre um imitar sensato, que respeite a verdade da pessoa. Essa abordagem insiste em que há um limite para a intervenção científica e que esse limite é a natureza da pessoa humana imagem e semelhança de Deus em sua essência e sua existência como ela é atualmente entendida e valorizada.

14. Discussão de alguns casos concretos

A partir do princípio da dignidade humana aprofundado até o momento, lançaremos algumas luzes sobre alguns casos concretos. Nossos objetos de apresentação serão os resultados concretos de algumas conquistas da engenharia genética. São três casos específicos de ação das biotecnologias sobre os seres humanos, dois relacionados com desempenho superior, o problema do *"doping genético"* nas competições esportivas e a questão das *"crianças projetadas"*; e uma terceira, não tanto como desempenho superior, mas o grande desejo do ser humano de prolongar a vida e com saúde, o *"retardamento do processo de envelhecimento ou a senescência"*. Escolhemos esses três casos pela relevância que apresentam para a sociedade atual e pelos passos concretos já conquistados pela engenharia genética.

Para a avaliação, precisamos conhecer as razões e os objetivos que buscam o tornar-se melhor, as qualidades ou habilidades que procuram melhorar, os diferentes meios que podem utilizar para aprimorá-los e o verdadeiro caráter das diferentes atividades envolvidas. Sabemos, portanto, que não podemos avaliar as melhorias propostas ou alterações de nossa humanidade, a menos que tenhamos alguma ideia de dignidade humana, uma noção do que é admirável, digno, excelente e sagrado sobre a pessoa humana.

14.1. Doping genético e o atleta superior

A) Introdução

Existe uma pergunta que perpassa este tema: é necessário diante de tantos outros problemas aparentemente maiores, a bioética ocupar-se do doping genético no esporte? *The President's Council on Bioethics* diz que: "Muitos aspectos da vida humana são de fato mais importantes para se preocupar do que se preocupar com o atletismo. No entanto, se alguém está interessado não só na luta contra a miséria humana, mas também na promoção da excelência humana, o mundo do desporto é um estudo de caso extremamente útil".[175]

Em pouco tempo, atletas começarão a usar a manipulação genética como doping para aumentar desde seus músculos até sua velocidade, quem diz isso é Mark Frankel, especialista em modificação genética e bioética da Associação Americana para o Avanço da Ciência, e alerta que os atletas podem querer fazer mau uso da geneterapia. Eles estão saudáveis, mas podem querer utilizar as técnicas para melhorar seu desempenho artificialmente. Para ele, a Olimpíada do Rio de Janeiro, Brasil, em 2016, corre sério risco de ficar marcada por esse tipo de doping. Os atletas, dispostos a ignorar os riscos para a saúde de um procedimento ainda experimental, já procuram cientistas para saber quando poderão usar as novas técnicas; Frankel critica ainda os cientistas que nunca sequer pensaram nas implicações éticas de seus trabalhos em áreas como o esporte.[176]

Com isso, percebemos que ganham em importância discussões sobre a utilização de novos métodos e substâncias em suas mais amplas aplicações e implicações, quer do ponto de vista sanitário ou ético. O doping genético tem suscitado debates tão intensos quanto questionáveis dos pontos de vista científico, ético e legal.

B) Definição de doping genético

De acordo com a definição de 2004 da *World Anti-Doping Agency –* WADA (Agência Mundial Antidoping – AMA), doping genético é a "utilização para fins não terapêuticos de células, genes, elementos genéticos, ou de modulação da expressão genética, que tenham a capacidade de melhorar o desempenho esportivo, e por isso é proibida". A AMA ainda estabeleceu "a ocorrência de uma ou mais violações das regras antidoping enunciadas nos artigos 2.1 a 2.8 do Código".[177]

Assim escrevem Ramirez & Ribeiro:

---

[175] The Meaning: "Superior Performance", in THE PRESIDENT'S COUNCIL ON BIOETHICS, *Beyond Therapy...*, 106.

[176] Cf. R. MIOTO, "Doping genético virá", in *Folha de São Paulo*, Ciência, 14 fevereiro 2010.

[177] WORLD ANTI-DOPING AGENCY/AGENCE MONDIALE ANTIDOPAGEM (WADA/AMA). World Anti-Doping Code / Code Mondial Antidopage, Montreal 2003.

São apresentados conceitos de doping e tecnologias biomoleculares, bem como os principais genes candidatos ao doping genético. São discutidas, dialeticamente, as relações entre terapias gênicas e doping genético e a inclusão do doping genético na lista proibida da WADA sob a égide da biologia, do direito e da filosofia. Considera-se, ao final, que o tratamento dado pela AMA à utilização de tecnologias biomoleculares corresponde, apenas em parte, às transformações por que passa o mundo e às expectativas do Movimento Olímpico quanto a sua razão de existir.[178]

C) Melhoramento genético e esporte

Especificamente para o esporte, a terapia gênica oferece um caminho promissor como terapia na recuperação de tecidos de baixa capacidade regenerativa, tais como tendões, cartilagens e músculos esqueléticos, facilitando a recuperação de rompimentos de ligamentos cruzados, meniscos, lesões em cartilagens e calcificação óssea tardia pela inserção de fatores de crescimento para estimular a cicatrização; nesses casos, a grande dificuldade é estabelecer a linha divisória entre a terapia e o aprimoramento genético.[179]

Os cientistas aprenderam muito sobre a estrutura celular e o desenvolvimento da musculatura esquelética, bem como sobre como os genes importantes para as células musculares funcionam e são regulados. Utilizados em combinação com o treinamento e dietas especiais, os atletas podem aumentar muito o tamanho e a força dos músculos. Porém, com as pesquisas biotecnológicas de desenvolvimento, tanto genéticas como farmacológicas, têm introduzido novas possibilidades para a produção e o aprimoramento dos músculos. A possibilidade de inserção de genes sintéticos de reforço muscular pode tornar os músculos mais fortes, mais rápidos e menos propensos a danos.

São várias as maneiras de melhorar o desempenho atlético, a partir do básico até o sofisticado, do antigo ao novo. Para alguns defensores da alteração genética para características desportivas, estas se comparam com os instrumentos usados em treinamentos ou com os aparatos, como a alimentação adequada. Sapatos de alta tecnologia melhoraram a eficiência do movimento, roupas dos nadadores projetadas permitem maior agilidade na água. Assim como também não parece haver uma diferença entre comer clara de ovo e tomar esteroides anabolizantes para levantar pesos. No entanto, sabemos que nem todos os equipamentos que

---

178 A. Ramirez & A. A. C. P. Ribeiro, "Doping genético e esporte", in *Revista Metropolitana de Ciências do Movimento Humano*, 5/2 (2005) 9-20.
179 Cf. Alguns genes que são candidatos importantes ao uso indevido no meio esportivo: G. G. Artioli; R. D. C. Hirata & A. H. Jr Lancha, in *Revista Brasileira de Medicina do Esporte* 13/5 (2007).

melhoram o desempenho são aceitos no esporte; e que quanto mais invasivas, mais controversas, e (por ora) ilegais no atletismo, são os usos de diversas substâncias (drogas) para melhorar o desempenho.

Sabemos que o esporte olímpico é uma atividade na qual a excelência humana é reconhecida e admirada, as preocupações sobre melhorar o desempenho injustamente são familiares e o incômodo a respeito do uso de drogas de melhora de desempenho é amplamente compartilhado nem sempre totalmente compreendido.[180] Estamos adquirindo condições com a engenharia genética para aumentar a força e o desempenho dos músculos, agindo diretamente no genoma humano, melhorando algumas características ou introduzindo outras estranhas à espécie humana.

D) Avaliação ético-teológica

Quanto ao uso da engenharia genética para a melhoria do desempenho, especialmente em atividades competitivas, as preocupações podem ser levantadas sobre o desempenho inautêntico, a vantagem injusta e a eugenia positiva. O fato consiste na ilegalidade de alterar o patrimônio genético da pessoa, colocando-lhe na condição de superioridade e que se entrecruza com o desempenho inautêntico e a vantagem injusta. Entendemos que, com o uso dos meios tecnológicos para transcender os limites de nossa natureza, estamos deformando o caráter também de desejos e aspirações humanos, estabelecendo-se para aferir externamente realizações que são cada vez menos os frutos de nossos esforços e cultivo individual.

O esporte é o lugar onde honramos o melhor para as realizações do esforço humano e onde nós admiramos o esforço daqueles que buscam conseguir o melhor. Também é uma atividade que convida a uma reflexão mais profunda acerca de nossa natureza corporal e, especialmente, de nossa natureza corporal visivelmente humana. Qualquer atleta, para adquirir um nível superior no esporte, é exigido em força, unidade, resistência, coordenação, agilidade, visão, rapidez, inteligência, disciplina, treino e ousadia, virtudes compartilhadas de corpo e alma e que se manifestam de diferentes formas e graus, dependendo da atividade e da forma que realiza.

Em determinadas situações da vida ou até mesmo em certas competições esportivas, os seres humanos são tratados como seres dispensáveis. Atividades desportivas são muitas vezes intrinsecamente inseguras. Algumas (boxe, futebol, hóquei e esqui), atividades que exigem resistência, ousadia e às vezes até

---

[180] The Meaning: "Superior Performance", in THE PRESIDENT'S COUNCIL ON BIOETHICS, *Beyond Therapy...*, 102.

Reflexão ético-teológica sobre a manipulação genética

desprezo pela simples segurança como sendo muito menos importante do que a vitória e a conquista. E, quando se trata de potenciamento genético para vencer competições, os riscos para a saúde, a segurança, também não são levados em consideração. Para o médico especialista em medicina do esporte, Belloti, "o esporte, hoje, manifesta-se como um fenômeno em que se tem medo e que causa temor, isto não faz bem às pessoas, pode, em vez, fazer mal, em certas situações pode fazer muito mal, até mesmo provocar a morte. Com isso, será pouco esportivo e nada de humano".[181]

Para nossa avaliação, devemos fazer a distinção entre as diferentes formas de alcançar um desempenho superior e como essas formas de tornar-se melhor podem alterar, melhorar, corromper ou aperfeiçoar nossas diversas atividades. Obter um desempenho superior por meio do aprimoramento genético é diferente de usar um equipamento melhor ou ter uma melhor capacitação. Utilizar melhores equipamentos contribui para o melhor desempenho, mas não anula o esforço nem substitui a capacidade. As melhorias que poderíamos ter feito uma vez por meio de treinamento sozinho, agora fazemos apenas com o auxílio. Ao passo que a alteração genética pode substituir em grande parte o esforço do atleta, colocando-o à frente dos demais ou, melhor, fá-lo começar a disputa à frente dos concorrentes. Neste caso, a linha divisória entre a pessoa e os equipamentos pode estar erodindo. Esta diferença está intimamente ligada com a compreensão e o respeito à pessoa humana. É necessário considerar de modo significativo o que afirma Belloti: "O esporte é treinamento, vamos dizer de forma clara e simples, para que não se equivoque no seguinte: todo o resto é superestrutura, é secundário, às vezes luxo. (...) O treinamento esportivo se encontra na prática e na experiência".[182]

Nossa preocupação mais evidente com os agentes para melhorar o desempenho no atletismo, os futuros reforços genéticos musculares, são preocupações também com a justiça, a equidade da concorrência e a dignidade do esporte. Acerca da preocupação de que os atletas ao usá-los terão uma vantagem injusta sobre outros atletas, de que a injustiça será cometida contra seus rivais, escreve Lorenzetti: "No esporte, deve-se buscar a exaltação da capacidade pessoal, não a concorrência desleal contra o adversário".[183]

Surgem também questionamentos pertinentes como ou a quem devemos recompensar quando um atleta potenciado conquistar resultados extraordinários: O cientista, o treinador, o atleta ou o gene? Quem deve subir ao pódio ou tem o direito

---

[181] Cf. P. BELLOTTI, "Sport e bioetica: il potenziamento farmacologico e tecnologico dell'atleta", in J. THAM & M. LOSITO (a cura di), *Bioetica al futuro...*, 384.
[182] *Ibidem*, 385.
[183] L. LORENZETTI (a cura di), *Trattato di etica teologica 2: etica della persona*, Edizioni Dehoniane, Bologna 2010, 298.

de reivindicar o título de recorde mundial? Quando o atleta usa de anabolizantes ou quando é passível de alteração genética, quem ou o que está sendo enganado, seus concorrentes, os fãs, ele mesmo ou a dignidade da própria atividade?

Devemos considerar diversas fontes de nossa inquietação sobre os diferentes agentes técnicos e biotecnologias que podem aumentar ou alterar o desempenho esportivo: a injustiça e a desigualdade, coação e constrangimento, e os efeitos adversos sobre a saúde e o equilíbrio da vida humana. Cada um indica algo importante, contudo, os problemas não são simplesmente a desigualdade e a injustiça, mas a própria dignidade da humanidade é ofendida. Há a violação da própria dignidade, por conta da desonestidade, e da dignidade do outro, que é desrespeitado e enganado.

A valorização artificial do atleta pode certamente melhorar as habilidades da pessoa para certo desempenho, mas pode fazê-lo separando pelo menos alguns elementos, como, por exemplo, a realização do esforço para alcançar naturalmente tal desempenho. Os títulos conquistados, obtidos com o uso da alteração genética são depreciados, não simplesmente porque os vencedores traíram seus adversários ou infringiram uma lei, mas porque eles também se enganaram, prejudicaram-se ou se corromperam na atividade atlética em que se sobressaíram.

O que faz um ato ser verdadeiramente humano não consiste simplesmente em uma decisão para melhorar nosso corpo por meio de medicamentos ou de intervenção genética, é também uma questão de escolha humana. "Tecnologia que não ajuda o homem serve somente para o espetáculo e se torna desumana."[184] Algumas tecnologias de melhoramento genético do desempenho atlético e que são elencadas pela AMA, o uso de elementos genéticos, ou de modulação da expressão genética, que tenham a capacidade de melhorar o desempenho esportivo, põem em questão a própria dignidade do desempenho das pessoas que as utilizam. O desempenho se torna inautêntico, parece menos real, menos próprio e menos digno de nossa admiração.

O ter dignidade e agir honestamente dizem respeito àquilo que é constitutivo do ser humano. Estamos sempre dispostos a reconhecer certos valores e dar-lhes mais precedência que a outros. Ex.: escolho vencer a competição treinando de forma justa ou enganando a mim mesmo e aos outros por meio do uso de técnicas ilícitas. Vencer a competição pelo esforço é reconhecer o valor que há em vencer honestamente e, por outro lado, é repugnante pensar em envolver-se em atos desonestos.

Conforme vimos, a potenciação para competições esportivas também ameaça a dignidade humana como uma tentativa de ir além da normalidade da natureza humana, no esforço de manipulá-la com base nos desejos subjetivos e, portanto,

---

[184] P. BELLOTTI, "Sport e bioetica: il potenziamento...", 393.

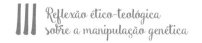

arbitrários, selecionando características físicas consideradas superiores ou melhores, o que chamamos de eugenia positiva, e por isso é um atentado ao respeito devido à dignidade da pessoa.

14.2. Bebês projetados

A) Introdução

Um dos grandes sonhos pós-humanistas é a produção de pessoas "engenheiradas", livres de doenças e com características anatômicas e fisiológicas superiores aos humanos. Estes idealizadores sustentam que é possível alterar a natureza biológica da humanidade de acordo com as necessidades e os interesses de pais, cientistas, médicos etc. Com isso, as tecnologias genéticas foram e estão sendo elaboradas, principalmente, com a intenção de produzir crianças projetadas em laboratórios, filhos melhores ou os superbebês.

Quase tudo isso é possível graças aos grandes avanços no campo da engenharia genética, porém, comenta Kass: para garantir esse "direito", e pelo necessário controle de qualidade sobre a nova vida, a concepção e a gestação deverão ser inteiramente transferidas sob as luzes do laboratório. Não há outra maneira de produzir uma criança "perfeita",[185] precisamos de uma nova obstetrícia científica, que chegará próxima de transformar a reprodução humana em produção. Falamos de bebês "feitos sob encomenda", que contêm uma série de qualidades desejáveis adquiridas por meio da manipulação genética.

Conforme muitos idealizadores desse projeto, chegará um momento em que o indivíduo não terá outra escolha a não ser aquela de ser alterado geneticamente ou de alterar seus filhos. Ocorrerá um tempo em que os processos de mudanças poderão eliminar os últimos traços dos defeitos da espécie original, as espécies serão aperfeiçoadas segundo um novo modelo de natureza humana.

B) Melhoramento genético e os bebês projetados

Mesmo antes do advento da era atual da biotecnologia, além da educação oferecida às crianças, temos usado coadjuvantes tecnológicos para melhorar os dons da natureza. Usamos meios biológicos para melhorar nossa limitada capaci-

---

[185] Cf. L. R. Kass, *La sfida della bioetica...*, 234.

dade humana em resistir às doenças, imunizamos as crianças contra a poliomielite, difteria, sarampo, entre outras doenças infecciosas, injetando-as vírus atenuados e bactérias na forma de vacinas. Também usamos de meios que interferem diretamente na estrutura de personalidade das crianças. Agentes modificadores de comportamento permitem que pais, professores ou outras pessoas intervenham diretamente na neuroquímica de uma criança.

Com as possibilidades proporcionadas pela engenharia genética surge um questionamento sobre a diferença entre gerar e fabricar. Uma criança nascida do curso normal das coisas é gerada. A criança trazida à luz depois de ter sido manipulada torna-se um produto manufaturado no sentido de que foi feita com as mãos. Os pais, assim, adquirem o poder, não apenas de dar vida a seus filhos, mas de dar-lhes forma ou tentar moldar-lhes as características, como afirma Silver: "os pais, em um futuro não muito distante serão capazes de exercer um controle preciso sobre as características genéticas de seus descendentes".[186] Certas melhorias desejadas colocam-nos no reino futurista de bebês projetados, onde a engenharia genética promoverá um cenário dividido entre os humanos "geneticamente melhorados" e os "naturais", algumas pessoas com condições para explorar todos os aspectos da nova tecnologia em benefício próprio e de seus filhos e outras excluídas desses benefícios.

C) Avaliação ético-teológica

O fato importante acerca da procriação humana em seu contexto natural é que as crianças não são feitas, mas geradas. Procriação como tradicionalmente entendida convida a aceitar e não remodelar ou "engenheirar". Com isso queremos dizer que as crianças são o fruto da relação de amor e não o produto da vontade. Um homem e uma mulher não produzem ou escolhem uma criança particular, como podem comprar uma determinada marca de um produto, e sim eles se posicionam em relação a seus filhos como beneficiários de uma dádiva numa atitude de acolhimento.

Quando realizamos a manipulação genética dos futuros filhos, conscientes ou não, buscamos projetá-los de acordo com nossos desejos e vontades. Sabemos que muitos pais não são movidos apenas por motivos de orgulho, mas também pela crença de que as crianças que possuem essas qualidades são mais propensas a ter sucesso e prosperar na vida adulta. É verdade que hoje existe uma pressão

---

[186] L. SILVER, *Remaking Eden*, New York: Avon, 1998, and Stock, G., *Redesigning Humans: Our Inevitable Genetic Future*, Houghton Mifflin, New York 2002.

III Reflexão ético-teológica sobre a manipulação genética

social para ter filhos melhores, pois sabemos que junto com as liberdades legadas pelas novas tecnologias vem certo perigo de coerção social e da tirania da opinião pública. O conceito de ter e de não ter, então, estender-se-ia às características pessoais que atribuem a qualquer dos benefícios sociais. Para os idealizadores de pessoas projetadas melhorar-se ou melhorar o outro geneticamente é adquirir certas qualidades consideradas superiores e por isso ganharia também em dignidade.

É de nosso conhecimento que as crianças não são suficientemente maduras, responsáveis ou com conhecimento para fazer de si o lugar mais importante de decisões sobre suas vidas. Escolhas sobre sua saúde, sua educação, suas atividades, seu ambiente e seu futuro são feitas para elas por outros. Pais procuram tornar seus filhos fortes no corpo e na mente, alimentá-los e vesti-los, cuidar do repouso e da recreação e ter grande cuidado em relação a sua educação. Em todos os esforços são guiados, conscientemente ou não, por alguma noção dos meios para melhorar os filhos. E, no entanto, todos nós reconhecemos certos limites para o grau em que eles podem ser coagidos ou forçados. Para Habermas, essas atitudes dos pais são usadas por muitos "para justificar a não colocação de objeções de ordem normativa em relação a essas intervenções (genéticas), os defensores da eugenia liberal procedem a uma comparação entre modificação genética do patrimônio hereditário e a modificação de atitudes e expectativas por meio da socialização. Pretendem mostrar que, sob o ponto de vista moral, não existe nenhuma diferença considerável entre eugenia e educação."[187]

O poder dos pais e encarregados de educação é limitado. Existe um direito humano fundamental de não ter um corpo capturado ou controlado por outros para seus fins e propósitos.[188] "Contudo, a liberdade eugênica dos pais tem a ressalva de não poder colidir com a liberdade ética dos filhos".[189]

Entendemos que usar de meios auxiliares é diferente do uso das biotecnologias. A manipulação genética altera a configuração genotípica da criança, que não pode decidir de forma autônoma sobre essa intervenção, colocando em comprometimento a liberdade de escolhas. Possibilita interferir nos fundamentos somáticos da autocompreensão da liberdade ética da pessoa, impedindo, ao ser modificada, de ter acesso ao elemento da contingência, isso significaria que a biotecnologia genética seria uma limitação da capacidade do indivíduo de constituir a si próprio, levando a pessoa a não querer responsabilizar-se pelas consequências de seus atos por considerar-se um produto genético.

---

[187] J. HABERMAS, *O Futuro da Natureza Humana...*, 68.

[188] D. S. SCHAUB, "Commentary on Meilaender and Lawler", in THE PRESIDENT'S COUNCIL ON BIOETHICS, *Human Dignity and Bioethics...*, 290.

[189] J. HABERMAS, *O Futuro da Natureza Humana...*, 69.

Sabemos que se a estrutura genética de um embrião for alterada, ou seja, no estágio em que a pessoa ainda não pode decidir livremente, também ficam prejudicadas tanto sua vontade livre quanto sua capacidade de responsabilizar-se e de apropriar-se de si mesmo, e são princípios básicos para criar uma consciência de responsabilidade moral. A técnica moderna ameaça o campo natural das capacidades morais quando a pessoa é manipulada de forma arbitrária. Segundo Leal: "Se for um ser humano produzido artificialmente a partir dos caprichos dos adultos, em que ele se torna, não é mais considerado como algo autoimputável, ou seja, não seria responsabilidade do sujeito produzido; cabendo aos produtores assumir as consequências indesejáveis que por ventura advenham".[190]

Na condição de manipulada geneticamente por intervenções externas, a criança se tornaria um fruto do desejo dos pais e perderia a condição de gratuidade. Pais adotam uma atitude tecnocrática para com as crianças, como se fossem seus produtos e sempre se posicionarão como superiores e criadores. O primeiro ato da criação dos filhos transforma-se agora não em acolhimento incondicional de uma criança que vai chegar, mas no julgamento de sua aptidão, quando ainda é um embrião ou antes, com todos os padrões da triagem genética contemporânea. Essa situação é profundamente desumana, não importando a bondade do produto. Afirma a instrução *Dignitas Personae,* "tal perspectiva de intervenção acabaria, antes ou depois, por danificar o bem comum, favorecendo o prevalecer da vontade de uns sobre a liberdade dos outros. Deve-se, por fim, sublinhar que, na tentativa de criar um novo tipo de homem, entrevê-se uma dimensão ideológica segundo a qual o homem pretende substituir-se ao Criador".[191]

Valorização artificial pode certamente melhorar as habilidades da criança para certo desempenho (pelo menos de tarefas específicas no curto prazo), mas pode fazer separando pelo menos alguns elementos como a realização do esforço para alcançar naturalmente tal desempenho, comprometendo a maturidade. O aprimoramento genético causaria também a intensificação da angústia da criança produzida que pode ser gerada pelo medo de não corresponder às expectativas para a qual foi criada. A pessoa vai viver sempre em função de atingir uma meta, um objetivo imposto a ela por outros, sem um prévio consentimento, angústia gerada pelo paradoxo entre o que deseja e o que espera, entre o conquistado e o ainda não conquistado.

---

[190] E. M. de C. LEAL, "Habermas, Ratzinger e Sloterdijk: Considerações sobre Ética e Técnica Habermas, Ratzinger e Sloterdijk", in *Revista Tecnologia e Sociedade* 10 (2010) 3-28, 5.
[191] CONGREGAÇÃO PARA A DOUTRINA DA FÉ, *Dignitas Personae,* 27.

Reflexão ético-teológica sobre a manipulação genética

A intervenção sobre o genoma da futura criança representa uma ameaça sobre suas identidades genética e de pessoa, uma vez que a pessoa modificada geneticamente está heterodeterminada. A intervenção na formação da identidade de alguém é unilateral e irreversível, os pais assumem a responsabilidade de escolher quais vantagens que seus filhos devem desfrutar. Com isso, a eugenia liberal suprimiria a separação entre o que é dado e o que é feito, entre o que é da contingência da natureza e o que é produzido pelo homem. Aquilo que somos por natureza, aquilo que cresce naturalmente, agora é ameaçado cada vez mais por intervenções biotécnicas, pelo que é fabricado. A natureza humana é comprometida, à medida que é invadida para além do restabelecimento à normalidade ou quando isso acontece alterando sua constituição genética, com o fim de promover traços ou características desejáveis, como em nosso caso.

A dignidade da criança geneticamente modificada é reconhecida, é um valor objetivo que se apresenta como digno de respeito e que também exige igualdade de tratamento. A *Gaudium et Spes* no número 35 destaca muito eficazmente que o agir humano no mundo tem sentido somente quando tem como origem e como fim a pessoa humana, seu crescimento integral, que se realiza sobretudo no contexto de respeito e acolhimento naquilo que ela é. Quando buscamos nos outros o valor pelas características ou pela superioridade dos dons, estamos desvalorizando a pessoa que apresenta dignidade em si mesma. A afirmação da igualdade fundamental entre as pessoas humanas passa pela valorização do indivíduo naquilo que ele é como *datum* do próprio Criador.

O progresso científico e o técnico, sejam quais forem, devem, portanto, manter o maior respeito aos valores morais que constituem uma proteção da pessoa humana, ou seja, autonomia, liberdade, saúde, integridade genética etc. Esse respeito se dá também na aceitação dos filhos como um dom de amor e gratuidade, posicionando-se em relação a eles numa atitude de acolhimento na qual serão gerados e não "engenheirados".

Concluímos que o maior fundamento para combater o aprimoramento das crianças é tomar consciência da dignidade intrínseca, em contraposição à dignidade como valorização das características da pessoa, que nossa dignidade não depende daquilo que realmente fazemos, mas em quem nós somos como seres humanos criados à imagem e semelhança de Deus revelado à luz da encarnação do Verbo. Nós temos dignidade como pessoas merecedoras de respeito e não como indivíduos que precisam apresentar qualidades para ser reconhecidos. A concepção de dignidade desenvolvida neste livro fornece uma base normativa para determinar o valor da pessoa, o direito de ser respeitada em sua identidade genética e de não ser manipulada conforme critérios estranhos a ela.

14.3. Retardamento do envelhecimento

A) Introdução

A investigação acerca da biologia do envelhecimento e da senescência[192] sugere a possibilidade de retardar os declínios relacionados com a idade em corpos e mentes e talvez até expandir a vida humana o máximo e com maior qualidade.

O retardamento do envelhecimento da população está entre as mais complexas potencialidades não terapêuticas ou além da terapia com a utilização das biotecnologias, tanto científica como eticamente. Em muitas situações a vontade de viver fala mais poderosamente a cada um de nós do que a vontade moral. O progresso científico-tecnológico tende a introduzir uma civilização cada vez mais marcada pela comodidade e pela materialidade da vida, levando as pessoas a negar a metafísica e, consequentemente, a transcendência; o que vale é o que pode ser vivido aqui, constituindo, assim, uma sociedade às vezes sem parâmetros éticos e teleológicos.

O tempo marcha sem parar e somos sempre arrastados direto com ele. A inevitabilidade do envelhecimento e, com ele, o fantasma da morte sempre assombraram a vida humana. O pensamento da morte torna-se insuportável, é a extinção de todo o universo em um só golpe. De acordo com Hobbes, é o medo da morte violenta que estimula o intelecto humano a buscar o mecanismo de defesa,[193] contudo, o medo exagerado pode desgastar.

Por mais que tentemos melhorar nosso desempenho físico, todos nós sabemos que ele é obrigado a diminuir ao longo do tempo. Nossos corpos se tornam frágeis sob o peso dos anos, e é neste sentido, fundamentalmente, o envelhecimento do corpo que queremos parar. O desejo de superar a idade e desafiar a morte têm sido um sonho humano. Destina-se a superar a natureza efêmera do corpo humano e substituí-la com a felicidade permanente e juventude sem-fim. O envelhecimento, portanto, denota a perda gradual e progressiva de várias funções ao longo do tempo, começando no início da idade adulta, levando à diminuição da saúde, do vigor e do bem-estar, aumentando a vulnerabilidade às doenças e a probabilidade de morte.

O prolongamento da vida pode assumir diferentes abordagens, como: os empenhos no sentido de proporcionar que mais pessoas vivam até a velhice, combatendo as causas de morte entre os jovens e os de meia-idade; esforços no sentido de prolongar a vida daqueles que já vivem para idades mais avançadas, diminuindo a incidência e a austeridade de doenças por meio da substituição de células, tecidos e

---

[192] Processo metabólico natural de envelhecimento ao nível celular ou o conjunto de fenômenos associados a esse processo.
[193] Cf. T. HOBBES, *Elementi di legge naturale e fisica*, La Nuova Italia, Firenze 1968.

III *Reflexão ético-teológica sobre a manipulação genética*

órgãos danificados ao longo do tempo; e empenhos para reduzir ou retardar os efeitos da senescência, geralmente com intervenções nos processos de envelhecimento, aumentando potencialmente não só a média, mas também a vida humana máxima.

B) Melhoramento genético e retardamento do envelhecimento

A biotecnologia tem começado a mostrar um progresso real em direção ao cumprimento dos objetivos anteriormente apresentados, pondo-nos face a face com a possibilidade de juventude prolongada e uma vida prolongada substancialmente.[194] A perspectiva de sucesso futuro ao longo dessas linhas suscita grandes esperanças.

O melhoramento, com o objetivo de retardar o envelhecimento, consiste na utilização dos meios tecnológicos para intervir no corpo e na mente humana, não tanto para melhorar as condições de saúde, mas para mudar e melhorar seu funcionamento normal. Por exemplo, William Haseltine, chefe da *Human Genome Sciences*, declarou que "o verdadeiro objetivo é manter as pessoas vivas para sempre".[195] No entanto, pesquisadores acreditam que, no futuro previsível, os mecanismos pelos quais podem agir serão entendidos e as técnicas para atingir esse fim podem ser desenvolvidas.[196]

As biotecnologias podem certamente nos ajudar a cultivar o que há de melhor em nós mesmos, por exemplo, a saúde, fornecendo novas ferramentas para a realização de bons propósitos, sabiamente perseguidos. Mas também é possível que as intenções com o uso dos meios tecnológicos deformem os próprios fins, como escreve Kass: a definitiva conquista técnica da natureza enfraqueceria o homem de modo irreparável. Esta forma de domínio equivaleria a uma permanente ofensa à humanidade.[197]

É difícil ver qualquer objeção na obtenção de um melhoramento genético de nossos músculos, não só prevenir a fraqueza muscular na velhice, mas nos permitir fazer qualquer tarefa física, com maiores resistência e facilidade em toda a nossa vida e por maior tempo possível. O desejo de corpos sem idade envolve a realização não só de uma vida mais longa, mas também de vidas que continuam a ser mais vigorosas. Algumas promessas e previsões de prolongamento da vida às vezes parecem excessivas, mas seria tolice apostar contra o progresso científico e tecnológico neste campo.

---

[194] C. LAMY, "Pesquisa genética aponta o caminho para vencer a disputa contra o tempo", in *Revista Conhecer,* 2/31 (2012), 12-15.
[195] SCIENCE MAGAZINE, "Random Samples", in *Science* 290/5500 (2000), 2249-2258, 2249.
[196] Cf. M. LANE, et al., "The Serious Search for an Anti-Aging Pill", in *Scientific American* 287/2 (2002), 36-41.
[197] L. R. KASS, *La sfida della bioetica...,* 75.

C) Avaliação ético-teológica

Tem-se desenvolvido uma nova sensibilidade que é funcional, sobretudo, na cruzada da medicina contra a mortalidade: tudo é permitido, salvam-se vidas, curam-se as doenças e evita a morte, ou seja, deve-se fazer tudo para preservar a saúde e prolongar o máximo possível a vida, os outros valores devem curvar-se na presença de divindades biomédicas, como uma melhor saúde, maior vigor e vida mais longa.

Se a vida é um bem e mais vida é melhor, por que não considerar a morte uma doença e lutar para vencê-la a todo custo? O uso das biotecnologias na luta contra a morte levanta razões sérias e importantes para uma reflexão ética acerca da oportunidade da "cura da morte". Diversas respostas são dadas à pergunta anterior. Cientistas e médicos respondem hoje a essa pergunta de forma afirmativa e já estão fazendo tentativas sérias para encontrar a cura. Para esses, a melhor resposta é a mais simples: queremos continuar a viver e morrer sem envelhecer.

De fato, a vitória sobre a morte é o objetivo implícito da ciência médica moderna e de todos os projetos científicos ao longo da história. São várias as propostas na busca contínua da conquista da natureza para aliviar a condição humana, e para isso instituíram a ciência, cujo objetivo explícito é inverter a maldição caída sobre Adão e Eva, sobretudo recuperar a árvore da vida por meio do conhecimento científico. Para a maioria de nós, especialmente no mundo moderno secularizado, onde as pessoas cada vez mais estão convencidas de que esta é a única vida que nos foi dada, o desejo de estender (mesmo que pouco) a duração da vida é a revelação do desejo de não envelhecer e nunca morrer.

Segundo os bioprofetas, as biotecnologias não têm limites permanentes, pelo contrário, apresentam-se inquietas e confiantes em uma fronteira infinita. Porém, sabemos que a biologia em si tem limitações que podem ser definidas como permanentes quando intrínsecas ou implícitas, inevitavelmente ligadas à ideia e à prática da própria biologia, a prescindir do objeto de suas descobertas. Existem atividades da vida, dos seres vivos ou dos seres humanos que a biologia, em princípio, não pode compreender e/ou responder.

Alguns, é claro, fogem de qualquer desejo de uma vida mais longa. Não querem acrescentar anos à vida, mas qualidade de vida aos anos. Para eles, a duração ideal de existência deveria ser a natural, isto é, anos vividos em pleno vigor até a morte e que pudesse acontecer sem dor e numa idade máxima. Este é certamente o desejável. Quem de nós não gostaria de impedir a demência senil, a artrite invalidante, a necessidade de aparelhos auditivos ou de próteses, a dependência "humilhante" da idade avançada?

Reflexão ético-teológica sobre a manipulação genética

A resposta mais simples a todas essas questões é que não deveria haver um limite. A vida é bela e a morte é ruim. Assim, quanto mais longa a vida, melhor é, desde que naturalmente, seja com boa saúde para nós, nossa família e nossos amigos. Esta resposta tem a beleza da clareza e da honestidade. O cerne do problema consiste na bondade dos objetivos almejados, buscar vida longa e saudável é algo bom.

Tratamos anteriormente no item sobre o princípio da temperança, que pertence à identidade ontológica da pessoa, a "autoconservação e a conservação da espécie",[198] e que a temperança capacita a pessoa humana a orientar com moderação esses instintos, buscando uma autoconservação generosa e desinteressada. Pela temperança a pessoa usa da razão para a realização da ordem e do equilíbrio em si próprio dentro dos limites da honestidade. O instinto, quanto mais profundo mais fundamental, e, portanto, tanto mais profundamente deve ser considerado. A busca desenfreada pela cura da morte também pode tornar-se uma intemperança quando não é orientada pela razão. Por isso, entendemos ser possível fazer uma avaliação ético-teológica da busca desenfreada contra a morte a partir da temperança, que encontra sua base na dignidade da pessoa e a esta deve estar condicionada.

O desejo de viver é parte da essência de todos os seres vivos, cada um de acordo com suas potencialidades e teleologia, a planta que desenvolve raízes mais profundas para encontrar água e sobreviver em locais secos; animais que desenvolvem habilidade para se defender ou adaptar-se ao habitat; e o ser humano que busca a eternidade. Portanto, mortalidade como tal não é um defeito. A mortalidade é um indicador ou uma manifestação de uma carência mais profunda. A promessa de imortalidade e eternidade é uma exigência profunda da alma humana, que deseja, aspira, anseia por uma condição, um estado, uma meta a que se destinam todas as nossas atividades terrenas.

Sabemos da necessidade de conscientizar as pessoas para não se deixarem arrastar pelo afã de uma vida sem limites ou sem-fim, e aqui o princípio da temperança, agindo precisamente no mais profundo do ser humano, o desejo de viver, ajuda no equilíbrio, no ordenamento correto de não desprezar a vida e de cultivar o desejo de imortalidade, mas também aceitar e acolher que somos seres com natureza biológica mortal. Podemos definir que hoje uma pessoa é temperante não porque consegue mortificar-se nas coisas agradáveis da vida, mas porque sabe ser livre para empenhar-se num projeto que a humaniza.

---

[198] O documento *Ética universal e um novo olhar sobre a lei natural* fala de três inclinações pertencentes à natureza humana, conforme a lei natural e que compartilham com todos os seres vivos: "a inclinação para conservar e desenvolver sua existência, daí brota o preceito de proteger a própria vida. Segunda inclinação, que é também comum a todos os seres vivos, concerne à sobrevivência da espécie, que se realiza pela procriação; e como terceira, esta é específica ao ser humano como ser espiritual, dotado de razão, capaz de conhecer a verdade, de entrar em diálogo com os outros e de estabelecer relações de amizade. O caráter relacional da pessoa se exprime também pela tendência de viver em comunhão com Deus ou o Absoluto" (COMISSÃO TEOLÓGICA INTERNACIONAL, *Em busca de uma ética universal...*, 48-50).

O desejo de uma vida longa e com qualidade, apreendido ao interno de uma ação, como um desejo intrínseco à pessoa, faz parte daquela manifestação da bondade de Deus na criação: "e Deus viu que tudo era bom" (Gn 6,5). A moralidade da busca contra o envelhecimento depende da ação ou do objetivo aos quais o desejo está vinculado. Por isso a razão deve orientá-los. O mal está em sua procura desordenada e desvinculada de nosso verdadeiro fim. É necessário que o homem reconheça e aceite a própria realidade e os próprios limites. E, ao abrir-se à transcendência, poderá acolher melhor o sentido da própria fragilidade, dos próprios limites e dos próprios desejos ilimitados.

É temperante não aquele que despreza a vida, mas quem sabe ser suficientemente livre para escolher e empenhar-se numa vida que inclui amor gratuito e oblativo. Espiritualmente significa desfrutar da vida com espírito de ação de graças, um dom a ser acolhido, vivido, valorizado e amado com suas capacidades e também com limites. Conservando e disciplinando a ordem interior da pessoa, a temperança põe as indispensáveis premissas para a realização do verdadeiro bem e para a reta orientação da pessoa humana para seu fim, a morte com dignidade e santidade de vida.

Os progressos científicos podem proporcionar a base material para uma melhor qualidade de vida e de forma mais duradoura, contudo, não pode compreender o sentido de pessoa considerada em sua unidade psicofísica; em sua individualidade e relacionalidade, em sua finalização transcendental. Somente a partir dessa compreensão entendemos o significado e o valor último, ou seja, teleológico, do agir humano no mundo em relação a si e ao outro. Nosso tempo precisa de tal compreensão para que se humanizem as novas descobertas da engenharia genética. Aqui compreendemos que a normatividade pessoal não pode depender unicamente, nem preferencialmente, da ordem biológica, tem de abarcar todas as dimensões da pessoa humana.

A inclinação natural do ser humano de se autoconservar e preservar a vida encontra origem e fundamento na própria natureza como exigência e expressão da própria razão. A vida humana com suas inclinações, mesmo sendo um bem fundamental do homem, ganha um significado moral pela referência ao bem da pessoa, que deve ser sempre afirmada por si própria. Precisamos reconhecer que o significado teleológico ou finalístico é individuado dentro de uma visão total da natureza do ser humano. A dignidade concreta orienta-se numa conduta de acordo com a natureza da pessoa.

O homem, como imagem de Deus, transcende a natureza, e, em virtude da lei da criação, tem a capacidade e a necessidade de utilizar a natureza e sujeitá-la a si. A intervenção sobre a natureza biológica e, consequentemente, o uso do que é arti-

Reflexão ético-teológica sobre a manipulação genética

ficial não é um problema, antes, paradoxalmente, pertencem à natureza, isto é, à essência do próprio homem.[199] Portanto, a questão ética fundamental em referência ao escopo de retardar o envelhecimento não é se a modalidade é natural ou artificial, mas se está em conformidade ou não com a dignidade da pessoa em uma concepção total e integral. O referimento à sacralidade da vida humana sustenta que a pessoa é um bem e como tal dever ser respeitada e conservada, portanto, determinar o tempo de vida não pode certamente ser entregue nas mãos dos geneticistas (intitulados médicos) com a permissão de agir conforme seus interesses.

Não é contrário à natureza, em busca de uma medida ética e digna da pessoa, encontrar meios para lutar contra a mortalidade ou mesmo para envelhecer com melhor qualidade de vida. Na atribuição ética da intervenção no organismo humano que procura retardar o envelhecimento, precisamos avaliar a intenção de tal busca, em quanto tal intervenção é capaz de modificar a natureza humana e as eventuais consequências para a pessoa e para a humanidade. A modificação do genoma humano que afeta a integridade genética da pessoa na tentativa de atingir uma vida mais longa possível, é uma ofensa contra a dignidade em sua humanidade.

---

[199] Cf. L. LORENZETTI, *La morale nella storia: una nuova voce nei 40 anni della rivista di teologia morale (1969-2009)*, Edizione Dehoniane, Bologna 2010, 291-292

Conclusão

E ste livro teve como objetivo apresentar uma avaliação ético-teológica da manipulação genética, principalmente quando a intenção é produzir o pós-humano e seu impacto sobre a dignidade humana, tendo como questão norteadora se certas formas de intervenção genética agridem ou não a identidade genética e o significado de pessoa. Entendemos o termo impacto como a expressão de todas as ofensas ou agressões contra a dignidade da pessoa. O problema em questão foi o de entender o que acontece com a pessoa no processo de manipulação genética a que o homem hoje é entregue, tendo em vista que cada ação gera suas próprias questões éticas. Portanto, nossa base de distinção foi o que agride e o que respeita a dignidade da pessoa humana em toda a sua complexidade e sacralidade.

Sabemos que por meio da técnica é possível a intervenção direta no genoma da pessoa e que o homem se serve dela para suprir as condições deficitárias que são as características mais relevantes de sua natureza física. A tecnologia é um instrumento, um meio, e não tem o poder de decifrar os valores. A valoração deve-se dar por meio da hermenêutica da ação.

Apontamos para a categoria dignidade da pessoa humana criada à imagem e semelhança de Deus, como princípio de intervenção ética que indica em que direção devemos conduzir as biotecnologias. Ela identifica e incorpora a percepção de pessoa como uma totalidade na qual estão articuladas as dimensões biológica, racional e espiritual. Para o aprofundamento do conceito de dignidade humana, recorremos à atual reflexão teológico-moral baseada nos instrumentos oferecidos pela filosofia, antropologia e teologia. Este princípio diz respeito particularmente aos valores da pessoa ali implicados; ao tratamento devido aos seres humanos e às questões relacionadas com a aplicação dos resultados das ações em questão.

Para efetuarmos a avaliação ético-teológica da manipulação genética precisávamos de instrumentos que possibilitassem este estudo. Estes foram desenvolvidos nos dois primeiros capítulos. No primeiro capítulo, descrevemos alguns conceitos que julgamos necessários para a compreensão das ciências biológicas e apresentamos o contexto histórico geral acerca das pesquisas em genética molecular e do desenvolvimento da manipulação das características biológicas do ser humano. Como objeto de estudo, destacamos uma parte da engenharia genética, os progressos científicos no âmbito das neurociências, da biologia molecular, da manipulação genética e das nanotecnologias. Teve como objetivo conhecer a identidade genética do ser humano.

As ciências biológicas e a medicina chegaram a descobertas fantásticas, beneficiando indivíduos e populações. Com a genética humana o homem foi capaz de colocar suas mãos em territórios até então desconhecidos e enigmáticos. Essas novas descobertas trazem esperanças de melhoria da qualidade de vida, do afastamento do homem da morte, mas, por outro lado, despertam dúvidas e temores que precisam ser analisados com responsabilidade em vista da própria vida do ser humano.

No segundo capítulo, interpretamos a ideia de natureza, pessoa e dignidade humana no contexto histórico-filosófico e teológico, com o objetivo de elaborar a reflexão antropológico-teológica acerca da pessoa humana, entender o significado do genoma na configuração da pessoa, definir o conceito de dignidade e estabelecer os critérios para a avaliação da manipulação genética. Fizemos uma apresentação das bases filosóficas essenciais do pensamento cristão, identificando os diferentes usos e compreensões que têm sido feitos ao longo da história. Na tentativa de identificar algumas das diferentes definições, interpretações e usos da ideia de dignidade da pessoa e distinguir os diversos conceitos, trouxemos alguns filósofos, como Immanuel Kant, Peter Singer e Jürgen Habermas, que se dedicaram a refletir acerca da compreensão de pessoa, de dignidade humana e manipulação genética.

Para o aprofundamento teológico da dignidade humana, destacamos alguns textos do Magistério Católico que nos proporcionam conhecer a pessoa humana adequadamente entendida, refletir acerca de seu significado e avaliar as consequências das diversas intervenções sobre a natureza humana biológica e com implicações para a pessoa. Para nossa reflexão ético-teológica, utilizamos como fontes a Escritura, a Tradição e o Magistério da Igreja sempre em relação à lei natural e a outras ciências. Compreendemos que a doutrina da *imago Dei* é fundamental para a antropologia cristã desenvolver um conceito completo do homem no qual encontramos fundamentos seguros para a excelência de pessoa.

Afirmamos que existem princípios a partir da fé cristã que contribuem para a avaliação ética das conquistas biogenéticas e aplicações de resultados referentes à manipulação genética e suas consequências para a pessoa em particular e a sociedade em geral. Esses princípios dizem respeito particularmente aos valores antropológicos e teológicos ali implicados; ao tratamento devido aos seres humanos e às questões relacionadas com a aplicação dos resultados das ações em questão.

Conclusão

Passamos assim para o último capítulo, com o objetivo de avaliar a manipulação genética com suas consequências para a pessoa e o quanto agridem a dignidade humana. Para auxiliar na avaliação, desenvolvemos num primeiro momento os princípios: da prudência, da justiça, da responsabilidade e da temperança, que encontram suas bases na dignidade da pessoa humana e estão condicionados a ela. Depois, elaboramos uma reflexão ético-teológica acerca da manipulação genética e dos possíveis elementos que influenciam na avaliação. Consideramos que a intenção, o tipo e o modo de intervenção, as funções dos genes, o objetivo buscado e as consequências influenciam significativamente. Avaliamos algumas formas de intervenção genética na pessoa, se estas afetariam ou não a integridade genética, alterariam a identidade da pessoa e/ou dos futuros indivíduos, o grau de alteração (a proporção da constituição genética) e que características são alteradas. Por fim, avaliamos alguns casos concretos que surgiram com os avanços da biotecnologia, o doping genético, bebês projetados e retardamento do envelhecimento.

Percebemos que as promessas e as atuais capacidades das biotecnologias deram destaques a um novo e possível fim da medicina, a manipulação genética. A engenharia genética assumiu importância nuclear a partir do momento que promoveu a modificação programada do patrimônio genético de uma célula e, portanto, do organismo a que a célula pertence. Diante de tais conquistas, as questões que envolvem a ética cristã consistem em compreender e salvaguardar cada indivíduo em sua identidade genética e de pessoa que encontram suas bases no princípio da dignidade da pessoa humana.

O conceito de dignidade humana é um pressuposto fundamental para a bioética e tem sua raiz última na compreensão de natureza e pessoa. Buscamos um referencial expandido de pessoa que vai além do reducionismo biologicista, uma antropologia fundamentada na pessoa com a contribuição das diversas ciências e da teologia conforme a revelada por Jesus, conferindo-lhe conteúdos metafísico, ontológico e teológico além do biológico. A bioética teológica preocupa-se com o fato de que a nova biologia toca e ameaça os elementos profundos de nossa humanidade: a integridade corporal, a identidade genética e a individualidade, a descendência e o parentesco, a liberdade e a autonomia, as aspirações, as relações e as tensões entre corpo e mente.

O valor da vida humana não deriva do que uma pessoa faz ou exprime, mas de sua própria existência como ser humano. A concepção da dignidade da pessoa criada à imagem de Deus representa um dos elementos qualificantes da proposta antropológico-cristã. Da sacralidade da vida do homem brota também sua inviolabilidade. A vida é um bem confiado por Deus ao homem e que requer responsabilidade no agir em relação à própria vida e à vida de outros.

A dignidade não é um conceito inútil e tem de ser salva do reducionismo inumano da ciência moderna, ou pelo menos de mal-entendidos generalizados que ela realmente ensina. A compreensão do mistério da pessoa humana sugere cautela a respeito da manipulação genética em seres humanos, mesmo quando o fim é bom, de aliviar o sofrimento ou proporcionar o avanço do conhecimento. A arrogância da ciência deve ser moderada pelo reconhecimento de que a ciência e a razão nunca serão capazes de compreender completamente as coisas mais importantes acerca do universo.

Em se tratando da teleologia da natureza humana, a mudança natural emerge da própria natureza, ao passo que com a manipulação a mudança emerge de nosso controle sobre a natureza. Não somente moldamos a natureza, mas a transformamos profundamente. Não perguntamos mais que coisa é, mas como funciona. A natureza torna-se para o pensamento moderno um material a transformar. Neste processo de intervenção a dignidade da pessoa humana criada à imagem e semelhança de Deus deve ser considerada como verdadeiro princípio axiológico da ética em defesa da natureza contra toda forma de violação. A vida humana deve ser tratada à luz dos dados da fé cristã que, assumindo a racionalidade da bioética, a redimensiona dentro dos pressupostos metodológicos do discurso teológico-moral.

Reconhecemos que faz parte da natureza humana intervir na natureza, no entanto, o homem como imagem de Deus transcende a natureza e, em virtude da lei da criação, é capaz de usá-la e dominá-la e necessita fazê-lo. A intervenção sobre a natureza e, por consequência, o uso do que é artificial não são um problema; nem tudo o que é artificial é, por si mesmo, em senso ético, contrário à natureza. Portanto, a questão ética fundamental em referimento a um escopo do ser humano não é se a modalidade é natural ou artificial, mas o critério para tal discernimento é a dignidade da pessoa que, na visão cristã, é imagem de Deus e filho de Deus, representa um valor final e, como tal, não pode nunca ser instrumentalizada em relação a qualquer outro bem ou valor. O discernimento ético para verificar o que é o bem para o sujeito e o que não é consiste no que corresponde ao desejo do Criador e no que não corresponde. Nesta perspectiva, pressupõe-se, em última análise, a modificação do que é dado pela natureza, sempre que se inscreve em um processo de humanização, e respeitosa da transcendência.

Somos de acordo que nem todas as intervenções genéticas são questionáveis da mesma forma, pois as intervenções que buscam restaurar a pessoa para o estado normal de saúde, que têm o intuito terapêutico, de eliminar preventivamente as doenças ou com efeito profilático, podem ser permitidas moral e juridicamente. A eugenia negativa, que visa ao tratamento de doenças, é justificável. Os critérios estabelecidos são a intenção e o significado, neste caso a intervenção visa à causa genética de determinada doença. Uma coisa é a engenharia do tipo terapêutica, cujo fim é restituir a integridade normal do sujeito, outra coisa é a que visa a melhorar ou alterar o patrimônio genético e criar pessoas diferentes. Esse tipo de intervenção instaura situações estruturais ou coações internas insuperáveis com consequências irreversíveis de uma decisão unilateral. A intervenção altamente invasiva sobre a natureza biológica da pessoa pode alterar a identidade genética do indivíduo e consequentemente a integridade genética da pessoa. A pessoa não perde sua dignidade, mas é afrontada naquilo que lhe é mais íntimo.

A maior ameaça contra a dignidade não se reduz simplesmente às técnicas das biotecnologias, mas ao próprio pensamento científico, na intenção de objetivação da vida humana e que não faz justiça ao próprio sujeito. O agir ético e respeitoso acontece com a humildade de reconhecer os limites impostos pela condição humana, renunciando a uma arrogância epistemológica, restaurando o sentimento de maravilha e mistério em relação ao mundo, tomando uma atitude de respeito que manifesta todo o sentimento de cuidado e de contemplação da vida.

O melhoramento para as características próximas à normalidade da natureza humana e que considerem a plasticidade intrínseca da natureza humana, sob condições que não afetem a integridade da natureza psicofísica, respeitando o desenvolvimento intrínseco ao longo das direções indicadas pela teleologia da pessoa inscrita em sua natureza e que ajuda as expressões da mesma, é eticamente admissível e, por isso, lícito. Contudo, melhorar ou alterar a natureza genética, além da normalidade da natureza humana, é violar a própria pessoa e por isso é ilícito e deve ser proibido. Somente as intenções construtivas legítimas, os procedimentos com avaliação de risco, devem ser seguidos. A distinção está entre o que vai contra a dignidade e o que não agride o indivíduo naquilo que ele é como *datum* do próprio Criador. São contrárias à dignidade da pessoa as intervenções de manipulação que, interferindo sobre o genoma, busquem privar o homem de algumas de suas qualidades típicas como autonomia, liberdade e consciência, para criar uma estirpe subumana direcionada a um trabalho específico perigoso ou de criar o super-homem e a mulher-maravilha, mesmo que seja para um trabalho específico, como viver em ambientes extremos ou situações de risco.

Criar uma nova espécie humana e mais perfeita é o mais grandioso projeto dos proponentes das biotecnologias. Com a genética, os mecanismos da cibernética ou a nanotecnologia, a esperança é de purificar as espécies de seus males históricos e ignorar as forças da evolução e da seleção natural. Porém, entendemos que com a alteração genética da linha germinativa acontece também a alteração de pessoa; contudo, a avaliação sobre o impacto na dignidade deve-se basear, sobretudo, no grau de invasão, nas características alteradas e na intenção.

Todas as alterações que visem à produção de seres superiores, ou o pós-humano, ou híbridos, ou o *homo robô*, colocam-se no âmbito da eugenia positiva, são um atentado ao respeito, devido à dignidade humana, pois ferem o princípio de respeito à identidade e à integridade genética do ser humano em sua natureza, e por isso são ilícitas.

Ganha em importância a discussão acerca da utilização das biotecnologias para fins que tenham a capacidade de melhorar o desempenho esportivo. O doping genético tem suscitado debates tão intensos quanto questionáveis dos pontos de vista científico e ético. Algumas tecnologias de melhoramento genético do desempenho atlético põem em questão a própria dignidade do desempenho das pessoas que as utilizam. O desempenho parece menos real, menos próprio e menos digno de nossa admiração. Colocar em prática esse recurso representa entrar no domínio da eugenia positiva. A potenciação para competições esportivas como tentativa de ir além do desenvolvimento normal da natureza humana, no desejo de conquistar características físicas consideradas superiores, é contrária à dignidade intrínseca da pessoa e por isso deveria ser proibida.

Com as possibilidades proporcionadas pela engenharia genética, surge também outro questionamento, a diferença entre gerar e fabricar. Uma criança nascida do curso normal das coisas é gerada. A criança trazida à luz depois de ter sido manipulada é um produto manufaturado no sentido de ser feito com as mãos. A manipulação genética claramente não pertence à categoria de pura ação individual. As ações dos pais são dirigidas não só para si, mas também para a pessoa a ser. Portanto, a intervenção sobre o genoma da futura criança, com o fim de promover traços ou características desejáveis, representa uma ameaça sobre suas identidades genética e de pessoa, além de reduzir a autonomia da pessoa.

Uma pessoa manipulada geneticamente nas clínicas, gestada e trazida para o nascimento, pode ser encarada como um artefato construído por um autor e por isso será comprometida em sua autonomia e considerada uma propriedade. O grande risco, e em certo sentido muito sério, quando uma pessoa manipulada teria valor à medida que esse fosse conferido por outros, por seus artesãos ou autores. Neste caso os valores atribuídos seriam puramente instrumentais. A própria noção de dignidade ontológica seria radicalmente ameaçada, e, com isso, todo o nosso sistema de moralidade, fundado sobre o respeito pela dignidade intrínseca, estaria ameaçado.

O retardamento do envelhecimento da população está entre as mais complexas, tanto científica como eticamente, potencialidades além da terapia com a utilização das biotecnologias. O desejo de uma vida longa e com qualidade, apreendido ao interno de uma ação, como um desejo intrínseco à pessoa, em si mesmo, é

Conclusão

bom. Precisamos reconhecer que o significado teleológico ou finalístico é individuado dentro de uma visão total da natureza do ser humano. A dignidade concreta orienta-se numa conduta de acordo com o desenvolvimento da própria natureza. A moralidade depende da ação ou do objetivo à qual o desejo está vinculado. O mal está em sua procura desordenada e desvinculada de nosso verdadeiro fim, e também quando tal intervenção viola a integridade genética da pessoa.

Por fim, pílulas inteligentes, melhoramento da memória e possibilidade de *download* do conteúdo de nosso cérebro em um computador não são a mesma coisa que usar óculos, implantar próteses no quadril ou uma bomba de insulina. Fazem parte de nossa condição os esforços para nos libertar completamente de nossa indigência, mas isso nem sempre significa mais dignidade. Recorrer às tecnologias não significa necessariamente a conquista da felicidade prometida. Não há uma relação de causalidade entre inteligência e capacidades atlética, artística e de humanidade. Aumentar e potenciar cada aspecto do que significa ser humano não garante que seremos mais humanos. Para o humanista secular, o reducionismo materialista é suficiente como ponto de referência final para o juízo e para as investigações, não somente para o potenciamento como para todas as questões bioéticas. Essa ideia de humanidade está diretamente em conflito com a antropologia filosófica e a teologia cristã que defendem a humanidade em sua dimensão para além do físico.

Cada ser humano merece ser tratado por todos os seres humanos com respeito e consideração; todo ser humano tem pleno valor moral ou dignidade que cada um possui. A bioética toca toda a vida da humanidade. Esse campo não pode ser autorizado a desenvolver-se em um gueto de intelectuais da vida secular moderna, deve-se estar em constante diálogo interdisciplinar, também com a teologia e com as diversas culturas. A bioética necessita entender a sacralidade da vida humana.

A dignidade humana é expressão do valor inerente a todos os seres humanos pelo simples fato de sua humanidade. Embora algumas pessoas indiquem que o conceito de dignidade é inútil, outros o veem como um ideal distinto, que é moral e praticamente significativo. A necessidade de preservar a dignidade humana também tem sido reconhecida em muitos trabalhos que tratam das novas tecnologias de reprodução, genética, formação médica e pesquisa com seres humanos; basta olharmos para as grandes conferências mundiais sobre as biotecnologias e os direitos humanos.

Ainda hoje discutimos pouco acerca dos efeitos desses avanços biotecnológicos sobre a vida humana. Em vários momentos ignoramos sua contribuição para o crescente poder de modificar e controlar o corpo e a mente humanos em vários aspectos da vida da sociedade. E, o mais relevante, falta-nos uma profunda compreensão dos valores humanos que queremos preservar e defender. Esses valores em muitas situações são convencionados pelos interesses particulares ou da sociedade, ou mesmo outros interesses, como econômico, prestígio, reconhecimento e poder.

Sabemos que a revolução biológica, necessária e importante, não só permitirá salvar vidas humanas, aliviar sofrimentos, como também ir além da terapia, retardar a morte ou produzir pessoas melhores. Devemos lutar para proteger e preservar a pessoa contra todas as formas de agressão e, com isso, os ideais e as práticas que defendem nossa humanidade. Somos favoráveis às pesquisas científicas e reconhecemos a necessidade de maiores conhecimentos e desenvolvimentos da tecnologia genética, mesmo assim temos a preocupação com o crescente poder dos engenheiros genéticos e, em particular, com governos armados da tecnologia genética, pois os genes contêm o segredo da vida e o genótipo representa nossa identidade genética que está em conexão com a identidade de pessoa.

Nossa posição é que dignidade humana é um conceito moral viável para a bioética, mas que necessita de clarificação para uma melhor compreensão. Devemos abrir-nos a um diálogo constante com as diversas ciências. Somos conscientes da necessidade de encontrar um terreno comum e um idioma comum que irão reconhecer a perdurabilidade do conceito de dignidade na era das biotecnologias. Se queremos que dignidade humana não se torne apenas um slogan vazio de referência e de significado, precisamos articular, fundamentar o sentido e numa linguagem acessível e convincente a nossos contemporâneos. Falamos sobre a proteção do ser humano e por isso devemos esforçar-nos para ajudar as pessoas que sofrem os limites da própria condição de criatura a encontrar sentido digno da própria existência.

Muitas pessoas temem que a ciência e a tecnologia estejam invadindo os domínios da vida de uma forma que atente contra a humanidade, e eles veem isso como uma ameaça que precisa ser combatida energicamente. Há uma crise real, e requer nossa atenção agora, antes que tais ameaças transformem-se em danos irreparáveis à humanidade. Temos argumentos fortemente razoáveis em favor da indisponibilidade da natureza humana no âmbito da eugenia positiva. Quando falamos de melhoramento genético não se trata simplesmente de uma questão de escolha ou uma atitude ou decisão pró-vida ou pró-escolha. Nossa reflexão se direciona para a concepção de pessoa que tem valor intrínseco, considerada em sua excelência segundo a qual é imagem e semelhança de Deus, é digna de respeito pelo ser que se sustenta em sua natureza; devemos travar uma luta contra a eugenia e o futuro pós-humano que agride a pessoa em sua dignidade e sua sacralidade.

Bibliografia

1. Fontes

1.1. Sagrada Escritura

Bíblia Sagrada – Tradução da CNBB, Loyola, São Paulo 2001.

1.2. Magistério eclesial

1.2.1. Documentos conciliares

Sacrosanctum Concilium Oecumenicum Vaticanum II, Constitutio dogmatica de Ecclesia *Lumen Gentium* (21.11.1964), in *AAS* 57 (1965), 3-75.

_____, Constitutio dogmatica de divina revelatione *Dei Verbum* (18.11.1965), in *AAS* 58 (1966), 817-835.

_____, Constitutio pastoralis de Ecclesia in mundo huius temporis *Gaudium et Spes* (07.12.1965), in *AAS* 58 (1966), 1025-1120.

_____, Declaratio de libertate religiosa *Dignitatis Humanae* (07.12.1965), in *AAS* 58 (1966) 929-946.

Denzinger Heinrich, *Enchiridion symbolorum definitionum et declarationum de rebus fidei et morum*, = Strumenti, [edizione bilíngüe latino-italiano a cura di Peter Hünermann], Dehoniane, Bologna 2000.

1.2.2. Magistério Pontifício

Bento XVI, Carta encíclica *Deus Caritas Est,* Paulinas, São Paulo 2006.

_____, Discurso aos participantes na Assembleia Geral da Pontifícia Academia para a Vida e ao Congresso Internacional sobre o tema *O embrião humano na fase do pré-implante*, 27 de fevereiro de 2006.

_____, Discurso aos participantes na Assembléia Plenária da Pontifícia Academia para a vida, 22 de fevereiro de 2009, *L'Osservatore Romano*, Ed. em português, 28 de fevereiro de 2009.

Ética Cristã e Pós-humanismo

Bento XVI, Carta encíclica *Caritas in Veritate,* Paulus/Loyola, São Paulo 2009.

_____, Discurso aos participantes da Assembleia Geral da Pontifícia Academia para a Vida, 13 de fevereiro de 2010.

João paulo II, Discurso ao I Congresso Internacional sobre os Transplantes de Órgãos, *L'Osservatore Romano*, ed. em português, 11 de agosto de1991.

_____, Discurso aos participantes do XVIII Congresso Internacional sobre transplantes, ed. online em português, 29 agosto de 2000.

_____, Comunicado final da X Assembleia Geral da Pontifícia Academia para a Vida, sobre *A dignidade da procriação humana e as tecnologias reprodutivas: Aspectos antropológicos e éticos*, 16 de março de 2004.

_____, Carta às famílias, 2 de fevereiro de 1994.

_____, Discorso ad un gruppo di biologi sperimentatori, 23 ottobre 1982.

_____, Discorso ai partecipanti della 35ª Assemblea Generale dell'Associazione Medica Mondiale, 29 ottobre 1983.

_____, Carta encíclica *Evangelium Vitae,* Paulinas, São Paulo 1995.

_____, Carta encíclica *Redemptor Hominis*, Loyola, São Paulo 1979.

_____, Carta encíclica *Veritatis Splendor,* 3ed., Loyola, São Paulo 1994.

_____, Carta encíclica *Fides et Ratio,* Paulinas, São Paulo 2010.

_____, Carta encíclica *Sollicitudo Rei Socialis*, col. Documentos Pontifícios n.218, Vozes, Petrópolis 1988.

Paulo VI, Carta encíclica *Populorum Progressio,* Paulinas, São Paulo 2009.

_____, Carta encíclica *Humanae Vitae,* Paulinas, São Paulo 2007.

_____, Carta apostólica *Octogésima Adveniens*, Documentos de Paulo VI, Paulus, São Paulo 1997, p. 226-268.

João XXIII, Carta encíclica *Mater et Magistra,* 13ed., Paulinas, São Paulo 2010.

1.2.3. Documentos da Santa Sé

Catecismo da Igreja Católica (*Catechismus Catholicae Ecclesiae)*, 7ed., Vozes, Petrópolis 1997.

Código de Direito Canônico (1983), tradução Conferência Nacional dos Bispos do Brasil, Loyola, São Paulo 1988.

Comissão Teológica Internacional, *Em busca de uma ética universal: Novo olhar sobre a lei natural*, Paulinas, São Paulo 2009.

Commissione Teologica Internazionale, Comunione e Servizio: La persona umana creata a immagine di Dio, in *La Civiltà Cattolica* 4 (2004), 254-286.

Congregação para a Doutrina da Fé, Instrução *Donum Vitae,* Vozes, Petrópolis 1987.

Bibliografia

Congregação para a Doutrina da Fé, Instrução *Dignitas Personae,* Paulus, Loyola, São Paulo 2009.

Pontifícia comissão Bíblica, *Bíblia e moral: Raízes bíblicas do agir cristão*, Paulinas, São Paulo 2008.

Pontifícia Academia para a Vida, *Reflexões sobre a clonagem,* 25 de junho de 1997.

_____, *Declaração sobre a produção e o uso científico e terapêutico das células estaminais embrionárias humanas*, 25 de agosto de 2000.

_____, *A consciência cristã em apoio do direito à vida*, Declaração Final da XIII Assembleia, 15 de março de 2007.

Pontificia Accademia per la Vita, *La prospettiva degli xenotrapianti – Aspetti scientifici e considerazioni etiche,* 26 de settembre de 2001.

1.2.4. Documentos das Conferências Episcopais

Cnbb – Conferência Nacional dos Bispos do Brasil, *Texto base da Campanha da Fraternidade 2008: Fraternidade e defesa da vida*, Brasília 2008.

Celam – Conselho Episcopal Latino-Americano, *A Evangelização no presente e no futuro da América Latina,* Conclusões da III Conferência Geral do Episcopado Latino-Americano. 3ed., Puebla de Los Angeles, México, Paulinas, São Paulo 1979.

_____, *Discípulos e missionários de Jesus Cristo para que nele nossos povos tenham vida,* Texto conclusivo da V Conferência Geral do Episcopado Latino-Americano e do Caribe, Aparecida, Brasil, Paulinas/Paulus, São Paulo 2009.

2. Estudos

Aa.Vv., *Identidade y estatuto del embrión humano*, Eiunsa S.A., Madrid 2000.

Abel F., *Bioética: orígenes, presente y futuro,* Editorial Mapfre, Barcelona 2001.

Adriano J., "Direitos humanos e dignidade", in *Revista de Cultura Teológica* 14 (1996), 7-12.

Almaraz M. J. M., *Aspectos civiles de la inseminación artificial y la fecundación in vitro*, Bosch, Barcelona 1988.

Amaral A., "Ética do discurso e eugenia liberal: Jürgen Habermas e o futuro da natureza humana", in *Liinc em Revista* 4/1 (2008), 12-27.

Andorno R., *Bioética y Dignidad de la persona,* Editorial Tecnos, Madrid 1998.

ANDORNO R., "La dignidad humana como noción clave en la Declaración de la UNESCO sobre el genoma humano", in *Revista de Derecho y Genoma Humano* 14 (2001), 41-53.

ANGELINI G., "La legge morale naturale. Per rimediare allo sfinimento della categoria", in *Teologia* 30 (2005), 235-245.

_____, *La legge naturale. I principi dell'umano e la molteplicità delle culture*, Glossa, Milano 2007.

ANJOS M. F. dos, "Bioética e Teologia: janelas e interpelações", in *Perspectiva Teológica* 33/89 (2001) 13-31.

ARCHER L., *Desafios da nova genética*, Brotéria, Lisboa 1992.

ARENDT H., *Vita activa. La condizione umana*, Bompiani, Milano 2004.

ARISTÓTELES, *Ética a Nicômaco*, Coleção Os pensadores, Editora Abril Cultural, São Paulo 1973.

_____, *Política*, 3ed., UnB, Brasília 1997.

_____, *Metafísica*, Editora Globo, Biblioteca dos Séculos, Porto Alegre 1969.

ARTIOLI G. G., HIRATA, R. D. C. & LANCHA Jr., A. H., in *Revista Brasileira de Medicina do Esporte* 13/5 (2007).

AZEVÊDO E. S., "Terapia gênica", in *Bioética* 5/2 (1997), 157-164.

BACONE F., *Scritti filosofici*, UTET, Torino 1975.

BARACHO J. A. de O., "A identidade genética do ser humano: Bioconstituição: Bioética e Direito", in *Revista de Direito Constitucional e Internacional* 8/32 (2000), 90.

BARBOSA B., "As surpresas da genética", in *Veja*, v. 34, n. 7, 2001.

BARCHIFONTAINE C. & PESSINI L. (Orgs.), *Bioética: Alguns Desafios,* 2ed., Loyola, São Paulo 2002.

BEAUCHAMP T. L & CHILDRESS J. F., Principles of Biomedical Ethics. 4ed., Oxford University Press, Oxford 1994.

BENTO L. A., *Bioética: Desafios éticos no debate contemporâneo*, Paulinas, São Paulo 2008.

BIRNBACHER D., "Human Cloning and Human Dignity", in *Reproductive BioMedicine Online* 10, Supplement 1 (2005), 50-55.

BLACK E., *A guerra contra os fracos: a eugenia e a campanha norte-americana para criar uma raça superior*, Girafa Editora, São Paulo 2003.

BOÉCIO, *Contra Eutychen et Nestorium*, Ed. Migne, Patrologia Latina, c. 4, v. 64, col. 1344.

BOFF L., *Trindade e Sociedade,* Vozes, Petrópolis 1986.

Bibliografia

BOMPIANI A. et al, *Nuova genetica, nuove responsabilità*, Edizioni San Paolo, Milano 1997.

_____, "Ecologia, natura e tecnologia nelle responsabilità umane. Riflessioni a proposito della cosiddetta 'biologia sintetica'", in *Medicina e Morale* 5 (2011), 803-837.

BOMTEMPI JR N., "Contribuições da ciência biológica no século XX e sua projeção para o século XXI", in *O mundo da saúde* 23/6 (1999), 400.

BOSTROM N., "In Defense of Posthuman Dignity", in *Bioethics* 19/3 (2005) 203-214.

BRAMBILLA F. G., *Antropologia teologica*, Queriniana, Brecia 2005.

BUCHANAN A., BROCK D. K., DANIELS N. & WIKLER D., *Genética y justicia*, Cambridge University Press, Madrid 2002.

CALLAHAN D., "The Puzzle of Profound Respect", in *The Hastings Center Report* 25/1 (1995), 39-40.

CAMPBELL A., "A bioética no século XXI. São Paulo", in *Saúde Heliópolis* 3/9 (1998), 9-11.

CARRASCO de PAULA I., "Il concetto di persona e la sua rilevanza assiologica: i principi della bioetica personalista", in *Medicina e Morale* 54/2 (2004), 265-278.

CASABONA C. M. R., *El Derecho y la bioetica ante los limites de la vida humana*, Editorial Centro de Estudos Ramón Areces, Madrid 1994.

CASALS J. M. E., *"Una ética para la era tecnológica"*, in *Cuadernos del Programa Regional de Bioética* (OPS/OMS) 5 (1997), 65-84.

CHIAVACCI E., "La nozione di persona nella 'Gaudium et Spes'", in *Studia Moralia* 24 (1986), 93-114, 96.

CIPRESSA S., *Bioetica per amare la vita*, Edizioni Dehoniane, Bologna 2010.

CLOTHIER C., *Report of the Committee on the Ethics of Gene Therapy*, HMSO, London 1992.

CODA P., "Antropologia teologica e agire nel mondo nella Gaudium et Spes", in *Lateranum* 55 (1989), 176-207.

_____, "L'uomo nel mistero di Cristo e della Trinità. L'antropologia della Gaudium et spes", in *Lateranum* 54 (1988), 164-194.

COELHO M. M., "Ecologia, bioética e biodireito: conceitos e interfaces", in *Teologia em Questão,* 5/5 (2004), 51-71.

_____, O *que a Igreja ensina sobre,* Canção Nova, São Paulo 2008.

_____, *Xenotransplante: Ética e Teologia*, Loyola, São Paulo 2004.

COMTE-SPONVILLE A., *Pequeno Tratado das Grandes Virtudes,* Martins Fontes, São Paulo 1999.

CORNWELL J., *Os cientistas de Hitler*, Imago, Rio de Janeiro 2003.

Correa J. de D. V. & Sgreccia E. (a cura di), *Natura e Dignità della Persona Umana a Fondamento del Diritto alla* Vita. *Le Sfide del Contesto Culturale Contemporaneo*, Libreria Editrice Vaticana, Città del Vaticano 2003.

Cortina A., *Ética mínima*, Tecnos, Madrid 1992.

Cottier G., "Riflessioni sulla distinzione fra naturale e artificiale", in *Scritti di etica*, Piemme, Casale Monferrato, 1994.

Coull F., "Personal Story Offers Insight into Living with Facial Disfigurement", in *Journal of Wound Care* 12/7 (2003), 254-258.

Cozzi E. & White, D. J., The Generation of Transgenic Pigs as Potential Organ Donors for Humans, in *Nature Med* 1 (1995), 964-966.

Cunico G., *Lettura di Habermas: Filosofia e religione nella società post-secolare,* Editrice Queriniana, Brescia 2009.

Cuyás M., "Problematica della manipolazione genetica", in *Rassegna di Teologia* 28 (1987), 487-494.

Cuyás M., "Dignità della persona e statuto dell'embrione umano", in *Civiltà Cattolica* 3335 (1989), 438-451.

D'Agostino F., "La bioetica, le biotecnologie e il problema dell'identità della persona", in *Bioetica nella prospettiva della filosofia del diritto*, Giappichelli, Torino 1998.

_____, "Embriões são seres humanos: É eticamente indispensável respeitá-los", in *Revista do Instituto Humanitas Unisinos* 246 (2007), 11.

Dall'Oro R., *Health and Human Flourishing: Religion, Medicina and Moral Anthropology*, Georgetown University Press, Washington, DC 2006.

Dawkins R., *O gene egoísta,* Edusp, São Paulo 1979.

Del Missier G., "Dignitas personae. Logica della tecnologia e logica della persona", in *Studia Moralia* 47/2 (2009), 361-385.

_____, *"I fondamenti dell'antropologia di S. Tommaso d'Aquino"*, in Del Missier G., Qualizza M. (eds.), *Corpore et anima unus. Saggi di antropologia*, Cantagalli, Siena 2008, 86-113.

_____, *"Coordinate antropologiche per la riflessione bioetica"*, in Del Missier G., Qualizza M. (eds.), *Corpore et anima unus. Saggi di antropologia*, Cantagalli, Siena 2008, 138-145.

Demmer K., *Interpretare e agire. Fondamenti della morale cristiana*, Paoline, Cinisello Balsamo 1989.

Descartes R., *Discurso sobre o método*, Edições 70, São Paulo 2008.

Dezza S., *Filosofia – Síntese Tomista*, Livraria Figueirinhas, Porto 1965.

Bibliografia

Diaféria A., "Código de ética de manipulação genética: alcance e interface com regulamentações correlatas", in *Parcerias Estratégias* 16 (2002), 101-114.

Diniz M. H., *O estado atual do biodireito*, Saraiva, São Paulo 2002.

Doldi M. & Picozzi, M., *Introduzione alla bioetica*, Elledici, Torino 2000.

Domingues B., *Personalismo – Perspectivas*, Metanoia, Porto 2000.

Durand G. P., *Introdução Geral à Bioética: História, Conceito e Instrumentos*, Loyola, São Paulo 2003.

Durand G. P., *A bioética: natureza, princípios, objetivos*, Paulus, São Paulo 1995.

Dussel E., *Acesso ao ponto de partida da Ética,* Loyola, São Paulo 1982.

Dussel E., *Filosofia da Libertação na América Latina,* Loyola, São Paulo 1997.

Elizari F. J., *Questões de bioética: vida em qualidade*, Santuário-Perpétuo Socorro, Aparecida-Porto 1996.

Elliott C., *Better Than Well*, Norton, New York 2003.

Engelhardt H. T., *Manuale di bioetica*, Il Saggiatore, Milano 1999.

_____, *Fundamentos da bioética,* Loyola, São Paulo 1998.

Eser A., "Genética humana: aspectos jurídicos e sociopolíticos", in *Revista Portuguesa de Ciência Criminal* (1994), 45-72.

Espinosa J., *Questões de Bioética,* Quadrante, São Paulo 1998.

Faggioni M. P., "La natura fluida. Le sfide dell'ibridazione, della transgenesi, del trans umanesimo", in *Studia Moralia* 47/2 (2009), 387-436.

_____, *La vita nelle nostre mani. Manuale di Bioética Teologica*, 2ed. Edizioni Camilliane, Torino 2009.

_____, "La vita tra natura e artificio", in *Studia Moralia* 33 (1995), 333-375.

_____, "Reflexões sobre a *Dignitas Personae*. A veia eugenética da fecundação in vitro", in *L'Osservatore Romano*, Ed. em português, 11 de abril de 2009.

Faitanin P., "O que é dignidade e qual a sua relação com o conceito de pessoa?", in *Aquinate* 7 (2008), 242-253.

Fernández J. G., *10 Palavras-chaves em Bioética*, Paulinas, São Paulo 2000.

Filho Ramos S. M., *Estudo bioético da legislação sobre doação e transplantes de órgãos nos países do Mercosul*. Dissertação de mestrado, Faculdade de Saúde Pública da Universidade de São Paulo 1999.

Finance J. de, "La nozione di legge naturale", in *Rivista di Filosofia Neoscolastica* 61 (1969), 365-396.

Fisichella R., "As novas fronteiras da genética e o risco da eugenética", in *L'Osservatore Romano*, ed. em português, 28 de fevereiro de 2009.

Fisichella R., "Reflexões sobre a *Dignitas Personae*. Para não atrasar os ponteiros da história", in *L'Osservatore Romano*, ed. em português, 7 de março de 2009.

Ford N. M., *Quando comincio io? Il concepimento nella storia, nella filosofia e nella scienza*, Baldini & Castoldi, Milano 1997.

Forment Giralt E., "La transcendentalidad de la persona in Santo Tomás de Aquino", in *Espíritu* 52/128 (2003), 271-284.

Fries H., *Dizionario Teologico,* Vol. II, Queriniana, Brescia 1967 (a cura di) Giuliano Riva.

Fukuyama, F., *Our Posthuman Future: Consequences of the Biotechnology Revolution,* Farrar, Straus & Giroux, New York 2002.

Gabaldon J., "Libre desarrollo de la personalidad y derecho a la vita, in Persona y derecho", in *Revista de fundamentación de las Instituciones Jurídicas y de Derechos Humanos* 44 (2001), 133-172.

Galton F., *Inquiries into Human Faculty and its Development,* AMS Press, New York 1973.

Garrafa V., "Bioética, saúde e cidadania", in *O mundo da saúde,* 23/5 (1999), 263-269.

_____, *A bioética no século XXI,* Editora Universidade de Brasília, Brasília 2000.

_____, "Crítica bioética a um nascimento anunciado", in *Parcerias Estratégias* 16 (2002) 115-123.

_____, & Oselka G. D., "Saúde pública, bioética e equidade", in *Bioética* 5/1 (1997) 27-33.

_____, "Bioética e ciência: até onde avançar sem agredir", in L. E. Costas; V. Garrafa; G. Oselka, *Iniciação à bioética*, Conselho Federal de Medicina, Brasília 1998, 99-110.

_____, "Bioética: poder e injustiça: por uma ética de intervenção", in Volnei G., Pessini L. (org), *Bioética: poder e injustiça*, Loyola, São Paulo 2003.

Gatti G., *Morale sociale e della vita fisica,* Elle Di Ci, Torino 1996.

Gehlen A., L'uomo, *La sua natura e il suo posto nel mondo*, Feltrinelli, Milano 1983.

Giertych W., "Reflexões sobre a *Dignitas Personae*. A clonagem humana. Uma abominável escravidão biológica", in *L'Osservatore Romano*, Ed. em português, 25 de abril de 2009.

Glass B., "Science: Endless Horizons or Golden Age?", in *Science* 171 (1971), 23-29.

Griffits A. J. F., Miler J. H., Suzuki L. R. C & Gelbart W.M., *Introdução a Genética*, 6ed., W. H. Freeman and Company, New York 1996.

Bibliografia

GUERRA LOPEZ R., "Por una bioetica sin adjetivos (III). Importancia de las relaciones entre etica y biologia para la constitucion de la bioética", in *Medicina e Morale*, 54/5 (2008), 955-976.

HABERMAS J., *O Futuro da Natureza Humana: a caminho de uma eugenia liberal?* Martins Fontes, São Paulo 2004.

_____, *Teoria de la acción comunicativa II – Crítica de la razón funcionalista*, Taurus, Madri 1987.

_____, & RATZINGER J., *Dialectics of Secularization*: On Reason and Religion, Ignatius Press, California 2006. (*Dialética da Secularização*. Sobre Razão e Religião. Ideias & Letras, Aparecida, 2007.)

HALDANE J. B. S., *Daedalus; or, Science and the Future*, K. Paul, Trench, Trubner & co., ltd., London 1924.

HAMMERSCHMIDT D., *Intimidade genética & direito da personalidade*, Juruá, Curitiba 2007.

HÄRING B., *Etica medica*, Paoline, Roma 1979.

_____, *A lei de Cristo,* v. III, Herder, São Paulo 1961.

HARRIS J., *Superman y la Mujer maravillosa: Las dimensiones de la biotechnologia humana*. Spanish Edition of *Wonderwoman & Superman,* Editorial Tecnos S.A., Madrid 1998.

HEIDEGGER M., *Sobre o humanismo*, Abril Cultural, São Paulo 1979.

HERNÁNDEZ J. B., "Liberación cristiana y dignidad humana", in *Moralia* 26 (2003), 475-494.

HIGUERA G., "Ética y manipulación humana", in *MscComillas* 43 (1985), 419-436.

HOBBES T., *Elementi di legge naturale e fisica*, La Nuova Italia, Firenze 1968.

_____, *Leviatã*, Martins Fontes, São Paulo 2008.

HOLLAND Stephen, *Bioética: enfoque filosófico,* Centro Universitário São Camilo e Loyola, São Paulo 2008.

HOOFT P. F. (coord.), *"Jurisprudencia Argentina"*, in número especial bioética 10/1 (2008), 3-11.

HUXLEY A., *Il mondo nuovo: ritorno al mondo nuovo,* Mondadori, Milano 2004.

IRINEU DE LIÃO, *Adversus Haereses,* Paulinas, São Paulo 1995.

IVERN F. & BINGEMER M. C. L., *Doutrina Social da Igreja e Teologia da Libertação,* Loyola, São Paulo 1994.

JASNY B. R. & KENNEDY D., "The Human Genome", in *Science* 291 (2001), 1153.

JONAS H., *El principio de responsabilidad: ensayo de una ética para la civilización tecnológica,* Herder, Barcelona 1995.

_____, "Cloniamo un uomo: dall'ingegneria genetica", in *Técnica, medicina ed etica*, Einaudi, Torino 1997.

JONAS H., *Dalla fede antica all'uomo tecnologico: saggi filosofici*, Il Mulino, Bologna 2001.

_____, *Philosophical Essays – From Ancient Creed to Technological Man*, Midway Reprint, Chicago 1980.

_____, *Tecnica, medicina ed etica. Prassi del principio responsabilità*, Einaudi, Torino 1997.

JUDSON F., *The Eighth Day of Creation: the Makers of the Revolution in Biology*, Simon & Shuster, N. York 1979.

JUNGES J. R., *Evento Cristo e ação humana. Temas fundamentais da ética teológica*, UNISINOS, São Leopoldo 2001.

JUNQUEIRA R., "Los derechos humanos: criterios para la bioética", in *Moralia* 105 (2005), 7-32.

KANT I., *Doutrina das Virtudes*, Edipro, São Paulo 2003.

_____, *Grounding for the Metaphysics of Morals*, Hackett Publishing Company, Indianapolis 1981.

_____, *La metafisica dei costumi*, Bompiani, Milano 2006.

KASS L. R., *Life, Liberty and the Defense of Dignity: The Challenge for Bioethics*, Encounter Books, San Francisco 2002.

_____, *La sfida della bioetica: La vita, la libertà e la difesa della dignità umana*, Lindau, Torino 2007.

KESSELRING T., "O conceito de natureza na história do pensamento ocidental", in *Ciência & Ambiente* 3/5 (1992), 19-40.

KINDERLERER J. & LONGLEY D., "Human Genetics: The New Panacea?", in *Modern Law Review* 61 (1998), 603-620.

KOLNAI A. K., "Dignity", in *Philosophy* 51 (1976), 251-271.

KÜNG H., *Projeto de uma ética mundial*, Paulinas, São Paulo 1994.

KURZWEIL R., "Ser Humano Versão 2.0", in Jornal *Folha de São Paulo*, Mais, 23 de março de 2003.

LA REDAZIONE (a cura di), "Chi' è persona? Persona umana e bioetica", in *La Civiltà Cattolica* 3420 (1992), 547-559.

LAÊRTIOS D., *Vidas e Doutrinas dos Filósofos Ilustres*, Editora UnB, São Paulo 2000.

LAFONTAINE C., "The Cybernetic Matrix of French Theory", in *Theory, Culture and Society* 24 (2007), 27-46.

LAMB D., *Transplante de órgãos e ética*, Editora Hucitec, São Paulo 2000.

LANE M., et al., "The Serious Search for an Anti-Aging Pill", in *Scientific American* 287/2 (2002), 36-41.

Bibliografia

Lauand L. J. *Introdução. In: TOMÁS DE AQUINO. Sobre o ensino (De magistro): os sete pecados capitais*, Martins Fontes, São Paulo 2001.

Leal E. M. de C., "Habermas, Ratzinger e Sloterdijk: Considerações sobre Ética e Técnica Habermas, Ratzinger e Sloterdijk: Considerations on Ethics and Technique", in *Revista Tecnologia e Sociedade* 10 (2010), 3-28.

Leite E. de O., *Grandes Temas da Atualidade. Bioética e Biodireito,* Forense, Rio de Janeiro 2004.

Lepargneur H., "Células-tronco, mães de futura medicina regenerativa", in *O mundo da saúde* 24/6 (2000), 495-509.

_____, "Ética e engenharia genética", in *O mundo da saúde* 22/4 (1998), 234-244.

Lévinas E., *Ética e infinito,* Edições 70, Lisboa-Portugal 1982.

Lima E. D. R. P., Magalhães M. B., Nakamae D. D., "Aspectos ético-legais da retirada e transplantes de tecidos, órgãos e partes do corpo humano", in *Rev. latino-am.enfermagem* 5/4 (1997), 5-12.

Locke J., *Ensayo sobre el Entendimento Humano*, Fondo de Cultura Económica, México, DF 1986.

Lorenzetti L., *La morale nella storia: una nuova voce nei 40 anni della rivista di teologia morale (1969-2009)*, Edizione Dehoniane, Bologna 2010.

Lorenzetti L., "La legge naturale nella teologia morale contemporanea", in *Rivista di teologia morale* 167 (2010), 421-426.

_____ (a cura di), *Trattato di etica teologica 2: Etica della persona,* Edizioni Dehoniane, Bologna 2010.

_____, "La sfida dell'eugenetica. Una valutazione etica", in *Humanitas* 4 (2004), 752-759.

Lucas Lucas R., "Fondazione antropologica dei problemi bioetici", in *Gregorianum* 80 (1999), 697-758.

Macklin R., "Dignity is a Useless Concept", in *British Medical Journal* 327 (2003), 1419-1420.

McKeever M. & Quaranta G., *Voglio, dunque sono,* Edizioni Dehoniane, Bologna 2011.

Mandavilli A., "Fertility's New Frontier Takes Shape in the Test Tube", in *Nature Medicine* 9/8 (2003), 1095.

Mantovani F., "Manipulaciones genéticas: bens jurídicos armazenados, sistemas de control y técnicas de tutela", in *Revista de Derecho y Genoma Humano* 1 (1994), 94-119.

Marcel G., *The Existential Background of Human Dignity,* Harvard University Press, Cambridge, Massachusetts 1963.

MARSHALL E., "Gene Therapy a Suspect in Leukemia-like Disease", in *Science* 298 (2002), 34-35.

MARTÍNEZ S. M., *Manipulación genética y derecho penal*, Editorial Univesidad, Buenos Aires 1994.

MATTOS L. A. de, "Reprodução humana assistida: valoração ético-teológica na perspectiva dos excluídos", in *Revista cultura teológica* 34 (2001), 31-49.

MAURON A., "DNA reacende falsa esperança da explicação da essência humana". Texto publicado originalmente na revista *Science* 291/5.505 (2001), 831-832. Trad. João Carlos Holland de Barcellos – site: GENISMO – Um novo Paradigma.

MAURON A., "Is the Genome the Secular Equivalent of the Soul?", in *Science* 291 (2001) 831-832.

MAYOR ZARAGOZA F. & ALONSO BEDATE C. (Coord.), *Gen-Ética*, Ariel, Barcelona 2003.

MELCHIORRE V. (a cura di), *L'idea de persona*, Vita e Pensiero, Milano 1996.

MILANO A., *Persona in teologia*, Edizioni Dehoniane, Roma 1996.

MIOTO R., "Doping genético virá", in Jornal *Folha de São Paulo*, Ciência, 14/02/2010.

MOLTMANN J., *Deus na criação: Doutrina ecológica da criação*, Vozes, Petrópolis 1993.

MONDIN B., *Antropologia teológica: história, problemas, perspectivas*, Paulinas, São Paulo 1986.

_____, *Dizionario Enciclopedico del Pensiero di San Tommaso D Aquino*, 2ed., Edizioni Studio Domenicano, Bologna 2000, 75.

MORI M., "A bioética: sua natureza e história. Brasília", in *Humanidades* 34 (1994) 332-341.

MOSER A., *Biotecnologia e bioética: para onde vamos?* Vozes, Petrópolis 2004.

MÜLLER I., *Perspectivas para uma nova Teologia da criação*, Vozes, Petrópolis 2003.

MUNICH A., in *L'Express*, 27 de novembro de 1997 & 22 de janeiro de 1998.

NAAM R., *More Than Human: Embracing the Promise of Biological Enhancement*, Broadway Books, New York 2005.

NATIONAL SCIENCE FOUNDATION, *Converging Technologies for Improving Human Performance: Nanotechnology, Biotechnology, Information Technology and Cognitive Science*, Arlington, Virginia: National Science Foundation, 2003.

NETO R. B., "DNA elétrico", in Jornal *Folha de São Paulo*, Mais, 18 de abril de 1999.

OLIVEIRA F. de, *Bioética – uma face da cidadania*, Moderna, São Paulo 1997.

Bibliografia

OLIVEIRA F. de, *Engenharia genética: o sétimo dia da criação,* Moderna, São Paulo 1995.

OLIVEIRA J. S. de, & HAMMERSCHMIDT, D., "Genoma humano: eugenia e discriminação genética", in *Revista Jurídica Cesumar* 8/1 (2008), 176-192.

ORDUÑA R. R., AZPITARTE, E. L. & BASTERRA, F. J. E., *Práxis cristã II: opção pela vida e pelo amor,* 3ed., Paulinas, São Paulo 1993.

ORTEGA y GASSET J., "Meditaciòn de la técnica", in *Obras completas*, tomo V, Madrid 1970.

OTERO P., *Personalidade e identidade pessoal e genética do ser humano: um perfil constitucional da bioética*, Almedina, Coimbra 1999.

PACOMIO L. (org.), *Dizionario Teologico Interdisciplinare*, Vol. II, Marietti, Torino 1977.

PALAZZANI L., "Metafisica e bioetica: il concetto di persona", in *Aquinas* 50/1 (2007) 153-161.

_____, "Reflexões bioéticas sobre a enhancement. O mundo melancólico dos super-homens", in *L'Osservatore Romano,* ed. em português, 14 de novembro de 2009.

PARENS C., *Enhancing Human Traits*, Georgetown University Press, Washington, DC 1998.

PAULA C. de, "Dignità e vita umana nell'etica medica", in *Medicina e Morale* 45 (1995), 213-222.

PEINADO J. V., *Éticas teológicas ontem e hoje,* Paulus, São Paulo 1996.

PELLEGRINO E., *Transcultural Dimensions in Medical Ethics*, University Publishing Group, Frederick, MD 1992.

PEÑA J. L. R. de la, *O Dom de Deus: antropologia teológica,* Vozes, Petrópolis 1996.

PENA S. J. D., "Lições de vida do genoma humano", in Jornal *Folha de São Paulo* 23 de janeiro de 2001.

PEREIRA L. V., "Parecer sobre clonagem humana reprodutiva e terapêutica", in *Parcerias Estratégias* 16 (2002), 125-132.

PERICO G., *Deporte: Diccionario enciclopédico de Teologia Moral,* Paulinas, Madrid 1974.

PESSINA A., "Reflexões sobre a *Dignitas Personae*. A gramática da vida humana e da democracia", in *L'Osservatore Romano,* ed. em português, 28 de março de 2009.

PESSINI L., "Genética, clonagem e dignidade humana", in *Parcerias Estratégias* 16 (2002), 145-151.

PESSINI L. & BARCHIFONTAINE C. de P. (org.), *Fundamentos da Bioética*, Paulus, São Paulo 1996.

_____ SIQUEIRA J. E. de, HOSSNE W. S. H. (org.), *Bioética em tempo de incertezas,* Centro Universitário São Camilo e Loyola, São Paulo 2010.

PETTERLE S. R., *O direito fundamental à identidade genética na Constituição brasileira*, Livraria do Advogado, Porto Alegre 2007.

PIETRO M. L. di, "Reflexões sobre a *Dignitas Personae.* Parte do texto: O tratamento da infertilidade", in *L'Osservatore Romano,* ed. em português, 4 de abril de 2009.

_____ & CORSANO B., Il trapianto di faccia, in *Medicina Morale* (2010), 493-508.

POSSAS C. A. & MINARÉ R. L., "O princípio ético da prudência ou precaução na engenharia genética: implicações para a saúde humana e o meio ambiente", in *Parcerias Estratégias* 16 (2002), 183-191.

PRADO L. R., "Curso de direito penal brasileiro", in *Revista dos Tribunais* 2 (2006) 117-118.

PREDEBON J., *Criatividade hoje: como se pratica, aprende e ensina*, Atlas, São Paulo 1999.

QUEIRUGA A. T., "Legge naturale e teologia in contesto secolare", in *Concilium* 46 (2010), 38-51.

RAHNER K., "Anthropologie und Theologie: Christlicher Glaube", in *moderner Gesellschaft* 24 (1981), 5-55.

_____, *Escritos de teologia*, Cristiandad Ediciones, Madrid 2003.

_____, "Il problema della manipolazione genetica", in *Nuovi saggi*, III, (1969), 370-371.

RAMIREZ A. & RIBEIRO A. A. C. P., "Doping genético e esporte", in *Revista Metropolitana de Ciências do Movimento Humano*, 5/2 (2005), 9-20.

G. REALE G. & ANTISERI, D., *História da Filosofia: Antiguidade e Idade Média*, 6ed. Paulus, São Paulo 1990.

REICH W. T., *Encyclopedia of bioethics*, ed. rev., vol. 5, Macmillan, New York 1995.

REICHLIN M., "L'appello alla natura in bioetica", in *Natura in etica*, Vita e Pensiero, Milano 2009, 157-173.

RENNA L., *Neuroscienze e persona: interrogativi e percorsi etici*, Edizioni Dehohiane, Bologna 2010.

RICOEUR P., "Meurt le personnalisme, revient la personne…", in *Esprit* 1(1983), 113-119.

Bibliografia

RIFKIN J., *O século da biotecnologia,* Makron, São Paulo 1998.

RIZZACASA A., "Roboetica e post umano. Alcuni interrogativi inquietanti del nostro tempo", in *Bio-ethos* 8 (2010), 59-71.

ROCHA M. A. L., "Bioética e nascimento: o diagnóstico pré-natal, perspectiva jurídico-penal", in *Revista Portuguesa de Ciência Criminal* 12/1 (1991), 175-204.

ROMEO CASABONA C. M. (ed.), *La Eugenia hoy*, Comares, Granada 1999.

ROSELLÓ F. T., *¿Qué es la dignidad humana? Ensayo sobre Peter Singer, Hugo Tristram Engelhardt y John Harris,* Herder, Institut Borja de Bioètica, Barcelona 2005.

RUSSELL B., *Icarus*: *The Future of Science*, Kegan Paul, Trench, Trubner & Co., London 1924.

RUSSO G, *Fondamenti di metabioetica cattolica*, Edizioni Dehoniane, Roma 1993.

SANDEL M., *Contro la perfezione. L'etica nell'età dell'ingegneria genetica*, Vita e Pensiero, Milano 2008.

SANNA I. (ed), *Dignità umana e dibattito bioetico*, Edizioni Studium , Roma 2009.

SANTAYANA G., *A Vida da Razão*, v. I, c. XII, Forgotten Books, New York 1905.

S. TOMÁS DE AQUINO, *Suma Teológica*, 8 vols., Loyola, São Paulo 2001-2006.

_____, *Suma contra os gentios*, Sulina, Porto Alegre 1990.

_____, *Comentário à Física de Aristóteles,* Tavares Martins, Porto 1956.

SCARAFFIA L., "Mas a biologia não explica todo o homem", in *L'Osservatore Romano*, Ed. em português, 14 de fevereiro de 2009.

SCHOCKENHOFF E., "Un approccio kantiano alla teoria della legge naturale di Tommaso d'Aquino", in *Concilium* 46 (2010), 52-62.

SCHOLZE S. H. C. & MAZZARO M. A. T., "Bioética e normas regulatórias: reflexões para o código de ética das manipulações genéticas no Brasil", in *Parcerias e Estratégias* 16 (2002), 13-41.

SCHRAMM F. R., "Eugenia, eugenética e o espectro do eugenismo: considerações atuais sobre biotecnociência e bioética", in *Bioética* 5/2 (1997), 203-220.

SEIBEL W., "El hombre, imagen de Dios", in *Mysterium Salutis,* II/2 (Madrid, 1969), 902-914.

SEIFERT J., "El hombre como persona em el corpo", in *Espíritu* 300 (1995), 129-156.

SEOANE RODRÍGUEZ J. A., De la intimidad genética al derecho a la protección de dados genéticos, in *Revista de Derecho y Genoma Humano* 17 (2002), 135-175.

SERRA A., "La rivoluzione genomica: conquiste, attese e rischi", in *Civiltà Cattolica* 3623 (2001), 439-453.

SERRÃO D., XVI Jornadas de Medicina do Hospital de S. José. Hospital de S. José, 3 de junho de 2003.

SESSAREGO C. F., *Derecho a la identidad personal*, Editorial Astrea de Alfredo y Ricardo Depalma, Buenos Aires 1992.

SGRECCIA E., *Manual de Bioética I – Fundamentos e Ética Biomédica*, Loyola, São Paulo 1996.

_____, "EvangeliumVitae: Quale novità?", in *Medicina e Morale* 45 (1995), 655-675.

SHUSTER E., "Fifty Years Later: The Significance of the Nuremberg Code", in *New England Journal of Medicine* 337 (1999), 1436-1440.

SILVA M. B. da, *Sentido ético da práxis comunitária: o valor da consciência*, Paulus, São Paulo 1994.

SILVER L., *Remaking Eden,* New York: Avon, 1998, and Stock, G., *Redesigning Humans: Our Inevitable Genetic Future*, Houghton Mifflin, New York 2002.

SINGER P., *Ética Prática,* Martins Fontes, São Paulo 1993.

_____, *Libertação Animal,* Lugano Editora, Rio de Janeiro 2004.

_____, *Repensar la vida y la muerte*, Paidós, Barcelona 1997.

SOUZA V. J. de, *Projeto genoma humano: Utopia do homem geneticamente perfeito*, Loyola, São Paulo 2004.

STEIN E., *Obras selectas*, Monte Carmelo, Burgos 1997.

STOCK G., *Redesigning Humans: Our Inevitable Genetic Future*, Houghton Mifflin, New York 2002.

TEIXEIRA J. M., *"Genoma humano: A metafísica pós-moderna?"* in *Saúde Mental* 3/1 (2001) (Editorial).

THAM J. & LOSITO M. (a cura di), *Bioetica al futuro. Tecnicizzare l'uomo o umanizzare la tecnica?* Libreria Editrice Vaticana, Città del Vaticano 2010.

TREMBLAY R., "Reflexões sobre a *Dignitas Personae.* Os critérios da fé exaltam os da razão", in *L'Osservatore Romano*, ed. em português, 14 de março de 2009.

_____ & ZAMBONI S. (a cura di), *Figli nel Figlio: una teologia morale fondamentale*, Edizioni Dehoniane, Bologna 2008.

TRUYOL Y SERRA, *A Los derechos humanos*, Tecnos, Madrid 1994.

TZANKOFF S., "Effect of Muscle Mass on Age-Related BMR Changes", in *Journal of Applied Physiology* 43 (1977), 1001-1006.

VALLE A. B. F. del, *Meditación sobre la pena de muerte*, FCE, México 1997.

VALORI P., "La natura norma della moralità", in *Aquinas* 27 (1984), 317-325.

VARGA A. C., *Problemas de bioética,* Unisinos, São Leopoldo 2005.

VATINNO G., *Il transumanesimo. Una nuova filosofia per l'uomo del XXI secolo,* Armando, Roma 2010.

Bibliografia

VENDEMIATI A., *La legge naturale nella Summa Theologiae di S. Tommaso d'Aquino*, Edizioni Dehoniane, Roma 1995.

VIDAL M., *Dicionário de moral: Dicionário de ética teológica*, Editora Santuário, Aparecida 1992.

_____, *Dicionário de Teologia Moral*, Direção de Francisco Compagnoni, Giannino Piana & Salvatore Privitera, Paulus, São Paulo 1997.

_____, "L'etica teologica nell'era della globalizzazione", in *Rivista di teologia morale* 166 (2010), 181-208.

_____, *Moral cristã em tempos de relativismos e fundamentalismos,* Editora Santuário, Aparecida 2007.

_____, *Moral de atitudes: ética da pessoa,* Vol. II, Editora Santuário, Aparecida 1981.

_____, *O Evangelho da vida: para uma leitura da Evangelium Vitae,* Paulinas, São Paulo 1997.

_____, et al., *Ética teológica: conceitos fundamentais,* Vozes, Petrópolis 1999.

VIEIRA NETO A., "Questões éticas da biotecnologia", in *Rev. Ciência e Saúde* 2/1 (2007), 1-6.

VILA-CORO M. D., *Introducción a la biojurídica*, Universidad Complutense de Madrid. Servicio Publicaciones Facultad Derecho, Madrid 1995.

WATSON J., "Miracle Molecule, 50 Years On", in *Baltimore Sun*, 4 February 2003, A. At a symposium in Toronto in October 2002.

ZANCANARO L., "Cuidando do futuro da vida humana – a ética da responsabilidade de Hans Jonas", in *O mundo da saúde* 24/4 (2000), 310-320.

ZUCCARO C., *Bioética e valores no pós-moderno*, Loyola, São Paulo 2007.

3. Publicações específicas em formato eletrônico

AMERICAN ANTHROPOLOGICAL ASSOCIATION STATEMENT ON RACE, in http://www.aaanet.org/stmts/racepp.htm

ANJOS M. F. dos, *Dignidade humana em debate,* in http://www.portalmedico.org.br/revista/bio12v1/seccoes/seccao04.htm

BEACH M. C., Don't Confuse Dignity with Respect, *BMJ Rapid Responses,* Johns Hopkins University, Baltimore, in http://bmj.bmjjournals.com/cgi/eletters/327/7429/1419

BOSTROM N., The Transhumanist FAQ. Version 2.1, in http://www.transhumanism.org/resources/FAQv21.pdf

Bostrom N., Associação Mundial Transumanista, in www.nickbostrom.com

Carli L. de, *La terapia genica*, in COMITATO NAZIONALE PER LA BIOETI-CA, in http://www.governo.it/bioetica/eventi/BIOETICA15anni.pdf

Comissão Técnica Nacional de Biossegurança – CTNBio – Normas sobre intervenção genética em seres humanos, in http://www4.ensp.fiocruz.br/etica/docs/artigos/Norctnbi.pdf

Comitato Nazionale Per la Bioetica, in http://www.governo.it/bioetica/

Connor S., Mutantes de verdade, Jornal *Folha de S. Paulo*, Ciência, 20 de março/2005, in http://www1.folha.uol.com.br/fsp/ciencia/fe2003200501.htm

Fernandes S. & Santos S. N. dos, Potenciação neurológica: um desafio à ética e á identidade pessoal, in www.porto.ucp.pt/lusobrasileiro/actas/Sara%20Fernandes%20Potencia%E7%E3o.pdf

Franco A. S., Genética Humana e Direito, in http://www.portalmedico.org.br/revista/411996/genet2.htm

João Paulo II, The Church and the State are not Rivals but Partners, in Vatican Information Service, February 23, 2004.

More M., TRANSHUMANISM. Towards a Futurist Philosophy, in http://www.maxmore.com/transhum.htm

Moser A., Para além dos genes a metáfora do livro da Vida, in http://www.antoniomoser.com

Nanoforum, Benefits, Riskes, Ethical, Legal and Social Aspects of Nanotechnology, in *Nanoforum*, 2005, in www.nanoforum.org

National Institutes of Health, The Belmont Report Ethical Principles and Guidelines for the Protection of Human Subjects of Research, Ethical Principles & Guidelines for Research Involving Human Subjects, in http://ohsr.od.nih.gov/guidelines/belmont.html

Oliveira F. de, *Afinal, qual é mesmo o suave veneno dos transgênicos?*, in http://www.agronline.com.br/artigos/artigo.php?id=28

Peter Sloterdijk e a produção de escândalos na sociedade da excitação, in http://recantodasletras.uol.com.br/ensaios/599677

Ramos D. L. de P., *Bioética Personalista*, in http://www.ccfc.com.br/artigos/BioeticaPersonalista-Dalton Luiz Paula Ramos.pdf

Revista Época online de 09/06/2006 – Edição n. 421, in http://revistaepoca.globo.com/Revista/Epoca/0,,EDG74453-5856-421,00.html

Revista Superinteressante, novembro/2000, in http://super.abril.com.br/ciencia/vez-homo-ciberneticus-441708.shtml

Bibliografia

Revista TECNOLOGIA E SOCIEDADE – Versão online, in http://www.ppgte.ct.utfpr.edu.br/revistas/tecsoc/revista_10.html

THE PRESIDENT'S COUNCIL ON BIOETHICS, *Human Cloning and Human Dignity: An Ethical Inquiry,* U.S. Government Printing Office, Washington D.C., 2002, in http://bioethics.georgetown.edu/pcbe/reports/cloningreport/index.html (também foi publicado em forma de livro).

_____, *Beyond Therapy: Biotechnology and the Pursuit of Happiness,* U.S. Government Printing Office, Washington D.C. 2003, in http://bioethics.georgetown.edu/pcbe/reports/beyondtherapy/index.html (também foi publicado em forma de livro).

_____, *Human Dignity and Bioethics: Essays Commissioned by the President's Council on Bioethics*, U.S. Government Printing Office, Washington D.C. 2008, in http://bioethics.georgetown.edu/pcbe/reports/human_dignity/index.html (também foi publicado em forma de livro).

TESTART J., O fantasma do apartheid genético, in http://diplo.org.br/2007-12,a2077

UNITED NATIONS, Report of the United Nations Conference on Environment and Development: annex 1: Rio Declaration on Environment and Development. Rio de Janeiro, 1992, in http://www.un.org/documents/ga/conf151/aconf15126-1annex1.htm

WORLD ANTI-DOPING AGENCY/AGENCE MONDIALE ANTIDOPAGEM (WADA/AMA), World Anti-Doping Code / Code Mondial Antidopage, Montreal 2003, in http://www.wada-ama.org/rtecontent/document/code_v3.pdf

Índice

AGRADECIMENTOS | 5

ABREVIATURAS E SIGLAS | 7

APRESENTAÇÃO | 9

INTRODUÇÃO | 13

I. As pesquisas em genética molecular e o desenvolvimento da manipulação das características biológicas do ser humano | 23

    1. Alguns conceitos ou definições | 24
        1.1. Biotecnologia | 24
        1.2. Biologia molecular | 28
        1.3. Tecnologias e pesquisas científicas | 30
        1.4. Conceito de manipulação | 34
        1.5. Conceito de nanotecnologia | 36
        1.6. Eugenia, um novo *apartheid* genético | 38

    2. Aspectos sócio-históricos e científicos | 40
        2.1. Transfusão de sangue | 40
        2.2. Transplante de órgãos | 41
            2.2.1. Autotransplantes | 43
            2.2.2. Heterotransplantes | 43
            2.2.3. Xenotransplantes | 44
            2.2.4. Transplante de face | 46
            2.2.5. Órgãos mecânicos | 47
        2.3. Clonagem humana | 49
            2.3.1. Clonagem humana reprodutiva | 50
            2.3.2. Clonagem humana terapêutica | 51
        2.4. Células-tronco | 52

3. Engenharia genética | 54

3.1. Manipulação genética | 58

3.2. Projeto genoma humano | 63

3.3. Manipulação ginecológica | 66

3.4. Manipulação genética nas linhagens germinativas | 67

3.5. Manipulação genética de células somáticas | 69

3.6. Potenciação genética | 70

3.7. Produção de híbridos humanos (ou quimeras) | 71

3.8. Animais transgênicos | 73

3.9. Manipulação genética e futuro pós-humano (Roboética) | 74

3.10. Dignidade humana na cultura pós-humanista | 75

Conclusão | 79

II. Uma apresentação das principais bases filosóficas e a concepção ético-teológica da dignidade humana | 81

1. Dignidade humana no contexto sociocultural | 82

1.1. A questão da dignidade humana em alguns autores | 82

1.1.1. Conceito de dignidade em Immanuel Kant | 83

1.1.2. Conceito de dignidade em Peter Singer | 85

1.1.3. Eugenia liberal e conceito de dignidade em Jürgen Habermas? (1929) | 87

1.2. Dignidade humana: Apresentação das principais bases filosóficas da teologia cristã | 91

1.2.1. Natureza humana | 93

1.2.2. Pessoa humana | 100

1.2.3. Dignidade humana | 105

2. A dignidade da pessoa humana conforme o Magistério | 111

2.1. *Gaudium et Spes* e o mistério do homem em sua dignidade | 113

2.2. *Veritates Splendor* e a dignidade da pessoa humana | 115

2.3. A sacralidade da vida humana | 117

2.3.1. O dom da vida | 117

2.3.2. O Evangelho da vida | 118

2.3.3. Um grande sim à vida humana | 119

2.3.4. Em busca de uma ética universal: Novo olhar sobre a lei natural | 122

3. Identidade de pessoa | 125
    3.1. Identidade ontológica da pessoa | 125
    3.2. Pessoa adequadamente entendida | 129
    3.3. Princípio da totalidade e da corporeidade | 133
    3.4. Identidade genética e identidade de pessoa | 138

4. Concepção ético-teológica de dignidade humana | 141
    4.1. O mistério do homem e da mulher criados à imagem
       e semelhança de Deus | 142
    4.2. Sacralidade da dignidade da pessoa à luz da encarnação
       do Verbo de Deus | 144
    4.3. Antropologia teológica | 146

Conclusão | 148

III. Reflexão ético-teológica sobre a manipulação genética | 153

1. Desafios diante dos grandes dilemas éticos | 155
    1.1. Princípio da prudência ou precaução | 156
    1.2. Princípio da justiça e Doutrina Social da Igreja | 159
    1.3. Princípio da responsabilidade | 165
    1.4. Princípio da temperança | 168

2. Critérios ético-antropológicos | 170
    2.1. Princípios teológicos | 174
    2.2. Dignidade como fundamento para os direitos humanos | 178

3. Elementos que influenciam | 181
    3.1. Tecnologias e valor ético | 181
    3.2. Classificação da manipulação genética | 183

4. Eliminação das doenças: Terapia gênica ou eugenia negativa | 185
    4.1. Intervenção terapêutica em células somáticas | 186
    4.2. Intervenção terapêutica em células germinativas | 187

5. Além da terapia: Eugenia positiva | 190
    5.1. Intervenção melhorativa em células somáticas e
       em células germinativas | 191

5.2. Intervenção alterativa | 194
5.3. Manipulação genética e manipulação de ambiente | 197
5.4. Artificialização da vida humana | 199
5.5. Manipulação genética e dignidade em função
   das qualidades da pessoa | 201

6. Genoma humano e humanidade | 203

7. Alteração de pessoa | 207

8. "Humanização" de animais | 211

9. Formação de uma "nova" espécie e o pós-humano | 212

10. Híbridos: Produção "homem-animal" | 216

11. *Cyborg*: *"Homo robô"* | 218

12. Nanotecnologias e dignidade humana | 221

13. Manipulação genética e natureza humana | 222

14. Discussão de alguns casos concretos | 229
   14.1. Doping genético e o atleta superior | 229
      a) Introdução | 229
      b) Definição de doping genético | 230
      c) Melhoramento genético e esporte | 231
      d) Avaliação ético-teológica | 232
   14.2. Bebês projetados | 235
      a) Introdução | 235
      b) Melhoramento genético e os bebês projetados | 235
      c) Avaliação ético-teológica | 236
   14.3. Retardamento do envelhecimento | 240
      a) Introdução | 240
      b) Melhoramento genético e retardamento do envelhecimento | 241
      c) Avaliação ético-teológica | 242

CONCLUSÃO | 247

BIBLIOGRAFIA | 255